全国高等学校心理学系列教材
乐国安　总主编

普通心理学

张阔　主编

李艺敏　刘文理　副主编

南开大学出版社
天津

图书在版编目(CIP)数据

普通心理学 / 张阔主编. —天津：南开大学出版社，
2011.12(2014.8重印)
全国高等学校心理学系列教材
ISBN 978-7-310-03799-5

Ⅰ.①普… Ⅱ.①张… Ⅲ.①普通心理学－高等学校
－教材 Ⅳ.①B84

中国版本图书馆 CIP 数据核字(2011)第 225025 号

版权所有　侵权必究

南开大学出版社出版发行
出版人：孙克强
地址：天津市南开区卫津路94号　邮政编码：300071
营销部电话：(022)23508339　23500755
营销部传真：(022)23508542　邮购部电话：(022)23502200

*

河北昌黎太阳红彩色印刷有限责任公司印刷
全国各地新华书店经销

*

2011年12月第1版　2014年8月第2次印刷
787×960毫米　16开本　23.375印张　2插页　416千字
定价：40.00元

如遇图书印装质量问题，请与本社营销部联系调换，电话：(022)23507125

序 言

由于社会的迫切需要，近二十年我国心理学专业的学生和从业人员数量急剧增长，设有心理学专业的教学科研单位从 20 世纪 80 年代末的 4 个发展到当前的 200 多个。心理学科不论在政治、经济、文化、教育、体育、管理、健康服务、社区服务、危机处理等领域，还是在学校、企业、医院、行政、司法、军队等部门都发挥着越来越重要的作用。而从学科内部来看，当前不论国外还是国内的心理学研究均在迅速发展，各种新的理论和思想此起彼伏，各种新的研究方法和技术手段不断涌现，使心理学各个领域在宏观的行为层面以及微观的脑基础层面都取得了丰富的新成果与长足进步，从而使心理学的面貌发生了极大的改变。

因此，为了反映当前国内外心理学各个领域的变化与发展，进一步深化高等院校心理学教学改革，加强心理学专业学生的理论素养以及能更好地培养适应新时期社会需要的专业技能，促进我国心理学学科建设和发展，我们组织了目前活跃在心理学教学、科研和实践工作第一线的中青年专家、学者编写了这套反映当前心理学科发展和成果的"全国高等学校心理学系列教材"。

本套系列教材包括《普通心理学》、《实验心理学》、《认知心理学》、《心理统计学》、《心理测量学》、《教育心理学》、《发展心理学》、《社会心理学》、《管理心理学》、《咨询心理学》、《人格心理学》、《西方心理学史》、《中国心理思想史》共 13 部，其内容选择和结构编排本着专业课程细化兼顾学科交叉的原则，切合当前心理学研究发展的主流方向。

我们在编写本套教材时力图体现以下特色：

第一，科学性与实用性的结合。一方面，在内容的选择上，既确保知识的科学性、正确性，注重科学研究、科学数据对心理现象的说明作用，强调理性对感性的超越，同时，也注重科学原理对日常经验、生活事实的解释作用，体现教材内容对"活生生"社会、生活实际的实用性。另一方面，在材料的组织上，注意处理好学科科学性和教材科学性的关系，既强调学科体系的科学性、系统性、完整性，同时也从有利于学生学习的角度出发，注重学科的基本结构，注意把握学科体系与教材体系的关系，突出有利于学生学习与掌握的实用性。

第二，前沿性与经典性的结合。虽然科学的心理学至今不过只有一百二十余年的历史，但在这短短的一百二十余年中，心理学家们已从事过数不胜数的研究，获得了无法计量的数据和结果。因此，作为主要面向大学生的教材，需要在科学性、系统性的原则指导下，突出各领域的经典性研究、经典性方法与核心概念和原理，用经典或权威的研究、数据阐述学者们的核心思想与代表性研究。而由于最近十余年心理学界的研究和思想都正在和已经发生了巨大的变化，因此，本套教材在继承历史的基础上，更希望面向现在和未来，强调尽可能多地吸收和反映当前各学科领域的最新成果和进展，力图做到前沿与经典、历史与现在甚至未来相结合。

第三，国际化与本土化的结合。科学的心理学起源于欧洲，成长和壮大于北美，直到今天，欧美心理学仍在当今国际心理学界占据着主导地位。但中国国内外的华人心理学工作者在过去的近百年中，也在学习和借鉴西方心理学研究成果的基础上探索着自己的生存和发展之路，取得了不少重要和有影响的成果。因此，本套教材一方面注重较全面反映国际心理学各领域研究和发展的轨迹、前沿，同时也尽可能结合中国（华人）心理学界的研究与成果，注意反映中国及华人社会特有的心理现象与特点。

第四，学术性与可读性的结合。作为主要面向 21 世纪新时代大学生的教材，在编写过程中，我们既注重专业教材的学术性和科学性，同时也尽量顾及当代大学生学习和阅读的心理特点，不论在内容编选还是在写作风格、编排体例上，均强调教材的易读性、生动性和形象性，力图做到学术性与易读性的结合，希望使这套教材能成为一套教师认为好用、学生认为好学的专业教材。

本系列教材汇集了集体的智慧，是大家精诚合作的产物。虽然在写作过程中我们尽心尽力，力求完善，但由于时间和学识的限制，书中难免存在这样或那样的缺陷和不足，敬请广大读者指正。

本系列教材编写过程中，参考和引用了国内外大量的研究资料，在此向这些作者表达诚挚的谢意！同时，也要感谢南开大学出版社有关领导的大力支持和诸位编辑的精心工作，尤其要衷心感谢策划编辑莫建来同志长期以来对出版心理学专著与教材的热忱和远见卓识。

乐国安　谨识
2010 年 11 月 3 日于南开园

目 录

第一章 绪论 1
- 第一节 心理学的研究对象和领域 1
- 第二节 心理学的研究方法 14
- 第三节 心理学的发展 18
- 本章摘要 25
- 复习思考题 28

第二章 心理和行为的生物学基础 29
- 第一节 神经元和突触 29
- 第二节 神经系统 35
- 第三节 脑功能学说 44
- 第四节 内分泌系统及神经—体液调节 48
- 本章摘要 51
- 复习思考题 53

第三章 意识和注意 54
- 第一节 意识和无意识 54
- 第二节 注意概述 63
- 第三节 注意的生理机制和外部表现 67
- 第四节 注意的品质 69
- 第五节 注意的认知理论 74
- 本章摘要 78
- 复习思考题 80

第四章 感觉 81
- 第一节 感觉概述 81
- 第二节 视觉 92
- 第三节 听觉 101
- 本章摘要 111
- 复习思考题 112

第五章 知觉 ··· 113
    第一节 知觉概述 ·· 113
    第二节 知觉的特性 ·· 115
    第三节 空间知觉 ·· 120
    第四节 时间知觉和运动知觉 ·· 127
    第五节 知觉的信息加工 ·· 132
    第六节 错觉 ··· 134
    本章摘要 ·· 139
    复习思考题 ·· 141

第六章 记忆 ··· 142
    第一节 记忆概述 ·· 142
    第二节 感觉记忆 ·· 151
    第三节 短时记忆和工作记忆 ·· 154
    第四节 长时记忆 ·· 159
    第五节 遗忘 ··· 169
    本章摘要 ·· 176
    复习思考题 ·· 177

第七章 思维 ··· 178
    第一节 思维 ··· 178
    第二节 概念 ··· 182
    第三节 推理 ··· 189
    第四节 问题解决 ·· 191
    第五节 创造性思维 ·· 199
    第六节 表象 ··· 204
    第七节 想象 ··· 209
    本章摘要 ·· 211
    复习思考题 ·· 213

第八章 言语 ··· 214
    第一节 言语概述 ·· 214
    第二节 言语活动的生理机制 ·· 219
    第三节 言语感知和理解 ·· 225
    第四节 儿童言语的发展及理论 ·· 235
    本章摘要 ·· 239

复习思考题 ·· 241
第九章　情绪和情感 ·· 242
　　第一节　情绪和情感概述 ·· 242
　　第二节　情绪和情感的种类 ······································· 245
　　第三节　情绪的表现 ·· 253
　　第四节　情绪的脑中枢机制 ······································· 258
　　第五节　情绪理论 ··· 261
　　本章摘要 ·· 266
　　复习思考题 ··· 267
第十章　动机 ·· 268
　　第一节　动机概述 ··· 268
　　第二节　动机的种类 ·· 272
　　第三节　意志 ··· 280
　　第四节　动机理论 ··· 286
　　本章摘要 ·· 291
　　复习思考题 ··· 293
第十一章　能力 ··· 294
　　第一节　能力概述 ··· 294
　　第二节　能力的种类和结构 ······································· 296
　　第三节　能力的测量 ·· 307
　　第四节　智力发展的差异 ·· 316
　　本章摘要 ·· 325
　　复习思考题 ··· 327
第十二章　人格 ··· 328
　　第一节　人格概述 ··· 328
　　第二节　气质与性格 ·· 330
　　第三节　人格理论 ··· 340
　　第四节　人格的测量 ·· 348
　　第五节　影响人格形成的因素 ···································· 357
　　本章摘要 ·· 360
　　复习思考题 ··· 361
主要参考文献 ·· 362
后　记 ··· 366

ns

第一章　绪论

第一节　心理学的研究对象和领域

一、心理学的研究对象

人类是"万物之灵",人类的心理现象可以说是自然界最神奇、最复杂的现象,如奇妙的感知觉、飘逸的思绪、自由的想象、流畅的言语、丰富的情感、独特的个性等,它们无不映射出人的心理乃是"地球上最美丽的花朵"。产生心理的人脑,也是自然界最为复杂的物质结构之一。人类关于自然和社会的各种知识,人类改造客观世界所取得的巨大成就,也都与人的大脑和心理密不可分。

心理学是研究心理现象及其规律的科学。心理学主要探索人的心理,但是为了更全面地了解人类心理现象的起源、发展和演变过程,心理学也要对动物的心理特点进行研究和探讨。由于心理现象"看不见、摸不着",因此通常情况下,我们并不能直接观察到个体内在的心理活动,需要通过观察外部行为表现来推断每个人的内在心理。为了更准确地了解人的心理,心理学也要研究人的行为,并通过行为推测机体的心理活动。广义的行为还包含机体的生理现象,如肌肉的活动、神经系统的活动等。机体的有些行为可通过直接观察来了解,但有的行为需要通过一定的仪器设备才能准确地了解,比如人的脑电波就要利用脑电仪才能观察到。另外,由于人是社会性动物,人的心理与行为必然受其他个体或群体的影响,因此心理学在研究人的心理现象时,不仅要研究个体的心理现象,也要对群体的心理现象进行分析。可见,心理学的研究范围是很广泛的。

下面我们将分几个方面对心理学的研究对象进行具体的探讨。

（一）个体心理

个体所具有的心理现象称为个体心理。我们可将个体的心理现象概括为两大方面：心理过程和个性。

1. 心理过程

心理过程是个体对客观事物及其关系进行反映的过程。个体的心理过程包括：认知过程、情绪情感过程和意志过程。

（1）认知过程

认知（cognition）过程指的是个体对客观现实的认识过程，即个体对信息进行加工的过程。它是一个由感性到理性、由表层到深层，逐渐深入的过程。人的认知过程主要包括：感觉、知觉、记忆、思维、想象、言语等。

人们获得信息的过程始于感觉。感觉是人脑对外界刺激的直接反映，是人对事物个别属性的认识。如听到的声音、看到的形象、闻到的气味、尝到的味道、感受到的触摸与疼痛等都属于人的感觉。

知觉是个体把感觉到的客观事物的各种属性加以整合，从而形成对客观事物整体的综合性认识。例如，个体将感觉到的圆圆的形状、鲜红的颜色、淡淡的香气和甜甜的味道等信息加以综合，形成了"苹果"的整体印象，这就是一种知觉。知觉是在感觉的基础上形成的，但知觉并不是对事物个别属性的简单叠加，而是对由各个感觉器官获得信息的有机整合过程。

人们通过感知觉获得的知识经验，在刺激消失后，仍会在大脑中留下印象，这就是记忆。也就是说，过去接触过的事物或曾经的经历，会在头脑中积累和储存，在特定的条件下，人们可以将其再认甚至回忆出来。例如，曾经学过的课文，我们现在见到会觉得熟悉和亲切；多年不见的朋友前来拜访，我们仍能记起他来。

人们在认识事物的过程中，不仅能依靠感知觉来认识事物的外部特征，还能运用头脑中已有的知识经验进行分析，根据已知的信息来推断未知的信息，概括出事物的本质联系和内在规律，进而解决各种问题。这些个体对客观事物概括、间接的反映过程，就是思维。此外，人们还可以对记忆中的事物形象进行重新加工改造，创造出新的形象，这就是想象，它也是人类创造性思维活动中的重要成分。

人虽以个体形式存在，但却是社会性动物。个体要想在社会中生活和适应，必须使用语言与别人进行交流和沟通，这一过程称为言语。先人们所遗留下来的知识经验，也必须以书面或口头言语的形式保留下来，才能被学习和传承。

在人进行各种心理活动时，还必须要有注意的参与。一定程度的注意是对外界信息进行加工所必须的。注意虽然不是一个独立的认知过程，却是伴随各种认知过程的一种状态。

（2）情绪情感过程

人们在认识事物的过程中，不仅能对客观事物进行直接的反映，而且也会产生相应的态度体验。具体地说，如果所认知的客观事物符合自身的需要，那么个体就会产生积极的态度体验，如高兴、愉悦、兴奋、惊喜、欣赏等；反之，如果所认知的客观事物不符合自身的需要，则产生消极的态度体验，如灰心、郁闷、悲伤、害怕、恐惧、蔑视等。这种人们因客观事物是否符合自己需要而产生态度体验和反应的过程，就是情绪情感过程。

情绪和情感都是个体的态度体验，但二者又有一定的区别。情绪具有较强的情境性和冲动性，即情绪大都与具体的情境相联系，经常随情境的改变而改变，还经常伴随有明显的外部表现和生理反应，如生气时横眉立目、面红耳赤。情感则往往与特定的事物相联系，比较稳定和持久。

（3）意志过程

意志过程是人有意识地确立目标、制定计划，并不断调节自身行为来克服困难，进而实现预期目标的心理过程。人具有能动性，人们不仅能认知世界，而且在很大程度上改造了世界。人们在认识和改造世界的过程中，不可避免地要确立目标、制定计划、克服各种各样的苦难，这些都是人类意志的体现。

人的心理过程虽然可以分为认知、情绪情感和意志三个方面，但它们并不是单独存在的，而是相互联系的有机整体。

2. 个性

心理过程是每个个体都具有的，是心理活动共性的体现。例如，个体对事物的认识都必须经过感觉、知觉、思维等一系列由低级到高级的认知过程，不可能逾越。然而，"人心不同、各如其面"，每一个个体从生理到心理都是独特的。个体在进行心理活动时表现出来的稳定的个人特点，或者说是人与人之间存在的心理差异，称为个性。个性主要包括能力和人格两个方面。

（1）能力

个体要学习知识、解决问题、适应社会，必须具备一定的能力。能力是个体顺利完成某种活动所必备的心理特征。例如，有的个体观察细致，有的个体记忆超群，有的个体思维敏捷，有的个体善于交际，这些都是各方面能力的体现。能力能够影响个体从事某种活动的效率，不同能力的个体完成同一任务的成绩会有一定差异。在其他条件相同的情况下，能力高的个体完成任务的效率也相对高一些。当然，能力本身也是多方面的，可以从不同角度衡量，有的个体在这方面的能力强一些，有的个体则在那方面的能力强一些。

（2）人格

人格是指个体在活动过程中体现出的不同风格，它主要体现在气质、性格、需要、兴趣、态度、价值观等方面。其中，气质是个体心理活动的动力特点，它受遗传因素的影响较大。如有的人活泼，有的人沉稳；有的人外向，有的人内敛；有的人做事雷厉风行，有的人做事谨慎小心。性格是个体对现实的态度及与之相适应的习惯化的行为方式。例如，有的人勤奋，有的人懒惰；有的人骄傲，有的人自卑；有的人冷静，有的人冲动；有的人乐观，有的人抑郁；有的人坚强，有的人软弱。性格的形成受后天环境和教育的影响较大。此外，每个人都有自身的需要和兴趣，它们是人行为动机的重要源泉，然而每个个体的需要和兴趣却又是有差别的，从而使人们的活动指向不同的事物。

与心理过程类似，人的个性虽可以分为若干方面，却也是一个有机的整体，它反映了人的整体心理面貌。可以说，正是由于个性的复杂性才使得人类社会如此绚丽多彩。

（二）个体心理与行为

行为是指有机体对各种刺激的反应，它包括个体的各种动作和活动。行为具有不同的复杂水平。人手碰到针尖会自动地缩回，眼中飞入异物会禁不住闭眼流泪，这些都是相对简单的行为。而学生学习科学文化知识、宇航员操纵航天设备、科学家探索某一个问题，则是由一系列动作和活动构成的复杂行为。人们日常的衣、食、住、行，也都是由各种行为来实现的。广义的行为还包含机体的生理现象，如肌肉的收缩、腺体的分泌、神经系统的活动等。

心理活动是一种精神现象，看不见、摸不着，也无法用重量、体积、密度这一系列物理指标去衡量。而且人类的心理活动既丰富多彩，又异常复杂。那么我们如何才能探索人们的心理活动，进而发现心理现象的规律呢？这就要依赖于对行为的观察和研究。因为任何事物和现象的产生，皆有其原因。人的行为也不是凭空产生的，它受心理活动的支配。各种内外部的刺激作用于有机体，引发各种心理过程，然后才有有机体的行为反应。正因为人的行为受其心理支配，故而心理可以通过行为外化出来。虽然心理现象难以直接观察，但行为却可以观察，或者能通过各种仪器设备加以记录，所以可以通过行为表现去推测人的心理。例如，我们看到一个人狼吞虎咽地吃东西，便知道他饿了；我们看到一个人整天萎靡不振，便知道他情绪不佳。在现代心理学的研究中，还常常借助于各种精密仪器来记录人的行为。例如，有些心理学家利用眼动仪来追踪个体的眼球运动轨迹，从而推测其对视觉信息进行加工的过程及特点；有些心理学家利用脑功能成像设备，观察在完成某项任务时大脑的哪些区域处于活跃的状态，从而确定大脑不同区域的功能。正是由于心理和行为密不可分的关系，才使得我们可以对心理现象进行客观的研究，心理学才能成为一门科学。

另一方面，人的心理现象、行为活动以及它们之间的关系又都是很复杂的。由于每一个个体主观世界的独特性和能动性，同一种刺激可能会引起不同的行为反应，不同的刺激也可能引起相同的行为反应。因此，不了解个体心理活动的规律，也难以准确地理解其行为。

（三）群体和社会心理

人是一切社会关系的总和。作为社会大家庭的一员，个体总是生活在特定的社会环境和群体之中，并和其他的个体和群体结成各种各样的关系。例如，血缘关系、朋友关系、同学关系、师生关系、同事关系等。由于社会群体客观、长久的存在，人的心理活动与其所处的社会环境便有了密不可分的关系。在个体与其所处社会环境的相互作用之下，便产生了各种群体和社会心理现象。例如，社会化、态度改变与说服、社会规范、人际吸引、利他行为、攻击行为、从众、领导、冲突与合作等群体心理现象；在更大的范围内，还有流行、时尚、偏见、舆论、民族关系、国际关系等更宏观的社会心理现象。

举例来说，人一出生，其心理的发生与发展便会受到家庭、学校、师长、伙伴以及各种传媒的影响，这种影响使个体实现了从自然人向社会人的转变，而这一过程就是社会化（socialization）。又如，个体要想很好地适应环境，在活动时就必须考虑社会规范（social norms），即社会或群体成员共同制定的关于其成员应该如何行动的约定或期望。社会规范决定了哪些态度和行为从社会的角度来说是适宜的。再如，每个个体在发表意见时，都会不同程度地受群体中其他成员的影响，有时候甚至违心地屈从于群体的意见，这种现象称为从众（conformity）。由此可见，个体的心理与行为与其所处的群体和社会环境有着密不可分的关系。群体心理是在共同的生活条件和生活环境下产生的，它是该群体中所有个体心理特征的集中和典型表现；个体心理则是群体心理产生的基础，并且也会受到自己所在群体的共同心理特征的影响。因此，群体和社会心理也是心理学的重要研究对象。

二、心理学的研究领域

科学心理学的诞生距今已经有一百多年的历史。经过百余年的成长和发展，心理学的理论知识不断丰富，社会影响不断增强，业已成为横跨自然科学和社会科学，具有很多理论性和应用性分支学科的枝繁叶茂的学科"大树"。今天，心理学的知识已经惠及人类生活的各个领域，如教育、社会、医学、管理、军事、体育、司法、工程等。

心理学是一个具有许多分支的学科体系，其分支学科大体上可以分为三类：理论心理学类、应用心理学类、研究方法类。理论心理学类担负着创造新的心理学知识的使命，其主要任务是不断地研究和发现心理规律，提出或修正对心理现象的理论解释。应用心理学类则主要涉及对目前已经发现的心理学理论、知识、方法的应用，它将心理学研究的理论成果应用于人类活动的各个领域，并结合具体问题开展研究。而研究方法类主要提供心理学的研究方法，并不断地完善它们，同时也努力探索和发展新的研究手段和技术。很明显，这部分是为理论心理学的研究以及应用心理学的普及服务的。图1-1中显示的是心理学的主要分支学科，下面我们将选择其中重要的加以介绍。

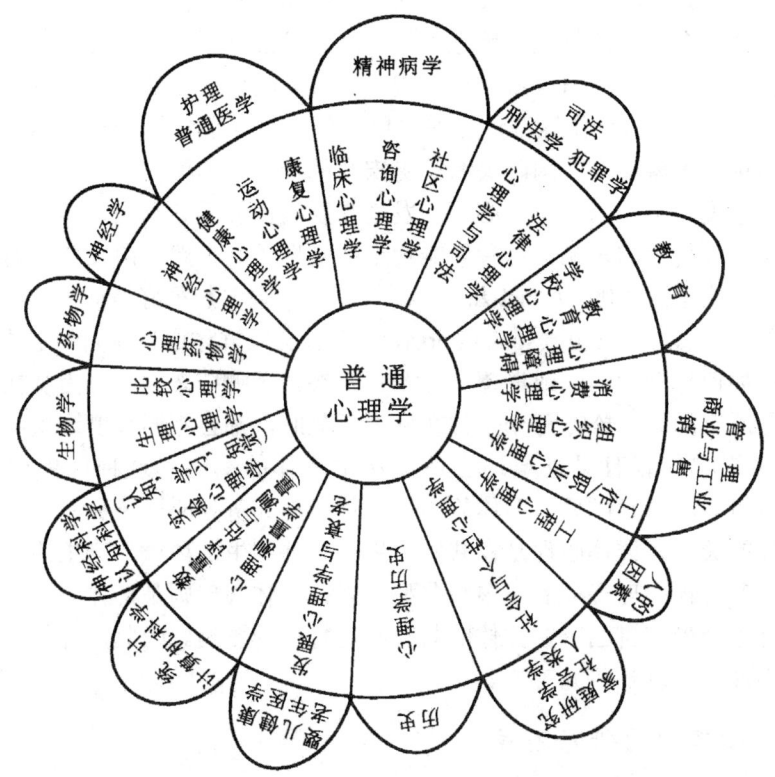

图1-1　心理学研究分支图

资料来源：彭聃龄. 普通心理学. 2004

（一）理论心理学类

1. 普通心理学

普通心理学（general psychology）在心理学的学科体系处于基础地位，所以有时又称基础心理学，它也是学习心理学的入门学科。普通心理学主要研究正常人心理活动发生和发展的最一般规律，是心理学各分支学科的基础。从内容上看，普通心理学不仅涉及心理学的研究对象和领域、研究方法、发展历史、心理的生理基础，还要概括心理学各主要分支学科的研究成果，如感知觉、记忆、思维、想象、言语、情绪、动机、能力、人格等各种心理特性最一般的规律，有时还涉及心理的毕生发展和社会心理现象。此外，它还研究各种心理现象之间的相互关系。

2. 生理心理学

生理心理学（physiological psychology）又叫生物心理学，主要研究心理现象的生物学基础，即心理、行为与神经系统特别是大脑活动的关系。生理心理学主要是以大脑的结构和功能参数为自变量，观察在不同生理状态下，个体的行为或心理活动的变化情况；此外，它还涉及遗传、基因、进化与人类行为的关系。生理心理学是心理学的重要基础学科。

3. 发展心理学

发展心理学（developmental psychology）主要研究随着年龄的增长个体心理发生、发展和变化的规律。早期的发展心理学主要研究儿童期的心理发展，因为此阶段个体心理的发展和变化较为迅速；当代的发展心理学强调个体毕生的心理发展，即个体从受精卵开始到出生、成熟直至衰老的整个生命历程中的心理发展。如果按年龄段来划分，发展心理学又可以分为幼儿心理学、儿童（含青少年）心理学、成年心理学、老年心理学。广义的发展心理学还涉及心理的种系发展，发展心理学的这一分支又称比较心理学，主要研究从动物到人类的心理演变过程。

4. 社会心理学

社会心理学（social psychology）主要研究个体和群体在社会相互作用中的心理和行为规律。它从个体水平和群体水平上对社会心理现象进行探讨。在个体水平上，社会心理学主要关注：个体的社会化、态度的形成与改变、沟通和人际交往、社会促进和抑制、利他行为、攻击行为等问题；在群体和社会水平上，个人心理发展变化的影响等问题。在社会群体水平上进行研究的内容有：群体规范、群体凝聚力、群体决策、歧视与偏见、领导行为、社会舆论等。社会心理学也是心理学的重要基础学科，其应用范围也非常广泛。

5. 认知心理学

认知心理学（cognitive psychology）兴起于 20 世纪中期，它研究的核心问题是人对客观世界的认知过程，以及人类是如何获得与使用知识的。认知心理学有广义和狭义之分：广义的认知心理学认为，对人的认知过程（如知觉、记忆、表象、概念形成、推理、问题解决等）进行的研究都属于认知心理学；狭义的认知心理学则将人看做是一个信息加工的系统，它关注信息输入和输出之间发生的内部心理过程，如信息的编码、储存和提取等。认知心理学的还有两种研究取向，第一种取向称为"计算机隐喻"，即把人脑看做与计算机类似的信息加工系统；第二种取向称为联结主义，强调大脑的信息加工是基于神经网络，主要采用的是平行加工的算法。认知心理学与计算机科学、脑科学的发展有密切的关系，同时它还推动了人工智能的研究，目前已成为当代心理学的一个主要研究方向。

（二）应用心理学类

1. 教育心理学

教育心理学（educational psychology）主要研究教育过程中所包含的心理现象和心理规律，揭示教育同心理发展的相互关系。具体来说，教育心理学主要研究学生的学习过程、教师的教学过程，以及教与学的相互作用过程中的心理现象和规律，如学生的心理发展、学习的原理、学习动机、学习策略、知识和技能的掌握、学生品德的培养、教师的特征、教学方法等。教育心理学对于教育改革和人才培养有重要意义，是心理学重要的应用性分支学科。

2. 医学心理学

医学心理学（medical psychology）是研究心理活动与病理过程相互影响的心理学分支，也是医学与心理学结合的边缘学科。它主要研究心理因素在疾病的发生、诊断、治疗和预防中的作用，以及如何运用心理学的理论、方法与技术，提高人们的生理和心理健康水平。医学心理学有时还包括了临床心理学（clinic psychology），临床心理学主要研究变态心理现象，以及各种精神病和神经症的矫正与治疗。

3. 工业心理学

工业心理学（industrial psychology）涉及两个方面：工程心理学和管理心理学。工程心理学又名工效学（ergonomics），主要研究人—机—环境系统中人的信息加工的特点和规律，以及在工业设计中如何适应人的身心活动规律，发展和设计出方便人机交互的、高效的设备系统，最终建立和谐、高效、安全的人—机—环境系统。

管理心理学（managerial psychology）以组织中的人作为特定的考察对象，研究管理活动中的个体和群体的心理与行为规律。具体地说，管理心理学主要关注个体的工作动机，群体中的人际关系和沟通，领导行为及其效果，以及组织的结构、文化与变革等问题，它服务于激发员工的工作积极性，促进组织内部的沟通和协作，维护组织的健康发展。

4. 运动心理学

运动心理学（sports psychology）是研究人在从事体育运动时的心理现象及其规律的心理学分支。它主要研究人们在参加体育运动时的心理过程，如感觉、知觉、表象、思维、记忆、情感、意志的特点、作用和意义；研究个体的性格、能力和气质等个性特点和体育运动的相互关系和作用规律；研究体育运动训练和运动竞赛活动中有关人员的心理特点，如赛前心理状态、运动员的心理训练等。

5. 法律心理学

法律心理学（forensic psychology）是研究与司法活动有关的心理现象及其规律的心理学分支。它主要研究犯罪的心理原因、犯罪者的个性和行为特点，侦察、诉讼和审判过程中所涉及个体的心理活动及其影响，以及刑、罚的社会心理效力等问题。法律心理学又包括了犯罪心理学、侦察心理学、审判心理学等分支学科。

6. 军事心理学

军事心理学（military psychology）是研究人们在军事活动情境下的心理现象和规律的心理学分支学科。它涉及的范围也是比较广泛的，主要包括对军事人员的选拔和分类，对军事技术和武器的学习和掌握过程，指挥员和士兵的关系，军事活动中的个性特征、心理战术、军队士气的作用等方面。目前，航空与航天心理学和航海心理学是军事心理学的两个重要分支。

（三）研究方法类

1. 实验心理学

实验心理学（experimental psychology）是研究如何运用实验方法，开展心理科学研究的心理学分支学科。实验法是科学研究的主要方法，对心理学亦不例外。因此，实验心理学是心理学重要的方法类分支学科。实验心理学的主要内容包括：实验研究的一般原理和技术，实验中各种变量的操纵或控制方法，以及心理学各分支领域中一些重要实验的原理、方法、仪器和技术问题。

2. 心理测量学

心理测量学（psychological measurement 或 psychological testing）是研究心

理测验编制的原理与技术，以及如何运用标准化的测验和量表，开展心理科学研究的心理学分支学科。此外，它还涉及在智力、人格、兴趣、学业成就、职业倾向等领域中常用量表的编制方法、结构、特点和使用方法。心理计量学（psychometrics）是与心理测量学相近的心理学分支学科，不同之处在于心理计量学更偏重于测验和量表开发与应用中的统计原理和数学模型。心理测量法和实验法一起，构成了构成了心理学实证研究的两大范式。

3. 心理统计学

心理统计学（psychological statistics）主要研究如何运用统计学的原理和方法，收集、整理和分析心理科学研究中获得的数据资料，并从中得出科学结论。科学研究离不开资料和数据，不管是用实验法还是测量法进行的心理科学研究，必须借助心理统计学的原理与方法，对数据进行分析，才能得出科学结论。所以，心理统计学也是心理学重要的方法类分支学科。同时，心理统计学也是应用统计学的分支学科之一。

 阅读资料：心理学在美国的分类

美国心理学会（APA）的分类

分类序号	APA 分类名称	分类序号	APA 分类名称
1	普通心理学类	16	心理药物学类
2	教学心理学类	17	心理治疗类
3	实验心理学类	18	心理催眠类
4	评价、测量和统计类	19	州心理学会事务类
5	行为神经科学和比较心理学类	20	人本心理学类
6	发展心理学类	21	智力落后和发展失能类
7	个性和社会心理学会	22	人口和环境心理学类
8	社会问题和心理学研究学会	23	妇女心理学类
9	心理学和艺术类	24	宗教心理学类
10	临床心理学类	25	儿童、青年和家庭服务类
11	顾问心理学类	26	健康心理学类
12	工业和组织心理学会	27	心理分析类
13	教育心理学类	28	临床神经心理学类
14	学校心理学类	29	美国心理学——法律社会类
15	咨询心理学类	30	独立实践领域的心理学家类

第一章 绪论

续表

分类序号	APA 分类名称	分类序号	APA 分类名称
31	公共服务心理学类	41	家庭心理学类
32	军事心理学类	42	同性恋女子和同性恋者问题心理学研究协会
33	成人发展和老年心理学类	43	少数民族问题研究协会
34	应用实验和工程心理学类	44	媒体心理学类
35	康复心理学类	45	运动和体育心理学类
36	消费心理学类	46	和平心理学类
37	理论和哲学心理学类	47	团体心理学和团体心理治疗类
38	行为的实验分析类	48	药瘾类
39	心理学史类	49	男性和男子气心理学研究协会类
40	社区心理学类		

资料来源：坎特威茨等.实验心理学——掌握心理学的研究.2001

三、心理学的学科特点

（一）心理学是介于自然科学和社会科学之间的交叉科学

1. 心理学具有自然科学的性质

由于心理是人脑对客观现实的反映，是人脑的机能，因此心理学的一项重要任务就是研究心理的神经生理机制，包括大脑结构及其心理机能之间的关系，脑内神经细胞的活动特点及其功能等。这方面的研究能帮助我们从神经科学的角度理解学习、记忆、情绪、衰老等心理现象是如何发生的。例如，心理学家通过记录睡眠时的脑电波，了解了睡眠过程中大脑的周期性活动规律及其与梦境产生的关系，对我们科学认识睡眠和梦起了重要作用。

其次，对认知过程的研究一直是心理学研究的重点。现代心理学采用信息加工的视角来理解人类的认知过程，并在意识和注意、记忆、思维等领域取得了丰硕的研究成果。例如，在注意研究中发现了以负启动现象为代表的抑制机制，证实了注意包含了对目标的激活和对无关刺激的抑制两种过程；在记忆领域，内隐记忆的发现和多重记忆系统理论的提出，显示了人类的记忆是一个复杂的结构，具有多个不同性质的子系统。

在上述领域，心理学研究的目标、方法和手段同其他自然科学具有很大的相似性，并且需要和脑科学、神经科学、计算机科学等其他门类的自然科学密切合作，因此心理学具有自然科学的性质。

2. 心理学也具有社会科学的性质

人是社会性动物，人作为社会的成员，不可避免会受到社会环境的制约和影响。人的感知、记忆、思维、想象都是在个体社会化的过程中发展起来的，离开了正常的社会环境，大脑和心理的成熟与发展都会受到影响。在印度曾经发现过两个在狼群中长大的孩子，他们的生活习性变得和狼类似，白天睡觉，晚上活动，用四肢爬行，不会说话，他们十多岁时的智力水平只相当于幼儿。类似的例子还有很多，如有的人从很小的时候起就被囚禁在黑屋子里，还有的人被迫逃入远离人类社会的深山，经过多年的孤独生活，他们的很多心理机能都失常了。社会环境对个体能力和人格的形成也有极其重要的影响。每个人能力的发展，性格的养成，都是家庭、学校、友伴、媒体等社会环境共同作用的结果；个体的心理活动与他所受的教育、所处的社会阶层和地位以及所扮演的社会角色也有密切的关系。

由此可见，人的心理具有社会制约性。社会生活的很多方面和领域，都和心理学有着密切的关系，如教育、传播、管理、广告、投资、司法、社会工作、医疗服务等；同时，心理学的原理和知识在这些领域中也有着广泛的应用。这样一来，便产生了许多具有社会科学性质的心理学的分支学科，如教育心理学、管理心理学、广告心理学、法律心理学、心理咨询等。不仅如此，群体和社会心理及其对个体心理的影响，本身也是心理学的重要研究内容。这方面的研究涉及社会化、人际关系、社会影响、团体行为、冲突与合作等问题。在这个角度来看，心理学又具有社会科学的性质。

总之，心理学在科学体系中具有特殊地位，是横跨自然科学和社会科学的交叉学科。我们在学习、研究和应用心理学的过程中，既要强调科学精神，也要强调人文精神。

(二) 心理学是认知科学的主干学科

20世纪60年代兴起了以信息加工观点为核心的认知心理学。认知心理学将人脑看做类似于计算机的信息加工系统，将心理活动尤其是认知过程看做是人脑对内外刺激的信息加工过程，使对心理过程和心理机制的研究重回心理学的主流。认知心理学既是心理学的重要分支学科，同时也是一种研究思潮。半个多世纪以来，认知心理学的研究方法和成果对心理学的各个分支学科都产生了较大的影响，使心理学在一定程度上呈现出"泛认知化"的特点。这在很大程度上是因为认知过程是人类最基本的心理过程，其他心理过程（如情绪和意志）都是在认知过程的基础上发生的。20世纪70年代，在认知心理学的推动下，出现了认知科学。它将心理学、神经科学、计算机科学、语言学等学科综

第一章 绪论

合起来，在高度跨学科的基础上研究人乃至机器的认知和智能，受到广泛的重视。认知心理学与认知科学在研究领域和目标上基本一致，使心理学成为认知科学的主干学科。

 阅读资料：心理学作为一种职业

目前,心理学已经成为大学中的一门热门学科,心理学毕业的学生具有广泛的职业选择。美国心理学协会下属的47个分会，每个都代表一个与特定的专业或技术有关的领域，下面简要介绍心理学人员可以从事的职业。

（1）临床和咨询心理学家

临床和咨询心理学家的主要职责是运用心理学的各种原理和技术对个体和家庭的心理和行为问题进行咨询和治疗，帮助人们更好地处理日常问题、应对压力和适应社会，因此涉及的人群非常广泛，如学习困难儿童、精神病患者、适应不良或有情绪困扰的普通人等。他们也可以从事理论研究，包括临床治疗中的各种问题、新式疗法的作用等。临床和咨询心理学家通常服务于医疗机构、大型企业或组织等，还可以独立或合伙开业。

（2）工业和组织心理学家

工业和组织心理学家的主要服务于企业和其他组织的人事选拔、工作分析、员工培训、工作环境设计、心理健康维护、人际沟通和协调、组织变革与发展等工作，帮助提高员工的积极性，满意度和心理健康水平，改进组织气氛和组织结构，提高组织绩效。其中，工程心理学家还帮助企业进行产品的开发、设计和可用性评价，他们的工作对于手机、电脑、汽车、飞机驾驶员的座舱等人机交互系统的布局和设计非常有价值。工业和组织心理学家主要任职于企业和其他组织中的人力资源部门，管理咨询公司和学术机构。

（3）学校和教育心理学家

学校和教育心理学家的职责是对学生的学习提供指导，帮助学习困难的学生，为有心理障碍或情绪困扰的学生提供咨询和辅导，为超常儿童提供培养方案，帮助学生进行生涯规划，培训教师等。他们的研究工作也主要围绕学习和教学过程的问题开展。例如，如何提高学生的学习积极性，优秀教师的特点等等。学校和教育心理学家一般就职于大学的教育或心理学院、咨询或培训机构、中小学、医院、幼儿园等单位。

（4）发展心理学家

发展心理学家主要从事儿童发展、成人发展及老年化的基础和应用研究，还对发展迟滞儿童进行临床诊断和治疗、对儿童的教育问题提供咨询，研究助老计划等。发展心理学家在应用领域的很多工作和教育心理学家相似，他们任职的单位也差不多。区别在于，发展心理学家的一些研究和工作与老年人的生活有关。随着社会老龄化趋势的加剧，这方面的工作也变得日益重要。

（5）消费心理学家

消费心理学家研究与消费活动有关的一切领域，如产品的包装和测试、广告的开发和效果测量、营销方法的选择、营销环境的布置、消费人群的界定、品牌的建设与发展、市场调查等。除学术机构外，他们一般服务于企业的营销或服务部门，也可以就职于管理咨询公司或市场调查公司。

第二节 心理学的研究方法

心理学作为一门实证性科学，理所当然应该采取客观的研究方法。但是，在其真正成为一个独立的科学体系之前，心理学一直处在哲学的襁褓中。因此，大多数心理学家与哲学家一样也常用思辨的方法去研究心理学问题，结果导致该学科长期落后于其他科学。可见，研究方法对任何一门科学的发展都起着决定性的作用，同时也标志着该学科的发展水平。

心理科学研究的基本方法主要包括下列几种：

一、观察法

所谓观察法（observation method）是指利用感官和记录工具，有目的、有计划地对被观察对象的行为进行记录，从而获得其心理活动变化和发展规律的研究方法。

根据观察方式和要求的不同，观察法又可以细分为多种类型。按照观察地点的不同可分为自然观察和实验室观察。自然观察法是在自然情景中对人或动物的行为进行的观察，而实验室观察则是在特定的场所对预先设定的情境进行的观察。按观察者本人是否参与被观察对象的活动中，可分为参与观察和非参与观察。参与观察是观察者隐藏自己的真实身份，参与到被观察对象的活动中去，并将所见所闻记录下来。采取参与式观察是为了防止被观察对象发觉自己被观察而改变自己的行为方式。

需要解释的一点是，心理科学中使用的观察法和我们现实生活中的观察是不一样的。前者要求有明确的观察目的和详细记录。而且为使观察结果真实有效，还需要对被观察者活动的环境、言语、表情、动做等做系统的记录，必要时还需借助录音、录像设备。

由此可见，观察法的主要优点在于观察到的行为比较自然，收集到的资料也比较可靠。而该方法的不足之处是观察者始终处于被动地位，只能消极等待被观察者某些行为的出现，并且积累的资料只能表明行为"是什么"，而不能解释"为什么"。

二、实验法

所谓实验法（experimental method）是指研究者有计划、有组织地变化试验条件（自变量），观察记录由此导致的心理和行为变化（因变量），从而确定实验条件与心理现象之间关系的研究方法。其本质特点是控制各种无关变量。实验法与观察法相比的优势在于：可以主动地操纵实验情境，引发被试的行为，而无需一味地被动等待；能够在自变量和因变量之间进行因果推论，即能够解释行为"为什么"会发生。实验法又包括实验室实验法和自然实验法。

实验室实验法是在特定的实验室中，借助相关仪器设备，通过严格控制各种因素而进行实验研究的方法。其最大优点是实验中所有因素都被严格控制，可以精确地测定自变量和因变量之间的关系，结果可靠，而且实验过程能够重复进行。其缺点在于实验室情境有很大的人为性，往往与现实中的真实情景不相符合；而且条件控制越严格，则结果将越脱离实际生活，致使实验结果不具有可推广性，即在实验室的情境之外其结论可能就不成立。

自然实验法又称现场实验法，它是在实际生活情景中，通过创设一定的情境来研究被试心理现象的方法。这种研究既是在被试熟悉的日常生活环境进行的，又对实验条件进行了相应的控制，所以它兼有观察法和实验室实验法的优点。目前，自然实验法是发展心理学、教育心理学和社会心理学研究中常用的方法。但是由于在自然情境中，一些条件不能很好地控制，容易受到无关因素的干扰，这是该方法的不足之处。

在实验研究中，需要考虑三种变量：一是自变量，即根据实验目的和假设，能够引起被试（被研究对象）心理或行为改变的变量或因素；二是因变量，它是由自变量所导致的被试的行为变化，即实验者要测量的指标；三是额外变量，它是实验中除自变量外，其他可能导致的因变量变化的变量。在实验研究中，需要严格控制额外变量，系统地操纵自变量的变化，并仔细记录由此导致的因变量的改变。这样，才能对自变量和因变量的关系进行有效推论。

三、测验法

测验法（measurement method）就是通过采用标准化的测验工具——心理测验或量表，对个体或群体的某种心理品质进行考察的方法。所谓测验或量表，是一组经过标准化的问题。根据测验的内容，可以将心理测验分成智力测验、人格测验、成就测验、兴趣测验、态度测验等；根据测验材料的性质可将其分为自陈式测验和投射性测验；按照测验内容的呈现方式不同可以分为文字测验和操作性测验；按测验规模又可划分为个体测验和团体测验。

使用测验法进行研究，前提是所使用的心理测验或量表必须是标准化的，特别是必须要有较高的信度和效度。其中，高信度是指测验的结果必须是稳定和可靠的；高效度则是指测验的结果必须是准确和有效的。由于测验法所使用的量表都经过了严格的检验，所以测验的结果也比较可靠，并且测验结果的量化程度较高，便于对测验内容进行比较分析。

目前，测验法已经在人格评定、人事选拔、心理疾病诊断等方面得到广泛的应用，是一种科学而有效地对人的心理特征进行考察的有效工具。在学校和教育心理学研究中，测验法也是常用的方法。然而，测验法对研究者的专业素质要求比较高，要求他们具有丰富的专业知识、熟练的测验操作技能和严格保密的道德准则。简而言之，就是对测验操作规范化，对测验获取的个人资料予以保密，科学客观地解释测验结果，避免对受测者的不良影响。

四、调查法

调查法（survey method）是指就某个或者某些问题，要求调查对象回答自己的看法或观点，从中分析、推测个体或群体心理特点的研究方法。调查法一般可以分为问卷调查法和访谈调查法两种。

问卷调查法有时简称问卷法，指根据研究目的，以书面形式将所要收集的材料列成明确的问题，要求被试将自己对问题的回答填写在问卷上，然后由主试对回答的结果进行分析。问卷法最大的特点是能进行大范围的调查和量化分析，比较方便、快捷，这是它优于谈话法的方面。其缺点是对被试的作答缺乏控制，被试在回答问题时可能有掩饰倾向或虚假作答，从而降低研究结果的精确性。为此，就需要在问卷的设计上认真考虑，精心安排问卷的题目安排和表述，必要时还可以采取一些侦测技术，以保证所收集数据和资料的可靠性。通常情况下，问卷法总是和其他方法配合使用，这样可以互相补充对方的不足。

访谈调查法简称访谈法，它可以采用面对面、信函或电话采访等形式，向被调查者提出预先准备好的问题，以一问一答的方式进行调查。也就是说，研究者和被试之间直接沟通和交流，研究者还可以通过补充提问的方式对想要了解的信息进行进一步的询问。访谈法多数时候只能一对一地进行，这便于研究者深入细致地了解被调查对象的想法，但也使得研究的进度较慢，无法在短时间内获得很多资料，而且所获的资料也只代表少数个体的看法。所以，研究者在访谈研究过程中，必须注意所访问对象的典型性和代表性，不能轻易将访谈结果做大范围推广。

五、个案法

所谓个案法（case method）是指搜集单个被试各方面的资料（生活环境、家庭情况、成长历程、人际交往、学业或成就等），通过深入细致地分析，了解其心理和行为特点的方法。个案研究法可以对个人或某一群体的心理发展过程进行系统、深入的追踪研究。例如，研究者可以通过对若干个青少年犯罪者的个案调查，分析青少年犯罪的形成过程和影响因素。

由于个案法仅使用少量的被试，因此研究结果的推广往往会受到限制。一般情况下，该研究方法总是和其他方法结合使用。然而，通过对少数具有代表性个体的研究，有时候也能获得有价值的成果。例如，人脑中的言语运动中枢（布洛卡区）就是法国医生布洛卡在接治一个失语症患者时发现的。

需要强调地是，在心理学研究中，除了科学的研究方法之外，还需要严谨求实的态度。用科学的态度开展研究，是做好研究的前提和基本要求。

阅读资料：心理学研究的新技术——脑成像技术

近20年来，随着现代物理、电子与计算技术的发展，在脑(功能)成像技术领域出现了非常令人振奋的进展，涌现出了一批功能强大的无创伤性脑认知成像手段。这些技术被迅速应用到认知神经科学的各个领域中，产生了一批突破性的成果。例如，大量脑成像的研究结果，一致支持了大脑功能模块化的基本思想，即大脑认知功能广泛分布在大脑的各个区域，每种功能都是由一些特定的脑区实现的。目前主要的脑成像技术有：

（1）正电子发射断层扫描（PET）

20世纪70年代中期提出的正电子发射断层扫描技术，是第一种提供大脑功能性信息的扫描技术。它是一种核医学成像技术，能为全身提供三维和功能性流程的图像，是现代最先进的肿瘤诊断技术之一。该技术首先需要在人体内注入放射性葡萄糖，通过检测葡萄糖在人体不同部位的放射性变化而了解该部位的新陈代谢状况，然后利用计算机进行三维立体成像，将各方位断面图像展示出来。

（2）功能性磁共振成像(fMRI)

20世纪90年代出现的功能性磁共振成像——fMRI，凭借其对人体内部结构的卓越观测能力，已经成为观察人体组织病变的最好工具之一。fMRI通过对大脑各部位血氧水平的探测，可以显示在执行特定任务时大脑相关区域的兴奋状况，被广泛应用于大脑的认知活动及其功能定位研究。fMRI 能实时跟踪信号的改变，例如在仅几秒内发生的思维活动，或认知实验中信号的变化，时间分辨率达到 1ms。

（3）脑电图（EEG）和脑磁图（MEG）

脑波主要分为两种，一种是脑电波，即大脑皮层的电流；另一种是脑磁波，即神经活动时所产生的电信号引起的磁场变化。EEG 是一种借助电子放大技术，将大脑神经元的自发性生物电活动放大 100 万倍并加以记录，从而反映大脑动态活动的方法；MEG 记录的是根据神经元的突触后电位所产生的电流形成的相关脑磁场信号。

两种技术都具有无创伤、低价格、易分析、受外界影响小等特点。由于脑磁场信号强度明显强于头皮信号，并且磁场为空间探测，不受头皮电位变化干扰，因此 MEG 能做到更高精度的空间定位。MEG 能够检测颅外 5mm 范围内的脑功能活动，时相分辨率达到 1ms，这是 EEG 无法做到的。

（4）事件相关电位（ERPs）

ERPs 通过平均叠加技术，从头颅表面记录大脑诱发电位，来反映认知过程中大脑的神经电生理改变。经典的 ERPs 成分包括 P1、N1、P2、N2、P300，其中 P1、P2 和 N1 为 ERPs 的外源性（生理性）成分，受刺激物理特性影响；N2、P300 为 ERPs 的内源性（心理性）成分，与被试的精神状态和注意力有关。事件相关电位属于长潜伏期诱发电位，测试时一般要求被试保持清醒，并在一定程度上参与其中。

总之，当前脑成像技术正处在极其迅速的发展阶段，在方法学上日新月异的同时，其应用也渗透到认知神经科学的各个领域，为人类研究心理现象提供了新的方法。

资料来源：朱滢. 实验心理学. 2003

第三节　心理学的发展

一、科学心理学的产生

"心理学有着漫长的过去，但却只有短暂的历史"，著名心理学家艾宾浩斯的这句名言经常被引用，来说明心理学是一门既古老又年轻的科学。从古代社会开始，与心理学有关的问题一直包含在哲学之中被人们思考和探索。例如，苏格拉底、柏拉图和亚里斯多德等先哲就曾经考虑过灵魂的性质、人们如何感知世界、物质和意识的关系等命题；我国古代的思想家孟子和荀子等也曾就人性的诸多问题做过论述。但科学心理学的产生却是在 1879 年，距今不过一百多年的历史,其标志是 1879 年,德国心理学家冯特(W. Wundt,1832—1920)在莱比锡大学建立了世界上第一个心理学实验室,将实验方法应用于心理学的研究。至此,心理学脱离哲学,成为一门独立的科学。

尽管冯特是科学心理学的创立者,但在冯特之前的一些哲学家、生理学家和物理学家的工作已为科学心理学的诞生奠定了基础。其中,近代哲学思潮为现代心理学的诞生提供了理论基础。近代法国哲学家笛卡尔(R. Descartes,1596—1650)最早提出了反射的思想,他认为人就像一部结构精致的机器,能够对外界作出反射;他还认为神经是中空的管道,内有流动着的动物元气;他还提出人的灵魂定位于松果体,松果体在人的灵魂和肉体之间传递刺激或冲动。英国哲学家洛克(J. Loke,1632—1704)提出了白板说,认为人的心灵最初就像一张白纸,一切知识和观念都来自于后天的经验。洛克把人的经验分为外部经验和内部经验,外部经验是外部世界作用于感官的结果,而内部经验是人们对自己内心活动的观察。洛克还认为记忆是观念的联想,心理活动能够被还原为联想。洛克的这一思想是后来"联想主义"哲学思潮的滥觞,而联想主义的观点对心理学中的学习和记忆理论也产生了重要的影响。

西方近代实验生理学和心理物理学的发展则为现代心理学提供了实验研究方法的直接来源。例如,1840 年,雷蒙德(D. B. Reymond,1818—1896)发现了神经冲动的电现象;1846 年,韦伯(E. H. Weber,1795—1878)第一次在实验中提出了阈限的操作定义,并得出了最小可觉差的数量法则;1850 年,赫尔姆霍茨(H. Helmholtz,1821—1894)第一次精确测定了青蛙神经冲动的传导速度,为心理学研究中反应时的测量奠定了基础;1860 年,费希纳(G. T. Fechner,1801—1887)在韦伯研究的基础上发现了物理量与心理量间的函数关系,并正式提出了心理物理学方法;1861 年,布洛卡(P. Broca,1824—1880)通过对失语症患者的研究发现了大脑中的言语运动中枢;1868 年,唐德斯(F. C. Donders,1818—1889)提出了简单反应时和选择反应时的测定方法;1879 年,艾宾浩斯(H. Ebbinghaus,1850—1909)开始用实验法对记忆进行了研究,绘出了遗忘曲线,打破了实验法不能研究高级心理过程的禁区,并于 1885 年出版了实验心理学的经典著作《论记忆》。

二、心理学的主要流派

从现代心理学的创立之日起,不同的心理学家对心理学的研究主题、研究任务以及研究方法等方面就有不同的看法,根据这些差异将心理学分成了不同的学派或学说,这些学派和学说的出现反映了心理学不断发展的进程。

（一）构造主义

构造主义是心理学的第一个理论流派，其创始人为冯特，代表人物为冯特的弟子铁钦纳（E. B. Titchener）。构造主义认为心理学是研究意识（经验）的科学，在研究方法上主张使用实验内省法。构造主义强调对心理和意识结构的研究，认为意识可分为感觉、意象和感情等三个基本元素，并认为所有复杂的心理活动都由这些基本元素构成。构造心理学的贡献在于它使心理学摆脱了哲学思辨的桎梏，走上了实验研究的道路，是科学心理学的开端。但是，该流派"纯内省"的分析，难以保证客观性，受到了众多研究者的质疑。

（二）机能主义

机能主义的创始人是美国心理学家詹姆斯（W. James），其他代表人物还有杜威（J. Dewey）、桑代克（E. L. Thorndike）等人。机能主义也主张研究意识，但他们认为意识的作用是使有机体适应环境，不能把意识分解为个别元素的集合。机能主义关注心理过程的机能和实际用途，从而推动了美国心理学与实际生活的相互融合，使得心理学在美国的教育和其他领域得到广泛地应用。

（三）行为主义

行为主义的创始人是美国心理学家华生（J. Watson），代表人物有斯金纳（B. F. Skinner）等。行为主义力图使心理学走上客观化和科学化的道路，因而强烈反对内省法，主张使用客观的研究方法；反对心理学研究无法观察的意识，而主张研究行为；行为主义把刺激—反应（S-R）作为解释行为的公式，强调环境对行为的影响。

行为主义对现代心理学的发展产生了重大影响，推动了心理学研究的客观化，促进了实验方法在心理学研究中的应用。然而，行为完全排斥对意识和心理过程的研究，观点过于偏激，受到了很多批评。

（四）格式塔学派

格式塔学派的创始人是德国心理学家惠特海默（M. Wertheimer），代表人物还有苛勒（W. Köhler）和考夫卡（K. Koffka），后期代表人物还有勒温（K. Lewin）。该学派反对把意识分解为单个的元素，也不支持行为主义的 S-R 公式，而是强调将心理作为一个整体、一种组织进行研究。格式塔学派认为，整体不能还原为部分之总和，部分相加也不等于全体；整体先于部分而存在，并且制约着部分的性质和意义。格式塔学派在知觉和学习领域开展了大量实验研究，取得了不少成果，该学说所强调的"整体"观点至今也仍有积极作用。

（五）精神分析学派

精神分析学派的创始人是奥地利精神病学家弗洛伊德（S. Freud）。该学派的理论主要来自于弗洛伊德对精神病患者诊断治疗的临床经验。弗洛伊德认为，人的行为受本能冲动的驱使，尤其是性本能；心理表层的意识仅仅是人的整个精神活动中很小的一部分，处于心理底层的无意识才是主体，它是被压抑的欲望和本能冲动的反映；人格形成于个体发展的早期，是由本我、自我和超我构成的系统，这三种力量相互间的矛盾冲突是人精神异常的根本原因。

精神分析学派强调对无意识的研究，并关注需要、动机等动力因素，因而又被称为心理动力学派。该学派对心理学的发展有很大贡献，其理论在人格研究、心理治疗等领域至今仍有很大影响，但弗洛伊德把人的一切行为都归于被压抑的性欲，认为无意识决定意识的观点也广受批评。

（六）人本主义

人本主义的创始人和代表人物是美国心理学家马斯洛（A. Maslow）和罗杰斯（C. Rogers）等。人本主义既反对弗洛伊德提出的"人的行为受性本能的驱使"，也反对行为主义认为的"人的一切行为都来自于后天的强化"。人本主义学派着重于对人格的研究，他们认为人的本质是向善的，人有自由意志，有自我实现的需要，而不受无意识欲望的驱使。因此，只要有适当的环境条件，人就会力争实现某些积极的目标。他们也反对只研究可以观察到的刺激与反应，认为恰恰是人们的思想、欲望和情感这些内部过程和经验，才是使他们成为独特个体的原因。人本主义学派关注个体的主观世界和人性中积极的一面，扩大了心理学的研究范围，被认为是继行为主义和精神分析之后的现代心理学的"第三势力"。

人本主义对心理治疗方法的发展有重要贡献。不过，人本主义主要采用现象学的研究方法，使其理论难以得到检验。

（七）认知心理学

认知心理学是20世纪50年代兴起于西方的心理学思潮。1961年，美国心理学家奈塞尔（U. Neisser）出版了《认知心理学》一书，标志着认知心理学的诞生。认知心理学的产生，既是心理学自身发展的结果，同时也深受信息论、控制论和计算机科学发展的影响。认知心理学把人的大脑看做是类似于计算机的信息处理系统，认为认知就是信息加工，其主要研究对象是人的认知加工过程，如知觉、记忆、表象、概念形成、推理、问题解决等，因此又被称为信息加工心理学。认知心理学重点关注信息输入和信息输出之间的内部加工过程，从而使对心理过程和心理机制的研究重回心理学的主流。

认知心理学其实不是一个严格意义上的学派，而是一种研究取向或思潮。当前，认知心理学逐渐和脑科学、神经科学和生理心理学呈现出交叉、融合的态势，已经成为心理学发展的主要潮流之一。

（八）进化心理学

进化心理学的理论源头来自于生物学中的进化理论。达尔文关于进化的核心思想是"自然选择、适者生存"，即能更好地适应环境的个体有更多生存并遗传其基因的机会。进化心理学认为：人的心理能力和生理机能一样，也是进化的产物；人的各种行为的最终目的，都是为更好地适应环境，进而繁殖和遗传其基因。例如，进化心理学家认为，男人和女人承担不同性别角色的本质原因是因为这样有利于其基因的传承，而不是因为社会的教化，而且社会化的最终目的可能也是为了种系的繁衍。

近年来，进化心理学得到了快速的发展，影响日益增大。

上述的几种观点是心理学领域主要的理论流派。其中，除了结构主义、机能主义和格式塔学派之外，其他的各理论派别至今都仍有较大的影响。需要指出的是，每个心理学流派的产生和发展都有一定的时代背景、理论基础和方法论，也各有优点和局限性，它们分别从不同的角度出发对人的心理和行为进行了深入的探析。

  阅读资料：不同心理学观点对攻击行为的解释

各个心理学流派采用不同的研究方法，针对不同的研究对象，提出了各不相同的研究观点，对行为作出了不同的解释，下面是七种不同的心理学观点从各自的研究假设出发对攻击性行为的理解。

（1）生物学观点　该理论观点认为心理与生理是密不可分的，某种行为的出现必定有其特殊的生理反应，特别是大脑的变化。因此他们试图通过刺激脑的不同区域并记录由此引发的任何破坏性行为，来确定引起攻击性行为的脑部位。

（2）心理动力学观点　该观点认为攻击性是由于不能获得快乐感或欲望无法得到满足而引起的挫折反应，如不公平的权威可能成为个体攻击性行为的诱因。成人的攻击性是儿童时期对父母等权威的反抗的一种延伸或转移。

（3）行为主义观点　该观点认为攻击性行为的出现是对过去攻击性行为积极强化的结果，如对一个伤害同学的儿童予以额外的关注，导致该儿童日后作出同样的攻击性行为以得到成人的关注。另外父母对儿童的虐待也为儿童的攻击性行为提供了榜样。

（4）人本主义观点　该观点认为攻击性行为的出现是由于个体缺少促进成长、分享经验的价值观及环境条件，而受到那些自我限制、具有攻击性的社会环境影响。因此，人本主义关注个体自身的积极品质，并希望通过改进社会条件促进良好品质的发展。

（5）认知观点　该观点探索人们在目睹暴力行为时经历的攻击性思维和幻想，同时关注攻击性的想象和意图。他们通过研究电影和电视中的暴力场面，如色情暴力、强奸、战争等，探讨其对个体攻击性行为产生的影响。

（6）进化观点　该理论认为人的一切行为都是人类在漫长的进化过程中流传下来的，都可以从早期人类的适应性行为中找到，攻击性行为也不例外。因此该观点试图找到那些使攻击性行为传递下来的条件，并研究在那些条件下选择性地产生攻击性行为的心理机制。

（7）文化观点　该观点认为不同文化背景中的个体攻击性行为表现的方式不同，因此试图从文化角度考虑不同文化中的成员如何表现和理解攻击性，探讨文化力量对攻击性行为的影响。

资料来源：格里格，津巴多. 心理学与生活. 2003

三、心理学的发展趋势

近30年来，心理科学不断地与自然科学和社会科学中的其他学科交叉，派生出许多具有交叉学科性质的分支，为其带来明显的学术增长点，主要表现是认知神经科学、心理神经免疫学、社会认知心理学等一批新学科的涌现。多学科交叉和多层次融合是当代心理学发展的主要特色，它推动心理学研究的不断深入和拓展。

随着计算机科学、神经科学和数学等相关学科的发展，心理学的研究方法和技术也出现了很大突破，特别是脑功能成像和眼动追踪等先进仪器和研究方法的发展与成熟，使心理学家对一些重要科学问题的更深入探索成为可能，如意识的本质、记忆的生理心理机制、成瘾的生物学基础、合作行为的发展、某些精神疾病的形成机理、遗传和环境对个体心理与行为的影响，等等。

此外，随着社会需求的增多，临床心理学、教育心理学、组织心理学、工程心理学等应用心理学领域的研究得到快速发展，心理学的理论与成果在增进人类健康水平，提升个体生活质量，促进儿童身心发展，提高组织管理效率，改善产品设计等方面，发挥着越来越大的作用。心理学在更好地服务社会的同时，也为自身的发展创造了良好的社会环境。

四、心理学在中国的发展

中国古代没有心理学的专著，但有丰富的心理学思想。这些思想散见于许多哲学家、思想家和教育家的著作中。例如，我国古代典籍《学记》在教育和学习心理方面提出了许多有价值的主张。东汉的王充（公元27—99）详尽地论证了心理不能离开身体的道理，认为精神为血脉所生，"人死血脉竭，竭而精气灭"。清代名医王清任（1768—1831）根据自己的解剖经验，提出人的感觉和记忆是脑而不是心脏的功能。这些思想虽然是朴素的，有些甚至带有猜测的性质，但也是我国心理学可以汲取的宝贵精神财富。

1878 年，留美学者颜京（1838—1898）在上海建成圣约翰书院并亲授心理学课程，1889 年他翻译出版了美国学者海文（J. Haven）的《心灵哲学》一书，这是国人翻译的第一部外国心理学著作。1907 年王国维的译著《心理学概论》出版。在这个时期内，一批留美和留日的中国学者对传播心理学起了重要的桥梁作用。

1917 年，北京大学建立了我国的第一个心理学实验室，标志着中国现代心理学的创立。20 世纪二三十年代，现代心理学的许多理论和思想开始通过留学归国的学者传入国内。1920 年，南京高等师范学堂建立的我国的第一个心理学系。1921 年 8 月，中国心理学会的前身——中华心理学会在南京成立。1937 年抗日战争爆发，心理学的发展陷于停滞。1949 年新中国的成立，标志着心理学在我国进入了新的发展时期。

建国初期，中国心理学以引进和学习苏联心理学为主。20 世纪 50 年代，心理学的研究遭受到"超阶级"、"抽象化"等不应有的批判。"文化大革命"期间，心理学在我国的发展又受到灾难性的破坏。从 1978 年改革开放开始，中国心理学才进入了新的快速发展阶段。一批中国心理学学者被派往国外学习和进修，国外的很多心理学家也被邀请来中国进行访问交流，这对中国心理学学者迅速了解国际心理学的前沿和发展趋势起到了十分重要的作用。1980 年中国心理学会正式加入了世界心理学联合会。30 年来，中国心理学家在心理学的各分支学科开展了自己的研究工作，并取得了丰硕成果，研究工作的深度和广度得到很大提高，在某些领域已经达到或接近国际先进水平。

相信在 21 世纪，中国心理学一定会更加繁荣，为国家建设和社会发展做出更多贡献。

 阅读资料：现代心理学的一些重要事件

1. 1879 年冯特（W. Wundt）在德国莱比锡大学建立了世界上第一个正式的心理学实验室，标志着独立的科学心理学的诞生。

2. 1883 年高尔顿（F. Galdon）发表《对人类官能及其发展的探讨》，开辟了研究个体心理和心理测验的途径。

3. 1885 年艾宾浩斯（H. Ebbinghaus）发表《论记忆》，开创了用实验方法研究记忆的先河。

4. 1890年詹姆士（W. James）出版了他的代表作《心理学原理》，提出了意识流理论，对美国机能心理学的产生和发展有重要影响。

5. 1900年弗洛伊德（S. Freud）发表了《梦的解释》，1916～1917年发表了《精神分析引论》，创立了精神分析学派。

6. 1905年比纳（A. Binet）和西蒙（T. Simon）共同编制了《比纳—西蒙智力量表》，1908年发表了这个量表的修订本。

7. 1912年惠特海默（M. Wertheimer）、苛勒（W. Köhler）和考夫卡（K. Koffka）在法兰克福研究似动现象，在此基础上建立了格式塔心理学。该学派的后期代表是勒温。

8. 1913年，美国心理学家华生（J. Watson）发表了《从一个行为主义者眼光中所看的心理学》，宣告了行为主义心理学的诞生。

9. 1937年斯金纳（B. F. Skinner）发表《两种类型的条件作用》，首次提出"操作性"（operant）的概念。第二年出版《有机体的行为》，标志着新行为主义的诞生。

10. 1943年马斯洛（A. Maslow）发表《人类动机论》，以后又出版了《动机与人格》一书，创立了人本主义心理学。

11. 1950年皮亚杰（J. Piaget）发表《发生认识论导论》（3卷集），标志着发生认识论体系的建立。

12. 20世纪60年代初，斯佩里（R. W. Sperry）及其同事进行了著名的裂脑研究，发现了大脑两半球功能的差异，大大促进了对脑的高级认知功能的研究。

13. 1967年奈塞尔（U. Neisser）发表《认知心理学》，标志着现代认知心理学的诞生。

14. 1991年欧洲科学技术发展预测与评估委员会（FAST）出版认知科学系列丛书．其中第四卷为《认知神经科学》，标志认知神经科学作为一个科学分支得到认可。

15. 2004年，第28届国际心理学大学（ICP2004）在北京召开。

资料来源：彭聃龄．普通心理学．2004

本章摘要

1. 心理学是研究心理现象及其规律的科学。心理学既研究人的心理，也研究动物心理，但以人的心理为主要研究对象。为了更准确地了解人的心理，心理学也要研究人的行为，并通过行为推测机体的心理活动。心理学在研究人的心理现象时，不仅要研究个体的心理现象，也要对群体的心理现象进行分析。

2. 个体所具有的心理现象称为个体心理。个体的心理现象包括两大方面：

心理过程和个性。其中，心理过程是个体对客观事物及其关系进行反映的过程，它包括：认知过程、情绪情感过程和意志过程。

3. 认知过程是个体对客观现实的认识过程，即个体对信息进行加工的过程。人的认知过程主要包括：感觉、知觉、记忆、思维、想象、言语等。

4. 情绪情感过程是人们因客观事物是否符合自己需要而产生态度体验和反应的过程。

5. 意志过程是人有意识地确立目标、制定计划，并不断调节自身行为来克服困难，进而实现预期目标的心理过程。

6. 个体在进行心理活动时表现出来的稳定的个人特点，或者说是人与人之间存在的心理差异，称为个性。个性主要包括能力和人格两个方面。

7. 能力是个体顺利完成某种活动所必备的心理特征。能力能够影响个体从事某种活动的效率，不同能力的个体完成同一任务的成绩会有一定差异。

8. 人格是指个体在活动过程中体现出的不同风格，它主要体现在气质、性格、需要、兴趣、态度、价值观等方面。其中，气质是个体心理活动的动力特点，它受遗传因素的影响较大；性格则是个体对现实的态度及与之相适应的习惯化的行为方式。

9. 行为是指有机体对各种刺激的反应，它包括个体的各种动作和活动。人的行为受心理活动的支配，而心理可以通过行为外化出来。

10. 个体的心理与行为与其所处的群体和社会环境有着密不可分的关系。群体心理是在共同的生活条件和生活环境下产生的，它是该群体中所有个体心理特征的集中和典型表现；个体心理则是群体心理产生的基础，并且也会受到自己所在群体的共同心理特征的影响。

11. 心理学是一个具有许多分支的学科体系，其分支学科大体上可以分为三类：理论心理学类、应用心理学类、研究方法类。其中理论心理学类主要包括普通心理学、生理心理学、发展心理学、社会心理学、认知心理学等；应用心理学类主要包括教育心理学、医学心理学、工程心理学、管理心理学、运动心理学、法律心理学、军事心理学等；研究方法类主要包括实验心理学、心理测量学、心理统计学等。

12. 心理学既具有自然科学的性质，也具有社会科学的性质，是介于自然科学和社会科学之间的交叉科学，同时它也是认知科学的主干学科。

13. 心理科学研究的基本方法主要包括观察法、实验法、测验法、调查法和个案法。

14. "心理学有着漫长的过去，但却只有短暂的历史"。从古代社会开始，与心理学有关的问题一直包含在哲学之中被人们思考和探索；而直到1879年，德国心理学家冯特在莱比锡大学建成了世界上第一个心理学实验室，才标志着科学心理学的正式诞生。

15. 构造主义是心理学的第一个理论流派，其创始人为冯特，代表人物为冯特的弟子铁钦纳。构造主义强调对心理和意识结构的研究，在研究方法上主张使用实验内省法。

16. 机能主义的创始人是美国心理学家詹姆士，其他代表人物还有杜威、桑代克等人。机能主义关注心理过程的机能和实际用途，从而推动了美国心理学的传播、发展和应用。

17. 行为主义的创始人是美国心理学家华生，代表人物有斯金纳等。行为主义主张用客观的研究方法去研究行为，强调环境对行为的影响。

18. 格式塔学派的创始人是德国心理学家惠特海默，代表人物还有苛勒和考夫卡，后期代表人物还有勒温。格式塔学派强调将心理作为一个整体、一种组织进行研究。

19. 精神分析学派的创始人是奥地利精神病学家弗洛伊德。精神分析学派强调对无意识的研究，并关注本能需要、深层动机等动力因素，因而又被为心理动力学派。该学派的理论在人格研究、心理治疗等领域至今仍有很大影响。

20. 人本主义的创始人和代表人物是美国心理学家马斯洛和罗杰斯等。人本主义学派关注个体的主观世界和人性中积极的一面，认为人的本质是向善的，人有自由意志，有自我实现的需要。该学派被认为是继行为主义和精神分析之后的现代心理学的"第三势力"。

21. 认知心理学的主要研究对象是人的认知加工过程，如知觉、记忆、表象、概念形成、推理、问题解决等。它将人看做是一个信息加工的系统，重点研究信息输入和输出之间发生的内部心理过程，如信息的编码、储存和提取等。当前，认知心理学已经成为心理学发展的主要潮流之一。

22. 进化心理学的理论源头来自于生物学中的进化理论。进化心理学认为，人的心理能力和生理机能一样，也是进化的产物；人的各种行为的最终目的，都是为更好地适应环境，进而繁殖和遗传其基因。

23. 中国古代许多哲学家、思想家和教育家的著作有丰富的心理学思想。1917年，北京大学建立了我国的第一个心理学实验室，标志着中国现代心理学的创立。改革开放以后，中国心理学才真正进入了新的快速发展阶段。

复习思考题

1. 心理学的研究对象包括哪些方面？
2. 心理过程和个性各包括哪些方面？二者有何关系？
3. 心理学主要的研究领域和分支学科有哪些？
4. 为什么说心理学是介于自然科学和社会科学之间的交叉科学？
5. 心理学主要的研究方法有哪几种？各自的特点是什么？
6. 心理学的主要流派有哪些？各有何特点？哪些学派至今仍有较大影响？
7. 谈谈你对心理学研究任务和意义的认识。

第二章 心理和行为的生物学基础

第一节 神经元和突触

一、神经元和突触

人脑是世界上最为复杂的物质之一，它是由一百多亿个神经元和一千多亿个神经胶质细胞构成的复杂的神经机能系统。形象地说，该系统就是一个结构复杂、功能强大的神经网络，是机体进行一切心理活动的物质基础。神经元是神经系统的基本机能单位。

（一）神经元

神经元（neuron）即神经细胞，它是构成神经系统结构和机能的基本单位。神经元的主要作用是接收、加工和传递信息。神经元的形态和大小各异，主要有圆形的、纺锤形的、星形的和棱形的等，而且各种神经元在化学成分和功能上也不尽相同，但它们的基本结构都是相似的。

神经元由细胞体（soma）和突起两大部分组成。细胞体的最外层是细胞膜，内层含有细胞质和细胞核。突起是神经元向外突出的部分，分为树突和轴突两种。一般来说，一个神经元可以有多个树突，但是仅有一个轴突。神经元的构造见图2-1所示。

树突（dentrites）即树状突起，它是一种呈树枝状的较短的突起，长度仅有几百微米。每个神经元都包含很多的树突，树突的主要功能是接收其他神经元或感受器传送的信息，并将神经冲动传向细胞体。轴突（axon）即轴状突起，它的长度范围在十几微米到1米多之间，但一般比树突要长。轴突末端是稍微膨大的纽扣状结构，称为终扣（terminal button），其中含有丰富的神经递质。细胞体的主要功能是维持神经细胞的生命，并整合从树突接收到的信息。轴突

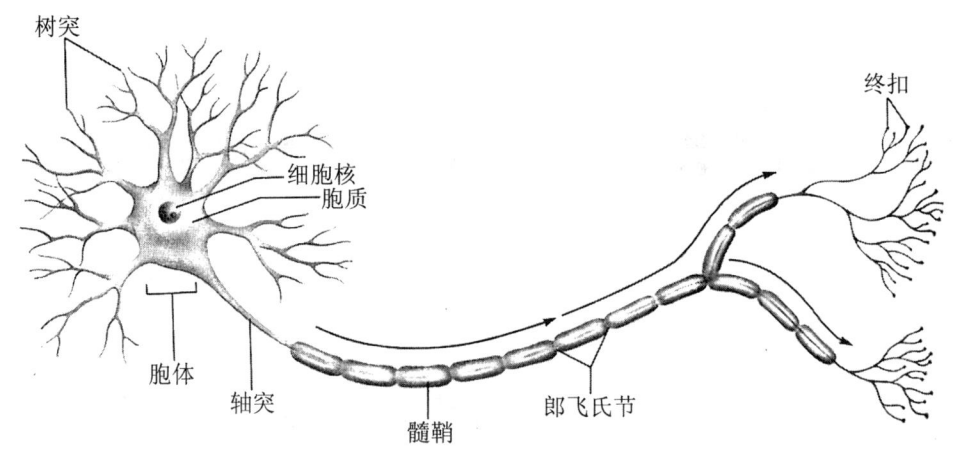

图 2-1 神经元的构造

资料来源：格里格，津巴多. 心理学与生活. 2003

的主要功能是将信息从细胞体传递给其他神经元。

按神经元的功能可以将其分成三类：感觉神经元（sensory neuron）、运动神经元（motor neuron）和中间神经元（interneuron）。感觉神经元又叫内导神经元，主要是接收身体内、外的刺激信息，再以神经冲动的形式将信息传入脊髓和大脑。运动神经元又叫外导神经元，其功能在于将脊髓和大脑发出的信息传向肌肉和腺体，以支配效应器官的活动。中间神经元又叫联络神经元，介于感觉神经元和运动神经元之间，主要作用是将这二者连接起来，传递神经冲动。

（二）突触

脊椎动物神经元的细胞质之间没有直接相连，各个神经元只能互相接触。两个神经元之间彼此接触的部位称为"突触"（synapse）。神经元之间的信息传导主要依靠突触进行。应用电子显微镜进行观察，可以发现突触具有复杂的细微结构（见图 2-2）。

突触主要包含三部分：突触前膜、突触间隙和突触后膜。突触前膜是指神经元轴突末梢的球形小体，即终扣，其中含有大量的突触小泡，突触小泡里有能够引起其他神经元兴奋的化学物质，即神经递质（neurotrans-mitters）。突触间隙是突触前膜和突触后膜之间的狭窄缝隙，其宽度约为 2×10^{-6} 厘米。突触后膜则是接受信息神经元的树突末梢或细胞体的表面，这些部位含有特定的分子受体，可以接受与之相应的神经递质。正是由于突触具有这种特殊的结构，才能实现神经冲动在不同神经元之间的传递过程。

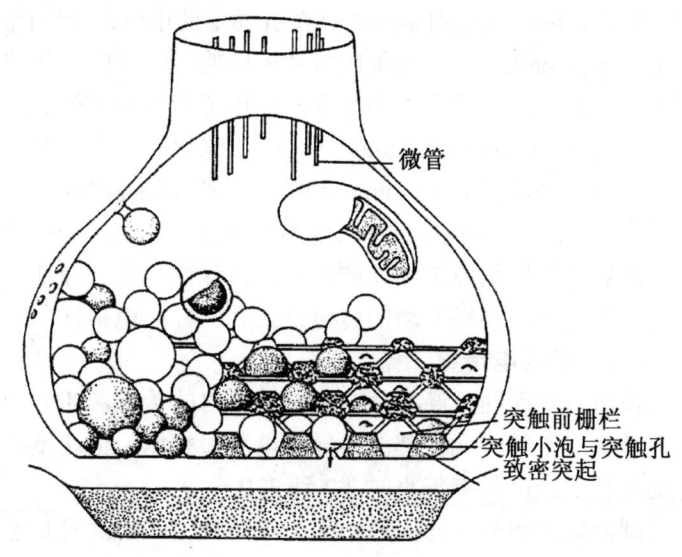

图 2-2　突触结构示意图

资料来源：蒋文华. 神经解剖学. 2002

（三）神经胶质细胞

在神经元网络之间存在着大量的神经胶质细胞（glial cells），大约有 1 000 亿之多。神经胶质细胞虽然不能传递信息，但却具有十分重要的作用。

胶质细胞是支持神经元的网架，它们为神经元的生长提供了线路，它可以帮助神经元找到其在脑中的位置。胶质细胞具有绝缘的作用，它可以形成一层绝缘外层，包裹在轴突外面，形成髓鞘，这种绝缘作用不仅可以防止神经冲动向周围扩散，而且大大增加了神经冲动的传导速度。胶质细胞还会影响神经冲动传递所需离子的浓度，因而会对神经信息的交流产生重要的作用。

胶质细胞还负责清扫脑内受损或死亡的神经元，并吸收过量的神经递质和神经元之间的其他废物，保持脑内环境的清洁，防止血液中的有害物质到达脑内的精细结构，对大脑造成伤害。如星形胶质细胞可以构成血—脑屏障，在脑内微血管周围形成脂肪性包膜，那些不能溶解的非脂溶性物质就无法透过这层屏障进入脑细胞。

二、神经冲动的传递

（一）神经冲动的含义

神经元之间的信息传递是以神经冲动的形式实现的。神经元在未受到刺激时处于静息状态，这时其细胞膜内外存在着稳定的电位差（外正内负），称为静息电位（resting potential）。当某种刺激（机械的、化学的、热的或电的）作用于神经元时，神经元细胞膜内外的电位差会迅速变为内正外负，这一电位变化过程称为动作电位（active potential）。这样，就使神经元由静息状态转化为活动状态，产生神经冲动（nerve impulse）。神经冲动的本质就是一种动作电位。

神经元具有两个基本特性：冲动性和传导性。冲动性是指由感受器或其他神经元传来的刺激能够引发神经元的冲动；传导性是指神经冲动能够在相邻神经元之间迅速的传递。神经冲动的传递方式有两种：电传导和化学传导。

（二）神经冲动的电传导

通过动作电位实现的神经冲动在同一细胞内的传导，叫做神经冲动的电传导。神经冲动在一个神经元内部的传导和电流很相似，但速度要慢得多。人体内神经冲动的传导速度只有每小时 3.2 到 320 公里。

外界的刺激或其他神经元的活动都会改变神经元的静息状态，当神经元细胞膜的内外电位差达到阈限时，神经元就会产生动作电位。当动作电位产生时，神经元的某一局部就会出现电位变化。此时，细胞膜的外部由正电位变为负电位，而细胞膜的内部则由负电位变为正电位，即在这个部位出现了"内正外负"的状态。然而，附近没有受到刺激的部位仍然是"外正内负"的状态。在这种情景下，细胞外部以及内部的冲动部位与静息部位之间就会产生电位差，在细胞膜内外将会出现方向相反的电流运动，在膜内是由兴奋部位的正电位流向未兴奋部位的负电位，而在膜外则是由未兴奋部位的正电位流向兴奋部位的负电位，从而形成一个电流回路，称之为"局部电流"。它使得附近那些处于静息状态的细胞膜的通透性发生改变，也出现局部电流。这种作用将推动神经兴奋从一处传向另一处，从而实现神经冲动的"电传导"（参见图 2-3）。

（三）神经冲动的化学传导

通过突触和神经递质实现的神经冲动在不同神经元之间的传递，叫做化学传导。当动作电位沿轴突传递到轴突末梢时，神经冲动就无法再由电传导的方式传给下一个神经元了，因为两个神经元之间并不是紧密接触的，而是存在一定的间隙。此时就需要进行化学传导，即借助于化学物质（神经递质）实现神经元之间的信息传递。

当神经冲动达到轴突末梢时，一些突触小泡破裂，并通过突触前膜的张口处将储存的神经递质释放出来。这种神经递质经过突触间隙作用于突触后膜，并激发突触后膜内部的受体分子（也是一种化学物质），从而改变接受信息神经元的细胞膜通透性，引起其电位变化，从而实现神经冲动在神经元之间的传递。

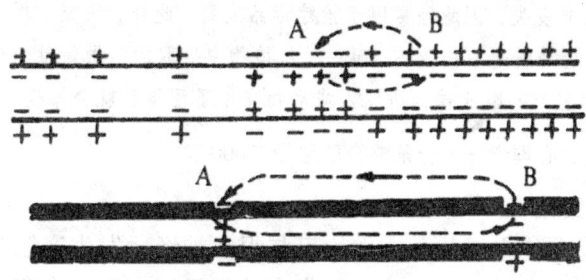

图 2-3　动作电位的传导

神经递质的释放可能使下一个神经元兴奋，发出更多的神经冲动；也可能抑制下一个神经元的活动，减少其神经冲动，这主要取决于神经递质和受体的性质。人体内的神经递质大约有六十多种，比较重要的有乙酰胆碱、肾上腺素、去甲肾上腺素、5-羟色胺、多巴胺以及多种氨基酸。它们有的是兴奋性的，有的是抑制性的，而一个神经元总是与数以百计的神经元相联系，所以接收到的信息总是兴奋和抑制并存。神经元在接收到来自其他神经元的信息后，首先进行化学整合，再决定是否发出动作电位。如果兴奋信息大于抑制信息，则发出动作电位；反之则不发出神经冲动。

综上所述，单个神经元内部的信息传递主要是电传导，而神经元之间的信息传递则主要是依赖神经递质进行的化学传导。

  阅读资料：兴奋剂和抑制剂

一个神经元的电活动如何兴奋或抑制另一个神经元的活动呢？这主要取决于神经递质的性质，而在自然界和人类社会中存在许多类似神经递质功能的物质，这些物质既可以造福人类，也可以引起人的疾病。药物学家和精神病学家通过改变大脑的神经化学构成，从而治疗疾病，如各种抗抑郁和抗焦虑药物等。研究发现，去甲肾上腺素与抑郁症有关，在脑内注射含有这种递质的药物，就可以提高情感状态，减轻抑郁。而很多精神分裂症患者脑内含有高于正常水平的多巴胺，因此通过服用降低脑内多巴胺的药物就可以治疗这种疾病。

有些物质能够增强或者降低体内神经递质的效率，或模仿这些神经递质的功能，称为兴奋剂，如吗啡和海洛因，它们与体内天然产生的类吗啡物质——内啡肽功能相似。内啡肽能够调节情绪性行为，控制疼痛，被称为"进入天堂的钥匙"，因此通过注射吗啡或吸食海洛因就可以产生与内啡肽相似的作用，使人主观地体验到神仙般的感觉。而另外一些物质则能够阻止分子受体对神经递质发生作用，称为抑制剂，如可卡因对天然递质多巴胺就具有拮抗的作用，能够阻止人体对多巴胺的吸收。药物纳洛酮可以阻断内啡肽或其他类似物质与受体的结合,而使其功能丧失,因此经常用于治疗毒品成瘾。此外,研究发现乙酰胆碱是一种兴奋性递质,主要作用是引起肌肉收缩,而一种从植物中提取的叫做箭毒的药物能够占领肌肉中的受体基,从而阻断乙酰胆碱,所以人或动物在中了箭毒后就会瘫痪。

资料来源:艾森克.心理学——一条整合的途径.2000

(四)神经回路

一个神经元在传出或传入方面均可与很多神经元发生突触联系。脊髓中有的神经元有数千个突触,而大脑皮层中有的神经元有数万个突触。神经元之间这种通过突触建立的广泛联系,就形成了复杂的神经回路(nerve circutry)和神经网络。神经回路是脑内信息处理的基本单位。

最简单的神经回路是反射弧(reflex arc),即一个刺激引起一个自动反应的神经传导路线。反射弧一般由感受器、传入神经、神经中枢、传出神经和效应器五个基本部分组成(见图2-4)。

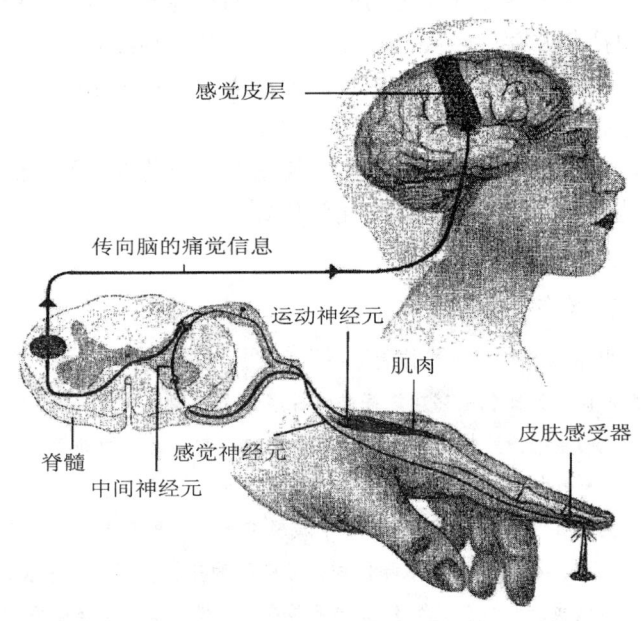

图 2-4 反射弧

资料来源:格里格,津巴多.心理学与生活.2003

这种反射是躯体的一种自我保护装置,其形成不需要大脑的参与,一般发生在脊髓水平。刺激作用于相应的感受器,使感受器产生兴奋。兴奋以神经冲动的形式经传入神经传到神经中枢，经过中枢的加工，又沿着传出神经到达效应器，并支配效应器的活动。由于反射弧的形成一般不需要大脑的参与，因而发生较快，所需要的时间较短。

例如手指不小心碰到了一颗钉子，这时皮肤中的感受器马上发出动作电位，通过传入神经把信息发送到脊髓，信息在脊髓加工后又沿着传出神经返回肌肉，引起肌肉收缩，把手收回来。在这个过程中，感觉神经元也会把信息传到大脑，使人产生疼痛的感觉。人还会把这类偶发事件储存在大脑皮层，下次在看到这类危险物体时，就可以提前避免它的潜在危害。

第二节 神经系统

神经元之间的复杂联系构成神经系统，根据结构和机能的不同，神经系统可以分为周围神经系统（peripheral nervous system）和中枢神经系统（central nervous system）。

一、周围神经系统

周围神经系统主要由脑和脊髓发出的神经干、神经分支和神经末梢组成，通常将其分为两大部分：躯体神经系统和自主（植物性）神经系统。

（一）躯体神经系统

躯体神经系统（somatic nervous system）包括脊神经和脑神经，它们遍布人的全身——头部、四肢、躯干和内脏。

1. 脊神经

脊神经从脊髓发出，共有31对。它具有以下四种不同的机能成分：①分布于皮肤、骨骼肌、腱和关节的一般躯体感觉纤维；②分布于内脏、心血管和腺体的一般内脏感觉纤维；③支配骨骼肌运动的一般躯体运动纤维；④支配平滑肌、心肌和腺体活动的一般内脏运动纤维。

2. 脑神经

脑神经由脑发出，共12对。其中3对为感觉神经，传递嗅觉、视觉、听觉和平衡觉的感觉信息。另外有5对为运动神经，支配眼球、颈部、面部肌肉活动和舌的活动。还有4对混合神经，传递面部感觉信息、接收味觉信息，支配面部表情，颈部、咀嚼、躯体脏器等的活动以及舌下腺、泪腺、鼻粘膜腺和腮腺等的分泌。

（二）自主神经系统

自主神经系统（autonomic nervous system）又称为植物性神经系统，主要分布于平滑肌、心肌和腺体上。其作用是控制机体内脏、平滑肌和腺体，调节一些不需要意识控制的功能，如呼吸、消化、心率和唤醒状态（参见图2-5）。根据其具体功能的不同又可分为交感神经和副交感神经。

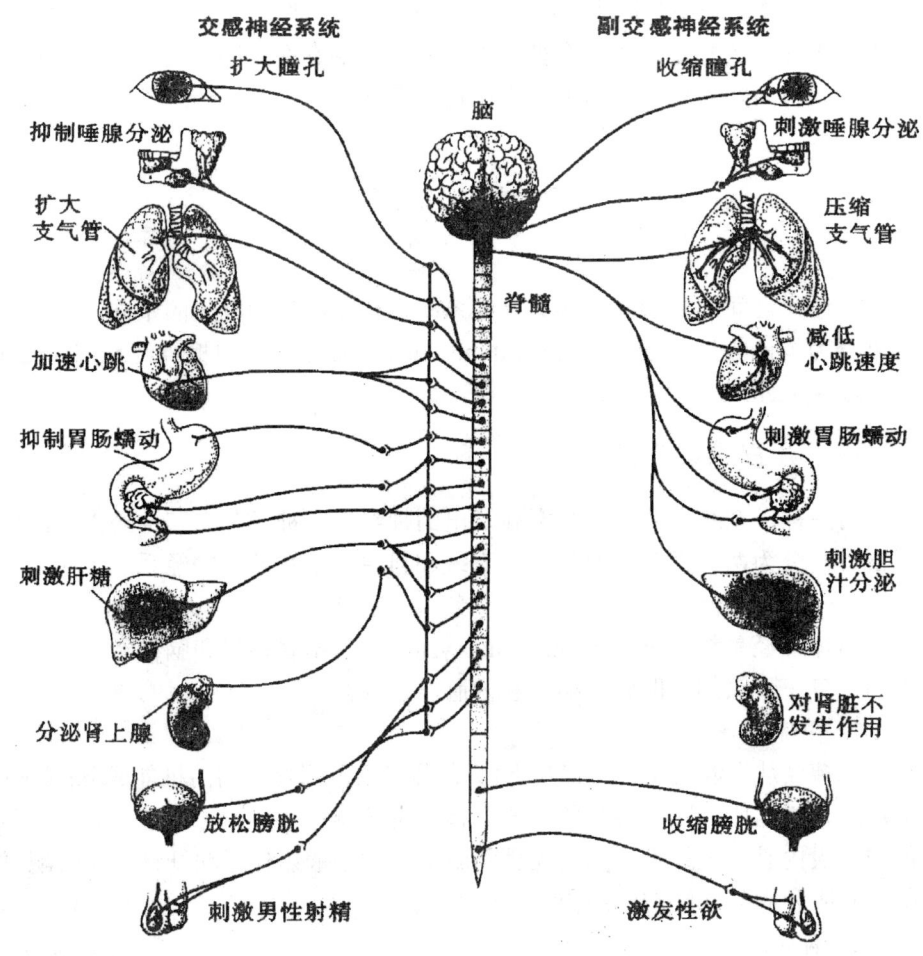

图 2-5 自主神经系统

资料来源：张春兴. 现代心理学. 2005

交感神经活动的主要目的是帮助机体适应环境的急骤变化，如在危险性或情绪性情景中使躯体兴奋，以便采取搏斗或逃跑的行为。副交感神经活动则主要是抑制体内各器官的过度兴奋、使机体处于平衡状态，因而副交感神经总是在突发事件结束后或剧烈情绪活动之后激活。另外，副交感神经还负责调节心率、呼吸和消化系统使其保持在维持生命所必须的水平。因此，两者之间的功能常常是拮抗的。

二、中枢神经系统

中枢神经系统是神经系统的核心部分，包括脊髓和脑，脑的主要结构如图2-6所示。

（一）脊髓

脊髓（spinal cord）位于脊椎管内，是中枢神经系统的低级部位。其主要功能是：①联络周围神经与脑、躯干、四肢等部位的各种刺激信息只有经过脊髓才能传导到脑；同时，脑发出的各种指令信息，也必须通过脊髓才能传导给效应器，并支配其活动。②完成一些简单的反射活动，那些压力、触摸、温度、疼痛等感觉信息可以在脊髓进行简单加工后就作出反应，如膝跳反射、肘反射等。

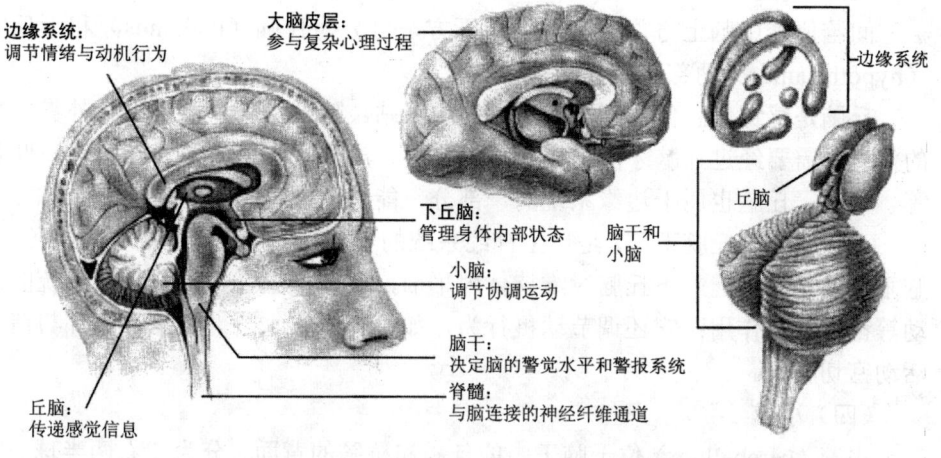

图 2-6　脑结构图

资料来源：格里格，津巴多. 心理学与生活. 2003

（二）脑干

脑干（brain stem）是脊髓向上延伸的部分，其下端与脊髓相连，上端与大脑相接。脑干自下而上可分为延髓、桥脑、中脑。

1. 延髓

延髓（medulla）位于脊髓上方，是脑与脊髓的过渡部分。延髓是机体中几个重要的生命活动过程的控制中心，主要支配呼吸、排泄、吞咽、肠胃等活动，因而又有"生命中枢"之称。

2. 桥脑

桥脑（pons）处于延髓上方和中脑下方，是上行与下行神经传递信息的必经之地，它对人的睡眠有重要的调控功能。

3. 中脑

中脑（midbrain）位于丘脑底部，小脑和脑桥中间，是上行和下行神经纤维的主要通路，也是视觉和听觉的反射中枢。

4. 网状结构

在脑干各段，广泛分布有一种白质与灰质交织混杂呈网状的结构，称为"网状结构"（reticular structure）。网状结构可分为上行系统和下行系统。前者主要控制机体的觉醒和意识状态，对保持大脑皮层的兴奋性、维持注意状态有密切关系；后者则主要是加强或者减弱肌肉的活动状态。

（三）间脑

间脑位于中脑上方，大脑两半球下方，可分为丘脑（thalamus）和下丘脑（hypothalamus）两部分。

丘脑是感觉信息传导到大脑皮层的中继站，除嗅觉外，所有来自外界感官的信息都需要经过丘脑才能传导到大脑皮层，产生视觉、听觉、味觉、皮肤觉等。而且，丘脑也属于边缘系统的一部分，能够控制睡眠和觉醒。

下丘脑位于丘脑下部，是自主神经系统的主要管制中枢，直接与大脑各区、脑垂体及延髓相连。下丘脑对维持体内平衡，调节体温，控制内分泌系统的活动等都有重要作用；它还调节动机行为，如摄食、饮水、性唤醒等，并与情绪活动密切相关。

（四）小脑

小脑（cerebellum）位于脑干中的延髓和桥脑的背面，分为左右两半球。它有维持机体平衡、调节肌肉紧张以及协调人的随意运动的机能。小脑对身体运动技能的学习，如行走、跳舞、骑车、打球等有重要的作用。

（五）边缘系统

"边缘系统"（limbic system）是指大脑内部最深处以及脑干上部周围的一些神经结构，主要包括下丘脑、杏仁核、海马、扣带回及其附近区域。边缘系统与内脏调节及动机、情绪和记忆过程都有比较重要的关系。除下丘脑外，边缘系统中比较重要的结构有海马和杏仁核,其中海马对外显记忆的获得有重要作用;而杏仁核在控制情绪和情绪记忆形成中具有重要的作用。

 阅读资料:盖吉的故事

1848年9月13日,铁路监工盖吉(Phineas P. Gage)在一次意外爆破中,发生了严重的人身伤害事故。一根3.7英尺长的铁杆刺穿了他的颅骨,但当时他的意识还清醒,随后人们用卡车把他送回旅馆,他自己走上了楼。当人们将他送到医院,医生都惊呆了,他们简直不敢相信他还能站在他们的面前。在其后的2~3周内,盖吉濒于死亡,但是到10月中旬却逐渐恢复了。盖吉的身体伤害并不严重,仅左眼失明,左脸麻痹,而且姿势、运动和言语都没有受损;但是在心灵上却像变了个人。受伤之前,他虽然没有受过良好的教育,却具有平衡的心态,受到大家的尊重,人们都认为他是个机灵、聪明的生意人,精力充沛,毅力非凡,努力实现自己的计划。但现在一切都变了,他出现了许多以前不曾有的行为习惯,他的动物性和理性之间的平衡似乎遭到了破坏,他随时发作、放纵,还伴有无礼和污秽的语言;他不再听从朋友的劝告,尤其是当劝阻与需求之间矛盾时,还表现得十分不耐烦;他随时随地提出许多异想天开的计划,但之后又逐一否定,反复无常;他的智能和表现虽然像个孩子,却有着成人所具有的强烈本能。

这件事情发生的时候,科学家们正着手构建脑功能与行为之间的关系,盖吉的故事为证明脑是心理过程的基础这一观点提供了较早的证据。

资料来源:格里格,津巴多. 心理学与生活. 2003

三、大脑的结构及其机能

(一)大脑的结构

大脑分左、右两半球,体积约占中枢神经系统总体积的50%以上,重量约为脑总重量的2/3。很明显,它是中枢神经系统中最大的结构,也是人类各种心理活动的最高调节中枢。

大脑半球的表面起伏不平,上面覆盖着大量神经元和无髓鞘神经纤维,呈灰色,称为"大脑皮层",面积约为2 200平方厘米,厚度在1.3~4.5毫米之间。大脑半球的表面布满深浅不一的沟壑。其中凸起的部分称为"回",而凹陷的部分称为"沟",较深的沟又称为"裂"。三条大的沟裂分别为中央沟、外侧裂和顶枕裂,它们把大脑半球分成额叶、颞叶、枕叶和顶叶四个区域(见图2-7)。

其中,顶叶位于中央沟之后,主要负责加工触觉、痛觉和温度觉信息;枕

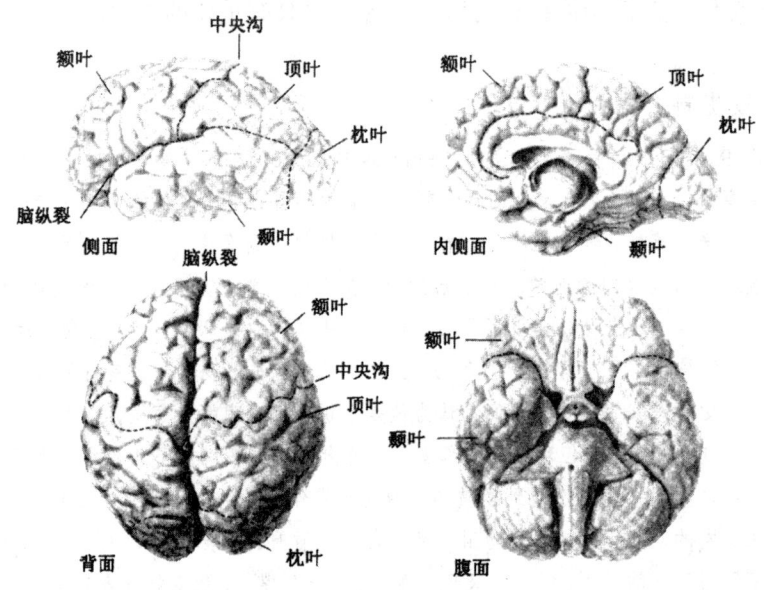

图 2-7 大脑皮层不同脑区的位置

资料来源：彭聃龄. 普通心理学. 2004

叶位于大脑后部，主要负责加工视觉信息；颞叶位于大脑的侧面，主要负责加工听觉信息；额叶位于大脑皮层的前部，主要负责计划、决策等认知活动以及对其他脑区和皮层下结构的协调和控制。

另外，大脑半球的内部含有大量神经纤维的髓质，称之为"白质"。其主要功能是负责大脑中不同的叶、回之间、左右两半球之间以及皮层与皮下组织之间的联系。其中最重要的联络纤维是胼胝体和内囊。前者是协同两半球活动的横行纤维；后者则是大脑皮层与皮层下中枢联络的"交通要道"。

（二）大脑皮层分区及其机能

人的大脑在功能上是左右交叉、上下倒置的，即大体上是左半球负责右侧躯体，而右半球负责左侧躯体；在每一半球的纵面上，大体上是上部管理下肢、中部管理躯干、下部管理头部。根据脑科学、神经科学和心理学的研究成果，通常把大脑皮层分成几个不同的机能区域，下面将主要介绍其中三个比较重要的区域及其机能。

1. 皮层感觉区及其机能

大脑皮层的感觉区主要包括视觉区（visual areas）、听觉区（auditory areas）和躯体感觉区（somato-sensory areas）。视觉区位于枕叶（见图 2-8），其主要机能是接收作用于眼睛的光刺激引起的神经冲动，并产生初级形式的视觉。一旦该区受损，即使眼睛的功能正常，人也将看不到任何东西，成为全盲。听觉区位于颞叶的颞横回（见图 2-8），其主要机能是接收作用于耳朵的声音刺激引起的神经冲动，并产生初级形式的听觉。如果该区受到损害，即使耳朵功能正常，人也将听不到任何声音。躯体感觉区位于中央沟后面的狭长区域（见图 2-8），其主要机能是接受来自皮肤、肌肉、内脏的神经冲动，产生各种皮肤觉（如触压觉、温度觉、痛觉等）、动觉和内脏感觉。感觉区与其对应的身体部位具有上下倒置、左右交叉的投射关系，而且身体各部位投射面积的大小，与其在生活中机能作用的重要程度以及对刺激分析的精确程度有关，越重要的感觉器官在大脑感觉皮层区占有的面积越大，因此最大的感觉皮层区属于唇、舌、大拇指和食指（见图 2-9）。

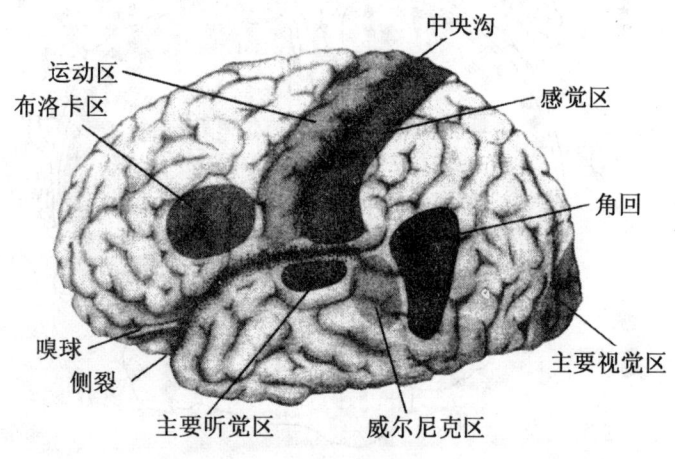

图 2-8 大脑左半球的功能分区

资料来源：张春兴. 现代心理学. 2005

2. 皮层运动区及其机能

大脑皮层运动区位于中央前回（见图 2-9），它的主要机能是发出神经冲动，支配和调节身体的位置、姿势及各部位的随意性运动。运动区与其掌管的身体部位也呈上下倒置、左右交叉的对应关系，但头部运动与运动区的对应关系却是正且直的，上部细胞与额、眼睑和眼球的运动有关，下部细胞与舌和吞咽运动有关。而且肌肉运动的精细程度决定着其投射区域面积的大小，因此躯体上部比下部在大脑皮层中占有更大的面积，更能得到大脑皮层精细的运动指令，观测发现皮层中两个最大的区域支配手指,特别是大拇指以及与言语活动相关的肌肉,这说明操作物体、利用工具、饮食和谈话等活动对人类的重要性。

3. 皮层言语区及其机能

大脑皮层言语区在大脑左半球,但分布区域有多处,分别具有不同的机能。这些区域一旦受损就将会出现不同形式的失语症。

言语运动区位于左半球额叶的后下方,靠近外侧裂(见图2-8),它负责言语的产生和表达。言语运动区亦称为"布洛卡区",它是法国医生布洛卡(Broca)在1861年在接治一个失语症病人时发现的,当时该病人右侧身体瘫痪,但除了不能言语外,其他方面都很正常。在他去世后解剖发现,该病人的左侧额叶受到了严重损伤。后续的研究发现,言语运动区一旦受损,就会引起运动性失语症,病人能看懂文字、听懂语言,但说话时用词不当、不流利、句子结构混乱。

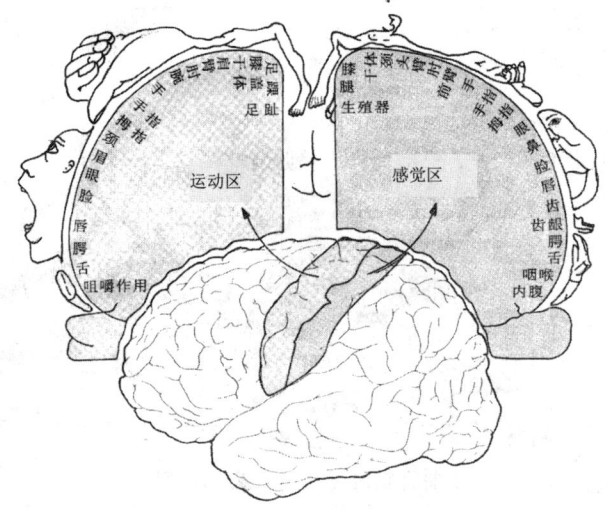

图2-9 运动区和感觉区所管辖的相关部位

资料来源:张春兴. 现代心理学. 2005

言语听觉区位于颞叶上方靠近枕叶处(见图2-8),该区域受损时会产生听觉失语症,即病人能听到对方的说话,却不能理解对方表达的思想,因而不能重复刚刚听到的语句,也不能完成听写活动;病人说话比较流畅,但是毫无意义。该区域是德国神经科学家威尔尼克(Carl Wernicke)首先发现的,又称为"威尔尼克区"。

言语视觉区位于顶枕叶交界处,该区域受到损伤时会引起视觉失语症(失读症),即病人看不懂文字材料。

4. 大脑皮层联合区及其机能

人类的大脑皮层除了上述那些明显具有不同机能的区域外,还有范围较广的具有整合或联合功能的一些区域,称为联合区。这些区域不是感觉系统的直接投射区域,也很少直接控制机体运动,它们的主要作用是将不同的信息整合起来,以便做出适当的反应。依据功能的不同联合区可以分为感觉联合区、运动联合区和前额联合区。

感觉联合区是指感觉区附近的广大脑区,它的主要功能是对来自各个感觉器官的信息进行综合处理,感觉联合区的受损会引起各种形式的"不识症";运动联合区位于运动区的前方,主要负责精细的运动或活动的协调;前额联合区位于运动区和运动联合区的前方,与动机的产生、计划和策略的制订等高级心理功能有关。

(三) 大脑两半球的单侧化优势

在日常生活中,大多数人都知道大脑分成左、右两个半球,而且还认为这两半球基本上是对称的。然而经过长期的研究发现,大脑的左、右两半球无论是结构上还是功能上都存在着很大的差异。

从结构上来看,第一,大脑右半球的重量大于左半球的重量,但是左半球中却含有较多的灰质;第二,左、右两半球中的颞叶具有比较明显的不对称性,而且这一不对称性与丘脑的不对称性关系密切;第三,左、右两半球中的神经递质的分布也是不对称的或者说是不平衡的。

从功能上说,在比较正常的情况下,大脑的左、右半球在胼胝体这一重要的横向纤维的作用下,是能够进行协同性活动的。也就是说,进入大脑任何一个半球的刺激信息都会迅速地通过胼胝体传导到另一半球,最终做出统一性的反应。然而,从加拿大医生斯佩里(Sperry)著名的割裂脑研究开始(为了控制癫痫恶化而不得不切断大脑两半球之间的联系),大量的研究发现大脑左、右两半球之间的功能其实是不一样的,存在着单侧化优势。左半球主要负责与语言或言语有关的心理活动,例如:阅读理解、写作、数学运算、抽象逻辑思维等;而右半球主要负责对物体空间关系的知觉、情绪、艺术欣赏等方面的心理活动,例如音乐欣赏、舞蹈以及雕塑等。

大脑左、右两个半球功能单侧化也并不是绝对的。近来的研究发现,大脑右半球对语言理解也有一定的影响作用,只是从影响程度上说,左半球的作用更加明显和重要一些而已。

阅读资料：科学认识"左撇子"

"左撇子"就是那些偏向使用左手的人，或者叫左利手。传统上认为右利手是正确的，而那些"左撇子"则往往被认为是笨拙的，其实左利手和右利手者具有同样强的能力。左撇子之所以会显得笨拙，是因为在社会生活中大多数事物都是按照右利手者的习惯建造的，如把手、旋钮、按键等都是适合于右利手者的。

人群中大约有 77％的人属于绝对的右利手或左利手，其余的人则是在某些活动中习惯用一只手，而在另一些活动中又习惯用另外一只。众所周知，左手是由大脑右半球控制的，右手是由大脑左半球控制的。研究表明大约 97％的右利手者的言语优势半球是左半球，而 68％的左利手者的言语优势半球也是左半球。

在人类中，左利手和右利手之比是 1∶9，大部分人是右利手，这可能是由于大脑左半球的专门化和语言功能的发展。心理学家赫佩（Hepper）根据胎儿超声波图像发现，优势手是在出生之前就形成的。但后期的研究发现优势手可能并不像眼睛的颜色那样直接遗传，但遗传会影响利手的优势程度。比如父母中有一位属于高度左利手，那么孩子很可能也是高度左利手。所以那些强迫左利手孩子改用右手写字、吃饭的做法是不正确的，反而可能导致孩子语言和阅读困难。

虽然利手与遗传有关，但却与智力发展无关。单侧化的脑功能反映了大脑半球在能力方面的专门化，而左利手的一个显著特点是他们脑的一侧化程度低于右利手者。研究发现右利手者的大脑两个半球在大小和形状上相差较大，而左利手者脑的两个半球更相像。某些情况下，单侧化程度相对较低反而会表现出某些优越性。例如，音调记忆是一种基本的音乐能力，而左利手或双手均势者比大多数右利手的人音调记忆能力更强。许多伟大的艺术家如达·芬奇、米开朗基罗、毕加索等都是左利手，所以那种认为"左撇子"是愚蠢的说法是没有根据的。

左利手还有一个最明显的优点是在大脑损伤后具有更强的功能恢复能力。正因为左利手者大脑的一侧化程度较低，所以任何一个半球的损伤都不会使其完全丧失语言功能。

资料来源：库恩. 心理学导论——思想与行为的认识之路. 2004

第三节 脑功能学说

前面我们在介绍脑结构及其功能时，了解到脑的不同部位似乎各有其机能。然而，对心理活动的脑机制到底是一个什么样的过程，却仍然存在着不同的看法。从 19 世纪开始到现在，形成了如下四种比较有代表性的学说。

一、定位说

18 世纪末期，人们已普遍承认脑是心理的生理基础，然而对脑与心理的关系却不大清楚。19 世纪初，奥地利医生高尔（F. J. Gall）开始探索脑的不同部位的功能。他研究了大脑皮层表面的灰质，并认为大脑皮层的不同部位分管着躯体不同部位的感觉和运动，从而首次提出了大脑皮层机能定位的思想。高尔进一步推测，脑的某部位是否发达，可以从颅骨的外形上反映出来，因而可以根据人的颅骨形状了解人的性格和智力。他的学生斯普茨海姆（J. C. Spurzheim）进一步发挥了他的观点，并把人的头骨分为十几个区域，分别与各种心理机能相联系。高尔及其学生的研究导致了颅相学说，现在看来无疑是荒谬的，但他们对于大脑皮层与心理机能关系的探索无疑具有启发意义。

19 世纪 30 年代，著名的生理学家缪勒（Muller）提出了"神经特殊能力说"，认为整个神经系统可以看成是一群专家，它们各自执行自己的任务而不能接管另外的职能，例如有些神经是专门负责感觉的，而另一些则是专门负责运动的。在此之前，波伊劳德（J. B. Bouillaud）也提出了人的语言功能定位于大脑额叶这一观点。

脑功能的定位说被广泛接受，始于对失语症病人的临床研究。19 世纪 60 年代，法国医生布洛卡在收治一个右侧身体瘫痪的失语症病人时，发现了大脑皮层上负责言语运动的区域，即布洛卡区。紧接着，德国神经科学家威尔尼克又发现了负责言语理解的言语听觉区。这些发现证实，语言是脑的特定区域的机能。

20 世纪中叶以后，随着脑科学、神经科学和生理心理学的发展，定位说得到了更多的证据支持。例如，下丘脑、边缘系统被证实在情绪过程有重要作用，而记忆活动与海马和杏仁核之间的关系也极为密切。

二、整体说

19 世纪 50 年代左右，弗罗伦斯（P. Flourens）等学者通过实验研究，对定位说提出了批评和质疑。他采用局部毁坏法，在切除动物（如鸡和鸽子等）脑的一部分后，观察它们的行为活动，结果发现在切除一小块皮层后，这些动物的行为明显减少，但是过了一段时间后，很多动物又能恢复到接近正常的状态。在经过多次实验研究后，他认为切除皮层的大小决定了脑功能的丧失程度，而与被切除部位部位没有太大的关联。据此，他提出了脑功能的整体说（wholistic

theory），又称为均势说，即认为各种心理活动和行为是由大脑整体参与加工和控制，并非特定区域的机能。

20世纪中期，拉胥利（K. S. Lashley）也使用局部损毁法，开展了白鼠走迷宫的实验，结果与弗罗伦斯的发现一致，即动物行为障碍的出现和严重程度主要受大脑损伤面积大小的影响，而与其损伤的部位没有很大关系。拉胥利提出了两条重要的原理：均势原理和总体活动原理。也就是说大脑皮层的各个部位是以均等程度对学习发生作用的，而且学习活动的效率与大脑受损伤的面积大小成正比，而与受损伤的部位无关。

整体说强调大脑皮层的协同活动，具有一定的合理性。但否认皮层不同区域具有不同的机能，显然与现代脑科学的研究成果相悖。而且支持整体说的研究主要是以低等动物为对象，也使得其理论的可推广性受到质疑。

三、机能系统说

第二次世界大战期间，苏联心理学家鲁利亚（Luria）等人对战争中大脑受损伤的人进行机能恢复的训练。根据临床观察，他发现脑的一定部位损伤后，并不是仅仅导致某一独立的心理机能的丧失，而是会引起一系列的障碍。也就是说，受损伤部位可能参与了多种心理过程。于是鲁利亚认为，脑是一种比较复杂的动态机能结构，当该结构中个别部位受到损伤后，较高级的心理机能活动也将会受到牵连。后来他又将脑的机能系统分成三个相互联系的子系统。

（1）调节激活和维持觉醒状态的机能系统，又称为动力系统。它主要是由脑干中的网状结构及边缘系统组成，其基本功能是：保持大脑皮层的基本清醒状态，提高其兴奋性和感受性。该子系统并不能对任何具体信息进行加工，但却提供了各种活动的背景。

（2）信息接收、加工和储存的系统，它主要由大脑皮层的枕叶、颞叶、顶叶以及相应的皮层下组织组成。其基本作用是：接收机体内、外来自各种感官的刺激信息，然后对他们进行分析、综合等加工过程，最后储存在脑内。该系统由许多脑区构成，如视觉区、听觉区和躯体感觉区。各个脑区又可以分为不同的等级，每一等级的区域都具有特定的功能。

（3）行为调节系统，也就是激发各种行为活动，并对之调节和控制的系统。它主要涉及的脑区是额叶。

鲁利亚认为，这三个系统既各司其职，又相互协同，构成一个完整统一的机能系统，人的各种心理活动和行为都是在上述三个机能系统的共同影响下产生的。

四、机能模块说

20世纪80年代，随着认知科学和认知神经科学的不断发展，一些学者又提出了机能模块说，它是对定位说的发展。该学说认为，人脑在结构和机能上是由一些相对独立、且高度专门化的模块组成。各种复杂而精细的认知活动，是由这些模块通过不同方式的巧妙结合来实现的。拿个体读出一个书面的单词的过程为例，视网膜产生的神经冲动要通过丘脑，传导到颞叶后的角回，实现对词形的视觉编码，再将其与词的听觉编码相联系。找到适当的听觉编码后，就将信息传递到威尔尼克区，进一步编码和解释；然后再将信息经由布洛卡区传递至皮层运动区，最后由运动区指挥口部和喉部肌肉，读出该词。可见，即使一个看起来很简单的活动，也需要多个不同机能模块的参与和协同。

可以预见的是，随着认知神经科学研究的迅猛发展，人类对大脑及其机能的研究将会越来越深入。

阅读资料：有损大脑的生活习惯

长期饱食：现代营养学研究发现，进食过饱后，大脑中被称为"纤维芽细胞生长因子"的物质会明显增多。这些纤维芽细胞生长因子能使毛细血管内皮细胞和脂肪增多，促使动脉粥样硬化发生。如果长期饱食的话，势必导致脑动脉硬化，出现大脑早衰和智力减退等现象。

轻视早餐：不吃早餐使人的血糖低于正常供给，对大脑的营养供应不足，久之对大脑有害。此外，早餐质量与智力发展也有密切联系，据研究，一般吃高蛋白早餐的儿童在课堂上的最佳思维普遍相对延长。而食素的儿童情绪和精力下降相对较快。

甜食过量：甜食过量的儿童往往智商较低。这是因为儿童脑部的发育离不开食物中充足的蛋白质和维生素，而甜食会损害胃口，降低食欲，减少人体对高蛋白和多种维生素的摄入，导致肌体营养不良，从而影响大脑发育。

长期吸烟：德国医学家的研究表明，常年吸烟使脑组织呈现不同程度的萎缩，易患老年性痴呆。因为长期吸烟可引起脑动脉硬化，日久导致大脑供血不足，神经细胞变性，继而发生脑萎缩。

睡眠不足：大脑消除疲劳的主要方式是睡眠。长期睡眠不足或质量太差，会加速细胞的衰退，聪明的人也会变得糊涂起来。

蒙头睡觉：随着棉被中二氧化碳浓度升高，氧气浓度下降，长时间吸进潮湿空气，对大脑危害很大。

不愿动脑：思考是锻炼大脑的最佳方法。只有多动脑筋，勤于思考，人才会变得聪明。

反之，不愿动脑的情况只能加速大脑的退化，聪明人也会变得愚笨。

带病用脑：在身体不适或患疾病时，勉强坚持学习或工作，不仅效率低下，而且容易造成大脑损害。

少言寡语：大脑中有专司语言的中枢，经常说话也会促进大脑的发育和锻炼大脑的功能；应该多说一些内容丰富、有较强哲理性或逻辑性的话。整日沉默寡言、不苟言笑的人并不一定就聪明。

空气污染：大脑是全身耗氧量最大的器官，平均每分钟耗氧量500～600升。只有充分的氧气供应才能提高大脑的工作效率。用脑时，特别需要讲究工作环境的空气质量。

资料来源：彭聃龄. 普通心理学. 2004

第四节 内分泌系统及神经—体液调节

一、内分泌系统

如果说神经系统是人体内的第一大信息系统，那么内分泌系统就是人体内的第二大信息系统，它们共同调节和控制着机体的活动。内分泌系统由许多内分泌腺（endocrine gland）组成，如脑垂体、甲状腺、副甲状腺、肾上腺和性腺。内分泌腺也称为无管腺，这些腺体将分泌的化学物质直接渗透到血液中，这些化学物质就是激素，然后通过血液流通作用于人体的各个部位。内分泌腺和激素对人类的行为具有非常重要的作用。图2-10所示的是人体内主要内分泌腺的分布。

（一）脑垂体

脑垂体（pituitary gland）位于大脑底部，由下丘脑直接控制，是人体内最重要的一种内分泌腺，通常称为"主腺体"，它能够产生大约10种不同的激素，如生长激素、促性腺激素、促甲状腺激素、抗利尿素等。脑垂体不仅影响着人体生长、发育和其他正常生理活动，而且影响和调节其他腺体及激素的活动。

（二）甲状腺

甲状腺（thyroid gland）位于喉头下端与气管的前上方，左右各一个，分泌的激素为甲状腺素。甲状腺素是一种碘化合物，其主要作用是维持正常的新陈代谢，促进身体生长和骨骼发育。甲状腺机能亢进会使新陈代谢加快，导致个体进食很多却日渐消瘦，此外还有容易疲劳、情绪急躁；甲状腺机能不足则会

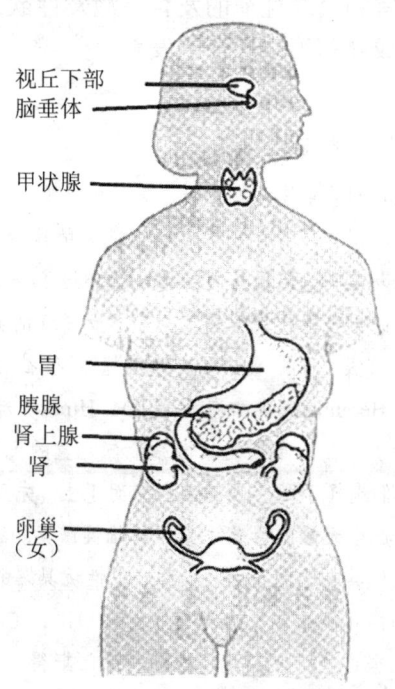

图 2-10　人体内主要内分泌腺分布

使新陈代谢减慢,导致能量供给不足,患者常常有嗜睡、精神不足、动作迟缓、发胖等表现。

（三）副甲状腺

副甲状腺（parathyroid gland）位于甲状腺后方,埋在颈部组织之内,是甲状腺包囊内的四个卵圆形小体。副甲状腺分泌的激素为副甲状腺素,可以调节血液中钙和磷的浓度,维持神经系统和肌肉的正常兴奋性。

（四）肾上腺

肾上腺（adrenal gland）位于胸腔的下方,肾的正上方,左右各一个。肾上腺分为肾上腺皮质和肾上腺髓质两部分,皮质分泌葡萄糖皮质素、矿物质皮质素,主要功能是调节体内的矿物质的平衡；髓质主要分泌肾上腺素和少量的去甲肾上腺素,主要作用是兴奋交感神经,调节情绪的生理唤醒,供给应付危机的能量。

（五）性腺

男性的性腺（sex gland）称为睾丸,女性的称为卵巢。睾丸分泌的睾丸酮素，有利于男性生殖器官和第二性征的发育，激发性欲；卵巢分泌的雌性激素能够促进女性生殖器官成熟和第二性征的发育。

 阅读资料：激素与玩具偏爱

众所周知，男孩喜欢玩自卸载重车、拖拉机、赛车和建筑装置等玩具；而女孩喜欢玩布偶娃娃、家具和厨房设施等玩具。早期的研究认为，儿童的这种玩具偏爱是社会化的结果，当小孩玩适合于自己性别的玩具时，父母及周围的人就会给予赞扬和鼓励；反之则会受到批评或嘲笑，如一个玩布娃娃的男孩很快就会得到一个"女子气的男孩"的绰号；而那些喜欢男孩玩具的女孩也会被称为"假小子"或"顽皮姑娘"。尽管社会化确实会影响孩子们的玩具偏好，但是贝伦鲍姆（S. Berenbaum）和海因斯（M. Hines）却认为，儿童的玩具偏爱可能还和生理因素（如性激素）有关。早期的雄性激素与儿童的玩具偏爱有关。

为了检验这个观点，他们选择了那些因基因病变而患上"先天性肾上腺增生症（CAH）"的女孩，这样的女孩体内会产生大量的男孩才具有的雄性激素。然后，研究人员评估先天性肾上腺增生的女孩玩"男孩玩具"、"女孩玩具"和"中性玩具"的时间差异，结果发现患有这种疾病的女孩与那些在相同环境中却没有疾病的女孩相比，在玩汽车、火车头等"男孩玩具"时所用的时间更多。根据这些研究，贝伦鲍姆和海因斯得出结论："早期雄性激素的出现会使女孩产生男孩化的玩具偏好。"

资料来源：索尔索，麦克林. 实验心理学——通过实例入门. 2004

二、神经—体液调节

所有内分泌腺的活动都要受神经系统的调节和控制。神经系统通过内分泌腺分泌的激素影响各种效应器官的活动，叫做神经—体液调节。中枢神经系统对内分泌系统的调节和控制，可以通过自主神经系统来实现，也可以通过影响脑垂体，由其分泌调节其他内分泌腺活动的激素来实现。很多时候，这两种调节方式同时发生作用。

激素与神经递质具有相似的化学成分，二者的区别主要在于发生作用的地点及传输方式。如果具有信使作用的化学物质在距离靶细胞一定距离处释放，并由血液输送到目的地，那么它就是激素；如果这种物质是由神经元释放的，而且只附着在下一细胞的受体上，那么它就是神经递质。神经递质只把信息传递给相邻的神经元；而激素的信息传递一般涉及机体不同部位的多个目标。对于相对长距离的信息传递来说，神经冲动传导比激素快得多。激素释放之后沿着血液循环，达到效应器官需要花费更多的时间。

本章摘要

1. 人脑是世界上最为复杂的物质之一，它是由一百多亿个神经元和一千多亿个神经胶质细胞构成的复杂的神经机能系统，是机体进行一切心理活动的物质基础。

2. 神经元即神经细胞，它是构成神经系统结构和机能的基本单位。神经元由细胞体和突起两大部分组成，主要作用是接收、加工和传递信息。

3. 突起是神经元向外突出的部分，它分为树突和轴突两种。树状突起呈树枝状、较短，其主要功能是接受其他神经元传送的信息，并将神经冲动传向细胞体。轴突比较长。其主要功能是将神经冲动从细胞体传至与其联系的其他神经元。一个神经元可以有多个树突，但是仅有一个轴突。

4. 按神经元的功能可以分成：感觉神经元（内导神经元），主要是接收身体内、外的刺激信息，再以神经冲动的形式传入脊髓和大脑；运动神经元（外导神经元），其功能在于将脊髓和大脑发出的信息向肌肉和腺体传导，以支配效应器官的活动；中间神经元（联络神经元）介于感觉神经元和运动神经元之间，主要作用是连接感觉神经元和运动神经元。

5. 两个神经元之间彼此接触的部位称为"突触"。神经冲动由一个神经元传递到另一个神经元时，需要经过突触。由于神经递质性质的不同可以把突触分为兴奋性突触和抑制性突触。

6. 神经胶质细胞是存在于神经元之间的细胞，它具有非常重要的作用，对于神经元的生长和神经冲动的传递都起着不可替代的作用。

7. 神经元由静息状态转化为活动状态的现象叫神经冲动，其本质也是一种动作电位。其传递方式有两种：电传导和化学传导。其中，通过动作电位实现的神经冲动在同一细胞内的传导，叫做电传导；通过突触和神经递质实现的神经冲动在不同神经元之间的传递，叫做化学传导。

8. 神经元之间这种通过突触建立的广泛联系，就形成了复杂的神经回路，它是脑内信息处理的基本单位。反射弧是一种最简单的神经回路，一般由感受器、传入神经、神经中枢、传出神经和效应器五个基本部分组成。

9. 神经系统可以分为周围神经系统和中枢神经系统。周围神经系统主要由脑和脊髓发出的神经干、神经分支和神经末梢组成，包括躯体神经系统和自主神经系统。

10. 躯体神经系统包括31对脊神经和12对脑神经，它们主要分布于头部、四肢、躯干和内脏。自主神经系统又称为植物性神经系统，主要分布于平滑肌、心肌和腺体上，其作用是调节一些不需要意识控制的功能，如呼吸、消化、心率和唤醒状态。自主神经系统又可分为交感神经和副交感神经，前者起兴奋作用，后者起抑制作用。

11. 中枢神经系统是神经系统的核心部分，它包括脊髓和脑。脊髓是中枢神经系统的低级部位，位于脊椎管内。脑是中枢神经系统的核心部分。其中脑干是脊髓向上延伸的部分，脑干自下而上可分为延髓、桥脑、中脑。脑干中还有一种白质与灰质交织混杂而成的网状结构，它主要控制机体的觉醒和意识状态。小脑对于维持机体平衡具有重要作用，边缘系统是大脑内最深处以及脑干上部之间的一些结构，主要包括下丘脑、扣带回、杏仁核、海马及其他附近区域，对记忆、情绪等高级心理活动非常重要。

12. 大脑分左、右半球，它是中枢神经系统中最大的结构，也是各种心理活动的中枢。它可分成额叶、颞叶、枕叶和顶叶四个区域。其中，顶叶位于中央沟之后，主要负责加工触觉、痛觉和温度觉信息；枕叶位于大脑后部，主要负责加工视觉信息；颞叶位于大脑的侧面，主要负责加工听觉信息；额叶位于大脑皮层的前部，主要负责计划、决策等认知活动以及对其他脑区和皮层下结构的协调和控制。

13. 大脑皮层依据功能的不同可分为皮层感觉区、皮层运动区、皮层言语区和联合区。感觉区主要包括视觉区、听觉区和躯体感觉区，其主要机能是加工感觉器官传入的视觉、听觉及躯体感觉信息。运动区的主要机能是发出神经冲动，支配和调节身体的位置、姿势及各部位的随意性运动。言语区分布在大脑左半球的多个位置，这些区域一旦受损就将出现不同形式的失语症。

14. 大脑左、右两半球之间的功能不是对称的，而是呈现出单侧化的特点。左半球主要是负责与言语有关的心理活动，例如：阅读理解、写作、数学运算、抽象逻辑思维等。而右半球主要负责的是对物体空间关系的知觉、情绪、艺术欣赏等方面的心理活动。

15. 目前，有关脑功能的学说主要有定位说、整体说、机能系统说和机能模块说。其中，定位说和机能模块说影响较大。

16. 内分泌系统是人体的第二大信息系统，由脑垂体、甲状腺、副甲状腺、肾上腺和性腺等内分泌腺组成。内分泌腺分泌激素，进入血液，经过血液循环影响机体各器官的活动和生理机能。

17. 所有内分泌腺的活动都要受神经系统的调节和控制。神经系统通过内分泌腺分泌的激素影响各种效应器官的活动，叫做神经—体液调节。

复习思考题

1. 神经元的结构与功能是怎样的？
2. 神经胶质细胞有何作用？
3. 神经冲动的传递方式有哪些？各自是如何实现的？
4. 神经系统由哪几部分构成？各部分的主要功能是什么？
5. 概述大脑皮层的分区与功能。
6. 大脑两半球的单侧化优势主要体现在什么方面？
7. 什么是神经—体液调节？主要的内分泌腺各有何功能？

第三章 意识和注意

第一节 意识和无意识

一、意识和无意识的含义

意识（consciousness）是一个复杂的概念，也被认为是一个古老而又难解的谜题之一。早在公元前4世纪，古希腊学者希波克拉底就对意识问题有过思考。在科学心理学诞生的初期，冯特和铁钦纳曾使用内省的方法探索意识的内容；詹姆斯也提出了意识流的概念，意思是说意识的内容像水流一样不断变化。到20世纪初，行为主义兴起，当时主流的心理学思潮强调客观性、反对内省法，于是难以观察的意识自然就被排除在心理学的研究对象之外。直到20世纪中叶，认知心理学兴起后，人的心理过程重新成为心理学的研究对象，对意识的研究才又受到重视。自20世纪60年代以来，心理学家在睡眠与梦、药物致幻、催眠等领域开展了大量研究工作。特别是近年来，认知神经科学获得了迅猛发展，将认知过程、神经机制、病理表现结合起来，从而进一步推动了意识研究的发展。

（一）意识的含义

尽管心理学对意识的研究取得了很多进展。然而时至今日，意识仍被认为是一个含义广泛、甚至模糊的概念。就心理状态而言，"意识"意味着清醒、警觉、觉察、注意集中等，它分为不同的层次，如从无意识到潜意识再到注意，是一个连续体。就心理内容而言，"意识"包括可用语言报告出来的一些东西，如对往事的回忆、对周围环境的知觉，对他人的看法等。在行为水平上，"意识"意味着受意愿支配的活动，它与自动化的动作相反。例如，起床、穿衣、刷牙、洗脸、写字通常都是自动化的。在哲学的角度上，"意识"是一种与物质相对立的精神实体，由幻想、思想、梦等组成。

此外，意识也可以从不同水平来理解：

（1）在基础水平上，意识是对外部和内部世界的觉知，它意味着个体观察或注意到某种现象或事物。如：天气阳光明媚，CD 音乐很优美，一辆汽车正在驶来，前几天有些疲惫，今天心情很好，等等。

（2）在中间水平，意识是具有能动性和反映性的心理官能。它能使个体主动对自身的身心系统进行管理、调控，对所觉知的信息产生反映。例如，你可以在头脑中思考不在眼前的事物，或对未来一段时间的工作进行规划。

（3）在高级水平上，意识还包括了自我觉察（self-awareness），它赋予个体个人历史感和认同感。例如，你知道自己的成长经历，了解自己的性格特点，知道你和身边人们的关系，等等。

（二）无意识的含义

当你无法用你的意识来解释你的某些行为时，你就会想到是无意识（unconsciousness）信息在起作用。无意识是相对于意识而言的，是个体不曾觉察到的心理活动和过程。弗洛伊德发展了最初的有关无意识力量的理论，他将人的心理比做一座冰山，人的意识就像露出海面的冰山一角，占人的心理的很小一部分；无意识则是冰山位于海面以下的部分，人的大部分心理活动是无意识的。弗洛伊德认为，无意识中包括了大量的被个体压抑的观念、愿望、想法，它们不出现在意识中。常见的无意识现象包括以下几种：

（1）非意识（nonconsciousness）过程。人的躯体神经系统对心率、血压和血糖的调解是典型的非意识过程。神经系统在我们几乎完全没有意识的情况下，监控着身体各主要系统的工作情况，并在需要的时候进行调节。

（2）对刺激的无意识。人在活动时，并非所有作用于我们的刺激都能被意识到，例如人耳无法听到超声波。有些强度在阈限以下的刺激，也能够对我们造成影响。例如，有研究表明，微弱的气味也能影响人的情绪，尽管个体主观上没有觉察到气味的存在。

（3）下意识（subconsciousness）行为。人的很多自动化了的行为，是不受意识控制的。例如，成人在穿衣、吃饭、写字的过程中，多数时候不需要考虑应该怎样做动作，也就是说不需要意识的主动控制。有的人思考问题时喜欢托着腮，皱着眉头，这些行为也是在下意识情况下完成的。

二、意识的种类

人在正常、自然的情况下，受生物节律影响，意识状态会在清醒与睡眠之间转换。清醒时的意识通常包括特定时刻的知觉、思维、情感、表象和愿望等，即你正集中注意的所有的心理活动。你能意识到自己或别人正在做的事情，并对他人作出评价和反应，也可以想象出别人对自己的评价及听到评价后的反应。这些不同的心理活动构成了意识的内容——在特定时刻你觉知到的所有经验。此外，意识状态还会因为疲劳、催眠、静坐、药物等因素的影响而发生改变。除清醒外，常见的意识状态的种类有睡眠、梦、催眠、幻觉等。

（一）睡眠

人的生命历程中约有 1/3 的时间是在睡眠（sleep）中度过的，我们对睡眠的机制、寓意有着太多的神秘的想象与猜测。在古代，人们认为睡眠是灵魂暂时离开肉体。现在，我们知道它是所有生命都拥有的一种自然的生物节律，具有周期性。这种影响生物活动的周期性生理作用，称为"生物钟"（biological clock），它对人的唤醒水平、新陈代谢、心率、体温和激素分泌活动都有重要的影响。如果这种生理上的节律变化失调，就会影响个体在清醒时的感觉和行动。最典型的例子就是当人们进行跨越时区的长途飞行时，会经历时差，导致个体内部生物钟与环境时间不一致，这时个体会体验到疲劳、困倦、食欲不振、睡眠失常等不适反应。

1. 睡眠的时相

脑电图（electroencephalogram，EEG）技术的出现和应用，大大促进了心理学对睡眠的研究。心理学家根据对睡眠时脑电图的分析，发现从清醒到入睡的整个过程中，因睡眠深浅程度的不同而呈现出不同的脑电波活动模式。

如图 3-1 所示，在清醒状态时，大部分脑电波是频率较高、波幅较小的 β 波，大约每秒 14 个周期（cps）。当个体舒服地躺在床上，介于半睡半醒之间，大脑处于放松、安静和休息状态时，α 波就代替了 β 波。α 波的频率低一些，每秒 8~12 个周期，波幅较大。睡眠习惯正常的人，这一阶段一般维持几分钟时间。

当个体进入睡眠状态后，还会经历 4 个不同的阶段。

睡眠的第 1 阶段：EEG 表现为混合的、频率和波幅都较低的 θ 波，持续时间约 10 分钟。这一阶段个体容易被外部的刺激惊醒，又称为轻度睡眠阶段。

睡眠的第 2 阶段：会出现一种短暂爆发的，频率较高、波幅大的脑电波，称为睡眠锭或纺锤波。纺锤波的出现是睡眠与觉醒的真正分界。这一阶段持续时间约为 20 分钟。

睡眠的第 3 阶段：呼吸和心率降低，脑电波频率降到 1~2cps，波幅变大，出现 δ 波，有时也会有睡眠锭。此阶段大约持续 40 分钟。

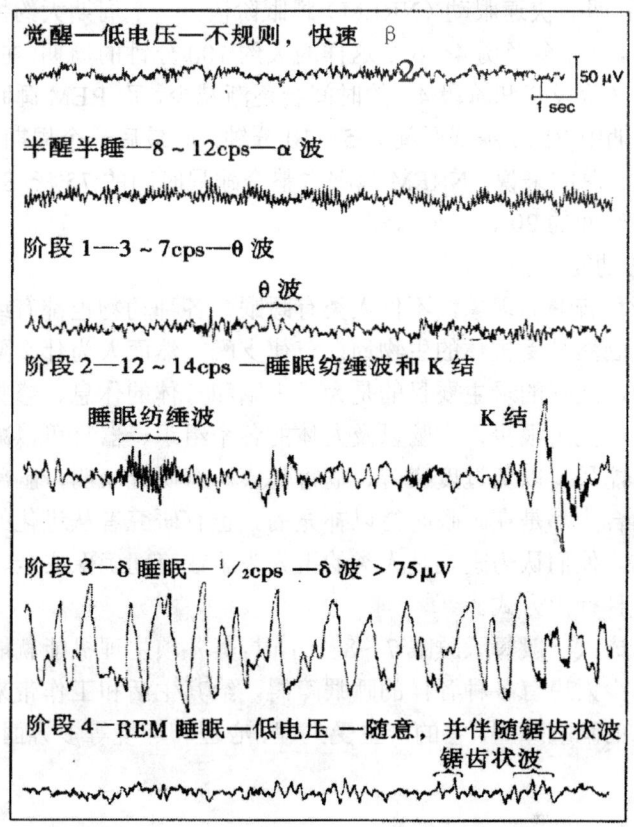

图 3-1 反应正常睡眠阶段的 EEG 模式

资料来源：格里格，津巴多. 心理学与生活. 2003

睡眠的第 4 阶段：出现频率更低，波幅更大的 δ 波。在此阶段，个体的肌肉进一步放松，有时发生梦游、梦话、尿床等现象。第 3、4 阶段的睡眠通常被称为"慢波睡眠"（Slow Wave Sleep，SWS），它们深度睡眠阶段，此时个体很难被唤醒。

上述 4 个睡眠阶段大约要经历 1～1.5 个小时。在睡眠的第 4 阶段之后出现的脑电波与清醒、放松状态下类似，睡眠者的眼球开始快速运动，称为快速眼动（Rapid Eye Movement，REM）睡眠阶段。此时，δ 波消失，出现高频率、低波幅的脑电波。绝大多数的梦境发生在这一阶段。

总之，睡眠的周期通常包括 4 个睡眠阶段，外加快速眼动睡眠阶段。在前

4个睡眠阶段,即非快速眼动(NREM)睡眠阶段,一个周期大约持续90分钟。在整夜睡眠中,个体会经历4～6个这样的大约100分钟的周期。在每个周期里,个体花在深睡(阶段3和阶段4)的时间会逐渐减少,而REM睡眠的时间会增加。第一个周期中REM睡眠时间为5～10分钟,而最后一个周期中后REM睡眠长达1小时。总的来说,NREM睡眠占整个睡眠时间的75%～80%,而REM睡眠则占睡眠时间的20%～25%。

2. 睡眠的功能

睡眠是一种普遍的现象,不仅人类有睡眠,各种动物也都有或多或少的睡眠行为。睡眠固然是受机体的生物周期节律支配,然而人为什么要睡眠呢?一般的观点认为,睡眠的最主要目的是为了大脑和身体的休息、修整和恢复。睡眠时机体消耗的能量很少,大脑以及人体的各个组织、器官可以减少工作,恢复疲劳,积蓄能量,以免过度疲劳、危害健康。有研究表明,脑部的能量供应和神经递质的合成都是在睡眠时得以补充的。也有研究者从进化的角度提供了对睡眠的解释,他们认为睡眠是人类的祖先为了在夜间确保安全、免于野兽攻击而形成的一种行为方式。

青少年和成人一般每天睡眠7～8个小时,其各项生理机能就能得到较好的恢复。但有不少人患有各种各样的睡眠障碍,给其生活和工作带来很多不便。失眠是最常见的睡眠障碍,它的产生受生理、心理和环境等多方面因素的影响。

 阅读资料:睡眠中能否发生学习

睡眠时间约占人一生的1/3,如果在睡眠期间大脑仍能对外界信息进行积极加工,无疑会对人类的学习的产生重大的影响。西蒙(Simon)和埃蒙斯(Emmons)1956年通过实验,考察了能否利用睡眠时间进行学习的问题。他们选取了一组大学生被试,在正式实验前,向被试提出一些一般信息问题,并要求被试回答。西蒙等人准备了96个类似的问题,他们将那些被试不知道答案的问题保留下来,作为正式实验时的材料。

实验中,将被试随机分到实验组和控制组。在实验组的被试睡眠时,通过录音机向其依次呈现问题和相应的答案,如"美国内战前,尤利西斯·格兰特曾在哪类商店工作过?",答案是"美国内战前,尤利西斯·格兰特在金属商店工作过。"对控制组的被试只呈现问题,不呈现答案。在被试的睡眠过程中,通过脑电图技术记录他们的脑电波,据此判断被试是否进入睡眠以及所处的睡眠阶段。在呈现每个问题和答案时,实验者要记录被试的睡眠水平,这样就可以掌握被试学习每个问题时所处的睡眠水平。次日早晨,以多项选择的形式对所有被试进行测验(每个题目提供5个备选答案),以检验被试睡眠时听到的信息是否对他们回答问题有帮助。西蒙等人根据脑电波模式,将被试的睡眠分为 3 个水平,即觉醒、浅睡和深睡,然后分别统计实验组和控制组回答问题的成绩。表 3-1 中的数字是被试回答问题的正确率。

表 3-1 睡眠水平与学习效果

分组	睡眠水平		
	觉醒	浅睡	深睡
实验组	92	65	23
控制组	24	23	23

从表中可见,控制组被试由于没有学习经历,因此回答问题的正确率基本接近机遇水平。实验组被试没有入睡前会发生带思考性的学习;在浅睡阶段,由于被试仍然具有部分意识,因此也可以进行一定水平的学习;而在深睡阶段,被试的成绩也接近猜测水平。这证明了所谓的睡眠学习只能发生在浅睡阶段,在深睡阶段则没有效果。

资料来源:索尔索. 实验心理学——通过实例入门. 2004

(二) 梦

梦(dream)是睡眠时发生的一种奇异的意识状态。自古以来人类对梦就有浓厚的兴趣,但对梦的科学研究,却是心理学诞生之后的事情。

20 世纪 50 年代,艾瑟林斯基(Aserinsky)和克雷特曼(Kleitman)在用脑电图技术研究睡眠时发现了快速眼动睡眠阶段,并且认为,快速眼动现象正是个体在做梦的标志。此后,福克斯(Foulkes)发现,如果在将个体从快速眼动睡眠阶段叫醒,有高达 82%的人会报告他们在做梦,如果在将个体从睡眠的其他阶段叫醒,报告正在做梦的比例只有 54%。可见,梦更多地发生在快速眼动睡眠阶段。

如果快速眼动睡眠阶段人们普遍都在做梦的话,那么人每晚都会做 4~6 个梦,为什么我们醒来后只记得其中极少的部分呢?从心理学的角度分析,主要的原因可能有两个:一是做梦的时间一般都比较短,梦持续的时间和个体所感觉的时间是一致的,多数在 5~15 分钟之内,在做梦时难以通过主动的复述将梦的内容转入长时记忆;另外,多个梦境相互之间也会产生干扰,导致难以记住。

对于梦的意义的解释有多种,有人认为梦是现实中的一部分,也有人认为梦是过去经验的综合,还有人认为梦是潜意识愿望的表达。心理学领域对梦的本质有如下几种看法:

精神分析学派的创始人弗洛伊德将梦看做强烈的、无意识的、被压抑冲动和愿望的符号表达，这些冲动和愿望是人的性本能和攻击本能的反映。在清醒状态下，这些冲动和愿望不被伦理道德接受，因而被压抑在潜意识中，而在睡眠时，意识的警惕性有所放松，这些冲动就会在梦中以伪装的形式出现。

生理学家霍布森（Hobson）认为，梦是我们对脑的随机神经活动的主观体验。在睡眠时，尽管大脑处于休息和抑制的状态，但仍会有一些自发的放电活动，以维持脑和神经系统一定水平的功能。特别是快速眼动睡眠阶段，脑电活动类似于清醒状态。从脑干发出的神经信号，会刺激脑的皮层区域，从而激活做梦者过去的经验和记忆。根据这种观点，梦不具有内在的含义和特定的模式。

认知心理学家福克斯（Foulkes）认为，梦担负着一定的认知功能。在睡眠中，认知系统仍然会保持一定的活性，从而将清醒状态下所接触的信息和存储的经验进一步地整理和整合。这种整合可以将新旧记忆联系起来。经验表明，梦中有时会闪现出解决人们长久求索问题的思想火花。例如，凯库勒（F. Kekule）就曾因梦境的启发最终发现了苯的化学结构，在他的梦中，一个蛇咬住了自己的尾巴，从而构成了一个环形。

（三）催眠

催眠（hypnosis）是在诱导之下产生的一种似睡非睡的意识恍惚状态，其特征为主动反应降低、注意范围缩小和受暗示性提高。催眠的过程大体如下：首先，让被催眠的人处于安静的环境（如灯光暗淡的室内）和舒适的姿态（如静卧），并排除外界的干扰；然后，催眠师会要求被催眠者将注意力集中于某个想象的事物，如天空的白云或钟表的滴答声，并用轻柔平缓的语调暗示被催眠者不断放松，如"你现在觉得非常舒适"；等被催眠者进入深度的放松状态，就会顺从和接受催眠师的指示完成一些动作，其中有些动作和力量是被催眠者清醒时不能完成或不具备的，这使得催眠看起来具有某种"神奇的"效果。

催眠可以改变颜色视觉、时间感、痛觉。被催眠以后，个体会有和缓的漂浮、沉降、麻醉或与躯体分离的感觉。催眠还可以增强记忆，催眠师提供一些虚构信息，很容易纳入被催眠者的记忆中。

研究表明，催眠的效果与被催眠对象的受暗示性有极大的关系，因而并非人人都能被催眠。人群中，大约有15%的个体能容易地被催眠，而另有10%的人则很难被催眠。通常，那些爱幻想、好做白日梦、依赖性强、崇拜权威的人往往受暗示性强，因而容易接受催眠。而独立性强、持有批判精神的人往往难以被催眠。

对于催眠发生的机制有不同的看法。社会认知的观点认为，很多被催眠者事先已经对催眠有所了解,并能预期催眠后会发生的行为。被催眠者只是在受暗示的情况下扮演着一个特殊的社会角色,从而配合地接受催眠师的指挥。尽管被催眠者的行为是伪装的,但他们在认知、情绪和动机上认同催眠的效果,主动配合,在催眠师诱导下进入忘我的境界。

意识功能分离的观点认为,人的意识有执行和监督两种功能:执行功能可以使我们控制自己的行为;监督功能可以使我们观察自己的行为。在正常情况下,这两种功能共同起作用,而在催眠条件下,这两种功能产生分离。也就是说,催眠状态下执行功能正常,而监督功能消失或弱化,导致意识对行为的监控降低,被催眠者才顺从地执行催眠师的指示。

目前,催眠在心理治疗、犯罪侦破和运动训练等方面均有一定的应用。

(四)幻觉

幻觉(hallucinations)是在刺激物不存在的情况下出现的活灵活现的知觉,就好像那些刺激确实存在。幻觉通常是生理唤醒和强烈需要共同作用的产物,幻觉产生时,个体的意识会发生歪曲,有时会看到或听到一些实际并不存在的事物,称为正幻觉;而另一些时候却对实际存在的人或事物却熟视无睹,称为负幻觉。

幻觉通常发生在那些患有严重精神疾病的人身上。那些大脑经受了不寻常刺激(如高烧、癫痫发作等)的个体也可能产生幻觉。某些精神促动药物,如麦角酰二乙基酸胺(LSD)、仙人球毒碱、酒精等也会使人产生幻觉。催眠师也可以通过暗示使处于催眠状态下的个体产生幻觉。

幻觉是个体改变现实的一种心理建构,不同于对真实刺激有歪曲知觉的错觉。幻觉发生时个体的意识状态发生扭曲,而发生错觉时个体的意识却是清醒的;幻觉是一种个体经验,不能与情境中的其他个体分享,而错觉却是多数人都会发生的;幻觉会消失,而错觉不会因为个体对自己的提醒就自动消失。

阅读资料:药物依赖及其后果

精神促动药物是指那些通过暂时改变对现实的意识和知觉来影响心理过程和行为的化学物质,包括麻醉剂(如吗啡、海洛因)、兴奋剂(如可卡因、尼古丁)、致幻剂(如大麻)、镇静剂(如酒精)等。这些物质可以改变脑内神经递质与受体的正常结合,阻断或刺激某些反应,从而极大地改变脑的通讯系统,影响知觉、记忆、情绪和行为等。持续使用这些物质,会使体内的神经递质逐渐耗竭,身体对该物质便产生了适应和依赖,因此需要不断加大剂量才能产生之前的效果,最终的结果就是常说的药物成瘾。一个已经药物成瘾的人在没有药物满足的时候,就会出现痛苦的戒断症状,如颤抖、出汗、恶心、甚至死亡。

在使用这些药物的过程中,最大的危害是人对药物产生的心理依赖,即特别渴望使用药物,盼望出现那令人欣快的感觉。药物依赖的恶劣后果包括:

(1)使个体的生活方式逐渐以药物为中心,影响个体的社会适应,干扰正常人际关系的建立,减少个体受教育的可能性,而且为了保证药物供应还会增加犯罪的可能性,如抢劫、贩毒、卖淫等。

(2)烈性药物会改变个体的思维状态,造成思维紊乱,增加自杀和自我破坏的可能。在得不到家人、朋友和社会支持的情况下,使个体的孤独感加剧。为了减轻情绪困扰,应付日常压力,成瘾者必须承受长期的负性结果。

(3)不同类型的药物具有不同的作用,药物混用会导致复杂、混乱的效果。如烈性药物和烟草的结合最损害心理和身体健康。药物成瘾者还可能因为共用皮下注射针头,而感染艾滋病等免疫系统疾病。

资料来源:格里格,津巴多. 心理学与生活. 2003

三、意识的功能

意识的最大特点是其能动性,外部世界的信息纷繁复杂,意识能够使人有选择地觉察某些刺激,而忽视另外一些刺激,这样就保证了人对有用信息的充分加工。意识的能动性还表现在人能够超越外界刺激的限制,根据自己的经验积极主动地建构信息的意义,如面对同样一棵大树,作家看到了它的高大挺拔,关注它的美;而木匠看到了它作为家具所具有的实用价值。正是由于意识具有能动性,人才能按照自己的想法去改造周围环境,当然这种改造并不是随心所欲的,必须遵循自然界的客观规律。

当然,意识的能动性并不是无限的。意识不能脱离其生理基础——脑,意识也是主体对客观现实的反映。意识虽然能使我们觉知外界的信息,但自然界中还存在许多人无法意识到的刺激。人的各种感觉都有最低感觉阈限,低于这个阈限的刺激人就无法意识到了,但是它们却是存在的,并对人的心理和行为具有一定的影响。例如,人的眼睛只能感受到光谱中的一小段;人耳只能听到频率为 20~20 000 Hz 的声音,高于 20 000 Hz 和低于 20 Hz 的超声波和次声波人都意识不到。

第二节 注意概述

一、注意的含义

（一）注意的含义

注意是心理活动对一定对象的指向和集中。注意没有特定的反映内容，其本身并不是一种独立的心理过程，而是伴随各种心理过程始终的一种心理状态。人们通常说"注意汽车"、"注意铃声"，好像注意本身反映汽车、铃声一样，其实这里把"注意看汽车"、"注意听铃声"中的"看"和"听"省略了，这时的注意是感知活动中的注意。当说到"注意这个事情"或"注意那个现象"时，则又是思维活动中的注意了。

注意和意识密不可分。从睡眠—觉醒—注意，意识状态处于不同水平上。当人们处于注意状态时，意识内容比较清晰。同时，注意又不同于意识。注意是一种心理活动或"心理动作"，而意识是一种心理内容或体验。

（二）注意的特征

指向性和集中性是注意的两个基本特征。

注意的指向性是指心理活动或意识有选择性地朝向一定的对象，而忽略其他的对象。它表现出人的心理活动具有选择性。这种选择性不仅表现为选取某种活动和对象，而且表现为心理活动对这些活动和对象的较长时间的保持。例如，我们在路边与他人聊天时，心理活动选择了这个人的话语和面部表情，忽略了行人。可见，当注意的选择指向一定对象时，同时便离开了其他的对象。

注意的集中性是指心理活动停留在被选择的对象上的强度或紧张度。它不仅指离开一切与活动对象无关的东西，还包括对干扰活动对象的刺激进行抑制，以保证注意的对象能得到比较鲜明和清晰的反映。当一个人的注意集中于特定对象时，对这一对象的反映就清晰，而对其他事物的反映则模糊、暗淡。例如，当观众在影院里聚精会神地看电影时，很少会注意到时间的流逝。注意集中的对象总处于注意的中心，其余的对象有的处于"注意的边缘"，多数处于注意范围之外。心理活动的强度越大，紧张度越高，注意也越集中。

二、注意的功能

注意作为一种复杂的心理活动和积极的心理状态，它主要有以下两种功能。

（一）选择功能

注意是意识聚焦的过程，其基本功能是对信息进行选择。客观世界中存在着大量的刺激，注意使心理活动选取有意义的、符合当前需要的刺激，排除或抑制不重要的、无关的刺激。注意的选择功能使心理活动具有一定的方向性。从这个意义上说，注意为人的认识活动设置了一道过滤机制，使人们能在纷繁复杂的刺激面前作出有意义的选择，为人们更好地适应和改造环境提供了条件。

（二）维持功能

人在接受大量信息后，必须经过注意才能将有意义的刺激信息保持在意识中，否则信息就会很快消失。注意对象的映象或内容保持在意识中，人的认知系统才能对其作进一步的加工，直到任务完成为止。如果注意的对象转瞬即逝，正常的认知加工就无法进行。

（三）对活动的调节和监督功能

随意注意可以控制活动向着特定的目标和方向进行，使注意适当分配和适时转移。工作和学习中的错误一般都在注意分散或没有及时转移的情况下发生的，所以苏联心理学家加里培林把注意称为"智力监督动作"。

总之，注意对人类生活具有十分重要的意义，它是信息进入认知系统的门户，是人们获取知识、掌握技能、完成活动的重要条件。只有在注意状态下人们才能有效地监控和调节自己的行为，准确地反应客观事物，从而顺利完成活动，实现预定目的。

三、注意的种类

根据注意的产生有无预定目的，以及保持注意时是否需要意志的努力，可以把注意分为不随意注意、随意注意、随意后注意三种。

（一）不随意注意

不随意注意又称为无意注意，指事先没有预定目的，也不需要意志努力的注意。

不随意注意是在新异刺激的直接影响下，个体不由自主地给予该刺激物的关注。例如，学生正在教室认真听课，有同学突然打起鼾来，其他学生就会不由自主地寻找声源，并想"怎么回事？"。再如，街道上突然爆发出一声巨响，经过的行人都会禁不住地驻足张望。这些行为都是不由自主和无需努力的。

不随意注意是注意的一种初级表现形式。在不随意注意中，人的主动性水平较低。不随意注意的产生主要受刺激物自身的特点和机体的状态两方面因素影响。在现实生活中，这两方面的因素通常同时存在，共同发生作用。

1. 刺激物自身的特点

刺激物的新异性是引起不随意注意的最重要原因。新颖的、异乎寻常的刺激物很容易成为不随意注意的对象；相反，刻板的、单调的刺激物，则很难引起人的不随意注意。人们从未经历过的事物或者是一些熟知事物的奇特结合，都会引发不随意注意。

一般来说，刺激物强度越大，越容易引起人们的不随意注意。强烈的刺激，如鲜艳的色彩、巨大的声响、浓烈的气味，都会引起人们的不随意注意。在不随意注意中，刺激物的相对强度往往比刺激物的绝对强度更有意义。比如，在寂静的夜晚，轻微的耳语就能引起人的注意；但在炮火连天的战场，连雷声都很容易被忽略。

刺激物的活动和变化、刺激物之间的对比关系也易于引起注意。在静止的背景上，变化着的和活动着的刺激物容易引起人的不随意注意。例如，马路上疾驶而过的汽车，大街上一明一暗的霓虹灯，都很容易引起人们的注意。某一种刺激物在强度、距离、大小、形状、颜色、声音等方面与周围的其他事物具有显著差异，形成鲜明的对比，也容易引起不随意注意。例如人们常说的"鹤立鸡群"、"万绿丛中一点红"等。

2. 主体的状态

不随意注意不仅由外界的刺激物被动地引起，而且还受人本身的状态、需要、兴趣、情绪、经验等的影响。

人的兴趣和需要对不随意注意的产生有重要影响。凡是能够满足主体需要、符合主体兴趣的事物都会使主体产生期待的心情和积极的态度，从而容易引起不随意注意。例如，服装设计师外出时，别人身着的新款服饰会自然地引起他们的注意；而有关意甲和英超足球比赛的消息则很容易引起球迷的注意。不随意注意也与主体的特殊情感有关。凡是对某人或某事物有着特殊感情的人，某人或某事物的情况就容易引起他的注意。

不随意注意在很大程度上也受主体心境的影响。如果一个人心情愉快、精神饱满，就容易对新鲜事物产生注意，而且注意也容易长久和集中。反之，如果一个人情绪低落、郁郁寡欢，平时容易引起注意的事物，这时也可能视而不见。

（二）随意注意

随意注意又称为有意注意，指有预定的目的，需要作出一定意志努力的注意。

随意注意是一种主动服从于一定的活动目的的注意，它受人的意识的调节和支配。有时随意注意的对象不易吸引人们注意,但要完成任务又必须去注意。因此,要使注意集中和保持在这样的事物上,就需要一定的意志努力。例如,有的学生对数学不感兴趣,但是为了掌握一定的科学文化知识,就需要克服困难,认真地做好数学作业,这时他的注意状态就是有意注意。

引起随意注意的原因有以下几点:

(1)活动的目的与任务。目的越明确、越具体,越易于引起和维持随意注意。有经验的老师在正式上课前,会事先告知学生该堂课程的学习目标,从而引起学生的随意注意,使学生有目的的听讲,提高学习效率。

(2)兴趣。间接兴趣是对活动目标和结果的兴趣,它在引起随意注意中起重要作用。间接兴趣越稳定,就越能对活动的对象保持随意注意。例如,有的人开始学习外语时感到困难重重、枯燥乏味,但当他认识到掌握外语有助于对外交流和学习先进知识,对个人的发展有重要意义以后,就会努力克服各种困难,提高外语水平。

(3)先前的知识经验。主体已有的知识经验对于随意注意的维持有重要作用。以听讲座为例,如果讲座的内容与自己所学的专业有关,你能理解报告内容并盼望获得新的信息,那么维持注意就较容易。如果讲座内容和你距离太远,难以理解,或者都是老生常谈,毫无新意,一会儿你就会昏昏欲睡。

(4)意志品质。人在完成活动和任务时,常常会遇到一些干扰。这些干扰可能是外界的刺激和诱惑,也可能是机体的疲劳、饥饿状态,还可能是一些无关的思想和情绪,等等。这时要顺利完成活动,就需要用独立、坚韧、自制等优秀的意志品质,使注意克服干扰,服从于当前目的和任务。

(三)随意后注意

随意后注意是指事前有预定的目的,但不需要意志努力的注意。它同时具有不随意注意和随意注意的某些特征。一方面,它和自觉的目的、任务相联系,类似于随意注意;另一方面,它不需要人的意志努力,又类似于不随意注意。

随意后注意是注意的一种特殊形式,它是在随意注意的基础上产生的。一旦产生,就具有高度的稳定性。随意后注意既能服从于当前的目的和任务,又能节省意志努力,对于个体完成长期持续的任务非常有帮助。例如,个体通过一段时期的英语学习,比较牢固地掌握了英语的词汇和会话技能,能够流利地和外国朋友交流,也了解了很多异域的文化。这时,他对英美文化和英语语言的兴趣可能愈发浓厚,从而专门留心各种学习和交流机会,并乐在其中,一点也不觉得困难和枯燥了。

第三节 注意的生理机制和外部表现

一、注意的生理机制

注意就其产生方式来说，是有机体的一种朝向反射。所谓朝向反射，是指当新异刺激出现时，有机体将有关感受器转向新异刺激的方向，以便更好地感知这一刺激。朝向反射是注意最初级的生理机制。俄国生理学家巴甫洛夫最早提出了朝向反射的概念。20世纪初，巴甫洛夫的一位助手用狗做实验，使狗形成了对声音的条件反射。之后，请巴甫洛夫参观。然而，每当巴甫洛夫在场，实验就不成功。巴甫洛夫对这一情况进行了认真的分析，他认为自己对于狗来说是一个新异的刺激。因此，每当他出现在实验现场，便会引发狗的朝向反射，并使狗先前形成的对食物的条件反射被抑制了。

注意需要机体处于觉醒状态，没有觉醒就不可能产生注意。觉醒状态主要靠网状结构的上行激活系统来维持。网状结构是指从延髓到丘脑之间的弥散性的神经网络，它对于维持大脑的一般性活动水平，保证大脑有效地加工特定的信号具有重要意义。实验证明，在这一区域受到损伤的病人，往往会陷入昏睡，无法对外界的各种刺激发生反应。

网状结构的激活使脑处于觉醒状态，但注意并非只有觉醒这么简单，它的选择性功能需要脑的更高级的部分——边缘系统和大脑皮层来执行。在边缘系统中，有一些神经元能对新旧刺激进行比较。它们对熟悉的、习惯化的刺激不反应，甚至抑制；而对一些对新的、变化的刺激产生反应。这些神经元被称为"注意神经元"，它们对信息的选择起重要作用。临床观察发现，这些神经元集中的脑区受到破坏后，患者易出现分心的现象，意识的选择性和组织性趋于混乱，无法坚持主动的目的性活动。

大脑皮层是产生注意的最高部位，而额叶是起调节、控制作用的主要器官。额叶直接参与由言语指示所引起的激活状态，它通过下行通路，维持和调节网状结构的紧张度，激活或抑制外周感受器的活动水平。临床观察表明，额叶严重损伤的患者，不能按言语指令集中注意，容易分心，对环境中的新异刺激过分敏感，不能抑制无关刺激的干扰，因而也就无法维持对特定信息的注意。例如，有些额叶受损的病人只能在没有干扰的情况下完成某些任务，一旦环境中有新异刺激出现，他们就会停止原先的活动，而将注意朝向新异刺激。

可见，注意是不同脑区协同活动的结果，既与大脑皮层的活动有关，也与皮层下结构的活动有关。

二、注意的外部表现

人在集中注意时，常常伴随着特定的生理变化和某些外部动作或行为，它们可以作为研究注意的客观指标。注意的外部表现主要有以下几种：

（一）适应性动作

人在注意时，有关的感觉器官总是朝向刺激物，以便得到最清晰的印象。例如凝神远望、侧耳倾听，等等。当人们的沉浸于思考或想象，注意对象集中于内部活动时，常常有托颌沉思、目不转睛的表现。

（二）无关动作停止

当人在紧张注意时，除了感觉器官朝向刺激物外，身体肌肉也处于紧张状态，这时多数无关的动作停滞下来。例如，学生上课专心听讲时，全神贯注地盯着老师，就不再有交头接耳等小动作。

（三）呼吸运动的变化

人在集中注意时，呼吸变得轻微而缓慢，并且吸气变短、呼气延长。此外，还会有心跳加速、牙关紧闭、拳头紧握的表现。当注意高度集中时，甚至会出现呼吸短暂停止的"屏息"现象。例如，当情节跌宕起伏的电影演到高潮的时刻，或者激烈的体育比赛面临决胜的关头，很多观众由于注意集中和情绪紧张而屏住呼吸。

人们可以根据一个人的外部表现来推断他的注意状况。但是，有时注意的外部表现可能与内部心理活动状态不符。而通常所说的"心不在焉"，就是指注意貌似集中于某一事物，而心理活动实际上指向于另一事物，即注意的指向与感官朝向不一致。

阅读资料：注意研究的新技术——眼动描记

朝向反射表现为一种视觉搜索状态。这在视觉方面可以由眼球运动清楚地表现出来。眼球运动的记录技术是在20世纪30年代被设计出来的，其基本原理如图3-2所示：让平行光照射在人的眼球上，再让角膜反射出来的光进入摄像机，摄像机的感光胶片匀速运动，这样就把由角膜反射出来的光点移动轨迹拍摄下来。这个轨迹就正好是眼球运动的轨迹。之所以要利用由角膜反射出来的光，而不利用由眼球的别的部位反射出来的光，是因为角膜在眼球上微凸，所以它对同位置光源所反射出来的光，才能随眼球的运动而移动；而眼球的别的部位反射出来的光,则因眼球为球形,那就不管它如何运动,它对同位置光源所反射的光也不会移动了。有了这样的记录以后,再把这种轨迹与所看东西的图像空间位置,按纵横坐标值套绘下来,就能通过注视点在一段时间内的运动轨迹,了解个体注意的对象和内容。眼动记录技术在科学研究、商业、军事等领域都有重要的应用价值。现在的眼动记录技术已经比当初进步很多,但其基本原理,仍然是一样的。

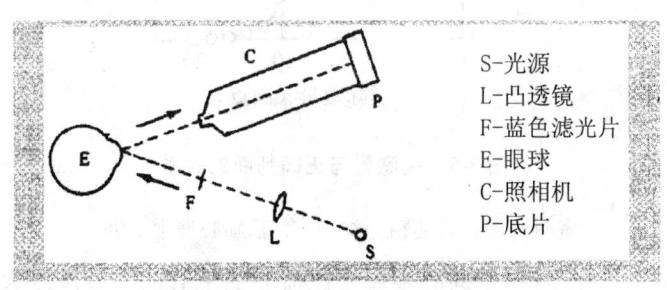

图 3-2　眼动照相记录设备示意

资料来源:张述祖,沈德立. 基础心理学.1987

第四节　注意的品质

一、注意的广度

注意的广度又称为注意的范围,是指在同一时间内能清楚地把握对象的数量。它是注意在空间上的特性。

注意的广度很早就受到心理学家的重视并对其进行了实验研究。耶文斯做了撒豆子的实验,他往白盘子里撒黑豆子,让被试报告所看到的豆子的数量。经过多次试验,结果发现:当撒上 5 粒黑豆时,被试的估计开始产生误差;撒的黑豆超过 8~9 粒时,错误估计的次数占 50% 以上。后来有人用速示器做实验,其结果和撒豆子实验差不多(如图 3-3),此外还发现在 0.1 秒时间内,成人一般能注意到 7 个左右的黑点或 4~6 个没有联系的外文字母,或 3~4 个几何图形。

影响注意广度的一个重要因素是知觉对象的特点。研究表明,知觉的对象越集中,排列得越有规律,彼此间整体性越强,注意的广度就越大;而对颜色相同的字母要比颜色不同的字母的注意广度大;对排列成行的字母要比分散的

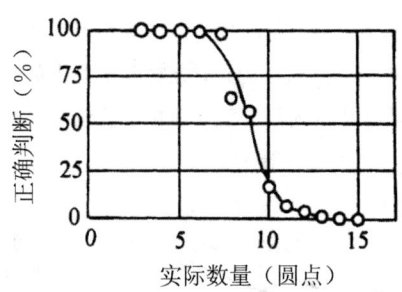

图 3-3 刺激量与正确判断的关系

资料来源：张述祖，沈德立. 基础心理学. 1987

字母的注意广度大；对组成词的字母要比孤立的字母的注意广度大。

注意的广度还受个体知觉活动任务和知识经验的影响。一个人在某一方面的知识经验越丰富，他对这一方面的注意广度就越大。比如，初学语文的小学生，只能逐字地阅读课文；而熟练掌握汉语的人，就能以词和短句为单位进行阅读，阅读速度也快得多。一般的中国大学生阅读汉语的速度要比阅读英语的速度快得多。

人的注意广度还存在着个体差异和年龄差异。不同人的注意广度是不同的；在成年以前，注意广度还随着个体年龄增长而增大。我国心理学工作者研究了中国儿童注意广度的发展，结果表明：注意广度随着个体年龄增长而增大。小学二年级学生的注意广度不足 4 个点子，小学五年级达到 4.48 个点子，到中学又增加到 6.33 个点子。

二、注意的稳定性

注意的稳定性又称为注意的持久性，是指注意在同一对象或活动上所能维持的时间。注意稳定性的标志是活动在某一段时间内的高效率，它是注意在时间上的特性。

人的注意不可能长时间地保持不变，一般说来处于起伏状态。如在我们注视图 3-4 时，会觉得小方形时而凸起，时而下陷，在几秒内两个方形的位置就会跳跃式地互换。研究表明，注意平均每稳定 8~10 秒钟就会发生动摇。即有时感到刺激或刺激增强，有时感到刺激减弱或感受不到刺激。对于不同的刺激，注意起伏的周期又是不同的。声音刺激的注意起伏周期最长，其次是视觉刺激，触觉刺激的注意起伏周期最短。

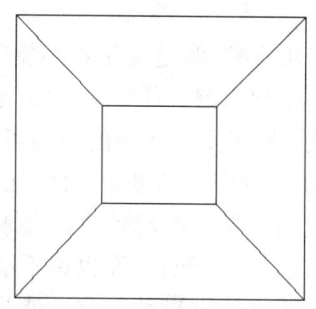

图 3-4　注意的起伏

注意的稳定性与注意对象的特点和主体的状态有关。在一定范围内，注意的稳定性程度随注意对象的强度和复杂性的增加而提高。刺激的强度越大、持续时间越长、内容越丰富、活动变化越多，注意就容易保持稳定；而对于内容单调的、静止不变的对象，注意则难于稳定。

人的身体状况、兴趣、期待等也影响着注意的稳定性。人在身体健康、精力充沛、心情愉快时，注意容易保持稳定。如果人对活动有浓厚的兴趣、对活动的意义理解深刻，抱着积极的态度，注意的稳定性会明显提高。

此外，人的注意稳定性还存在着个体差异和年龄差异。神经活动强的人，不易受外部干扰刺激的影响，注意不易分散，神经活动弱的人则相反。研究表明，随着年龄的增长，儿童的注意稳定性一直在发展，但其发展的速度不同，小学阶段的发展速度很快，幼儿阶段和中学阶段发展速度较慢。

同注意的稳定相对立的是注意的分散，又叫做分心，即注意离开了当前应指向的对象或活动，而指向与当前任务无关的内容。无关刺激的干扰、单调刺激的长时间作用、情绪因素都可引起注意的分散。无关刺激对注意的干扰作用取决于这些刺激本身的特点以及它们与注意对象的关系。与注意对象相似的刺激，以及新颖的或强烈的刺激，容易引起分心。此外，在身体过分疲劳，或神经系统出现某些病理性变化时，也容易产生分心现象。克服分心现象，保持注意的稳定性，对于学习和其他实践活动都具有重要意义。

三、注意的分配

注意的分配指在同一时间内，把注意指向两种或多种不同的对象或活动。例如，教师一边讲课，一边观察学生听讲的情况；汽车司机在双手操作方向盘的同时，脚要踩着离合器，两眼还要注意道路上的行人、车辆、障碍物和信号灯等。

俗话说的"一心不能二用",好像是说注意不能分配,但是学习、工作和生活中经常要求人们必须得"眼观六路、耳听八方"。这是因为,严格说来注意的分配并非发生在同一时间内。使用复合器做的实验可以说明这一点。复合器(图3-5)的表面是一个印有100个刻度的刻度盘,有一根指针可以在刻度盘上迅速转动,当指针经过某一刻度时,同时响起铃声。要求被试在听到铃声的同时,说出指针指向的刻度数。实验结果表明,谁也说不准铃响时指针在刻度盘上的准确度数,被试不是把铃响说在这个度数之前,就是说在这个度数之后。这说明既要看指针的位置,又要听铃响这两件事同时办不到,即人不能同时注意两件事。

图 3-5 复合器

注意的分配需要以下两个条件:

首先,同时进行的几种活动,除一种之外,其余几种必须达到熟练和自动化的程度。也就是说,这些活动中至多只能有一种是不熟练的。由于人们对熟练的活动不需更多的注意,因此,可以把注意资源较多地集中到比较生疏的活动上。当同时到达的多个任务没有超出人脑的加工容量时,人就能对它们同时反应,从而使注意的分配成为可能。

其次,同时进行的几种活动的性质和关系也很重要。如果同时进行的几种活动之间毫无联系,那么要同时进行这些活动就很困难;但如果在几种活动之间已经形成了固定的系统联系,同时进行这些活动就比较容易。例如,自弹自唱,边歌边舞,是在弹和唱、歌和舞之间形成了系统联系后,才能够实现注意的分配的。但是，要把注意同时分配在几种智力活动上是难以实现的。

四、注意的转移

注意的转移是指人根据新任务的需要主动地把注意从一个对象转向另一个对象，或从一种活动转到另一种活动。注意的转移对于人的很多活动都很重要。当一项新的活动开始后，注意就应及时地从旧的活动转向这一新的活动，否则就会影响新活动的顺利进行。例如，在飞机起飞或降落的数分钟内，飞行员的注意要在各种仪表和操纵设备间转移200多次，如果注意转移出错，其后果将不堪设想。

注意的转移和注意的分配是彼此联系的。注意一旦转移，注意中心的对象发生了改变，整个注意范围的内容便发生变化，注意资源也就重新分配。在某种意义上，注意的分配也可以看做是注意的快速转移。

注意的转移和注意的分散都是注意对象的更换，但它们是两个根本不同的概念。注意的转移是在活动需要的时候，有意识地把注意从一个对象转向另一个对象；而注意的分散是在需要注意稳定时，注意中心离开了需要注意的对象。

注意转移的快慢和难易取决于先前注意的紧张度、注意对象的特点和个体个性特点。如果先前注意的集中度高、新的注意对象又不符合主体的需要和兴趣，注意的转移就困难和缓慢；反之，如果先前注意的集中度越低、新的注意对象越符合人的需要和兴趣，注意的转移就容易和迅速。就个性特点的角度来说，灵活性高的人，注意的转移比较容易；灵活性低的人，注意转移就比较困难。

 阅读资料：双耳分听实验

注意理论的得出都得益于双耳分听程序，双耳分听程序是指给被试的两耳分别呈现实验材料，让被试追随其中一个耳朵听到的材料，而对另一个耳朵听到的材料予以忽视，前者称为追随耳，后者称为非追随耳，然后考察被试从非追随耳中得到的信息。由于实验材料的不同，研究者得出了不同的实验结论。如按照布罗德本特（Broadbent）的观点，非追随耳中的信息是不能被识别的，但是莫瑞（Moray）1959年的实验却发现被试能够识别出现在非追随耳中的自己的名字，也就是说被试追随的是有意义的信息。随后特瑞斯曼（Treisman, 1960）进行实验证实了上述现象。实验中，给被试的一只耳朵输入有意义的信息，然后让被试追随这只耳朵，非追随耳只接受一些随机的单词串。在这个过程中，意义信息转换到非追随耳，而随机单词传送到了追随耳，如图3-6所示。

图 3-6 双耳分听实验

实验结果发现虽然告诉被试只追随追随耳的材料,但许多人忘了这种要求,而去追随有意义的信息。因此特瑞斯曼认为被试能够追随信息的语义内容,即使信息进入非追随耳也是如此。

资料来源:贝斯特. 认知心理学. 2000

第五节 注意的认知理论

一、注意选择的认知理论

关于注意选择的认知理论认为,注意是一个容量有限的通道,它以某种方式对外界刺激信息进行选择。一些信息能通过并获得进一步的加工,其余的信息则被阻挡在人的认知系统之外。然而对于信息过滤装置的具体位置,有多种不同的理解。

(一)过滤器理论

过滤器理论的主要代表人物是布鲁德本特(Broadbent)。布鲁德本特在1958年根据双耳分听的一系列实验结果,最早提出了过滤器理论(filter theory)。他认为从外界进入感觉通道的信息是无限的,但大脑加工信息的能力却是有限的。当信息通过各种感觉通道进入认知系统时,为了避免阻塞,就需要有一个过滤器对输入的信息进行选择,这个过滤器相当于一个开关,它按照"全或无"的原则工作,使其中的一部分信息或一个通道的信息进入高级分析阶段,被识别、储存和加工,而其余的信息则迅速消退。

布鲁德本特设想的过滤器位于语意分析之前,外界信息经感觉器官到达短时储存器中进行暂存，然后经过选择性过滤。输入的信息是否能通过过滤器，完全是由刺激的物理属性决定的，知识经验对信息筛选不起作用。因此，这种观点又被称为早期选择模型。

（二）衰减理论

过滤器的理论虽然得到了不少实验的支持，但进一步的研究发现，该理论还不完善。在双耳分听实验中，事先规定被试只对一只耳（追随耳）输入的信息进行追踪，而忽略从另一耳（非追随耳）输入的信息。通常被试能较好地记住追随耳输入的信息，而对非追随耳输入的信息无法识别。与过滤器理论中的实验不同的是，在非追随耳中加入对个体有特殊意义（如被试的名字）的信息，却往往能被觉察到。此种情形称为鸡尾酒会现象，这是早期选择模型无法解释的。

美国心理学家特瑞斯曼（Treisman）基于实验研究的结果，提出了衰减理论（attenuation theory）。她主张过滤器不是按"全或无"的方式工作，而是按衰减的方式工作的。从追随耳输入的信息受到的衰减很少，能顺利激活长时记忆中的有关项目而被识别；非追随耳输入的信息经过过滤器被衰减，不能与长时记忆中的信息取得联系，因而难以识别。但有的信息（如个体的名字、火警的信号）激活阈值很低，所以即使从非追随耳输入，也能被识别。因此，信息的选择不仅依赖于感觉特征（由刺激的物理属性决定），而且依赖于语意特征（由知识经验决定）。这种理论强调了中枢过滤器的语意分析作用，被称为中期选择模型。

（三）晚期选择理论

晚期选择理论是由多伊奇（Deutsch）提出，并由诺曼（Norman）加以完善的。该理论认为，所有的知觉信息在进入过滤器或衰减装置以前就已经得到充分的分析，它们到达长时记忆并激活其中的有关信息，然后竞争工作记忆的加工。选择性注意属于中枢控制过程的一部分，它发生在信息加工的晚期，信息的选择依赖于刺激的知觉强度和意义。因此，该理论又称为完善加工理论或反应选择理论。

图 3-7 显示了三种理论中信息选择的发生部位与作用。

（四）多阶段选择理论

前面的三种理论都假设注意对信息的选择发生在信息加工的特定阶段。这意味着信息的选择机制比较刻板。目前，以约翰斯顿（Johnston）为代表的一些心理学家主张，信息选择过程可以发生在信息加工的不同阶段；在进行选择之前的加工阶段越多，所需要的认知加工资源就越多；选择发生的阶段依赖于当前的任务要求。这种观点被称为多阶段选择模型。多阶段选择模型是对前面三种选择性模型的综合，它强调信息选择的时段依赖于任务的具体要求，因此更具灵活性。

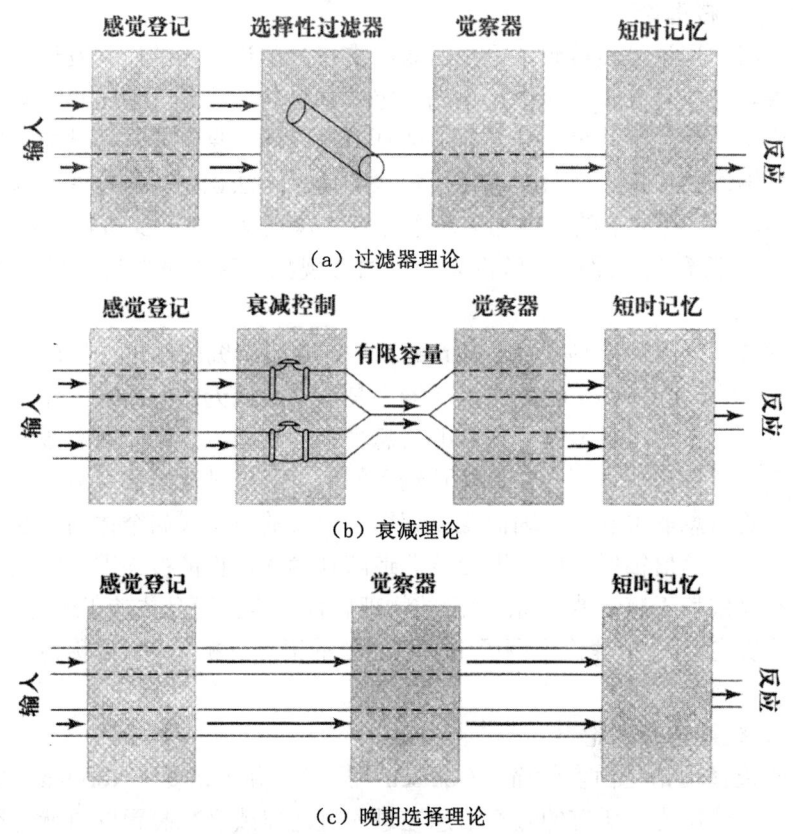

图 3-7　过滤器理论、衰减理论和晚期选择理论的比较

资料来源：贝斯特. 认知心理学. 2000

二、注意分配的认知理论

（一）认知能量理论

1973 年，卡尼曼（D. Kahneman）在《注意与努力》一书中提出了认知能量（cognitive capacity）理论。与关于注意选择的认知理论不同，认知能量理论着重考虑注意如何协调不同的认知任务。

认知能量理论把注意看成是对刺激进行识别和加工的认知资源，其容量或能量是有限的。每一项认知加工都需要占用和消耗一定的认知资源，刺激越复杂，占用的资源越多。当人同时进行两种以上的活动时，就会有多项认知任务同时竞争有限的注意资源。在认知系统中存在一个负责资源分配的机制，这个分配机制是主动而灵活的，它能根据实际需要调整控制资源的配置，优先加工更为重要的任务。例如，两个骑自行车的人可以一边骑车一边聊天，但当行驶到交通拥挤的十字路口时，他们往往会终止谈话，把注意资源更多地分配到路口的车辆和行人上，以保证自己和他人的安全。

图 3-8 是卡尼曼认知能量理论的图示。卡尼曼认为，个体的认知能量并不是完全固定的，它要受多种因素的影响。例如，在一定的限度内，个体的唤醒水平越高，可利用的能量供给就越多。有限的认知能量被分配给多种可能的活动，分配的策略受长期倾向（如分配给新异刺激）和暂时意愿（如分配给当前任务）的共同影响。

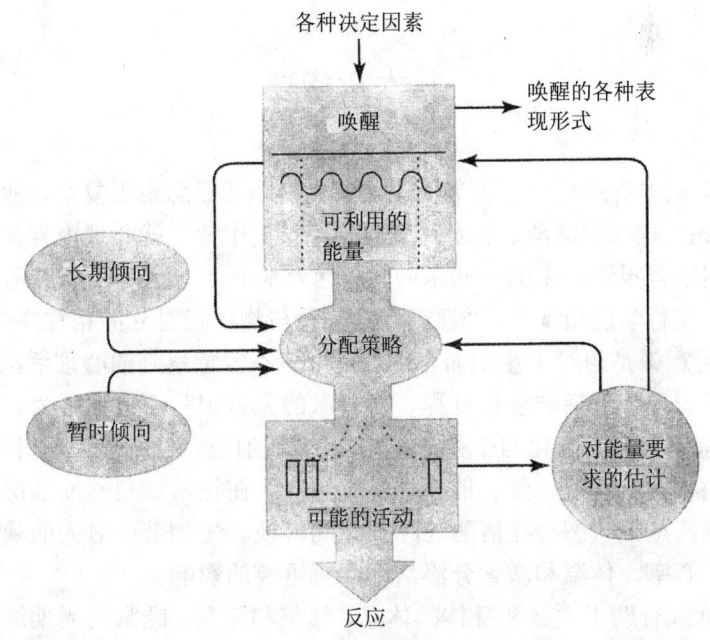

图 3-8　注意的能量模型

资料来源：贝斯特. 认知心理学. 2000

（二）双重加工理论

在资源限制理论的基础上，谢夫林（R. M. Shiffrin）等人进一步提出了双重加工（double processing）理论。该理论认为，人类的信息加工方式有两种：

自动加工和控制加工。自动加工是由刺激自动引发的无意识的加工过程，不受认知资源的限制。自动加工的速度很快，也不影响其他的加工过程。在习得或成形之后，很难改变。控制加工是受意识控制的加工过程，它需要注意的积极参与，要占用系统的加工资源。和自动加工相比，控制加工更为主动和灵活，它可以随环境的变化不断调整资源分配的策略。控制加工经过充分的练习之后，有可能转化为自动加工。

双重加工理论是对资源限制理论的有益补充，它们共同解释了为什么人们有时能同时做好几件事。例如，人在初学骑自行车的时候，注意高度集中于自身的动作，全身紧张。这时，头脑中对骑车动作的控制属于控制加工。经过充分的练习，骑车技能达到熟练后，头脑中对骑车动作的控制已经自动化了，不需要占用加工资源，于是个体就可以将注意更多的分配于其他受意识控制的加工过程上，如谈话。于是，人们就可以一边骑自行车一边欣赏风景或聊天了。

本章摘要

1. 意识本身就是一个古老而又难解的谜，其概念也很复杂。就心理状态而言，"意识"意味着清醒、警觉、觉察、注意集中等。就心理内容而言，"意识"包括可用语言报告出来的一些东西。在行为水平上，"意识"意味着受意愿支配的活动。在哲学的角度上，"意识"是一种与物质相对立的精神实体。

2. 无意识是相对于意识而言的，是个体不曾觉察到的心理活动和过程。常见的无意识现象包括非意识过程、对刺激的无意识和下意识行为。

3. 意识状态的变化与个体身体功能的周期性变化密切相关。除觉醒外，意识常见的状态有睡眠、梦、催眠、幻觉等。人在正常、自然的情况下，受生物节律影响，意识状态会在清醒与睡眠之间转换。生物节律对人的唤醒水平、新陈代谢、心率、体温和激素分泌活动都有重要的影响。

4. 睡眠有助于大脑和身体的休息、修整和恢复。睡眠的周期通常包括4个阶段，外加快速眼动睡眠阶段。睡眠的第1阶段又称为轻度睡眠阶段，EEG表现为频率和波幅都较低的θ波。睡眠的第2阶段会出现纺锤波（睡眠锭），被认为是睡眠与觉醒的真正分界。睡眠的第3和第4阶段，都出现频率低，波幅大的δ波，但第4阶段的δ波频率更低、波幅更大。在整夜睡眠中，个体会经历4~6个这样的大约100分钟的周期。在每个周期里，快速眼动睡眠的时间会逐渐增加。

5. 梦通常发生在快速眼动睡眠阶段。对于梦的意义的解释有多种：精神分析学家弗洛伊德将梦看做强烈的、无意识的、被压抑冲动和愿望的符号表达；生理学家霍布森等人认为，梦是我们对脑的随机神经活动的主观体验；认知心理学家福克斯等人认为，梦是睡眠时认知系统对所接触信息和经验进行整理和整合所产生的体验。

6. 催眠（hypnosis）是在诱导之下产生的一种似睡非睡的意识恍惚状态，其特征为主动反应降低、注意范围缩小和受暗示性提高。催眠的效果与被催眠对象的受暗示性有极大的关系。

7. 幻觉（hallucinations）是在刺激物不存在的情况下出现的活灵活现的知觉。幻觉通常发生在那些患有精神疾病，或者大脑经受了不寻常刺激，以及服用了精神促动药物的人身上。

8. 注意是心理活动对一定对象的指向和集中。注意没有特定的反映内容，其本身并不是一种独立的心理过程，而是伴随各种心理过程始终的一种心理状态。

9. 指向性和集中性是注意的两个基本特征。指向性是指心理活动或意识有选择性地朝向一定的对象，而忽略其他的对象。注意的集中性是指心理活动停留在被选择的对象上的强度或紧张度。

10. 注意的基本功能是对信息进行选择，并将注意对象的映象或内容保持在意识中，以便进一步加工；在随意注意状态下，人们才能有效地监控和调节自己的行为。

11. 不随意注意又称为无意注意，指事先没有预定目的，也不需要意志努力的注意。它是在新异刺激的直接影响下，个体不由自主地给予该刺激物的关注。不随意注意的产生主要受刺激物自身的特点和机体的状态两方面因素影响。

12. 随意注意又称为有意注意，指有预定的目的，需要作出一定意志努力的注意。随意注意是一种主动服从于一定的活动目的的注意，它受人的意识的调节和支配。此外，个体的兴趣、知识经验、意志品质也会影响随意注意。

13. 随意后注意是指事前有预定的目的，但不需要意志努力的注意。随意后注意既能服从于当前的目的和任务，又能节省意志努力，对于个体完成长期持续的任务非常有帮助。

14. 注意是不同大脑不同区域协同活动的结果。就生理基础而言，注意既与脑干网状结构、边缘系统等皮层下结构的活动有关，也离不开大脑皮层的控制和协调。就其产生方式来说，注意是有机体的一种朝向反射。

15. 注意的外部表现主要有以下几种：适应性动作、无关动作停止、呼吸运动的变化。

16. 注意的品质包括广度、稳定性、分配和转移等四个方面。注意的广度又称为注意的范围，是指在同一时间内能清楚地把握的对象的数量。注意的稳定性又称为注意的持久性，是指注意在同一对象或活动上所能维持的时间。注意的分配指在同一时间内，把注意指向两种或多种不同的对象或活动。注意的转移是指人根据新任务的需要主动地把注意从一个对象转向另一个对象，或从一种活动转到另一种活动。

17. 关于注意选择的认知理论认为，注意是一个容量有限的通道，它以某种方式对外界刺激信息进行选择。其中，过滤器理论认为，注意对外界信息的选择遵循"全或无"模式，且这种选择发生在知觉分析之前。衰减理论认为，信息选择装置按"衰减"的方式工作，信息的选择不仅依赖于感觉特征，而且依赖于语意特征。

18. 晚期选择理论认为，所有的信息在进入过滤或衰减装置之前就已经得到充分的分析，注意的选择性发生在信息加工的晚期。多阶段选择理论认为，信息选择过程可以发生在信息加工的不同阶段，选择发生的阶段依赖于任务的要求。

19. 关于注意分配的认知理论强调注意是一种容量或能量有限的资源。其中，认知能量理论把注意看成是对刺激进行识别和加工的认知资源，而且在认知系统中存在一个负责资源分配的机制，它能根据实际需要调整控制资源的配置，优先加工更为重要的任务。

20. 双重加工理论认为，人类的信息加工方式有两种：自动加工和控制加工。前者是由刺激自动引发的无意识的加工过程，不受认知资源的限制；后者是受意识控制的加工过程，它需要注意的积极参与，要占用系统的资源。

复习思考题

1. 什么是意识和无意识？
2. 睡眠可分为哪几个阶段？它们各有何典型特征？
3. 什么是催眠？催眠状态下人有何变化？
4. 心理学对梦的本质主要有哪几种看法？
5. 什么是注意？注意的种类有哪些？
6. 如何解释注意的生理机制？
7. 注意选择的理论有哪几种？它们的主要区别是什么？
8. 请根据注意分配的认知理论，谈谈你对注意品质的理解。

第四章 感觉

第一节 感觉概述

一、感觉的含义和功能

生活中，我们常常会说到"感觉"这个词，如"我对他的感觉很好"，"我感觉考试题不难"，等等，这里的"感觉"是"觉得"的意思，与心理学的专有名词"感觉"的意思并不相同。在心理学中，感觉（sensation）是人脑对直接作用于感觉器官的客观事物的个别属性的反映。感觉是最初级的认识过程，是一种最简单的心理现象。

在大千世界里，我们看到鲜艳的颜色，听到响亮的声音，闻到清香的气味等，都是感觉。颜色、声音、气味、味道、温度等都是客观事物的个别属性，当它们直接作用于眼睛、耳朵、鼻子、口舌、皮肤等感觉器官时，就在大脑中引起相应的视、听、嗅、味、肤等感觉。通过感觉人们还能够了解自身内部的状况和变化，如内脏器官的状况、躯体的姿势与平衡、肌肉的运动与紧张等。

我们生活的世界千变万化、丰富多彩，数以亿万计的光、热、压力、振动等物理能量和信息充斥其中，但只有极少数能量和信息是我们生存所需要的。幸运的是，我们身上所配备的眼睛、耳朵、舌头、鼻子、皮肤等感觉器官能从中筛选到符合我们需要的信息。正如普罗泰戈拉（Protagoras）所说的，"没有了感觉，人们将一无所知，就像生活在一个黑暗和寂静的真空世界里"（Man is nothing but a bundle of sensation）。

感觉在人类的生活中具有非常重要的作用。首先，感觉是人们认识世界的开端。通过感觉，人们既能认识外界事物的颜色、响度、气味、软硬等属性，也能认识自己机体内部的状态，如饥渴、饱胀、恶心等，从而有效地进行自我调节。借助于感觉获得的信息,人们可以进行更复杂的记忆、思维等心理活动,从而更好地反映客观世界。其次,感觉还给人们带来愉快、痛苦等情绪体验。如,风景名胜、鸟语花香、美味佳肴、险怪新奇,等等,当它们诉诸人的感觉器官时,便会造成愉快或不愉快的各种感受,并可引发相应的接近或回避的行为,所以,感觉还是人的情绪情感等高级心理过程的重要先导和基础。再次,感觉是维持正常心理活动的重要保障。实验表明,在动物个体发育的早期进行感觉剥夺,会使动物的感觉功能产生严重缺陷;人类也无法长时间忍受全部或部分感觉剥夺。感觉剥夺会使人的思维过程混乱,出现幻觉,注意力不能集中,甚至还会有严重的心理障碍。

总之,感觉是一切较高级、较复杂的心理现象的基础。感觉为人的知觉、记忆、思维等复杂的认识活动提供了原始资料。人的情绪情感体验,也必须依靠人对环境和身体内部状态的感觉。因此,没有感觉,一切较复杂、较高级的心理现象就无从产生。当然,反过来,感觉也受到如注意、知觉、情绪、心境等高级心理活动的制约和影响。

 阅读资料:感觉剥夺实验

加拿大心理学家赫布(D. O. Hebb)和贝克斯顿(W. H. Bexton)于1954年首次报告了感觉剥夺的实验结果。

在实验中,被试安静地躺在实验室一张舒适的小床上,室内非常安静,听不到一点声音;一片漆黑,看不见任何东西;两只手戴上手套,并用纸卡卡住。被试的进食和排泄都由主试事先安排好了,用不着被试移动手脚。总之,来自外界的刺激几乎都被"剥夺"了(参见图4-1)。实验开始,被试还能安静地睡着,但稍后,被试开始失眠、不耐烦、急切地寻找刺激,他们想唱歌、吹口哨、自言自语、用两只手套互相敲打。换句话说,被试变得烦躁不安,胡乱活动,觉得很不舒服,甚至出现幻觉、神经质、恐怖症。参加实验的被试可以得到20美元的报酬。但即使是这样,也几乎没有一个被试能够在实验室中坚持这种实验到3天以上。

后来有许多实验都反复证实了这一现象。对刚刚释放出来的被试进行心理测验时,发现他们记忆力丧失、智力下降,不能正确认识几何图形和做精细的动作等。只有经过一天以上的时间,被试的心理活动才能逐渐恢复正常。可见,没有刺激和感觉,对一个正常人来说是不可忍受的,不仅不能形成对外界事物的认识,就是已有的心理机能也会遭到破坏。

大体上,感觉具有以下特点:

(1)感觉反映的是当前直接接触到的客观事物,而不是过去的或间接的事物。由于感觉是对当前事物的反映,因此,记忆中再现的事物属性的映象,幻

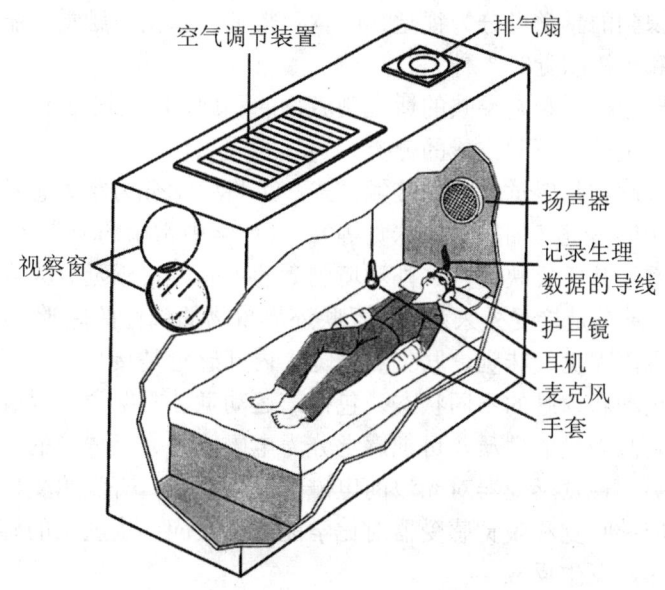

图 4-1 感觉剥夺实验示意图

资料来源：彭聃龄. 普通心理学. 2001

觉中各种类似于感觉的体验都不是感觉。

（2）感觉反应的是客观事物的个别属性，而不是事物的整体。通过感觉我们只能知道事物的声、色、形等个别属性，还不能把这些属性整合起来整体地反映客观，也还不知道事物的意义。对客观事物的整体反映以及对其意义的揭露是比感觉更高级的心理过程的机能，然而一切较高级、较复杂的心理现象都必须在感觉的基础上产生，感觉是人认识客观世界的开始。

（3）感觉是客观内容和主观形式的统一。从感觉的对象和内容来看，它是客观的，即反映着不依赖于人的意识而独立存在的客观事物。从感觉的形式和表现来看，它又是主观的，即在一定的主体身上形成、表现和存在着，人的任何感觉，都受到了性格、经验、知识及身体状况等主体因素的影响。由此可见，感觉是以客观事物为源泉，以主观解释为方式和结果，是主、客观联系的重要渠道，是客观事物的主观映象。

二、感觉的种类

感觉一词是多种感觉的总名称。我们平日说，人有五官，因此有五种感觉，即：视觉、听觉、嗅觉、味觉和肤觉。事实上，人的感觉不止五种，目前我们了解和认识到的感觉可分为视觉、听觉、嗅觉、味觉、触觉、温觉、痛觉、动觉、位置和平衡感觉等十种。

根据感觉器官和它反映的适宜刺激物的不同，以及根据不同的目的、需要，我们对感觉进行了不同方式的分类。

按照刺激物与感觉器官的接触方式，可将感觉分为距离感觉（如视觉、听觉等）和接触感觉（如触觉、味觉等）。心理学中常用的分类之一，是根据内、外感觉器官及其所反映的内、外环境刺激的不同，将感觉分为内部感觉、外部感觉。外部感觉是接受外来刺激，反映外界事物的属性的感觉。这类感觉包括：视觉、听觉，嗅觉、味觉、肤觉和痛觉。内部感觉是接受体内刺激，反映身体的位置、运动和内脏的不同状态。包括：运动觉、平衡觉、内脏感觉。

根据刺激能量的性质，可把感觉分为电磁能的、机械能的、化学能的和热能的四大类。视觉感受器对光波的电磁能发生反应；听觉感受器对声波的机械能发生反应；味觉和嗅觉感受器对化学能发生反应；皮肤上的感受器对触压的机械能和热能发生反应。

临床上把感觉分为四类：（1）特殊感觉，包括视、听、味、嗅和前庭等感觉；（2）体表感觉，包括触压觉、温觉、冷觉、痛觉；（3）深部感觉，包括肌肉、肌腱、关节等感觉及深部痛觉和深部压觉；（4）内脏感觉。

痛觉（pain）是较特殊的一种感觉，没有自己独立的感受器。对任何感受器来说，如果接受的刺激强度过大以至达到伤害的程度，便会产生痛觉。

三、感觉测量

在日常生活中，感觉是由刺激物直接作用于某种感官引起的；视觉应光波刺激而产生，听觉由声波所引起，都是人们最熟知的例子。事实上，并不是任何刺激都能使我们产生感觉，人们无法察觉到那些超出我们感觉能力的刺激，例如红外线、γ射线、次声波等。此外，过分微弱的刺激也不能引起感觉，例如遥远的星星发出的一丝光线，尽管也有一定数量落在视网膜上，我们却看不见；一粒尘屑落在皮肤上，我们也感觉不到。可见，人的感官只能对一定范围内的刺激做出反应，只有在这个范围的刺激，才能引起人们的感觉。这个刺激范围及相应的感觉能力，我们称之为感觉阈限（sensory threshold）和感受性（sensitivity）。不同的人对同一刺激的感受性不同，同一个人对不同刺激的感受性也不同。比如品酒师可以品尝出各种酒水的细微区别，一般人却难以做到。有经验的内科医生，根据患者心肺声音的微弱变化，就能做出心肺疾病的初步诊断。

（一）感觉的绝对阈限

心理学中把刚刚能引起感觉的最小刺激量，叫做感觉的绝对阈限（absolute threshold），它代表了人的感觉系统的敏感性程度；而人的感官觉察这种最小刺激的能力，叫绝对感受性（absolute sensitivity）。绝对感受性和感觉的绝对阈限在数量上成反比关系。例如测查甲乙二人的视力，在规定的距离内，甲只能看清视力表上第七行以上的字母，第八行就看不清了，而乙则可以看清第十二行甚至更小一些的字母，我们判断乙的视力好于甲，即：甲的感觉阈限高而感受性低，乙的感觉阈限低而感受性高。对于一个人来说各种感觉的感觉阈限是不同的，对不同的人来说同一感觉的感觉阈限也是不同的。

一般来说，人的各种感觉的绝对感受性都很高。视网膜仅需 3 个光子击中便可产生感觉。一个光子或光量子是光能量的最小单位。现实中，能够对 3 个光子产生的反应，相当于在黑暗且空气清新的夜晚，你能够看见 50 公里外的一只烛光。

值得注意的是，有一些感觉系统的阈限既有下限也有上限。例如，对耳朵进行音高（包括高和低）测量，发现人最低可以听到 20 赫兹的声音，最高到 2 万赫兹的声音。实际上，人的这个音高感受范围恰到好处，如果低于 20 赫兹，那么我们就会听到自己血液流动的声音；如果高于 2 万赫兹，那么我们就会听到老鼠、蝙蝠等动物发出的声音。这表明人的阈限限定了我们生活中的感觉世界。由于感觉阈限的不同，每个物种都有各自独特地对外在世界的感知。

在历史上，人们曾经把感觉的绝对阈限理解为一个固定的刺激量。超过这个量，就能引起人的感觉；低于这个数量，人就不能觉察到它的存在，也不会对它有任何反应。后来人们发现，这个阈限值并不是绝对不变的。在不同条件下，同一感觉的绝对阈限可能不同。活动的性质，刺激的强度和持续时间，个体的注意、态度和年龄等，都会影响阈限的大小。为了把以上的不利影响因素降到最低，心理学家们在测量感觉的绝对阈限时，一般采用多次实验后，以被试多次判断中有 50% 机会能够觉察的刺激强度为准。方法是：以被试觉察不到的刺激强度为基点，不断小幅度地向上增加刺激的强度，直到多次重复实验后，被试能 100% 地明确觉察该刺激存在为止；然后再不断小幅度地向下降低刺激程度，直到多次重复实验后，被试完全觉察不到该刺激存在为止。最终我们得到了有一半次数能够觉察到感觉信号的刺激水平值，这个值就是此种感觉的绝对阈限（参见图 4-2）。

（二）感觉的差别阈限和韦伯定律

引起感觉的刺激如果在强度上发生变化，我们的感觉并不一定随之发生变

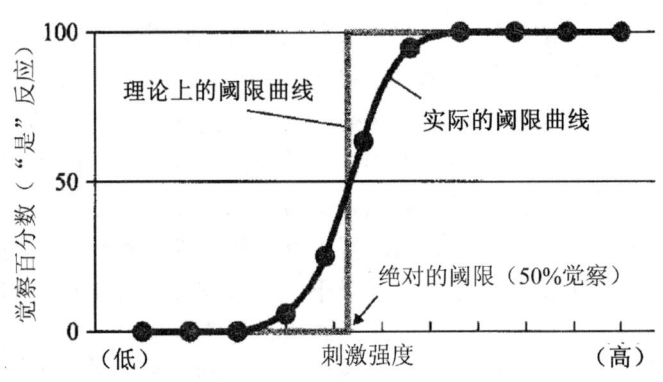

图 4-2 感觉的绝对阈限的计算

资料来源：格里格，津巴多. 心理学与生活. 2003

化，只有改变到一定程度，我们才能感到它的变化。如 100 人的合唱队增加 4~5 名歌手，人们仍觉察不出声音的加强，只有增加了 10 名歌手，才能勉强觉察到。那种刚刚引起差别感觉的刺激物的最小差异量叫差别阈限（difference threshold）或最小可觉差（Just Noticeable Difference，JND）。对这一最小差异量的感觉能力，叫差别感受性（difference sensitivity）。差别感受性与感觉的差别阈限在数量上也成反比关系。差别阈限越小，即刚刚能够引起差别感觉的刺激物间的最小差异量越小，差别感受性就越大。如甲、乙两人手上均有 100 克重的东西，在甲的手上增加或减少 3 克，甲就感到了重量的变化，在乙手上要增加或减少 4 克，乙才能感觉到。甲、乙相比，甲的差别阈限低而差别感受性高，乙的差别阈限高而差别感受性低。当然，差别阈限的测量与绝对阈限一样，都不能以一次判断为依据；而是以被试多次判断中有 50% 机会能够觉察到的刺激强度变化为准。

德国生理学家韦伯（E. H. Weber）开创了对差别阈限的研究。韦伯为了研究重量感觉，让被试用手先后提起两个重量不大的物体，并判断哪个重些。用这种方法确定了刚刚能够引起差别感觉的最小刺激量。结果发现，对刺激物的差别感觉，不决定于一个刺激增加的绝对数量，而取决于刺激物的增量与原刺激量的比值。比方说，如果手上原有的重量是 100 克，那么至少必须增加 5 克，人们才能感觉到两个重量（即 100 克和 105 克）的差别；如果原有重量是 200 克，那么增加的重量必须达到 10 克；如果原重量为 300 克，那么增加的重量应该是 15 克。这种关系韦伯把它看做是一个规律，后来人们称之为韦伯定律，参见图 4-3。为了简便，人们把这个刺激强度差别的相对值，叫做韦伯分数，即相对差别阈限。以后在听觉、视觉等方面也发现这种规律，后人将它用公式表示出来，即：

$$K = \Delta I / I$$

其中，I 为原刺激量；K 为常数，也称韦伯分数；ΔI 为这时的差别阈限。有了韦伯分数，对不同感觉的差别感受性就可以进行比较。因此，在判断不同感觉的差别阈限大小时，经常用到韦伯这一公式。

图 4-3　韦伯定律示意图

韦伯定律虽然揭示了感觉的某些规律，但它只适用于中等程度的刺激。换句话说，只有使用中等强度的刺激，韦伯分数才是一个常数。刺激过弱或过强，该比值都会发生改变。比如世界举重冠军能举起 205 公斤的重量，再增加 1 公斤，就可能力不胜任。不同的感觉器官，其差别感受性是不同的，所以测得的韦伯分数也是不一样的，表 4-1 中列出了一些刺激的韦伯常数值。

表 4-1　一些刺激的韦伯常数值

刺激	韦伯常数
声音频率	0.003
光强	0.01
气味浓度	0.07
压强	0.14
声强	0.15
味道浓度	0.20

资料来源：格里格，津巴多. 心理学与生活. 2003

（三）刺激强度与感觉大小的关系

1860 年，德国物理学家费希纳（G. T. Fechner）在韦伯研究的基础上，进一步探讨了刺激强度与感觉强度的关系。费希纳假设：①每一个最小可觉差可以看做感觉上的一个最小变化，每个最小可觉差的主观量是相等的；②一个阈上感觉量可能是由绝对阈限以上有多少个最小可觉差来定量，即假设韦伯定律普遍适用。

根据假设，费希纳推导出对数定律（简称费希纳定律）：

$$S = K\lg R$$

其中，S 代表感觉量，R 代表刺激量，K 为常数。费希纳定律说明，心理量是刺激量的对数函数，即当刺激强度以几何级数增加时，感觉的强度以算术级数增加。费希纳定律曾经受到用差别阈限法制作的等距量表的支持。把这个等距量表的数据在半对数坐标上作图，可以得到一条直线形的心理测量函数。

简单来说，费希纳定律说明了人的一切感觉，包括视觉、听觉、肤觉（含痛、痒、触、温度）、味觉、嗅觉、电击觉等等，都遵从感觉不是与对应物理量的强度成正比，而是与对应物理量的的强度的常用对数成正比的。这个定律是 19 世纪德国心里物理学家费希纳在他的表兄和老师韦伯的定律基础上建立的，所以又称为韦伯－费希纳定律，也正是因为这个定律，心理物理学才作为一门新的学科建立起来。

费希纳定律被看做是心理物理学的经典定律。但是，也有研究认为，费希纳定律只在中等刺激强度的变化范围内才能成立，在强刺激条件下就不成立了。所以，费希纳定律也受到许多批评，特别是史蒂文斯（S. S. Stevens）认为，刺激量与心理量之间不是对数关系，而是幂函数关系，这就是有名的史蒂文斯幂定律。

20 世纪 50 年代，美国心理学家史蒂文斯提出了心理量并不随刺激量对数的上升而上升，而是随刺激量的乘方函数而变化，即感觉到的大小是与刺激量的乘方成正比的。其公式为：

$$S = bI^a$$

式中，S 表示心理量，I 表示物理量，b 为常数，a 表示由感觉道的刺激强度决定的幂指数。

史蒂文斯幂定律具体地指出了心理量与物理量的关系的两类形式：一是当幂指数 a 小于 1 时，心理量的增长慢于物理量的增长，这与费希纳的对数定律相似。二是当幂指数 a 大于 1 时，心理量的增长会快于物理量的增长，它与费希纳的对数定律相反，但却具有实际的心理意义。即人对有害刺激感觉敏感性的增长快于物理量的增长，因此，具有重要的保护意义和适应生存的作用。

四、感觉现象

(一) 同一感觉的相互作用

对一定感受器的刺激有时间和空间两种模式。空间模式是指某一特定感受器的各部分受到刺激的情况,如几种溶液同时作用于舌面的不同部位;时间模式是指某一特定感受器受到刺激的顺序。同一感觉的相互作用就是指某一特定感受器的刺激因时间、空间模式的不同而使感受性发生变化的现象。它包括:

1. 感觉的适应(sensory adaptation)

同一刺激物持续地作用于某一感受器而使感受性发生变化的现象,叫做感觉的适应。这是在同一感受器中,由于长时间的刺激作用,导致感受性发生变化的现象。感觉适应既可引起感受性的提高,也可引起感受性的降低。在日常生活中,适应现象是很普遍的。一个木匠随手将铅笔夹在耳朵上,却着急地到处找铅笔,就是触压觉的适应。在河里游泳,初下水时感到水凉,过一会儿就不觉凉了,这是温觉适应。古人说"入芝兰之室,久而不闻其香;入鲍鱼之肆,久而不闻其臭",则是嗅觉适应的生动写照。一般来说,触觉的适应程度高且速度快,听觉的适应不十分明显,痛觉则很难适应。因为痛觉是伤害性信号,如果能够适应的话,就会危及有机体的生存。例如,只要用针稍微扎一下身体的任何部位,你马上就会感到痛。正是痛觉适应的这一特点,它才成为伤害性刺激的信号而具有保护作用。

感觉适应能够依靠感受性的变化让人更快地感知新信息源,有助于减少身心的负担,适应外界环境的变化。但是这种心理现象也可能削弱人们对不良刺激的警觉,给我们的工作和生活带来不便,比如夜间开车明暗交替条件下,短暂视觉缺失可能会带来严重的交通事故。

 阅读资料:没有痛觉的孩子

九岁的金晨是个聪明可爱的小姑娘,她是足月出生,身体和智力发育均正常。表面看来,金晨与其他孩子没有什么两样。可是,在金晨刚刚六个多月时,其父母发现她从不怕痛。打针的时候,别的孩子总是吓得大哭大叫,可是金晨从来不哭,也不像别的孩子那样激烈反抗;她常常咬破自己的手指和舌头,弄得鲜血淋漓,但毫无痛苦;有时候,她会将滚烫的热水喝下,舌头上烫起了泡,别人吓一大跳,而她自己却若无其事地把皮撕下。有一次,姐姐正端着一碗热稀饭,她突然去抢夺,结果稀饭撒在她的脸上,她顺手一抹连皮也抹下来了。她能爬树,也敢从高处往下跳,因而常常弄得皮破血流。给她在伤口上擦碘酒,她也不觉得药水的刺激痛,只是有"凉凉的感觉"。《祝你健康》杂志记者曾采访过她,当记者用针刺她的"合谷"等敏感部位时,她笑嘻嘻地看着记者下针,丝毫也不害怕。记者在她不注意的时候掐她脊背的皮肤,她大概由于正在专心与记者聊天,似乎没有感觉到。记者又更使劲地掐她的手臂,她才笑着说:"你在掐我。"记者问:"掐得痛吗?"她竟天真地反问:"什么叫痛?"

痛觉,从生理学意义上来说,是机体内部的警报系统,它可以防止机体继续受损害以确保机体的健康。没有痛觉,机体对有害刺激的回避性反应就会减少和降低。金晨的父母时时防止她发生意外,但意外总是难以避免。有一次,他们发现金晨的右脚畸形,拍片后才知道原来她的脚曾经骨折过,已经自然愈合了。她的右肘处骨头不慎跌断,她自己拆掉敷好的石膏,继续挥舞右臂,以致骨头错位而畸形。她不知道疼痛,也不懂得过量的活动将带来什么后果。从这个例子,我们可以看出,一个先天性无痛患者,必须学会如何防止烫伤、碰撞等伤害。由此可见,痛觉具有何等重要的生理学意义。

资料来源:杨治良,叶奕乾. 图解心理学. 1982

2. 感觉的对比(sensory contrast)

对某种刺激的感受性不仅决定于该刺激的性质,同一感受器接受的其他刺激也会对这一刺激的感受性产生影响。对比是同一感觉器官在不同刺激物的作用下,感觉在强度和性质上发生变化的现象。同一灰色放在黑色的背景上显得亮些,放在灰色的背景上显得暗些(图4-4),这是无彩色对比。灰色的对象放在红色的背景上,看上去有青绿色感觉,而放在绿色的背景上又有些呈红色,这是彩色对比。彩色对比的结果使刺激对象向背景色的补色方向变化。视觉对比对人类的生存和发展有着重要意义,由于视觉对比的存在,人类才能分辨出物体的轮廓和细节、识别物体的形状和颜色。

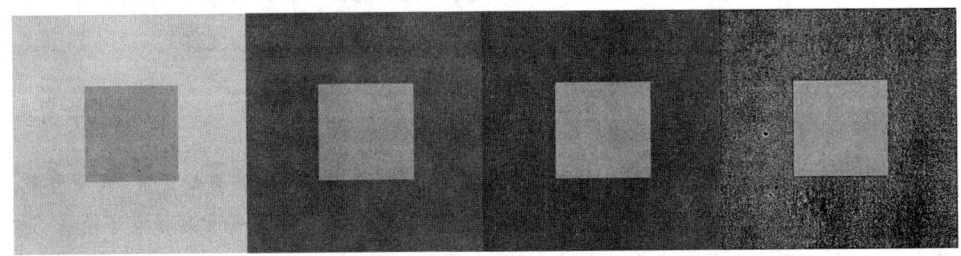

图4-4 明暗对比

对比又分为同时性对比和继时性对比。刺激同时作用产生的对比是同时性对比,图4-4所呈现的现象就是同时性对比。刺激相继作用产生的对比是继时性对比,例如,吃梨会觉得梨很甜,但吃了糖之后接着吃梨,会觉得梨很酸;

第四章　感觉

喝了苦药后接着喝白开水，会觉得白开水有点儿甜味；凝视红色物体之后再看白色的东西，会觉得后者有点儿青绿色。

（二）不同感觉的相互作用

某种感觉器官受到刺激而对其他器官的感受性造成影响，使其升高或降低，这种现象叫不同感觉之间的相互作用。现实生活中，人接受环境的信息常常是多通道进行的，不同感觉的相互作用时有发生。例如，热天开着灯显得室内更热，熄了灯感到凉爽些；微光能提高听觉的感受性，强光则降低听觉感受性，等等。各种感觉之间都能发生不同程度的相互作用，其共同规律是：弱刺激能提高另一感觉的感受性，强刺激降低另一感觉的感受性。

1. 联觉

联觉（synesthesia）又叫做通感，是指一种感觉兼有另一种感觉的心理现象。它是感觉相互作用的另一种表现。如在音乐上有一定造诣的人，听到一定的音乐会产生相应的视觉。这就是一种视听联觉。但不是所有的人都能产生联觉，据科学家的统计全世界每2 000人中只有一人具有此种能力。

联觉的形式很多，常见的联觉是"色—温"联觉，即色觉又兼有温度感觉，例如，红、橙、黄色会使人感到温暖，所以这些颜色被称做暖色；蓝、青、绿色会使人感到寒冷，因此这些颜色被称做冷色。日常生活中，人们常说"甜蜜的声音"、"冰冷的脸色"等，也都是联觉现象。人们在绘画、建筑、环境布置、图案设计等活动中经常利用联觉现象以增强相应的效果。

近几年来，人们通过正电子发射计算机断层扫描研究证实，人类大脑有多个区域分别负责不同感觉成分，这就使得声音分属听觉区，而不是视觉或嗅觉区。但是，有时两种不同的区域发生融合，从而导致联觉现象。

2. 不同感觉的补偿

某种感觉器官有缺陷或受损伤，其他没有缺陷或没被损伤的感觉器官在生活实践中经过特殊训练，其感受性明显高于一般人，从而对有缺陷或受损伤的器官起补偿作用，这种现象叫做感觉的补偿（sensory compensation）。例如，有些盲人有高度发达的听觉和触觉，可以通过自己的脚步声或拐杖击地时的回响来辨别附近的建筑物、河流、旷野等地形，可以通过触摸觉"阅读"盲文。有些聋哑人能够通过看口形理解别人讲话的内容，甚至依靠高度发展的振动觉欣赏音乐。

感觉的相互作用说明，人的感觉系统是一个整体，各种感觉是相互联系的，它们对客观世界进行全面的反映。

第二节 视觉

一、视觉的含义

以眼睛为感觉器官,辨别外界物体明暗、颜色等特性的感觉叫做视觉(visual sense)。视觉是人类最重要的一种感觉。在人类获得的外界信息中,80%来自视觉。视觉也是目前为止研究最为深入的感觉。

产生视觉的适宜刺激是可见光。光是具有一定频率和波长的电磁波。宇宙中存在各种电磁波,而其中只有一小部分才是可见光。产生视觉的适宜刺激是波长为380~780纳米的电磁波,即可见光,其中最重要的是太阳光。人眼的许多特性主要是长期适应太阳光的特性产生的。太阳光是一种混合光,由不同波长的光线混合而成。太阳光通过三棱镜的折射,可产生由红到紫的各色光谱,这种现象叫色散。经过色散后不能再继续分散的光,叫单色光。它们具有单一的波长。如果把这些光汇合起来,又可以得到白光。在我们周围的环境中,除光源外,大部分物体不能自行发光,它们只能反射来自太阳或人造光源的光线。在正常情况下,由于人眼不可能直接朝向光源来接受刺激,因此我们接受的光线主要是物体表面反射的光线。

二、视觉现象

光线的基本特性有:强度、空间分布、波长和持续时间。我们的视觉系统在反应光的这些特性时,便产生了一系列的视觉现象。

(一)明度

明度(brightness)是眼睛对光源和物体表面的明暗程度的感觉,是一种主要由光线强弱决定的视觉经验。如果我们看到的光线来源于光源,那么明度决定于光源的强度。如果我们看到的是来源于物体表面反射的光线,那么明度决定于照明光源的强度和物体表面的反射系数。但是,光强与明度并不完全对应,如一个手电筒的亮光,白天显暗,夜晚显亮。可见,光源的强度相同,而引起人们的明暗感觉则是不一样的。

(二)颜色

颜色(color)是由可见光的波长决定的一种视觉经验。不同波长的光产生不同的颜色感觉。波长为700纳米的光看起来是红色的,400纳米的光看起来是紫色的。对于不发光的物体来说，它的颜色由它所反射的光波中所占比例最大的光波所对应颜色决定的。

在日常生活中，我们看见的几乎都是含有不同波长的混合光。从牛顿时代起，人们就开始研究颜色的混合并企图找出说明颜色混合的规律。现已确定的颜色混合规律主要有以下三条：

（1）互补律：每一种颜色都有另一种同它相混合而产生白色或灰色的颜色。这两种颜色互为补色（complementary color）。例如，红色与浅青绿色、橙黄色与青色、黄色与蓝色、绿色与紫色等，都是一对一对的互补色。

（2）间色律：混合两种非补色，可以产生一种新的介乎它们之间的中间色。例如，红色与蓝色混合产生紫色，红色与黄色混合产生橙色等。

（3）代替律：相混合的两种颜色，都可以由不同颜色混合后产生的相同颜色来代替。如果颜色 A=颜色 B，颜色 C=颜色 D，那么，颜色 A+颜色 C=颜色 B+颜色 D。代替律说明，不管颜色的原来成分如何，只要感觉上颜色是相似的，就可以互相代替，产生同样的视觉效应。

应当注意，这里所讨论的是不同波长的光在视觉系统中的混合，而不是颜料在调色板上的混合。这两种混合有本质上的区别：前者是两种不同波长的色光同时作用于视网膜时所产生的色觉，称为加色混合（additive color mixture）；后者是由于某些波长的光线被吸收而引起的，是一种减色混合（subtractive color mixture）。最常用的颜色混合的实验仪器是色轮（color wheel）。用红、绿、蓝三种基本色以适当的比例加以混合，可以得到光谱上的各种颜色。如果在这三种基本色中适当加上白色，就可以得到各种不同色调、明度和饱和度的颜色。

（三）视敏度

视觉辨别物体细节的能力叫视敏度（sight），也称视力。一个人辨别物体细节的尺寸愈小，视敏度就愈高，反之视敏度愈差。视敏度与视网膜物像的大小有关，而视网膜物像的大小则决定于视角的大小。所谓视角（visual angle）就是物体的大小对眼球光心所形成的夹角。同一距离，物体的大小同视角成正比；同一物体，物体距离眼睛的远近同视角成反比。视角大，在视网膜的物像就大。分辨两点的视角愈小，表示一个人的视敏度愈高，视力愈好。常用测定视敏度的视标有"C"字形和"E"字形。视角等于 1 分时，正常的眼睛是可以分别地感受这两个点的。因为 1 分视角的视像大小是 4.4 微米，相当于一个视锥细胞的直径。从理论上说，物体的两点便分别刺激到两个视锥细胞上，因而能把它们区分开来。如果视角小于 1 分，物体两点便刺激在同一视锥细胞上，这样就觉察不出是两个点了。正常人的视力为 1.0，但有的人可达 1.5，甚至更大。这不仅取决于中央凹视锥细胞的直径,也取决于大脑皮质视区的分析能力,即对于两个相邻视锥细胞产生不同程度兴奋的分析能力。

(四) 色觉缺陷

色觉是人眼视觉的重要组成部分。色彩的感受与反应是一个充满无穷奥秘的复杂系统,辨色过程中任何环节出了毛病,人眼辨别颜色的能力就会发生障碍,称之为色觉缺陷,主要包括色弱和色盲。

色弱(color weakness)主要表现为对光谱的红色和绿色区的颜色分辨能力较差。色盲(color blindness)又分为两类:局部色盲和全色盲。局部色盲包括红绿色盲和蓝黄色盲。前者是最常见的色盲类型,后者则少见。红绿色盲的人在光谱上只能看到蓝和黄两种颜色,即把光谱的整个红、橙、黄、绿部分看成黄色,把光谱的青、蓝、紫部分看成蓝色。在 500 毫微米附近,他们看不出它的颜色,只觉得是白色或灰色的样子。蓝黄色盲的人把整个光谱看成是红和绿两种颜色。全色盲(achromatism)的人把整个光谱看成是一条不同明暗的灰带,没有色调感。在他们看来,整个世界是由明暗不同的白、灰、黑所组成的,正如同正常人看到的黑白电视那样。全色盲的人是极为罕见的。

先天性色盲或色弱是遗传性疾病,且与性别有关。临床调查显示,男性色盲占 4.9%,女性色盲仅占 0.18%,男性患者人数大大超过女性,这是因为色盲遗传基因存在于性染色体的 X 染色体上,而且采取伴性隐性遗传方式。通常男性表现为色盲,而女性却为外表正常的色盲基因携带者,因此色盲患者男性多于女性。

先天性色觉缺陷终身不变,目前尚缺乏特效治疗,可以针对性地戴用红或绿色软接触眼镜来矫正。由于色盲和色弱是遗传性疾病,可传给后代,因此避免近亲结婚和婚前调查对方家族遗传病史,及时采取措施,减低色盲后代的出生率,不失为一有效的预防手段。

(五) 视觉适应

视觉适应是指由于光刺激的持续作用而引起的视觉感受性的变化,有明适应(light adaptation)和暗适应(dark adaptation)两种。明适应是指从暗环境进入亮环境,视觉感受性降低的现象。明适应的速度很快,在最初的 30 秒内,感受性迅速下降,5 分钟左右就全部完成了。当我们在光线很暗的室内待了很长一段时间,突然出门,暴露在阳光下,开始会觉得阳光很耀眼,但很快就会适应,这就是明适应的过程。暗适应是指从亮的环境进入暗环境时,视觉感受性提高的现象。暗适应的最初 7~10 分钟内,视觉感受性迅速提高,整个暗适应过程大约需要 40 分钟。当我们在夜晚从明亮的室内走到室外,开始会觉得一片漆黑，什么都看不见，过一会，眼睛才能逐渐分辨黑暗中的物体，这就是暗适应过程。

人所处的周围环境的变化是非常巨大的，从星光闪烁的星空到阳光明媚的白天之间和亮度相差数百万倍，如果没有视觉适应机制，人就不容易在变动着的环境中进行精细的视觉信息分析，对环境刺激的反应就会发生困难。所以，视觉器官的适应能力是动物在长期的生存斗争中，通过不断和环境相互作用形成并固定下来的，具有重要的生物学意义。在人类的劳动生产活动中，许多场合同样要考虑到视觉适应问题。比如，车间里的照明布置必须考虑到工作范围照明的差异，以免由于视觉适应上的困难影响产品质量。在交通运输业中，夜间驾驶室照明通常与外面路面的照明度有比较大的差异，必须研究如何使视觉适应进行得更快更好。

（六）视觉对比

视觉对比是由光刺激在空间上的不同分布引起的视觉经验。可分成明暗对比与颜色对比两种。明暗对比是由光强在空间上的不同分布造成的。例如，在白背景上放一个黑色正方形。由于视野的不同区域的反射系数不同，因而形成黑白的对比。同样，在一个白色表面上，分别用不同的光强照明，一侧强，一侧弱，也会在不同的照明区域间形成对比。光线在空间的实际分布与我们感知到的差别并不完全对应，前者叫物理对比，后者叫感知对比。我们能够看清物体的轮廓或形状，能够区别它们，正是由于物体的明度间存在着对比。在一团漆黑的房间内，伸手不见五指，是由于对比消失的结果。

对比不仅能使人区别不同的物体，而且能改变人的明度经验。例如，从同一张灰纸上剪下两个小的正方形，分别放在一张白色和一张黑色的背景纸上，这时人们看到，放在白色背景上的正方形比放在黑色背景下的正方形要暗得多。可见，物体的明度不仅取决于物体的照明及物体表面的反射系数，而且也受物体所在的周围环境的明度的影响。当某个物体反射的光亮相同时，由于周围物体的明度不同，可以产生不同的明度经验。这种现象叫做明度的对比效应。

颜色也有对比效应。一个物体的颜色会受周围物体颜色的影响而发生色调的变化。例如，将一个灰色圆环放在红色背景上，圆环将呈现绿色，放在黄色背景上，圆环将呈现蓝色。总之，对比使物体的色调向着背景颜色的补色的方向变化。

（七）视觉后像和闪光融合

视觉刺激物对视觉感受器的作用停止后，视觉现象并不立即消失，而是会保留一段时间，这就是视觉后像（afterimages）。视觉后像又分正后像和负后像两种。正后像保留与原刺激物所具有的同一属性，负后像与原刺激物所具有的性质相反（如图 4-5）。例如，在电灯前闭上眼睛 3～5 分钟，睁开眼睛注视电灯 2～3 分钟，再闭上眼睛，发现有一盏灯的光亮形象出现在暗的背景上，这是正后像。随着正后像的出现，将视线转向白色的背景上，就发现在亮的背景上出现黑的斑点，这是负后像。

图 4-5　感觉的后像

根据交流电的原理，日光灯每秒闪动 100 次，由于视觉后像的作用，我们并不感到它是断续的，因此，我们能在灯下工作学习。再如看电影，电影拷贝上的一幅幅画面是不动的，而我们看到的却是连续的动作，活动的景物。这是因为摄影机每秒拍摄 24 幅照片以等速放映，每张画面在银幕上约停留 0.05 秒钟，而视觉后像停留的时间约为 0.1 秒。这就是说，前一张画面的后像在我们头脑中还未消失，后一张画面又出现在我们面前，这样我们看起来就成为活动着的人物和背景了。如果刺激是彩色的，后像也是彩色的。彩色后像是原刺激的补色。

后像可以使断续的刺激引起连续的感觉，但是断续的刺激必须达到一定的频率。刚刚能引起连续感觉的最小频率，叫临界闪光融合频率或临界闪烁频率（Critical Flicker Frequency，CFF）。这时产生的心理效应是闪光融合现象，即当断续的光刺激达到临界频率时，看到的不再是闪光而是融合的不闪动的光。在中等光强度下，视觉后像保留的时间大约是 0.1 秒。因此，一个闪烁的光源每秒钟闪烁超过 10 次，就会产生闪光融合现象。此外，光的强度、波长、光落入视网膜的位置以及机体的生理心理状态等都会影响临界闪光融合频率。

三、视觉的生理基础

光刺激引起视觉的过程，首先是光线透过眼的折光系统到达视网膜，并在视网膜中形成物像,同时兴奋视网膜的感光细胞,然后冲动沿视神经传导到大脑皮质的视觉中枢产生视觉。视觉过程的生理机制包括折光机制、感光机制、传导机制和中枢机制。

(一) 折光机制和感光机制

眼睛是人体最精密、最灵敏的感受器,眼睛的结构就如一架照相机,具有较完善的光学系统及各种使眼球转动并调节光学装置的肌肉组织。每只眼球直径约25毫米,重约7克。眼球由眼球壁和眼球内容物两部分组成。图4-6是人类眼球的剖面图。

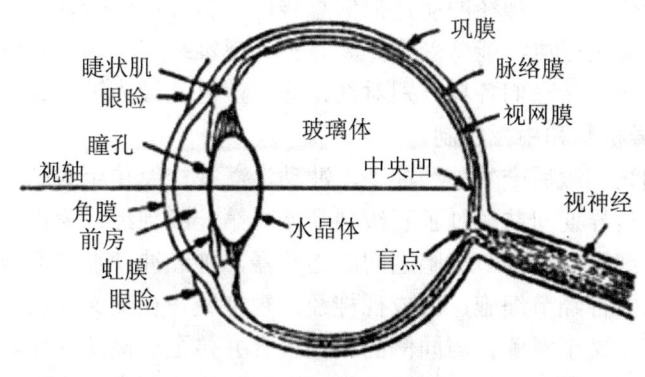

图4-6 人类眼球剖面图

人的眼球壁分三层。外层为巩膜和角膜。角膜有屈光作用,光线通过角膜发生屈折进入眼内。中层为虹膜、睫状肌和脉络膜。虹膜在角膜后面、晶体前面,中间有一个孔叫瞳孔。虹膜是一种饲服—控制系统,它随着落在网膜上光线的多少而调节瞳孔的大小。眼球壁的内层包括视网膜和视神经内段。视网膜为一透明薄膜,是眼球的感官部分,其中有感光细胞:视锥细胞和视杆细胞。

眼球内容物包括晶体、房水和玻璃体,它们都是屈光介质。这些结构加上眼球前端的角膜,组成眼睛的屈光系统。晶体起调节作用。在近视觉时它的曲率半径下降,放大率提高,并进一步增加由角膜造成的折射。当眼睛注视外物时,由物体反射的光线通过角膜、房水、晶体和玻璃体,使物像聚焦在视网膜中央凹部位,这就是眼睛的光路系统。眼的折光系统与凸透镜相似,在视网膜上形成的物像是倒置的、左右换位的。由于大脑皮质的调节和习惯的形成,我们仍把外物感知为正立的。

视网膜是眼睛最重要的部分,由感光细胞(视杆细胞和视锥细胞)、双极细胞和神经节细胞形成三层。感光细胞组成视网膜的最外层,离光源最远。光线到达感光细胞前，必须通过视网膜的所有各层。视杆细胞约一亿二千万个，主要分布在视网膜的周围部分；视锥细胞约七百万个，主要分布在视网膜中央部分。特别是中央凹，全是视锥细胞，这是视网膜上对光最敏感的区域。在中央凹附近，来自视网膜的视神经节细胞的神经纤维聚合成视神经的地方没有感光细胞，叫盲点。由于视杆细胞和视锥细胞的结构不同，它们的机能也不同。视杆细胞对弱光很敏感，但不能感受颜色和物体的细节；视锥细胞则专门感受强光和颜色刺激，能分辨物体颜色和细节，但在暗时不起作用。视杆细胞含有视紫红质的感光物质。视紫红质在弱光作用下，分解为视黄醛和视蛋白，并使视杆细胞去极化，产生神经冲动，把信息传向大脑，产生暗视觉。视锥细胞中的感光物质叫视紫蓝质，能感受强光。有三类视锥细胞分别含有感红色素、感绿色素和感蓝色素，它们各自分别对红、绿、蓝色光最为敏感。

（二）传导机制和中枢机制

眼睛受到光刺激后产生神经冲动，冲动沿着视神经传至大脑，经过分析便形成了视觉。传导期间共经过了三级神经元。第一级神经元为视网膜的双级细胞，它是感光细胞和神经节细胞之间的连接器，神经冲动经过双级细胞传递到第二级神经元即神经节细胞，形成视神经。视神经在视交叉处实现部分交叉，其中的鼻侧束交叉至对侧，与同侧的颞侧束合并传至外侧膝状体。第三级神经元的细胞即位于外侧膝状体内，这些神经细胞发出的轴突组成视放射将神经冲动传至枕叶的距状裂两侧的纹状区，这里是实现对视觉信号初步分析的地方。

20世纪60年代以来，休伯（Hubel）和威塞尔（Wiesel）等对视觉感受野的系统研究，对解释视觉的中枢机制产生了深远的影响。视觉感受野（receptive field）是指视网膜上的一定区域或范围。当光刺激到这个区域时，视觉系统中与这个区域有联系的各层神经细胞便会被激活。视网膜上的这个区域就是这些神经细胞的感受野。根据感受野的研究，休伯等人认为，视觉系统的高级神经元能够对呈现在网膜上、具有某种特性的刺激物作出反应。这种高级神经元叫做特征觉察器。研究发现，高等哺乳动物和人类的视觉皮层具有边界、直线、运动、方向、角度等特征觉察器，从而可以使机体对环境中提供的视觉信息作出选择性的反应。近年来，视觉研究有了一些新的成果，例如发现视觉系统中存在两条通路，分别对应于与两个不同的视觉功能系统——运动系统和色彩系统。

视网膜上的不同点，通过视觉传入纤维按照空间对应原则投射于大脑皮质的不同区域。如来自视网膜中央部分的传入纤维投射于枕叶的枕极，而来自周围部分的传入纤维则投射于枕叶的较前部分，即皮质的内侧面。视网膜的这种

第四章 感觉

点对点的投射性质，使得皮质区域的微小损伤就会引起视野相应部位的盲。当视网膜的兴奋达到大脑皮质后，枕叶区的脑电波便发生了变化，α 波被抑制，产生带有断续频率的振动，便产生了视觉。

视觉的产生不仅依赖于视觉感受器的激活，还与中枢对视觉器官的反馈性调节有关。视觉中枢通过传出神经调节视觉器官的活动，保证了视觉器官对外界信息的有效感知。

四、视觉理论

对于视觉心理现象的系统理论解释，主要有下列两种学说。

（一）三色说

英国科学家托马斯·杨（T. Young）假定，人的视网膜有三种不同的感受器。每种感受器只对光谱的一个特殊成分敏感。当它们分别感受到不同的波长的光刺激时，就产生不同的颜色体验，即三色说。后来，赫尔姆霍茨（H. V. Helmholtz）发展了这个理论，合称为杨—赫尔姆霍茨三色说。

该理论认为，视网膜上存在三种不同的感受器，它们分别对不同波长的光更敏感，如红色感受器对长波更敏感，绿色感受器对中波更敏感，而蓝色感受器对短波更敏感，三种感受器的敏感波长如图 4-7 所示。光刺激作用于人眼时，引起了三种感受器不同程度的兴奋，按照相应的比率便产生了各种色觉。

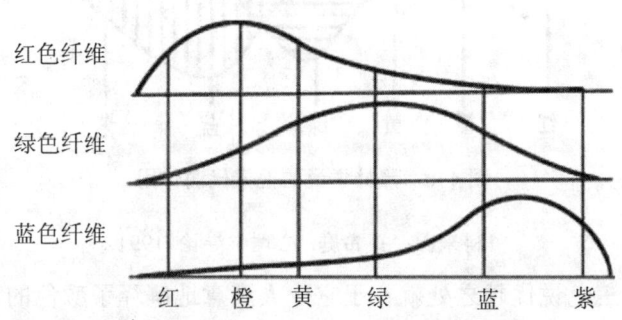

图 4-7 赫尔姆霍茨学说的神经纤维兴奋曲线

资料来源：黄希庭. 心理学导论. 1991

三色说不能解释红绿色盲。由于三色说假定黄是由红、绿混合产生的，因此，缺乏感红和感绿装置的病人，不应该具有黄色的经验，这和病人的实际色觉经验是不符合的。由于杨一赫三色说存在着上述的不足之处,其他色觉学说就应运而生了。

(二) 拮抗过程说

1870年,德国生理学和心理学家黑林(E. Hering)提出了与三色说抗衡的拮抗过程说。他认为视网膜中存在三对功能相互拮抗的视素:白—黑视素、红—绿视素和黄—蓝视素。它们在不同的光刺激作用下产生对抗的同化和异化作用,就产生了各种色觉。如光刺激时白—黑视素异化,产生白色感觉;而无光条件下白—黑视素同化产生黑色感觉。同理,红光刺激下红—绿视素异化,产生红色感觉;绿光刺激时红—绿视素同化,产生绿色感觉。黄光刺激下异化黄—蓝视素,产生黄色感觉;而蓝光刺激则同化黄—蓝视素,产生蓝色感觉,如图4-8所示。图中XX'线以上表示异化作用,以下表示同化作用。a、b、c三条曲线分别表示白—黑视素、黄—蓝视素和红—绿视素的异化作用和同化作用。各种色觉就取决于这三种视素活动相对幅度的大小。黑林的理论认为,视锥细胞能感受红、绿、黄、蓝四种颜色,因而也称为四色说。

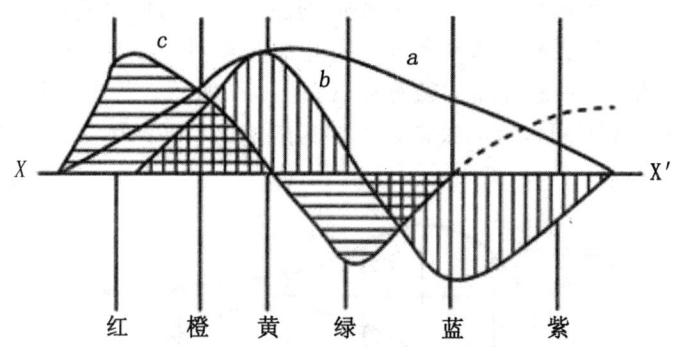

图4-8 黑林学说的视素代谢作用

资料来源:黄希庭. 心理学导论. 1991

四色说比三色说优越之处就在于它令人满意地解释了颜色的对比、后像和色盲等特殊的视觉现象。举个例子,四色说认为,色盲是由于缺少一对视素(红—绿、黄—蓝)或者两对视素都缺少而导致的,这样就分别形成了红绿色盲、黄蓝色盲或者全色盲。这一解释与现实中的色盲情况相吻合。黑林的四色说虽能解释许多色觉现象,但不能解释三原色混合能产生光谱中的一切颜色这种现象。

赫维奇(L. M. Hurvich)和詹姆森(D. Jameson)采用现代神经生理学的研

究方法,证明在视网膜上确实存在着三种对不同波长的光更为敏感的视锥细胞,它们分别对 530 纳米、570 纳米和 440 纳米的波长更敏感。但是在视觉系统的高级水平上,却存在着白—黑、绿—红、蓝—黄三对功能相互拮抗的神经细胞。三种感光细胞分别与三对拮抗细胞相联系,产生不同的神经活动,经过加工整合便形成了相应的色觉,如图 4-9。总之,色觉信息是按层次进行加工的:在视网膜水平上是按杨—赫尔姆霍茨的三原色产生的;而在视觉通路上的编码传递过程却是按黑林的拮抗过程学说进行的。色觉神经机制的最后阶段发生在大脑皮质视区,目前这方面我们仍知道得很少。

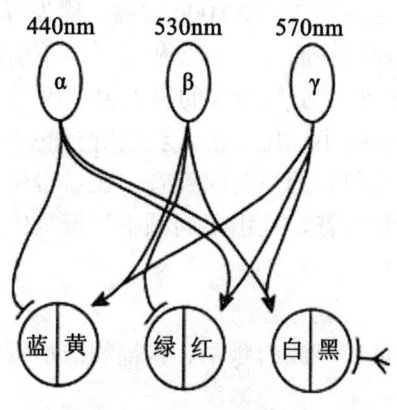

图 4-9　色觉的信息加工过程

资料来源:黄希庭. 心理学导论. 1991

第三节　听觉

一、听觉的含义

在人类的各种感觉中,听觉(auditory sense)的重要性仅次于视觉。人们经常在看见刺激之前就听见刺激,特别是当刺激来自于身后或是不透明物体(例如,墙壁)的另一侧时,听觉仍可以捕捉有用的信息。尽管我们对进入视野中物体的视觉辨认优于听觉,但通常是因为我们已经用耳朵将眼睛引向正确的方向之后才看见物体。在生活中,我们通过听觉和别人进行言语交际、欣赏音乐和演奏,许多危险信号也是通过听觉传递给我们的,特别是听觉在黑暗中仍然可以工作。从生物进化上看，随着专司听觉的器官的产生，声音不仅成为动物攫取食物或逃避灾难的一种信号，也成为它们彼此相互联络的一种工具。

声波是听觉的适宜刺激。声波由物体振动而产生。物体发生振动会引起四周空气振荡，那种振荡方式就是声波。声以波的形式传播着，我们把它叫做声波。当可听声波的阵面波达到人耳位置的时候，人的听觉器官便会有相应的声音感觉，即听觉。

引起听觉刺激的声波有三种物理性质：频率、振幅和波形。不同的声音，频率不同。日常生活中，女子和小孩的语音频率高，成年男子语音频率低。人耳能感觉到的声波频率范围在 20~20 000 赫兹，称为音频波。在这个频率范围以外的振动波，就其物理特性而言与声波相似，但不引起人类的声音感觉。发声体振幅大小不一样，它们对空气形成的压力大小也不一样。振幅大，压力大，我们听到的声音就强；振幅小，压力小，我们听到的声音就弱。声波最简单的形状是正弦波。由正弦波得到的声音叫纯音。在日常生活中，人们听到的大部分声音不是纯音，而是复合音，是由不同频率和振幅的正弦波叠加而成的。

二、听觉现象

我们的听觉系统在反应声波的频率、振幅和波形等物理特性时，产生了一系列的听觉现象。

（一）音调

声音的高低叫做音调（pitch）。音调主要由声音的频率决定，同时也与声音强度有关。言语的音调一般在 300~5 000 赫兹之间，乐音的音调一般在 50~5 000 赫兹之间。音调是一种心理量，它与声音频率之间的心理物理关系不是直线型的。一般来说，频率越低，耳对频率的变化越敏感。频率达到 2 000 赫兹（强度在 40 分贝），约 3 赫兹的频率变化即能被觉察出来。随着频率增高，差别阈值大大增加。例如，约 10 000 赫兹时，要觉察出音调的变化，需约 30 赫兹的差异。但有趣的是，频率在 1 000 赫兹以上时能觉察出频率变化的差异是相当恒定的，相当于 0.3% 左右。因此，频率的变化符合韦伯定律。

一般说来，儿童说话的音调比成人的高，女子声音的音调比男子高。在小提琴的四根弦中，最细的弦，音调最高；最粗的弦音调最低。在键盘乐器中，靠左边的音调低，靠右边的音调高。音调还与声音持续的时间长短有关。非常短促（毫秒量级或更短）的纯音，只能听到像打击或弹指那样的"喀嚓"一响，感觉不出音调。持续时间从 10 毫秒增加到 50 毫秒，听起来觉得音调是由低到高连续变化的。超过 50 毫秒，音调就稳定不变了。

（二）响度

响度（loudness）是对应于声波强弱程度的心理量，主要由声波的振幅决定。振幅越大，声压的强度也就越大，响度也越大。物理学上使用分贝（dB）作为声压强度的单位。一般人们轻声耳语时响度为 30 分贝，交谈时响度为 60 分贝，大声吵嚷时响度为 80~90 分贝，火车、拖拉机奔跑时的响度为 100 分贝，大炮发射、飞机起飞时的响度为 130 分贝。正常人刚能听到的最小的声音（比如微风吹动的树叶声）为 0 分贝，当声音为 120 分贝时，人耳开始感到疼痛。

响度除了受声压强度的影响外，还和声音频率有关。在相同的声压水平上，不同频率的声音响度是不同的。例如，声压级同为 75 分贝，但如果声音的频率为 50 赫兹，则这个声音听起来响度很弱；而如果声音的频率为 5 000 赫兹，则这个声音听起来就非常响了。

（三）音色

音色（timbre）反映了声波混合的听觉特性。不同的发声体由于材料、结构不同，发出声音的音色也就不同，这样我们就可以通过音色的不同去分辨不同的发声体。例如，即使胡琴和小提琴发出的音高、响度相同的声音，听起来还是两种不同的声音，这种差别就是音色的差别。

一般来说，声音都是由发音体发出的一系列频率、振幅各不相同的振动复合而成的。这些振动中有一个频率最低的振动，由它发出的音就是基音，其余为泛音，正是这些泛音决定了其不同的音色，使人能辨别出是不同的乐器甚至不同的人发出的声音。

（四）声音的掩蔽

所谓声音的掩蔽（mask）是指一个声音由于同时起作用的其他声音的干扰而使听觉阈限上升的现象。日常生活中我们常可遇到，当强音与弱音同时作用时，弱音常不易听到，这就是一种声音的掩蔽现象。要听的声音叫做被掩蔽音，起干扰作用的声音叫掩蔽音。声音掩蔽的效果依赖于声音的频率、掩蔽音的强度、掩蔽音与被掩蔽音的间隔时间等因素。如果两个频率越接近，掩蔽作用就越大。声音的掩蔽有三种：一是纯音对纯音的掩蔽。研究发现，掩蔽音强度高，掩蔽效果好；掩蔽音的频率与被掩蔽音频率接近时，掩蔽效果好。二是噪声掩蔽纯音。研究发现，噪声强度低时，掩蔽效果好，噪声强度高时，掩蔽效果下降。三是纯音和噪声对语音的掩蔽。研究发现，噪声的掩蔽效果比纯音的好，并且噪声响度越大掩蔽效果越好。

三、听觉的生理基础

耳由外耳、中耳、内耳三部分组成。外耳收集外来声音；中耳传导声音；内耳则把声音的物理刺激转换为神经冲动，再经听神经传至大脑而产生听觉。人耳的基本构造，见图 4-10。

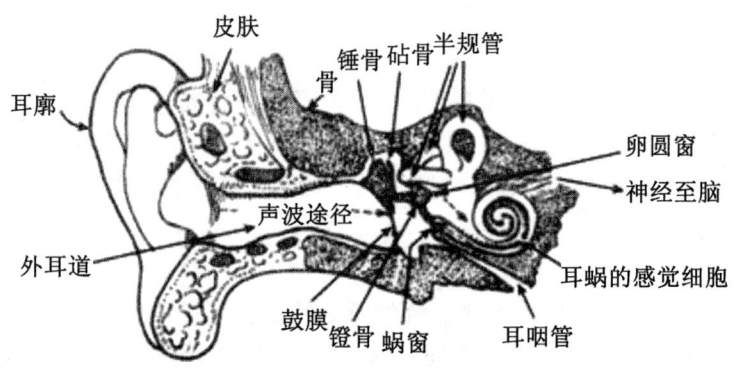

图 4-10　人耳基本构造

外耳包括耳廓和外耳道，它们主要起收集声波的作用。

中耳主要由鼓膜、听小骨和卵圆窗组成。声波从耳道传至鼓膜引起鼓膜振动。鼓膜与锤骨、砧骨和镫骨组成的听小骨系统相连，它们再将声波传到卵圆窗。由于耳膜的面积比卵圆窗大 20 倍，振动传到卵圆窗时，声压约提高了 20～30 倍，这条声波传导途径为生理传导。另外还有空气传导和骨传导。空气传导是鼓膜振动引起中耳内空气振动，再经卵圆窗传至内耳。骨传导是振动由颅骨传入内耳。

内耳由前庭器官和耳蜗组成。耳蜗形似蜗牛壳，是一个绕蜗轮盘旋两圈半的骨管。骨管内部被骨质螺旋板和基底膜分隔成上、下两半。上半叫前庭阶，下半叫鼓阶。前庭阶和中耳的卵圆窗相通，鼓阶则与蜗窗相连。耳蜗内部充满着淋巴。听觉的感受器——科蒂氏器官排列在基底膜上，它由支持细胞和末端有细毛的毛细胞组成，而毛细胞上有盖膜。

声波经外耳道撞压鼓膜，引起三块听小骨（锤骨、砧骨、镫骨）的机械振动。三块听小骨之间由韧带和关节衔接，组成为听骨链，振动传导到听小骨以后，由于听骨链的作用，大大加强了振动力量，起到了扩音的作用。听骨链的振动引起耳蜗内淋巴的振动，当耳蜗的淋巴液振动时，基底膜就发生振动。基底膜的振动便引起基底膜上的毛细胞同盖膜冲击，引起毛细胞发生一系列的细胞反应，最终实现了声波刺激的换能，听觉神经信号进一步经由听神经传向大脑皮层颞叶的听觉中枢而产生听觉。

此外，声波还可以通过颅骨直接传入内耳，这叫声波的骨传导。骨传导极不敏感，正常人对声音的感受主要靠空气传导。

由于外耳和中耳担负传导声波的作用，这些部位发生病变引起的听力减退，称为传导性耳聋，如慢性中耳炎所引起的听力减退。内耳及听神经部位发生病变所引起的听力减退，称为神经性耳聋。某些药物如链霉素可损伤听神经而引起耳鸣、耳聋，故使用这些药物时要慎重。

四、听觉理论

声波是听觉器官的适宜刺激，但声波如何产生听觉？人耳怎样分辨不同频率的声音？对此学者们提出了各种不同学说，其中影响较大的理论有：

（一）频率理论

以卢瑟福（W. Rutherford）为代表的学者提出了听觉的频率理论（frequency theory）。其核心是，不同频率声波引起与之频率相同的神经元单位发放，因而能感知不同音调的声刺激。这种理论认为，内耳的基底膜是和镫骨按相同频率运动的。振动的次数与声音的原有频率相适应。如果我们听到一种低频率的声音，连接卵圆窗的镫骨每次振动次数较少，因而使基地膜的振动次数也较少。如果声音刺激的频率高，镫骨和基底膜都将发生较快的振动。基底膜与镫骨的这种关系，类似于电话机的送话机和收话机的关系。因而这种理论也叫电话理论。但这个理论不能完全解释人耳对声音频率的分析。因为人耳基底膜不能作每秒1 000次以上的快速运动。这是和人耳能够接受超过1 000赫兹以上频率的声音的事实不相符。兴奋的毛细胞数量多少决定音强的大小，振动的不同形式决定音色。

（二）共振理论

1863年，德国生理心理学家赫尔姆霍茨提出了听觉的共振理论（resonance theory）。这种理论把耳蜗看做是一排在空间上对不同频率调谐的分析器，在基底膜上每一根长短不同的纤维都与不同的频率相调谐。他认为，基底膜的纤维在感受声波振动时，由于其长短不同，蜗底端较窄，蜗顶端较宽，对不同频率的声音产生共鸣。短纤维对高频率的声音发生共鸣；长纤维对低频率的声音发生共鸣。人耳的基底膜约有24 000条横纤维，它们分别反应不同频率的声音。基底膜神经纤维的振动转化为神经兴奋，传到听觉中枢便产生了不同音调的听觉。这种理论有一定根据，但根据并不充分。人耳能够接受的频率范围为20～20 000

赫兹，最高频率与最低频率之比为 1 000∶1，而基底膜上横纤维的长短之比仅为 10:1。可见，横纤维的长短与频率的高低之间并不对应。

（三）神经齐射理论

1949 年，韦弗尔（E. G. Wever）提出了神经齐射理论（volley theory）。这个理论认为，当声音频率低于 400 赫兹以下时，听神经的个别纤维的发放频率是和声音频率对应的。对于 400 赫兹以上的声音，单个神经纤维就无法反应，于是听神经内具有不同兴奋时相的许多神经纤维（其数目每秒可高达 5 000 个）协同活动，以轮班或接力的形式联合齐射，对高频声音做出反应。韦弗尔指出，用齐射原则可以对 5 000 赫兹以下的声音进行频率分析。声音频率超过 5 000 赫兹，听神经就不再产生同步放电，而人们听到的声音也是尖利声。因此，神经齐射理论只能对 5 000 赫兹以下的声音的听觉进行解释。

（四）行波理论

美籍匈牙利学者贝克西（G. V. Békésy）1969 年提出了行波理论（traveling wave theory）。他以大量精细数据和模拟研究获得了诺贝尔奖。贝克西认为，声波传到人耳将引起整个基底膜的振动。振动从耳蜗底部开始，逐渐向蜗顶推进，振动的幅度也随着逐渐增高。振动运行到基底膜的某一部位，振幅达到最大值，然后停止前进而消失。外来声音频率不同，基底膜最大振幅所在部位也不同。声音频率低，最大振幅接近蜗顶；频率高，最大振幅接近蜗底。最大振幅所在的位置决定了音高。贝克西曾在一系列实验中观察到与上述假设相似的现象。但用损毁法实验，部分地切断动物不同部位的听神经，并没有发现听觉缺失。另外，行波理论虽能正确描述 500 赫兹以上声音引起的基底膜运动，但难以解释 500 赫兹以下的声音对基底膜的影响，即 500 赫兹以下的声音在基底膜的各个部位均引起了相同的反应。所以有人认为，声音频率低于 500 赫兹，频率理论是对的；声音频率高于 500 赫兹，行波理论是正确的。

五、其他感觉

（一）嗅觉

嗅觉（smell）是辨别气味的感觉。嗅觉的适宜刺激是物质释放出来的分子。只有分子离开自己所依存的那个物体，也就是挥发出来才能引起嗅觉。不挥发的东西，分子之间凝聚得很牢固，完全不扩散出来，就不能引起嗅觉。

嗅觉的感受器是位于鼻腔上部两侧粘膜中的嗅细胞。嗅细胞受刺激兴奋后，产生神经冲动一般不经过丘脑，直接穿越筛骨板与前脑叶下侧的两个嗅球会合，然后传入嗅觉的皮层部位（位于海马回、沟内），因而产生嗅觉。

很多动物要借助嗅觉来寻找食物、躲避危险、寻求异性。人的嗅觉已退居较次要的地位。有资料表明：鱼类的大脑半球整个为嗅区，犬类的嗅区占大脑半球三分之一，人类的则占十二分之一。例如，德国牧羊犬的嗅觉比人类的嗅觉敏锐一百万倍。但即使这样，人的嗅觉仍为我们的生存提供重要的信息。例如，有毒的、腐烂的物质常伴有难闻的气味，这对于想食用它们的人来说是一种警告。人的嗅觉受多种因素的影响，如刺激物特点、刺激的作用时间、机体生理状态、空气的温度和湿度等。温度太高、太低，空气湿度太小，机体感冒等，都对嗅觉感受性有较大影响。嗅觉的适应很快。几种气味同时出现，产生气味的混合，会产生几种不同的情况：或产生新的气味，或两种气味交替出现，或一种气味掩蔽另一种气味，或两种气味同时出现。此外，嗅觉和味觉协同活动，对不同的食物做出不同的反应，当鼻粘膜因感冒而暂时失去嗅觉时，人体对食物味道的感知就比平时弱，平日里口味极佳的美食吃到嘴里也味同嚼蜡。在听觉、视觉损伤的情况下，嗅觉作为一种距离分析器具有重大意义。盲人、聋哑人运用嗅觉就像正常人运用视力和听力一样，他们常常根据气味来认识事物，了解周围环境，确定自己的行动方向。

人类能够识别和记忆约 1 万种不同的气味，然而嗅觉的产生机制，长期以来一直是我们所有感觉机制中最为神秘的。不过，2004 年诺贝尔生理学和医学奖得主美国生物学家理查德·阿克塞尔（R. Axel）和巴克（L. B. Buck）已经解决了该难题，他们一系列的开创性研究阐明了我们的嗅觉系统是如何工作的。两位获奖者在 1991 年合作发表了基础性的论文，宣布他们发现了含约 1 000 个不同基因的一个气味受体基因大家族（占我们基因总数的 3%），这些基因构成了相同数量的嗅觉受体类型，而这些受体位于嗅觉受体细胞内。每一种嗅觉受体细胞只拥有一种类型的气味受体，每一种受体能探测到有限数量的气味物质。因此，嗅觉受体对某几种气味是高度特异性的。尽管气味受体只有约 1 000 种，但它们可以产生大量组合，从而形成大量的气味识别模式，这也是人类和动物能够辨别和记忆不同气味的基础。

（二）味觉

味觉（taste）的适宜刺激是能溶于水或液体的物质。如果用干净的手帕将舌头擦干，然后将冰糖或盐块在舌头上摩擦，这时你感觉不到任何味道。接受味觉刺激的感受器是位于舌表面、咽喉粘膜以及软腭等处的味蕾（taste bud）。味蕾的再生能力很强，所以即使因吃热的食物烫伤了舌头，也不会对味觉有太大影响。但是，随着年龄的增长，味蕾的数量会逐渐减少，因此人的味觉敏感性会逐渐降低。吸烟、喝酒会加速味蕾的减少，因而会加速味觉敏感性的降低。

过去人们认为基本的味觉有酸、甜、苦、咸4种，其他味觉都是由这四种味觉混合而来。旧有味觉模型认为，舌尖上甜感受器分布最丰富，所以对甜味最敏感，舌中、舌两侧及舌后部分别对咸、酸、苦最敏感。实际上，遍及舌头与口腔的味蕾包含很多较小的细胞群，这样的构成让每个味蕾都能感知各种味道。科学家认为单个味觉细胞不可能区分4种味道，味蕾可能是"甜味细胞"、"咸味细胞"、"苦味细胞"等味觉细胞的混居地。在味觉细胞的外膜上，分布着一些特异性感受器（即受体），它们只与对应的分子结合："咸味受体"只会与咸味分子结合，与甜味或苦味分子则不会发生任何反应。目前，这一发现已应用于食品生产中，如"无糖，依然可口可乐"的零点可口可乐，雀巢公司的肉汁类产品等。

近几年来，研究者们还认识到了第五种味道的存在，即鲜味，指谷氨酸单钠盐的味道。谷氨酸单钠盐是亚洲人常常在烹饪时使用的风味增强剂成分。它也突然地存在于肉、奶酪和一些蔬菜之中。第六种味道也已经被提出，即脂肪味。人类通过品尝事物可以辨认出来这种感觉。事实上，人类表现出的对富含脂肪食物的强烈偏好，也暗示我们是可以探测出这一成分的存在的。

味觉的传导机制是味蕾中的味觉细胞兴奋后，冲动沿颜面神经、舌咽神经和迷走神经经弧束核、丘脑弓状核至皮层后回的底部，产生味觉。可见味觉没有单独专用的味神经。味觉在大脑皮层上便无精确的定位。

味觉除了在防止有害物质进入动物体内具有生物学意义外，对于人类的情绪调节也有一定作用。味觉引起的情绪变化能持久保存在脑内。味—厌恶条件反射的研究发现，味觉刺激1小时以后，给动物以X射线或电刺激等厌恶刺激可形成牢固的条件反射。这种味觉条件反射一经建立可维持很久，比听觉和视觉条件反射保持的时间长。所以味觉对机体的习得行为具有较大的影响。

（三）触压觉

触觉（sense of touch）是接触、滑动、压力等机械刺激的总称。当机械刺激作用于皮肤表面而未引起皮肤变形时产生的感觉是触觉；当机械刺激使皮肤表面变形但未达到疼痛时产生的感觉是压觉（sense of pressure）。

触觉的产生是生命进化过程中重大的事件。当多细胞的生命体变得越来越复杂的时候，生命体表面的一些细胞便开始拥有了特殊的功能。当外界的物体触及了它们，它们就立刻产生了化学反应。在细胞体内，一个分子将信号传递给另一个分子……这样传递下去，终于有一些特定的分子产生了特定的化学反应链，由此而形成了特定的反应动作。

触觉感受器分布于真皮之中，是迈斯纳触觉小体和巴西尼氏环层小体。触觉传导通路由三级神经元组成。触觉感受器发出的神经纤维进入到脊髓后柱的薄束和楔状束；由薄束和楔状束再发出纤维到丘脑腹侧核；再由丘脑腹侧核发生纤维至皮层中央后回。

身体不同部位的触压觉感受性相差很大。一般活动性高的部位感受性高。额头、眼皮、舌尖、指尖等的感受性高，躯干、胸腹部感受性低。研究表明，触点和压点在皮肤表面的分布密度以及大脑皮层对应的感受区域面积与该部位对触压觉的敏感程度正相关。触压觉的适应性相当迅速。我们平时几乎觉察不到身上衣服对皮肤的接触和压力。经常看到有些人帽子戴在自己的头上却到处寻找他的帽子。实验表明，只要经过3秒钟，触压觉的感受性就下降到原始值的25%左右。

（四）动觉

动觉（kinesthetic sense）是运动感觉的简称，是对身体各部分的位置及相对运动进行反应的感觉。其感受器为肌梭、腱梭和关节小体，位于肌肉、肌腱、韧带和关节中。当机体运动时，肌梭、腱梭和关节小体兴奋，冲动沿脊后索上传，经丘脑至中央皮层前回，产生动觉。

动觉在人的认识和活动中具有重要的作用。动觉和肤觉结合产生触摸觉。在排除视觉的条件下，通过手的触摸运动可以正确地知觉物体的大小、形状和弹性。在视觉器官的工作中，由于有眼肌的动觉参与，才能有关于物体的大小、远近的视知觉。在言语活动中，声带、舌与唇的精确谐调运动，是语音知觉的重要条件。在随意运动中，由于肌肉运动的速度和强度等信号不断传入大脑，形成反馈信息，才能实现大脑对肌肉运动的神经调节，使随意运动成为可能。如果没有精确的动觉反馈信息，就会造成运动失调。人对客观世界的正确反映，是各种感觉相互协调、相互验证的结果。动觉在各种感觉的相互协调中起着重要的作用。如果没有动觉和其他感觉的结合，人的知觉能力就不能得到正常的发展。

（五）内脏感觉

内脏感觉（visceral sense）也叫机体觉（organic sensation），是对机体饥、渴、痛、温等状态的感觉。

引起机体觉的适宜刺激是机体内部器官的活动和变化，接受机体觉刺激的感受器分布于人体各脏器的内壁。内脏感受器的适宜刺激是体内的自然刺激（如肺的牵张、血压的升降、血液的酸度等）。由心血管、肺、消化管等组织器官来的内脏感受器传入冲动，能引起多种反射活动，对内脏功能的调节起重要作用。内脏感觉神经纤维的数目比一般体表感觉神经纤维的数目少，它混在交感和副交感神经中，传入冲动沿这些神经从背根进入脊髓或沿脑神经进入脑干，引起相应的反射活动。内脏传入冲动还可以进一步经丘脑上行到大脑皮层及边缘叶，再通过下丘脑等处，调节内脏的活动。

一般情况下，内部感受器的冲动传至大脑皮层，即被外部感受器的冲动掩蔽了，没有能够在言语系统中得以反映。只有当内部器官受到特别强烈的刺激，内部感受器发放的冲动很强，机体觉才变得鲜明，处于优势。例如，胃发生强烈饥饿收缩时可伴有饥饿感觉，直肠、膀胱一定程度的充盈可引起便意、尿意。通常，内脏传入冲动引起的意识感觉是比较模糊的、弥散而不易精确定位的。

总之，机体觉在调节内部器官的活动中具有重要作用，它能及时地反映机体内部环境的变化、内部器官的工作状态。当人体的内部器官处于健康、正常的工作状态时，一般不会产生机体觉。机体觉的表现形式有饥、渴、气闷、恶心、窒息、便意、性、胀、痛等。

 阅读资料：视觉信息的平行加工

与与多数进行序列加工的计算机不同，我们的大脑可以通过平行加工（parallel processing）的方式进行信息处理。例如，大脑会把一个视觉场景划分为若干个子维度，包括颜色、深度、运动和形状等，把它们交由若干个相对独立的神经工作站负责，并对各个维度同时进行加工。由于大脑神经网络的这种信息加工模式，因此破坏负责视觉子任务的神经工作站会导致一些奇特的现象。例如，I 先生本来是一个画家，在 65 岁时遭受了一次脑震荡，此后他就再也无法感觉到色彩了，而只能感觉到灰色梯度。对他而言，番茄看起来是黑色的，花朵看起来是各种灰色的搭配，甚至对色彩的想象也消失了。M 女士遭受中风损伤后，便无法再觉察到运动；当一个人在屋子里走动时，她觉察不到其移动过程，在她看来就好像"那个人突然出现在这里或那里"；把茶水倒进茶杯里对她来说也是一个挑战，因为她无法觉察到茶杯中不断上升的水位。

尽管大脑有很多工作缓慢的部分，神经冲动的传导速度也比计算机的信息处理慢很多倍，但大脑的神经网络可以平行地展开很多加工元素并实现实时地交互协作，这赋予了人类视觉智能非凡的能量，使得人类大脑即刻识别一个熟悉面孔的能力胜过任何一台已知的计算机。正如霍夫曼（Hoffman，1998）所指出的那样，"你可以购买一台能打败围棋大师的计算机，但目前还买不到一台胜过幼儿视觉能力的机器"。

资料来源：迈尔斯. 心理学. 2011

本章摘要

1. 在心理学中，感觉是人脑对直接作用于感觉器官的客观事物的个别属性的反映。感觉是最初级的认识过程，是一种最简单的心理现象；同时，感觉也是一切较高级、较复杂的心理现象的基础。

2. 我们了解和认识到的感觉有视觉、听觉、嗅觉、味觉、触觉、温觉、痛觉、动觉、位置和平衡感觉等十种。其中，痛觉是较特殊的一种感觉，它没有自己独立的感受器。对任何感受器来说，如果接受的刺激强度过大以至达到伤害的程度，便会产生痛觉。

3. 刚刚能引起感觉的最小刺激量，叫做感觉的绝对阈限，它代表了人的感觉系统的敏感性程度；而人的感官觉察这种最小刺激的能力，叫绝对感受性。绝对感受性和感觉的绝对阈限在数量上成反比关系。

4. 刚刚引起差别感觉的刺激物的最小差异量叫感觉的差别阈限或最小可觉差。对这一最小差异量的感觉能力，叫差别感受性。差别感受性与感觉的差别阈限在数量上也成反比关系。

5. 同一刺激物持续地作用于某一感受器而使感受性发生变化的现象，叫做感觉的适应。

6. 同一感觉器官在不同刺激物的作用下，感觉在强度和性质上发生变化的现象，叫做感觉的对比。

7. 某种感觉器官受到刺激而对其他器官的感受性造成影响，或使其升高或使其降低，这种现象叫不同感觉之间的相互作用。常见的不同感觉间的相互作用有联觉和感觉补偿。

8. 以眼睛为感觉器官，辨别外界物体明暗、颜色等特性的感觉叫做视觉。视觉是人类最重要的一种感觉。

9. 光线的基本特性有：强度、空间分布、波长和持续时间。我们的视觉系统在反应光的这些特性时，便产生了一系列的视觉现象。

10. 明度是眼睛对光源和物体表面的明暗程度的感觉，是一种主要由光线强弱决定的视觉经验。颜色是由可见光的波长决定的一种视觉经验。不同波长的光产生不同的颜色感觉。

11. 视觉适应是指由于光刺激的持续作用而引起的视觉感受性的变化，有明适应和暗适应两种。

12. 视觉对比是由光刺激在空间上的不同分布引起的视觉经验，可分成明暗对比与颜色对比两种。

13. 视觉刺激物对视觉感受器的作用停止后，视觉现象并不立即消失，而是会保留一段时间，这就是视觉后像。视觉后像又分正后像和负后像两种。

14. 光刺激引起视觉的过程，首先是光线透过眼的折光系统到达视网膜，并在视网膜中形成物像，同时兴奋视网膜的感光细胞，然后冲动沿视神经传导到大脑皮质的视觉中枢产生视觉。

15. 对于视觉心理现象的系统理论解释，主要有托马斯·杨提出的三色说和黑林提出的拮抗过程说。

16. 声音的掩蔽是指一个声音由于同时起作用的其他声音的干扰而使听觉阈限上升的现象。

17. 影响较大的听觉理论主要有频率理论、共振理论、神经齐射理论和行波理论。

复习思考题

1. 什么是感觉？感觉有哪些作用？
2. 试列举感觉的种类和主要的感觉现象。
3. 韦伯定律和费希纳定律的内容是什么？
4. 试列举视觉现象。
5. 视觉理论有哪些？各自的基本观点是什么？
6. 试列举听觉现象。
7. 听觉理论有哪些？各自的基本观点是什么？
8. 除视觉和听觉外，人还有哪些感觉？它们对人适应环境有何意义？

第五章　知觉

第一节　知觉概述

一、知觉的含义

知觉（perception）是人脑对直接作用于感觉器官的客观事物整体属性的反映，它是在感觉的基础上形成的。例如，人们通过视觉看、触觉摸、嗅觉闻、味觉尝等，得到事物的属性，然后人脑将这些属性综合起来，形成这一事物"是什么"的整体映象，这一过程就是知觉。

知觉与感觉一样，是人脑对直接作用于感官的客观事物的反映，它们同属于对现实的感性认识阶段。没有客观事物的直接作用，就不能产生感觉和知觉。然而，感觉是对事物个别属性的反映，而知觉是对事物整体属性的反映，因此，感觉是知觉的基础，知觉是感觉的深入和发展。

知觉的产生虽然以感觉信息为基础，但知觉并不是各种感觉信息的简单总和。知觉是按照一定的方式对感觉信息的组织过程，并依据个体的过去经验对感觉信息进行解释。它比各种感觉信息的简单相加要复杂得多。在日常生活中，我们很少意识到孤立的感觉，而是将感觉到的个别属性或特征与一定的客体相联系，组织成有意义的事物。例如，当视觉信息呈现绿色，我们的头脑就依据个体经验对这一信息进行组织，然后知觉为树叶的绿，或衣服的绿等。我们在生活中意识到的并不是一系列杂乱无章的刺激特征，而是由这些特征组成的有意义的整体，如树木、水果、房屋、说话声、流水声等。

　阅读资料：过去经验对知觉的影响

一个人的过去经验会对其知觉产生影响。刚果的俾格米（Pygmi）人居住在茂密的热带森林中,由于这一客观环境的影响,他们的视野仅限定在很小的范围内,而没有看见过开阔视野中远处的物体。人类学家科林·特恩布尔(C. Turnbull)曾描述过一位从未离开过森林的名叫肯基的俾格米人的经历。当肯基第一次和科恩布尔一同乘车离开森林来到一片开阔的平原时,他看见平原上几英里以外一群野牛在吃草,惊奇地问那些是哪一种昆虫。当告诉他是野牛时,肯基大笑着说别讲这样的蠢话。然后他试图找出更合理的比较,并把那些野牛比做他熟悉的昆虫和蚂蚁。当越走越近时,肯基感到不可理解,为什么刚才它们看起来那么小?而现在却突然变大了?或者是不是有什么骗术?这是因为他没有先验的知识来解释物体的大小和距离的关系。

资料来源:格里格,津巴多. 心理学与生活. 2003

二、知觉的组织原则

人脑将客观的感觉信息转化为主观的知觉经验时,总要经过一系列有组织、有系统、有逻辑的加工处理过程,这一过程称为知觉组织(perceptual organization)。完形心理学对知觉组织的研究最有贡献。完形心理学家在大量实证研究的基础上,提出了知觉的组织原则。

(一)接近性原则(law of proximity)

在其他条件相同的情况下,空间上彼此接近的部分容易组成一个整体。在图 5-1(a)中,左侧和右侧同为 20 个圆点。但是,左图中点与点的纵向距离要小于横向距离,因此我们容易将纵向的点知觉为一个整体,即左图为四列圆点;右图中点与点的横向距离要小于纵向距离,因此我们容易将横向的点知觉为一个整体,即右图为四行圆点。

(二)相似性原则(law of similarity)

在其他条件相同的情况下,物体之间某些方面的特征(如大小、形状、颜色等)如有相似之处,则这些物体容易被知觉为一个整体。如图 5-1(b)中,我们很容易将其中的圆点知觉为一个整体,将整个图形看做是在由斜叉组成的大方阵中另有一个由圆点组成的方阵。

(三)封闭性原则(law of closure)

倾向于封闭的刺激物容易被知觉为一个整体。如在图 5-1(c)中,左边的三个图形都有一个或几个缺口,但是每一个都会被我们知觉为一个可辨认的圆形。

(四)良好连续原则(law of good continuation)

组成一个连续轮廓的部分容易被知觉为一个整体。如在图 5-1(d)中,我们很容易将它知觉为一条直线和一条曲线多次交会而成，没有人会将它看成多个不连接的弧线与一条直线。

（五）对称性原则（law of symmetry）

对称的部分容易被知觉为一个整体。

（六）共同命运原则（law of common fate）

向着相同方向运动变化的部分容易被知觉为一个整体。

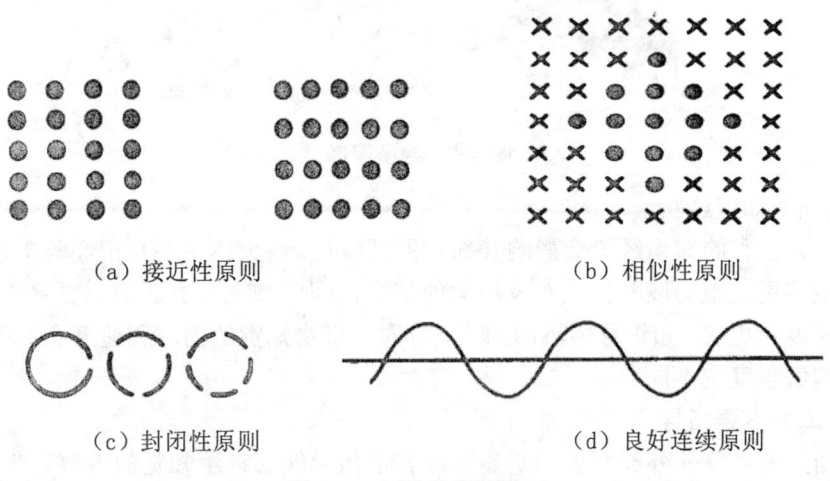

图 5-1　知觉的组织原则

第二节　知觉的特性

一、知觉的理解性

人在知觉事物时，并不是被动地将对象的特征进行客观登记，而是依据自己的知识经验，对知觉的对象予以解释，赋予它特定的含义，并用语词标志出来。这一特性称为知觉的理解性。知觉的理解性可以用隐匿图形（图 5-2）来说明。当人们看到这张图片时，他们并不是被动地观看图片上的黑白斑点，而是力求建构这些斑点之间的关系，最终将这张图片知觉为"雪地上的一条狗"。这就是人们主动对知觉对象理解的结果。

知觉的理解性主要受个人的知识经验、言语指导、活动任务以及态度等多方面因素的影响。

图 5-2 隐匿图形

（一）知识经验

个人已有的知识经验会影响其知觉的理解性。当个体相关知识经验丰富时，就能更多更快地提取与知觉对象相关的信息，因此知觉会更深刻、更精确，知觉的速度也更快。知识经验不同的人，对同一事物知觉的内容和速度会有差异，因而理解程度也不同。

（二）言语指导

当知觉对象的外部标志不明显时，言语指导能够提示知觉的内容，唤起个人的过去经验，有助于对知觉对象的理解

（三）活动任务及对知觉对象的态度

个体对知觉对象的理解会根据活动任务，做出符合要求的判断。此外，个体对知觉对象的态度也会影响其理解的倾向。

二、知觉的整体性

知觉的对象总是有不同的属性，由不同的部分组成，而我们将这些个别孤立的属性或部分知觉为一个统一的整体的特性，称为知觉的整体性。如图 5-3 所示的点子图，我们很容易将之知觉为一个三角形和一个长方形，而事实上这些点子并没有用线段连接起来。这就是我们的知觉系统将个别的部分进行综合，形成一个有组织的整体的特性。

知觉的整体性是一种心理现象，有时即使作用于人的刺激物是不完备的，人在主观上仍能将它知觉为一个整体。如图 5-4 所示的三个图形中，人们会发现白色的三角形、方形和圆形，而实际上这些图形都没有边缘，没有轮廓。这种刺激本身没有轮廓而在知觉经验中产生的轮廓称为主观轮廓（subjective contour）。

第五章 知觉

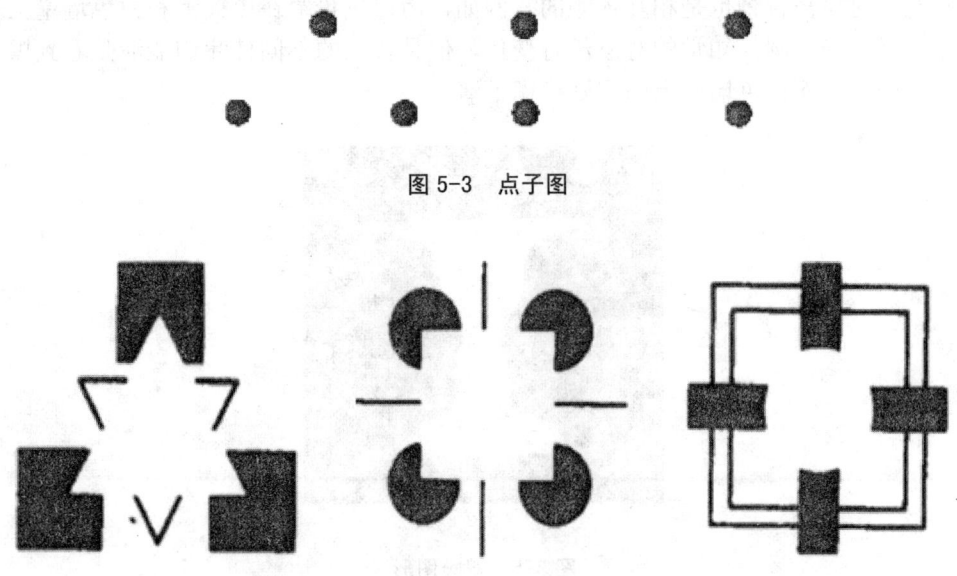

图 5-3　点子图

图 5-4　主观轮廓

资料来源：张春兴. 现代心理学. 2005

人的知觉之所以能把当前刺激中不完备的事物知觉为一个整体，是因为事物的各个部分和属性作用于感觉器官，在人脑中以固定的联系保存下来，对其进行加工。当前的刺激不完备时，人脑就使用曾经有过的这些刺激所留下的痕迹进行弥补，即通过主观上的补充或改组等心理上的加工活动，使人产生完整的知觉。

三、知觉的选择性

人在知觉客观世界时，并不是对所有的刺激都发生反应，而是有选择地对其中的少数刺激发生反应，并作出进一步的加工。这种特性称为知觉的选择性。在这一过程中，被选择的刺激物成为知觉的对象（object），而同时作用于感觉器官的其他刺激物就成为背景（background）。在这个意义上，知觉过程就是从背景中选择出对象的过程。

知觉的对象与背景是可以相互转化的。如图 5-5 所示的双歧图形就显示了对象与背景的关系。如果将图形中白色部分知觉为花瓶或杯子，则黑色部分就是背景；如果将图形中黑色部分知觉为两个侧脸人头，则白色部分就是背景。

知觉的对象与背景也是相互依赖的。例如,用白色粉笔在黑板上和白色墙壁上画同样的一个圆,知觉的对象没有变化,但是背景的不同使我们能清楚看到黑板上的圆,而白色墙壁上的圆则模糊不清。

图 5-5 双歧图形

影响知觉选择性的客观因素主要有:

(一)对象和背景本身的特点

刺激物的强度越大,越具有新颖性、奇特性,则该刺激物越容易被个体知觉。

(二)对象和背景的差别

对象和背景的差别越大越明显,越容易成为知觉的对象,如"万绿丛中一点红"容易成为知觉的对象,而昆虫的保护色使它不容易被察觉。

(三)对象的运动和变化

在相对静止的背景中,运动和变化的物体很容易成为知觉的对象,如夜空中的流星,闪烁的霓虹灯等都容易引起人的知觉。影响知觉选择性的主观因素有个人的需要、动机、兴趣、已有的知识经验、活动的目的和任务等。

四、知觉的恒常性

当我们在不同的外部条件下观察同一事物时,该事物的物理特性会受环境的影响而表现出不同,但是,我们对这一事物物理特性的知觉经验并没有随之发生改变。这种知觉的客观条件在一定范围内发生改变,而我们的知觉映像在一定程度上仍然保持不变的特性称为知觉的恒常性(perceptual constancy)。知觉恒常性现象在视觉范围内表现的最为明显,主要可分为以下几类:

（一）形状恒常性

当我们从不同的角度观察同一物体时，该物体在视网膜上投射的形状是不同的。然而，我们知觉到的物体的形状并没有发生变化，这就是形状恒常性。例如，一扇门的形状，只有当它的平面与我们的视线垂直时，它在视网膜上的映像才是与实际形状完全一致的长方形。如果偏离这个角度，则它在视网膜上的映像就会发生变化。然而，无论在任何角度，我们知觉到的门的形状仍然是长方形的，这就是知觉的形状恒常性现象。

（二）大小恒常性

物体投射到视网膜上成像的大小不仅取决于物体本身的大小，还取决于物体与观察者的距离。当我们从不同的距离观察物体时，视网膜上成像的大小是不同的，距离越远，物体在视网膜上成像越小。但是，在实际生活中，我们知觉到的物体的大小并不随视网膜上成像的大小而改变，而是趋向于物体的实际大小。这种对物体大小的知觉，不因物体距离远近所构成的视网膜成像大小所影响的现象，称为大小恒常性。

（三）明度恒常性

当物体所处的照明条件改变时，我们知觉到的物体的明度仍然保持不变的心理倾向，称为明度恒常性。例如，阳光照射下的白色墙壁和月色下的白色墙壁，它们反射出来的光量差别很大，但是人们却把它们知觉为同样的白色。明度恒常性的原因，一是因为对物体本身的熟悉程度，个体能够根据已有的知识经验对之进行判断；二是因为在不同的照明条件下，物体本身的反射系数并不发生改变，因此人们所获得的明度知觉也保持不变。

（四）颜色恒常性

在不同色光的照明下，我们对物体颜色的知觉保持不变的心理倾向，称为颜色恒常性。例如，在不同灯光的照明下，室内的家具会呈现出不同的颜色，但是我们对其颜色的知觉并不会发生改变。无论是在黄色或蓝色的光照下，我们总是把墙壁知觉为白色，把国旗知觉为红色。

知觉的恒常性主要是过去经验的作用。人们在实际生活中建立了大小和距离、形状与观察角度、明度与物体表面反射系数的联系。当观察的条件发生改变时，人们会将变化了的客观刺激信息与已经建立起的这些联系相结合，从而对观察的对象保持稳定的知觉，即维持了知觉对象的恒常性。

阅读资料：知觉的适应性

人的知觉还具有适应性，即当输入的视觉信息发生改变时，我们的视觉系统能够适应这一改变，使之恢复到改变前的状态，这就叫知觉的适应性。1896年，美国心理学家斯特拉顿（Stratton）曾做了一个有趣的实验。他给自己戴上了一副自行设计的眼镜，这副眼镜会使物体在视网膜上的投影反转和变位，即看到的东西上下颠倒，左右反转，上方的物体在视网膜上的投影也在上方，下方的物体在视网膜上的投影也在下方。刚戴上眼镜的前一两天，他觉得很混乱，空间定位有很大的困难，想拿左方的东西，手却伸向右方，想拿上方的东西手却伸向下方，并且听到的声音也来自于与他看到的声源相反的方向。经过几天的练习，到了第八天，他已经完全适应了这一状态，空间定位能力得以恢复。然而，当他摘去眼镜时，他又觉得所有物体都是上下颠倒，左右反转的了。再经过几个小时之后，空间定位才得以恢复。

资料来源：彭聃龄. 普通心理学. 2004

第三节 空间知觉

空间知觉是指我们对自身所处的空间及自身周围空间中各事物之间关系的认识。它包括形状知觉、大小知觉、深度知觉和方位知觉等。在我们生活的三维空间里，对物体形状、大小、远近、方位等空间特性的认识是我们得以生存的前提和基础。

一、形状知觉

形状是物体所有属性中最重要的属性。形状知觉是人脑对二维空间物体平面形状特征的反应。形状知觉是视觉、触觉、动觉协同活动的结果。通过视觉，人们得到视网膜上的物体形状；手触摸物体的轮廓，观察物体时眼球、眼肌的动觉也向大脑提供了物体的形状信息。将这些信息进行分析综合，就能正确地知觉物体的形状。

（一）形状的特征分析

对物体形状的知觉开始于对物体的点、线条、角度、朝向和运动等原始特征（primitive feature）的分析与检测。视觉系统对这些特征的检测是自动的，无需意识努力。

（二）图形识别

人们依据当前获得的信息和已有的知识经验，判断所知觉到的图形"是什么"的过程，称为图形识别（pattern recognition）。图形识别是比特征分析更高的一个阶段，它要求人们对图形的特征进行综合加工。人们对图形进行识别的过程不仅依赖于当前的刺激信息，而且依赖于个体已有的知识经验及刺激物之间的关系和联系。

（三）轮廓与图形

在形状知觉中，图形的轮廓具有重要的意义。图形是视野中的一个面积，正是借助于可见的轮廓，才能将它从其余部分中分离出来。所谓轮廓，是图形或物体的外形线，代表了图形及其背景的一个分界面，它是靠视野中邻近部分间明度和颜色的突然变化而构成的（有时视野中不存在明度和颜色级差的变化，而人们仍然能知觉到图形的轮廓，即主观轮廓）。当视野被轮廓分为两部分时，个体倾向于将轮廓内包的、有一定意义的区域知觉为图形，而将其余部分知觉为背景。

对物体轮廓的知觉，不仅受到空间上邻近部分间明度和颜色变化的影响，而且受到时间上前后出现的物体轮廓的影响。例如，当两个物体连续呈现，且呈现时间非常短时（如小于 20 毫秒），人们往往只看到后面呈现的物体，而前面呈现的物体没有被知觉到。这是因为在短暂呈现时，前面物体的轮廓尚未形成，就被后面的物体所掩蔽。这种现象叫轮廓的掩蔽或图形掩蔽。这一现象说明，人们在知觉物体的形状时，轮廓的形成是需要一定的时间的。

二、大小知觉

大小知觉是人脑对客观物体大小特性的反映。视觉对大小知觉具有重要作用，然而，视觉必须和触摸觉多次结合之后，才能正确识别物体的大小。

（一）大小—距离不变假设

人们对物体大小的知觉会受物体在视网膜上投影大小的影响，投影大，则物体大；投影小，则物体小。然而，网像的大小不仅随物体的大小而改变，而且受物体距离的影响。同一物体，距离远，则在视网膜上的投影小；距离近，则在视网膜上的投影大。用公式表示为：

$$a=A/D$$

其中，a 指视网膜上投影的大小，A 指物体的大小，D 指物体与人眼的距离。即视网膜上投影的大小与物体的大小成正比，与物体到人眼的距离成反比。

由于网像的大小随物体的距离而变化，因此对物体大小的判断不仅受网像大小的影响，还受物体距离的影响。在物体距离相等的情况下，网像大则物体大，网像小则物体小。而在网像一定的情况下，物体距离大则说明物体大，距离小则说明物体小。即物体大小＝网像大小×物体距离。这就是大小—距离不变假设，它表示一个特定的网像大小说明了知觉大小和知觉距离的一种不变的关系。

（二）物体的熟悉性对大小知觉的影响

当物体的距离改变时，虽然视网膜上投影的大小也随之改变，但是人们仍然能够较准确地知觉出物体的实际大小，这就是由于人们对物体的熟悉性而引起的。例如，无论你与某同学的距离远近，你都能知觉到他的身高约为 1.80 米。可见，对物体的熟悉性会影响对物体大小的准确知觉。

三、深度知觉

深度知觉是指对客观物体在三维空间中的距离、深度、凹凸等信息的反映。深度知觉是以视知觉为主，与动觉协同活动的结果。深度知觉对于我们的日常生活是非常重要的，如果没有深度知觉，这个世界看上去将只是一个平面，我们无法接近想要的东西，也不能躲避面临的危险。

我们对三维空间的知觉依赖于若干深度线索。这些线索包括提供距离信息的肌肉线索，只需一只眼睛参与的单眼线索和需要两只眼睛配合作用的双眼线索。

（一）肌肉线索

在观看不同距离的物体时，人眼会出现水晶体调节和辐合等变化，这对于人们分辨物体的距离有一定的作用。

1. 调节

调节是指水晶体的形状随物体距离的远近而变化。当眼睛聚焦于一个很近的物体时，眼睛的水晶体会比较凸起，而看远处的物体时，水晶体会比较扁平。这是由于睫状肌紧张度的变化而引起的。通过睫状肌发出的动作冲动，人们可以分辨物体距离的远近。调节是单眼的机能。

然而，水晶体调节只能在较小的距离范围内起作用，它只能帮助我们判断几米（1～2米）以内的距离。如果超出了这一范围，这种调节作用就近乎失效，或使人产生错觉。总之，水晶体调节对于分辨物体的距离作用较小，且不很精确。

2. 辐合

辐合是指眼睛随物体距离的远近而将视轴会聚到被注视的物体上。当我们看远处的物体时，双眼视轴趋于平行；看近处物体时，双眼视轴会向鼻侧会聚，使物像落在两眼网膜的中央窝内。视轴的变化是由眼外肌控制的，它的紧张程度提供了物体距离的信息。辐合是双眼的机能。

当我们注视自己的一个手指尖，将手指从远处慢慢向眼睛拉近，直至双眼几乎成了"对眼"，这一过程中我们就会体会到控制眼睛辐合的肌肉运动。调节在深度知觉中的作用较小，而辐合的作用较大。

（二）单眼线索

单眼线索是指只用一只眼睛就能够知觉到的深度线索。它包括在图片中发现的各种深度信息，因此也被称为图形线索。能构成单眼线索的物体特征包括以下几种：

1. 遮挡（overlap）

当一个物体部分地遮住另一个物体时，即形成遮挡现象。物体的遮挡是使人产生深度知觉的一个线索。被遮挡的物体看起来距离较远，而遮挡物看起来距离较近。因此，根据物体的遮挡关系就可以判断物体的距离远近。如图 5-6a，我们可以判断三角形距离最近，圆形其次，而五角星距离最远。

2. 线条透视（linear perspective）

线条透视是指空间的物体在一个平面上的几何投影。物体在视网膜上投影的大小随物体到人眼距离的增大而减小，因此，近处的物体在视网膜上投影大，而远处的物体在视网膜上投影小，而这种大小的变化会引起线条透视的视觉效应。例如，事实上平行的两条铁轨，近处的看来距离大些，远处的距离小些，最终在无限远处交于一点，如图 5-6（b）。

3. 空气透视（aerial perspective）

物体反射的光线在传送过程中会受到空气的过滤和引起的光线的散射。结果，远处的物体总是显得朦胧、颜色变淡、缺乏细节。这一现象称为空气透视。因此，从看到物体的清晰程度可以判断物体距离的远近。但是，空气透视和天气的好坏很有关系。阳光充足，空气透明度大时，看到的物体就显得近些；阴雾沉沉，空气透明度小时，看到的物体就显得远些。

4. 相对大小（relative size）

相似的物体，看起来大的往往被知觉为离我们距离近，看起来小的被知觉为离我们距离远。如图 5-6（c），小的矩形好像离我们远些，大的矩形好像离我们近些。

5. 相对高度（relative height）

在其他条件相同时，视野中处于上部的物体被知觉为离我们距离远，处于下部的物体被知觉为离我们距离近。如图 5-6（c），上部的矩形看起来离我们远，而下部的矩形看起来离我们近。这一方面是由于它们大小的差异，另一方面是因为它们相对高度的不同。

6. 纹理梯度 (texture gradient)

纹理梯度也称结构级差,是指物体在视网膜上的投影大小和投影密度的层次性变化。当很多同样或类似的物体集成一大片平面景观时,近处的看起来投影大,而投影密度小;远处的看起来投影小,而投影密度大。在任何表面上,物体的投影都会出现这种随着距离的变化而产生的近处稀疏,远处密集的结构密度极差,这种结构级差是距离知觉的一个线索。如图 5-6(d),由远近石块形成的纹理梯度为距离知觉提供了有效的线索。

7. 明亮和阴影 (light and shadow)

明暗色调和阴影也有助于我们对距离的感知。明亮和高光的部分看起来向外突出,被知觉为离我们近些,而黑暗和阴影的部分看起来向后退,被知觉为离我们远些(如图 5-6(e))。在绘画艺术中,往往运用这种明暗色调的变化和阴影的效果,以表现距离感和立体感。

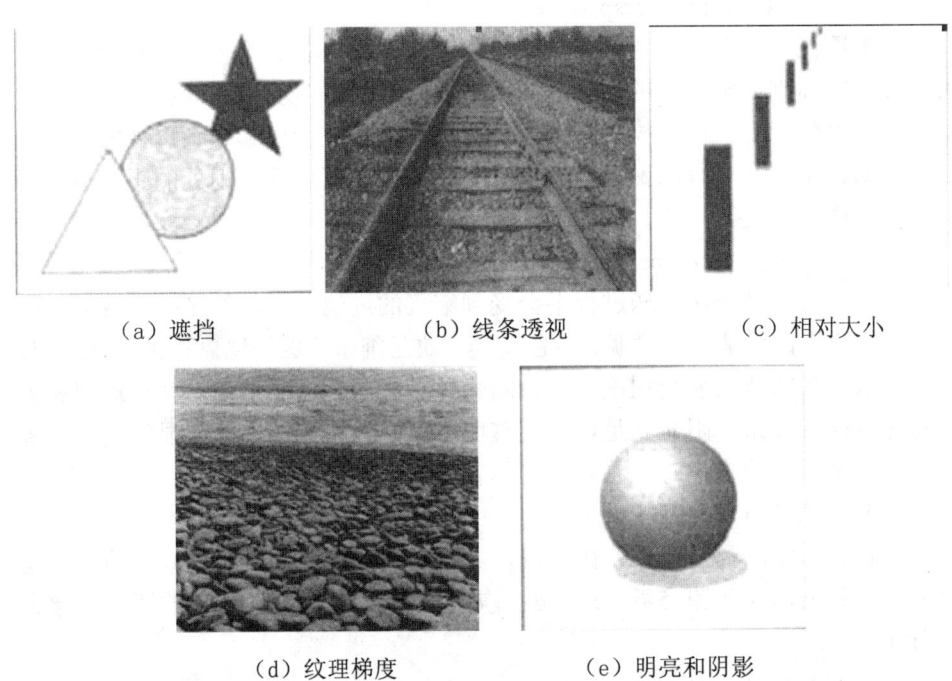

(a) 遮挡　　　　(b) 线条透视　　　　(c) 相对大小

(d) 纹理梯度　　　　(e) 明亮和阴影

图 5-6　单眼线索

8. 运动视差 (motion parallax)

当观察者头部或身体发生移动时,所知觉到的远近不同的被观察物体在运动速度和运动方向上会表现出差异,这一现象称为运动视差。一般来说,近处的物体看起来运动速度快，方向与观察者移动方向相反；远处的物体看起来运动速度慢，方向与观察者移动方向相同。例如，当我们乘坐火车或汽车时，从车窗上看到近处的物体迅速向后移动，而远处的物体缓慢向前移动。这种远近物体不同的运动方向和运动速度为距离知觉提供了有效的线索。

（三）双眼线索

两只眼睛同时协调作用来获得对于物体的深度知觉线索，称为双眼线索。双眼线索除了前面提到的辐合作用外，还有一种现象，即双眼视差（binocular parallax）。

由于人的两只眼睛间大约相距 65 毫米，因此当我们注视空间中某一物体时，两眼的视线和角度会稍有不同：左眼看到左边多一些，有眼看到右边多一些。这就造成物体在两只眼睛视网膜上的投影也会稍有差别，这就是双眼视差。网像上两个投影的差异程度随物体与人眼的距离大小而变化：物体与人眼距离小时，两投影差异大；物体与人眼距离大时，两投影差异小。以所得网像投影差异的大小为线索，即可获得物体远近的深度知觉。

通过以下实验，我们可以体会到双眼视差现象：首先，闭上左眼，分别伸出左右两手的食指，用右眼调整两手指使它们与远处某一物体成一条直线，且使其中一根手指离右眼保持一臂的距离，另一手指放于眼前 10 厘米左右的距离。保持两手指不动，然后闭上右眼睁开左眼，再观察两手指与远处物体的位置关系。这时会发现，两手指的位置已经发生了变化，它们不再与物体成一直线，且与离眼睛有一臂距离的手指相比，离眼睛较近的那根手指与物体偏离得更远。

当我们用双眼观察外部世界时，大多数物体在两眼视网膜上的投影都会有些差异。我们的视觉系统正是利用这两个不同的视网膜投影，比较它们相应部分在水平方向上的位移，然后产生一个具有深度的单一物体的整体知觉。

四、方位知觉

方位知觉是个体对自身或物体所处的空间位置和方向的反映。方位知觉包括对上下、左右、前后、东西南北的知觉。方位知觉是视觉、听觉、触摸觉、动觉、平衡觉等各种感官协同活动的结果，其中视觉和听觉对于方向定位有特别重要的作用。

（一）视觉的方位定向

当人们用眼睛注视环境中的物体时，这些物体就会在视网膜上形成相应的投影，而这些投影的相对位置就提供了物体的空间方位的信息。例如，日光灯吊在屋顶上，沙发放在地面上，钟表挂在墙上等。

人的视觉定向需要借助于一定的参照物。例如，个体对前后、左右的方位定向是以自身为参照物的，位于自身的对面、背后、左侧、右侧的物体分别被知觉为在前方、后方、左方、右方。对于上下的定位除了以自身为参照物外，还可以以天地为参照。天空为上，地面为下，接近天空的物体在上方，接近地面的物体在下方。对于东西南北的方位定向是以太阳的位置和地球的磁场为参照物的。太阳升起的方向为东，落下的方向为西；地球磁场的南极为北，北极为南。在日常生活中，我们正是依据物体在视网膜上的投影位置以及这些参照物，来判断自身或物体所处的位置和方向。

视觉定向不是天生的，而是通过后天学习获得的。例如，物体在视网膜上的投影经过水晶体的折射后应该是倒立的，但在我们的主观直觉上它们仍是正立的。这是由学习的经验或暂时神经联系的作用所引起的。起初，人们知觉到物体处于下方，但想获取时发现失败了，而向上获取时却成功了。经过多次类似的学习，人们就形成了这种暂时的神经联系。此外，在视觉定向中，视觉、触觉、动觉和平衡觉的协同活动为正确判断物体的空间位置提供了重要的信息。

（二）听觉的方位定向

人们除了能用视觉对物体进行方位定向外，还能用听觉对声源进行方位定向。例如，在安静的环境中突然有一个声音响起时，人们会不约而同地朝向发出声音的方向，可见人耳能较为准确地判断声源的方位，这就叫做听觉的方位定向。听觉的方位定向有以下几个规律：

（1）人耳对于来自人体两侧的声音很少发生定向错误。人耳确定左右方向声音的能力是很强的。当声源偏离头部中切面（两耳轴线的垂直平面）2°～3°时，人耳即能正确判断声源的左右方向，随着这一角度的增大，判断声源左右方向就变得更加容易。

（2）头部中切面上的声音难以定向，容易混淆。当声源位于头部中切面2°～3°范围之内时，人们很难判断声音来自前方或后方，左方或右方，在判断时较易出现错误。这种情况下，人们常常转动头部，"侧耳倾听"，使声源偏离头部中切面的角度增大，以便做出正确的方位判断。

（3）以两耳连线为轴，以轴的中点为顶点作一圆锥，则从同侧耳朵圆锥底面上发出的声音，容易发生混淆。如误上为下，误前为后等。

人耳能够正确地进行方位定向的依据是两耳距声源的距离差。人的两耳中间相隔约27.5厘米，如果声源靠近一只耳朵，则声波要绕过头部才能到达另一只耳朵。正是由于声源到达两耳距离的差异，形成了两耳刺激的时间差、强度差和位相差。这是人耳对声源进行方位定向的主要依据。

时间差是指来自侧面的声源到达两耳时间上的差别。与声源同侧的耳朵先接收到刺激,声源就被定位为先接收刺激的一侧。当声源偏离头部中切面3°时,到达两耳的时间差为0.000 03秒,而人耳能够分辨的时间差仅为0.000 01秒,因此人能根据这一时间差判断声源的方向。时间差越大,声源偏向侧面的角度越大,人们对声源方向的判断也就越容易。当声源位于头部一侧90°时,两耳的时间差最大,达到0.000 8秒,这时的定位也就最容易。

强度差是指来自侧面的声源到达两耳时,在两耳产生的强度的差异。声音的强度会随传播的远近而改变。位于声源同侧的耳朵接收到的强度较大,而另一侧的耳朵在接收声源时由于头部的阻挡,声源强度减小,因此声源被定位为强度较大的一侧。

位相差是指同一频率的声波,作用于两耳的波形部位不同,因而造成内耳鼓膜所受声波压力的差异。对于低频的声音,由于波长较长,在传播中头部的阻挡作用较小,因而在两耳产生的强度差也较小。因此对于低频的声音,位相差是判断其声源方向的主要线索。

在对声源的方向定位中,除了耳朵的作用外,还可运用动觉和视觉的线索。例如,在判断声源的方位时,人们经常通过转动身体和头部的位置,使两耳的距离差发生变化,以便正确地知觉声源的方向。而这一过程中就有动觉的作用。此外,人们在听声音的同时也注视着声源,这是视觉的作用。在礼堂听报告时,我们注视着报告人,会觉得声源来自前方。但是,闭上眼睛我们会发现,事实上声源的方向应该是旁边的扩音器。

第四节 时间知觉和运动知觉

一、时间知觉

(一)什么是时间知觉

"一切存在的基本形式是空间和时间"。可见,时间和空间一样也是一种客观存在,一切事物或现象不仅存在于空间中,也存在于时间中。例如,人的一生要经历生、老、病、死这一系列变化。时间知觉(temporal perception)是个体对客观事物或事件的连续性与顺序性的反映。

时间知觉有四种基本形式:

（1）对时间的分辨

对时间的分辨指能够将事件发生的时间顺序正确地区分开来。例如，吃完早饭后，先读了会儿英语，接着开始做数学题。

（2）对时间的确认

对时间的确认指确定事件发生的时间。例如，今天是 2009 年 7 月 15 日，我大学毕业于 2005 年等。

（3）对持续时间的估计

如我连续做这件事已经将近一个小时了，放暑假已经半个月了等。

（4）对时间的预测

如一年后我就研究生毕业了，这个活动将于 5 天后结束等。

时间知觉与空间知觉相比，有两点不同之处：首先，时间知觉并非由固定刺激所引起。空间知觉是对当前客观事物的反映，如我们所知觉的物体的大小、形状都是针对当前投影于我们视网膜的物体。而时间知觉并没有固定的刺激物，且往往是在事件进行之后才作出反应的。其次，时间知觉没有提供线索的感觉器官。空间中的光和声都有其专门的感受器，而时间知觉没有一种专门的感受器，时间一般用事物周期性的变化来表征。

时间知觉和空间知觉也是可以相互影响的。Helson 和 King 用实验证实，人们对空间的知觉会受到时间知觉的影响：在被试手臂上对三个等距的点进行皮肤刺激，这三个点形成一个等边三角形。如果刺激 A 点和 B 点之间的时间间隔大于刺激 A 点和 C 点的时间间隔，则被试会觉得 AB 之间的距离也大于 AC 之间的距离。Hansel 和 Sylvester 实验证实，人们对时间的知觉也会受到空间知觉的影响：将三个灯泡排成一行，其中 AB 间的距离大于 BC 间的距离。实验时开亮 A 灯泡和 B 灯泡之间的时间间隔等于开亮 B 灯泡和 C 灯泡之间的时间间隔，但是由于 AB 的距离大于 BC，被试会觉得 A 灯泡和 B 灯泡之间亮的时间间隔更长。

（二）时间知觉的参照系

由于时间知觉没有外界刺激为依据，且往往是在时间进行后才能作出估计，因此要想获得时间知觉，就必须以某种客观现象作为参照系。现实中我们对时间的判断往往依据以下三个重要的参照系：

1. 自然界周期性变化的现象

太阳的升落、月亮的圆缺、地球的公转与自转、四季的交替等自然界的周期性现象都是我们感知和判断时间的依据。在计时工具尚未出现的古代，人们都是依据这些现象估计时间，如日出日落为一天，月亏月盈为一月，地球绕太阳一周为一年等,并依此安排生活,"日出而作,日落而息",制定历法等。

2. 机体内部的各种节律性活动

人体的许多生理活动都是有节律的、周期性的。如心跳和脉搏每分钟60～70次,从进食到饥饿每个周期约4～6小时等。依据这些生理的节律性信息,人们可以较为准确地估计时间。例如,上午连续工作了一段时间后,感觉饿了,则可以依此判断已经接近十二点了。对于晚上就寝和早上起床的时间,人们一般也会在长期的生活习惯中形成规律,如有的人会在早上七点左右准时醒来。机体内部的这些节律性活动,也叫做生物钟(biological clock),它也是时间知觉的一个重要线索。

3. 计时工具

计时工具指人们发明的日历、钟表等。利用这些计时工具,人们就可以准确地计量世纪、年、月等较长的时间,也可以精确地记录小时、分、秒等较短的时间。现代社会,人们依靠计时工具精确地知觉时间,调节活动。

(三)影响时间知觉的各种因素

1. 感觉通道的性质

在参与时间知觉的感官中,听觉最为准确,触觉其次,视觉较差。听觉辨认时间间隔的最高限度是1/100秒,触觉辨认的最高限度是1/40秒,视觉辨认的最高限度是1/10～1/20秒。

2. 一定时间内人的活动内容

在一定时间内,如果做紧张且感兴趣的事物,则人们会觉得时间过得很快,对这段时间的知觉容易比实际时间短;如果做无关紧要且自身不感兴趣甚至厌恶的事物,则会觉得这段时间过得很慢,对这段时间的估计容易比实际时间长。

此外,如果一定时间内,事情发生的数量多,性质复杂,人们会觉得时间过得快,对时间的估计会短些;如果事情发生少,性质简单,则人们会觉得时间过得慢,对时间的估计会长些。

但是,在回忆的时候,时间知觉的情况与上述情形相反。一定时间内,经历丰富,事情有趣,回忆起来就觉得时间长;而经历简单,单调乏味的一段时间,回忆起来就觉得时间短。这种情况的出现与回忆时联想的多寡有关。

3. 人的情绪和态度

人在欢乐的时候,会觉得时间过得快,对时间的估计短;而在烦闷和厌倦的时候,会觉得时间过得慢,对时间的估计长。人们对于期待发生的事,会觉得来得很慢,而对于不愿发生的事,人们会觉得来得很快。如盼望亲人和朋友来访的日子总觉得很长,而与亲人、朋友相聚的日子总觉得很短,很快就过完了。

二、运动知觉

（一）什么是运动知觉

运动知觉（motion perception）是人对物体在空间位移的知觉。我们周围的世界是不断运动和变化的，运动知觉对人的生活有着极其重要的作用。例如，我们在过马路时，如果缺少运动知觉，就无法正确判断何时能够穿过，何时存在危险。可见，对运动的速度和方向等特性的知觉对于人的适应性行为有着重要的意义。

运动知觉是通过多种感官的协同作用而实现的。首先，当一个运动着的物体通过我们的视野时，它将依次刺激视网膜上的一系列感受器，视网膜上相邻感受器受到的这些连续刺激，为我们提供了运动知觉的线索。如果物体的移动不是横向的，而是在视网膜上投影的大小逐渐发生了变化，人们也会知觉到物体的移动。当投影由大逐渐变小时，人们会知觉物体逐渐远离；投影由小变大时，人们会知觉物体逐渐靠近。这些视觉信息为我们的运动知觉提供了重要的线索。其次，如果听到运动物体的声音由弱变强或由强变弱，我们也能依此听觉信息判断物体的运动特征。例如，听到人的脚步声越来越重，我们就知道有人正由远及近地走来。再次，如果我们自己的身体或头部发生移动，虽然这时视网膜仍会受到连续的刺激，但我们并不会知觉为是物体在运动。这是因为身体的平衡觉，头部的动觉抵消了视网膜上连续刺激所产生的兴奋。这也为运动知觉提供了信息。

世界上的一切物体都是在不断运动变化的，因此物体的运动和静止都是相对而言的。要判断某一物体是运动还是静止，以及运动速度的快慢，都需要与另一物体作比较，这一被比较的物体即是运动知觉的参照系。选择的参照系不同，运动知觉也会不同。通常来说，我们关注的物体是知觉对象，而参照系是其所处的背景。知觉对象和背景的关系为我们提供了物体运动变化的信息：在出现位移时，我们往往倾向于将知觉对象看做是运动的，而将背景看做是静止的。例如，在火车里，当另一条铁轨上的火车开动时，我们常误认为是自己乘坐的火车开动了，这就是因为我们将对面的火车知觉为了背景，且认为背景是静止的。当背景活动时我们反而觉得是自己在运动。

（二）真动知觉

真正运动（real movement）是指物体按特定速度或加速度从一处向另一处作连续的位移。由此引起的知觉就是真动知觉。并不是所有的真正运动都能引起人的知觉，运动知觉是有阈限的。有些运动太慢，则不能使人产生运动知觉。例如，钟表上秒针的运动我们可以明显知觉得到，而时针和分针的运动人们并不能察觉。还有些运动太快，也不能使人产生运动知觉。例如，电影银幕上画幅的移动，白炽灯的闪烁等，我们都无法察觉。人眼刚刚能够觉察出物体运动的最慢速度，称为运动知觉的下阈；速度大到刚刚能看到闪烁时的运动速度，称为运动知觉的上阈。物体运动的速度用单位时间内物体运动的视角大小来表示，即角速度（弧度／秒）。根据荆其诚等 1957 年的测定，在两米距离时，运动知觉的下阈为 0.66 毫米／秒，上阈为 605.2 毫米／秒。运动知觉的差别阈限符合韦伯定律，差别阈限约为标准速度的 20%。

运动知觉的阈限受多种因素的影响。例如，物体在视网膜上的位置，刺激物的亮度和持续时间，视野中有无参照点的存在，物体离观察者的距离，观察者的已有经验等。当物体呈现于视野中央且对象与背景间反差较大时，人们能够知觉的阈限较低。此外，当人们具有学习或训练而来的相关经验时，所能知觉到的阈限也较低。

（三）似动知觉

似动（apparent movement）知觉是指在一定的条件下，人们将静止的物体看成是运动的，或者在没有连续位移的地方看到了连续的运动。似动知觉主要有以下几种形式：

1. 动景运动

动景运动（stroboscopic movement）也称最佳运动或 Phi 运动，是指当两个刺激物（光点、直线、或图形）按照一定的时间和空间间隔相继呈现时，人们会知觉到本来静止的两个物体中，一个物体向另一个物体连续运动，这种现象就是动景运动。如图 5-7 所示，两条相互垂直的直线，如果以很短的时间间隔呈现（低于 30 毫秒），人们会看到两条直线同时出现；如果呈现的时间间隔很长（超过 200 毫秒），人们会看到两条直线先后出现；当时间间隔为 60 毫秒左右时，人们会看到一条直线在向另一条直线移动。

动景运动的现象在生活中很常见。例如，我们在看电影、电视时，知觉到的物体的运动并不是真实存在的，而是连续呈现的一个接一个的非常相似的画面。我们看起来像是在运动的霓虹灯，也是由多个灯泡相继明灭而形成连续闪动的现象。

2. 自主运动

当人们在黑暗中注视一个静止的光点，经过一段时间后，会觉得这个光点在不停地运动，这种现象称为自主运动（autokinetic movement）。自主运动只有

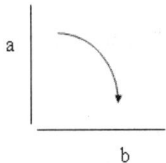

图 5-7 动景运动

在刺激物孤立的情境中才能产生,这是因为刺激孤立时,视野中缺乏了周围的参照物,从而使它的空间位置不明确而导致的。如果在黑暗中同时出现两个光点,或让观察者同时看到其他的物体,则自主运动现象就会消失。

3. 诱发运动

一个静止的物体,由于其周围另一物体的运动,而使人们产生静止物体运动的知觉现象,称为诱发运动(induced movement)。例如,夜空中浮云的运动,使原本静止的月亮看起来似乎是运动的,而使运动着的浮云看起来似乎是静止的。诱发运动的知觉原理可用于影视节目中特技镜头的拍摄。例如,将人体凌空悬起保持一定的姿势,而迅速移动背景,就可以被人们知觉为人体在背景中移动。

4. 运动后效

当注视向一个方向运动的物体一段时间之后,将注视点转向静止的物体,这时会觉得静止的物体似乎朝着相反的方向运动,这一现象称为运动后效(movement after-effect),也称瀑布效应。例如,当我们注视瀑布一段时间之后,再看向周围静止的物体,我们会觉得周围的物体在向上运动。如果我们注视一个转动的螺旋图案,会觉得像是向外膨胀,然而当螺旋图案停下来后,我们又会觉得像是向内收缩。

第五节 知觉的信息加工

当刺激物作用于人的感觉器官时,我们可以得到物体的一些特征,如颜色、形状、大小、位置等。但是,仅仅在这一过程中,我们还并不知道这些物体是什么,我们之前是否见过它们。因此,我们的大脑必须对这些信息进行加工处理,以对物体进行识别。

一、自下而上加工和自上而下加工

认知心理学认为，知觉过程包含两种信息加工方式，即自下而上的加工（bottom-up processing）和自上而下的加工（top-down processing）。自下而上的加工又称数据驱动加工（data-driven processing），是指首先获取直接作用于感官的外界刺激的具体物理特征，然后将这些特征发送给大脑，以抽取并加工相关信息的过程。例如，在玩拼图游戏时，面对杂乱无章的许多小图片，如果我们先从每张小图片的颜色、形状等具体的感知特征出发，组成一个个的局部图形，再将这些局部图形组成完整的图形，这就是自下而上的加工过程。

自上而下的加工又称概念驱动加工（concept-driven processing），是指由有关知觉对象的一般知识开始的加工，强调加工知觉者在头脑中已经存储的信息。知觉过程不仅依赖于客观的刺激物，还依赖于主观的知觉主体。因此，知觉者本身的知识经验、兴趣、爱好，以及对活动的态度等因素都会影响到知觉的过程和结果。同样以拼图游戏为例，如果我们利用已有的知识经验，首先预测可能拼出的图形，然后再按照这一预测组织小图片，检验是否能够构成预期的图形，这就是自上而下的加工过程。

在解决实际问题的过程中，我们常常综合运用自下而上加工和自上而下加工两种信息处理方式。如果只凭借自下而上的加工，则信息处理过程所承担的工作量会过大；而只凭借自上而下的加工，会使加工过程脱离现实的因素，产生幻觉。此外，两种加工在问题解决中会依据问题条件而有不同的侧重。如果问题条件中提供的感觉信息较多，则自下而上的加工就占优势；如果问题条件中的感觉信息较少，则对知觉者已有的知识经验信息要求较高，这时自上而下的加工就占优势。

二、模式识别理论

模式识别是指将外界的刺激物体识别为自己经验中相应物体的过程。在识别客观物体时，我们要使用头脑中的记忆编码。那么，大脑是如何使用这些编码的呢？关于这个问题，有两种学说，即模板匹配说和特征分析说。

模板匹配说认为，模式识别是把当前的外部刺激与已经储存在长时记忆中的模板相匹配以作出决定。在识别任何物体时，都是将这一物体与记忆中已经形成的模板相比较和匹配。但是，模板匹配说在解释人对物体的识别时出现了一个问题。例如，以识别物体杯子为例，每个杯子的大小、形状、颜色、材质等特征都不相同，并且，从不同的角度观察同一个杯子，所得的视网膜投影也不相同。也就是说，要想识别一个杯子，人们的头脑中就需要有无限多个各种杯子的投影。并且，如果以前没有见到过这个杯子，那么人们根本无法判断所见物体为何物。但是，人脑的物体识别方式并不是这样的。并且，人脑也没有那么大的容量去储存所有事物的无限多个模板。可见，用模板匹配说来解释物体识别的过程是行不通的。

特征分析说认为，所有的物体都是由一系列的特征组成的，而人们头脑中的记忆表征方式也是对物体各个组成部分及其相互关系的表征。在识别物体时，个体把刺激物体的基本特征与储存在记忆中的特征相匹配以作出决定。现代神经生理学已经发现，在神经系统的不同水平上存在着各种特征检察器，它们能把客体分解为若干较小的特征，并对各种特征作出反应。当客观物体刺激人脑时，神经系统首先对它的特征进行分析，然后将这些特征与记忆储存的特征相比较，当获得最佳的匹配时，物体就被识别了。由于同一个特征可以在多种物体中出现，因此，人脑储存的信息就大为节约了。同样是对杯子的识别，按照特征分析说，只要是符合"设计用来盛水供人们饮用的容器"这一特征，就会被识别为杯子。

第六节 错觉

一、错觉的含义

错觉（illusion）是指在特定条件下，人对客观事物产生的某种具有固定倾向的、歪曲的知觉。错觉与幻觉的差别在于，错觉的产生有客观事物的刺激，只是对刺激的反映不正确，它是在一定的条件下必然会产生的；而幻觉的产生没有客观事物的刺激，只是个体虚幻的知觉。

早在两千多年前，人类就已经发现了错觉现象。我国古书《列子》中就曾记载两小儿辩日的故事，"日初出大如车盖，及日中则如盘盂"。而事实上太阳在天边时距离我们远，在天顶时距离我们近。如果按照物体在视网膜上投影的近大远小规律，天边的太阳看起来应该小，而天顶的太阳看起来应该大。但我们却看到天边的太阳如"车盖"，天顶的太阳如"盘盂"，这就是错觉现象。

研究错觉现象有重要的理论意义和实践意义。从理论上讲，通过错觉的研究能够更全面地揭示人们知觉客观世界的规律。从实践上讲，研究错觉有助于我们在生活中识别错觉和利用错觉。例如，有时我们需要通过识别错觉，并采取措施消除错觉，以避免发生错误或事故；有时我们需要创设条件，造成某种错觉，使错觉为人类服务。

二、错觉的种类

错觉可以在各种感觉道以及不同感觉道之间产生，如视错觉、听错觉、味错觉、嗅错觉、触错觉以及形重错觉、时间错觉、方位错觉、运动错觉等。其中表现最明显、研究最多的是视错觉。

（一）视错觉

视错觉可以分为很多种，如大小错觉、形状错觉、方向错觉等，这几种有时又统称为几何图形错觉。

1. 大小错觉

人们对几何图形面积的大小或线段的长短进行估计时，由于周围环境或其他条件的影响而发生的错误，称为大小错觉。其中，线段长短错觉的例子有：水平—垂直错觉（horizontal-vertical illusion），如图5-8（a），即水平线与垂直线是等长的，但看起来垂直线比水平线要长一些；缪勒—莱耶错觉（Müller-Lyer illusion），也叫箭形错觉，如图5-8（b），即两条长度相等的线段，如果在两条线段的两端分别加上不同方向的箭头，则看起来箭头向外的线段要长一些；潘佐错觉（Ponzo illusion），也叫铁轨错觉，即在两条辐合线的中间有两条等长的线段，但是看上去一条却比另一条长，如图5-8（c）。

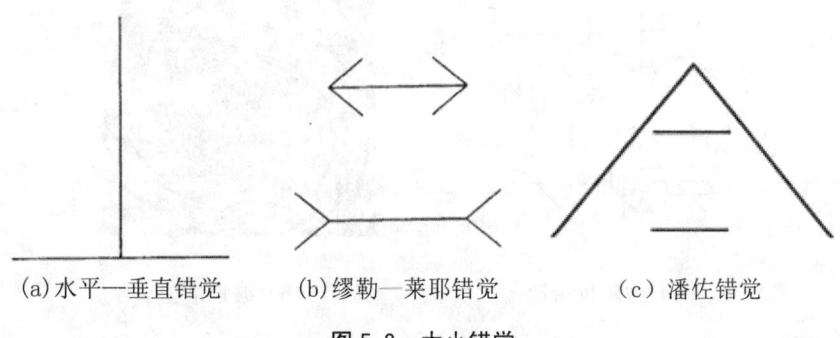

(a)水平—垂直错觉　　　(b)缪勒—莱耶错觉　　　(c)潘佐错觉

图5-8　大小错觉

2. 形状错觉

人们对图形的知觉因受邻近线条的影响而发生形状变化的现象，称为形状知觉。形状错觉的例子有：冯特错觉（Wundt illusion），如图5-9（a），即两条本来平行的直线，由于周围附加线段的影响，使两条线之间的距离看起来中间狭窄而两端宽阔，直线似乎是弯曲的；爱因斯坦错觉（Einstein illusion），如图

5-9（b），即把正方形放在许多同心圆中间，正方形的四条边看起来变得弯曲。

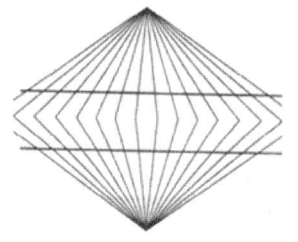 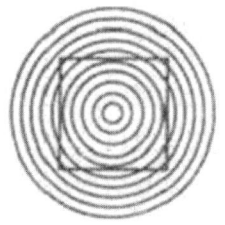

（a）冯特错觉　　　　　　（b）爱因斯坦错觉

图 5-9　形状错觉

3. 方向错觉

因背景的影响，使人们对图形的位置方向知觉发生改变的错觉现象，称为方向错觉。方向错觉的例子有：佐尔拉错觉（Zollner illusion），如图 5-10（a），即在一组平行线上加上许多不同方向的线段，则这些平行线看起来不再是平行的了；编索错觉（twisted cord illusion），如图 5-10（b），即由多个同心圆组成的图形，而看起来却像是螺旋形。

（a）佐尔拉错觉　　　　　　（b）编索错觉

图 5-10　方向错觉

（二）形重错觉

重量相同而体积不同的物体，人们会觉得体积大的轻，体积小的重，这种以视觉之"形"而影响肌肉感觉之"重"的错觉，称为形重错觉。例如，一斤铁和一斤棉花的物理重量相等，但人们用手进行主观比较时会觉得一斤铁比一斤棉花重得多。

（三）时间错觉

时间错觉是指，人们对一段时间长短的知觉，会由于期间发生的事情及人主观的情绪和态度等方面的影响而出现偏差。例如，同一段时间，如果是做个体感兴趣的事，则会觉得过得快些；而若是做个体不感兴趣的事，则会觉得过得很慢。

（四）方位错觉

方位错觉是指由于客观条件的影响和限制，使人们对方位的判断发生错误的现象。例如，在不熟悉的地方乘坐火车，火车出发时是向南行驶，过了一段时间后，即使火车改变方向，但人们仍然感觉火车在向南行驶。

（五）运动错觉

运动错觉是指由于周围环境的影响，使人们对物体运动特征的知觉发生错误的现象。例如，坐在行驶的火车中看窗外的景物，我们会觉得近处的树木和麦田在飞速地向后移动。

三、错觉产生的原因

关于错觉产生的原因，人们提出过各种各样的解释，既有客观的原因，也有主观的原因；既有生理的原因，也有心理的原因。但是，直到今天，还没有一种理论能够解释所有的错觉现象。从客观上说，错觉的产生大多是在知觉对象所处的客观环境有了某种变化的情况下发生的，知觉情景发生了变化而人们仍然以原来的知觉模式来对待；从主观上说，错觉的产生与人的过去经验、情绪态度等因素有关。从生理上说，对错觉的解释有眼动理论、神经抑制作用理论；从心理上说，对错觉的解释有常性误用理论。

（一）眼动理论

眼动理论认为，人对几何图形的知觉是由眼球沿着图形的轮廓或线条进行移动而引起的。当眼球注视图形的某一部分时，由于周围轮廓的影响，而改变了眼动的方向和范围，造成取样的误差，由此产生了错觉现象。根据这种理论，在缪勒—莱耶错觉中，向外箭头的图形引起了更大距离的眼动，而向内箭头的图形引起的眼动距离较小，因此前者看起来比后者长一些。

尽管眼动理论能够解释某些错觉现象，但还有研究发现，当设置某些条件，控制眼动发生时，几何图形错觉仍然会出现。这说明，眼动并不是造成错觉的真正原因。

（二）神经抑制作用理论

这是从神经生理学的角度对错觉的解释。该理论认为，当两个轮廓彼此接近时，网膜的侧抑制过程改变了由轮廓所引起的细胞的活动，这使得神经兴奋分布的中心发生了改变。因此，人们看起来轮廓似乎发生了相对的位移，进而产生了几何图形的形状和方向的错觉。例如佐尔拉错觉中，加在平行线上的许多线段使得平行线似乎发生了位移，变得不再平行。

神经抑制作用理论的局限在于，它只强调了网膜上感受器的相互作用，而忽视了错觉现象和神经中枢的融合机制的关系。因此，神经抑制作用理论在对一些错觉现象的解释上也不能成立。

（三）常性误用理论

常性误用理论认为，错觉是由于误用了知觉恒常性而导致的。人们在知觉三维空间物体时，总是自动地综合大小和距离两个因素，这是保持物体大小恒常性的重要条件。但是，在知觉二维平面物体时，如果仍运用三维空间物体的这种知觉方式，则会产生错觉现象。如在潘佐错觉中，中间两条线段的长度是相等的，但是由于外边两条辐合线提供了线条透视，使得上面的线段看起来远而下面的线段看起来近。这样，虽然两条线段在视网膜上投影的大小是相等的，但考虑到线段的距离，我们就会认为"远处"的线段长一些，"近处"的线段短一些。

常性误用理论在解释一些错觉现象时也存在一定的局限。例如，缪勒—莱耶错觉中，不同方向的箭头提供了不同的透视线索，图5-8（b）中上面的图形被知觉为向观察者突出，类似于屋子的外墙角，而下面的图形被知觉为离观察者而去，类似于屋子的内墙角。因此，上面的图形看起来近而下面的图形看起来远，原本相等的两条线段看起来上面的短而下面的长了。但是，如果将这两个图形中不同方向的箭头都换成圆圈（如图5-11），失去了透视线索，即失去了常性误用的条件，但是错觉现象仍然会出现，即仍然感觉到下面的线段比上面的要长。可见，常性误用理论也不能解释所有的错觉现象。

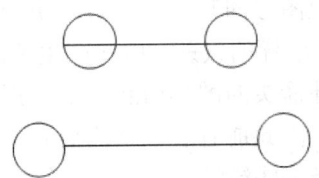

图 5-11　对常性误用理论的挑战

阅读资料：知觉与人的因素

人的因素（human factors）或人因工程（human factors engineering）是研究人如何知觉和使用机器以及机器与环境应该怎样设计才能更好适应人类心理和行为特点的科学。人因工程心理学家以心理学和生理学等相关学科为基础，帮助设计更易用、更友好的用具、机器和环境，以提升人们工作和生活的效率、安全性和舒适性。心理学家诺曼（Norman）认为，设计上非常简单的优化就可以减少我们在使用产品时的挫折感。例如，自动提款机的内部工作原理比录像机还要复杂，但人因工程心理学家和工程师的合作设计，使得现在的自动提款机很容易操作。现代生活中，从网页的设计、数码产品的操作到飞行器驾驶舱的布局，都由于人因工程心理学家的参与而变得更加合乎人类知觉的特点。

人因工程不仅能帮助设计出更加易用的产品，还能减少灾难和事故的发生。20世纪60年代，波音公司的727飞机在着陆时先后发生了若干起事故，这些事故都是由驾驶员的操作失误引起的。心理学家克拉夫特（Kraft）对这些事故进行了研究，通过对飞机飞行条件的模拟，他找出了这些事故发生的原因：当飞机在某种特定的地势和照明条件下着陆时，飞行员知觉到的下降轨迹要高于实际的下降轨迹。此后，航空公司便要求副驾驶员在飞机着陆过程中加强对高度表的监视并及时报告。这样一来，便有效避免了类似事故的发生。

资料来源：迈尔斯. 心理学. 2011

本章摘要

1. 知觉是在感觉的基础上形成的，是人脑对直接作用于感觉器官的客观事物整体属性的反映。知觉虽然以感觉作基础，但它并不是各种感觉信息的简单总和。知觉是按照一定的方式对感觉信息的组织过程，并依据个体的过去经验对感觉信息进行解释。

2. 知觉的组织服从于一系列的原则，这些原则包括接近性、相似性、封闭性、良好连续、对称性、共同命运等。

3. 知觉的特性包括理解性、整体性、选择性和恒常性。理解性是指人在知觉事物时，依据自己的知识经验对知觉对象予以解释，并用语词标识出来的特性；整体性是指将知觉对象的个别孤立的属性或部分知觉为一个统一整体的特性；选择性是指将少数刺激从背景中区分出来做进一步加工的特性；恒常性是指知觉条件在一定范围内发生改变而知觉映像仍然保持相对不变的特性。

4. 形状知觉是人脑对二维空间物体平面形状特征的反应，是视觉、触觉、动觉协同活动的结果。对物体形状的知觉开始于对形状的特征分析与检测，这些特征包括点、线条、角度、朝向和运动等。

5. 图形识别是人们依据当前获得的信息和已有的知识经验，判断所知觉到的图形"是什么"的过程。它要求人们对图形的特征进行综合加工，且依赖于个体的知识经验。

6. 图形是视野中的一个面积，它是借助于可见的轮廓而从其余部分中分离出来的。轮廓是图形或物体的外形线，它是靠视野中邻近部分间明度和颜色的突然变化而构成的。而有时视野中并不存在明度和颜色级差的变化，但人们仍然能知觉到图形的轮廓，这种轮廓叫做主观轮廓。

7. 人们对物体大小的知觉会受到网像大小和物体距离两方面的影响，即物体大小＝网像大小×物体距离。这就是大小—距离不变假设。

8. 深度知觉是对客观物体的三维空间信息的反映。深度知觉的线索有肌肉线索、单眼线索和双眼线索。肌肉线索包括水晶体调节和辐合；单眼线索包括遮挡、线条透视、空气透视、相对大小、相对高度、纹理梯度、明亮和阴影、运动视差等。双眼线索中的双眼视差是人们对物体深度知觉的主要依据。

9. 方位知觉是个体对自身或物体所处的空间位置和方向的反映。方位知觉是视觉、听觉、触摸觉、动觉、平衡觉等各种感官协同活动的结果，其中视觉和听觉有特别重要的作用。人的视觉定向必须借助于一定的参照物。视觉定向不是天生的，而是通过后天学习获得的。

10. 人的两耳中间相隔约27.5厘米，这样，同一声源到达两耳的距离会有差异，由此形成了两耳刺激的时间差、强度差和位相差，这是人耳对声源进行方位定向的主要依据。

11. 时间知觉是个体对客观事物或事件的连续性与顺序性的反映。现实中我们对时间的判断主要依据自然界的周期性现象、机体内部的节律性活动及计时工具。由于感觉通道的不同、一定时间内人的活动内容的特征及人的情绪和态度的影响，人们对于同一段时间知觉到的长短会出现差异。

12. 运动知觉是人对物体在空间位移的知觉。运动知觉要选择另一物体作为参照系，选择的参照系不同，运动知觉也会不同。运动知觉是通过多种感官的协同作用而实现的。

13. 似动知觉是指在一定的条件下，人们将静止的物体看成是运动的，或者在没有连续位移的地方看到了连续的运动。似动知觉的形式主要有：动景运动、自主运动、诱发运动和运动后效。

14. 人脑对直接作用于感官的外界刺激的具体物理特征进行加工的过程叫

做自下而上的加工，又称数据驱动加工；人脑对已经储存的有关知觉对象的一般知识进行加工的过程叫做自上而下的加工，又称概念驱动加工。

15. 模式识别是指将外界的刺激物体识别为自己经验中相应物体的过程。关于模式识别理论有两种学说，即模板匹配说和特征分析说。

16. 错觉是指在特定条件下，人对客观事物产生的某种具有固定倾向的、歪曲的知觉。错觉的种类很多，常见的有视错觉、形重错觉、时间错觉、方位错觉和运动错觉。其中视错觉包括大小错觉、形状错觉和方向错觉等，这些又统称为几何图形错觉。关于错觉产生的原因，常见的解释有眼动理论、神经抑制作用理论和常性误用理论。

复习思考题

1. 什么是知觉？它和感觉有什么联系和区别？
2. 知觉组织的原则有哪些？
3. 简述知觉对象与背景的关系。
4. 什么是知觉的恒常性？请列举日常生活中知觉恒常性的例子。
5. 什么是双眼视差？它在深度知觉中是怎样起作用的？
6. 听觉在方位知觉中是如何起作用的？
7. 影响时间知觉的因素有哪些？
8. 概述知觉的信息加工原理。
9. 试分析错觉产生的原因，并说说你在生活中的错觉体验。

第六章 记忆

第一节 记忆概述

一、什么是记忆

记忆是个体经验在头脑中识记、保持和再现的心理过程。比如，你上小学的时候学过的唐诗，很多年以后你仍然能记起诗的内容；你很早之前学会了骑自行车，也许一辈子你都会骑自行车。这种感知过的事物，经历过的事情，练习过的动作等在头脑中会形成一定的印象，有些会保留一段时间甚至是终生难忘，在需要的时候还能回想起来，有些很快就记忆模糊了。这些都涉及记忆这种心理过程。

从信息加工论的角度来讲，记忆就是人脑对外界输入的信息进行编码、存储和提取的过程。编码是将外界输入的信息转换为适合在头脑中存储的形式，存储是将这种编码后的信息保持一段时间，最后在需要的时候能够进行提取。

记忆作为个体保持和积累经验的心理过程，对个体生存和生活的意义是不言而喻的。人类个体从胎儿的时候起，就开始利用自己的感官来感知周围的世界，积累了大量的感知觉经验，并迅速习得了语言和很多动作技能。入学以后，继续在学校里学习和记忆大量的知识和技能。在以后的工作和生活中，一方面可以把以前记忆过的内容提取出来进行应用，另一方面也要继续学习和记忆很多新的知识。"活到老，学到老"，个体一生中所有的这些活动，都离不开记忆这种心理过程。从信息加工的角度来看，记忆存储之于人类，如同硬盘之于计算机。

二、记忆的一般过程

记忆作为一种动态的心理过程，可以分成识记、保持和再现三个时间上前后联系的阶段，分别与信息的编码、存储和提取相对应。每个阶段都随着时间和新经验的输入产生一些动态的变化。

信息的编码就是个体对经验进行形式转换的过程。最明显的就是感知觉过程中将外界的物理或化学刺激转换为神经兴奋的形式，并传导到大脑皮层进行存储。此外，个体所经历的事情，学习的技能，思考过的问题等，都会以不同的形式进行编码并加以存储。

编码后的信息进入存储阶段，也就是信息的保持阶段。不同形式的信息编码后会存储于脑的不同区域，以不同的形式进行表征，可以是图像、声音，也可以是概念或命题。保持过程中的信息并非是一成不变的，会随着时间和新经验的输入发生一些动态的变化，比如变得更加综合和概括，或者逐渐模糊。

记忆的最终目的是记忆中的内容能够加以提取和应用。编码和保持的效果如何，通常是通过提取的结果来加以判断。最常见的提取方式包括回忆和再认，回忆是人们在头脑中再现过去经验的过程。再认是过去经历的事物再度呈现，人们仍能认识的心理过程。当过去的经验既不能回忆也不能再认时，信息就发生了遗忘。

三、记忆的分类

记忆可以有很多种分类方法，可以从记忆的过程进行分类，也可以从记忆的内容进行分类。

（一）感觉记忆、短时记忆和长时记忆

根据记忆的过程和保持时间的长短，心理学家阿特金森和谢夫林（Atkinson & Shiffrin，1968）提出了记忆的多重存储模型（图6-1），把记忆划分为感觉记忆、短时记忆和长时记忆。

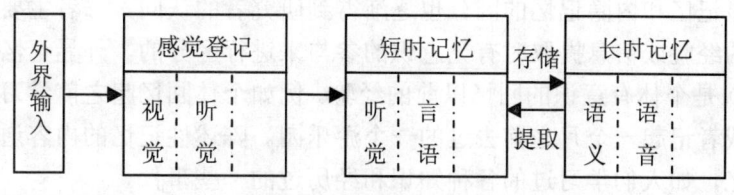

图 6-1　多重存储模型

感觉记忆（sensory memory）又称感觉登记（sensory register），是外界刺激停止作用后感觉信息的瞬间保持，保存时间为 1 秒左右，之后迅速消退。感觉记忆的编码通常与刺激的物理属性相一致，如图像刺激采用视觉方式编码，声音刺激采用听觉方式进行编码。感觉记忆是记忆系统的开始阶段，受到注意的信息会得到进一步的加工。

感觉登记后受到注意的、对个体有意义的信息会进入短时记忆（short-term memory）。短时记忆保持时间为 1 分钟左右。短时记忆的容量有限，信息的编码以言语听觉形式为主，也存在视觉形式的编码。保存在短时记忆中的信息如果得不到复述，也会很快遗忘。如听到一个电话号码，复述多次之后能够记住一段时间，但过一会也就忘记了。

短时记忆中对个体有重要意义的信息会得到更加深入的加工，加工后的信息能够保持较长的时间，从 1 分钟以上到终生难忘，这就形成了长时记忆（long-term memory）。如记忆一个重要的电话号码，复述多次并且进行一定的意义加工，可以记住很长一段时间。长时记忆的容量没有限制，信息的编码方式主要是意义编码，也可用表象或语音的方式进行编码。

（二）陈述性记忆和程序性记忆

陈述性记忆和程序性记忆主要是基于记忆的内容进行区分的。陈述性记忆（declarative memory）是对一些事实和事件的长时记忆，如记住各种定理、定律和知识体系，记住个体所经历的一些事件等。陈述性记忆的内容一般可以通过言语进行组织和表达，提取通常也需要意识的参与。

程序性记忆（procedural memory）是有关技能和程序的长时记忆，包括简单的刺激—反应联结和通过练习而获得的复杂的认知或动作模式系列。程序性记忆的内容不容易通过言语进行表述，其提取通常也是无意识的。例如人们学习骑自行车、打字和游泳等动作技能，多次练习之后可以熟练的掌握，在需要的时候也可以自然的表现出相应的技能，而不需要言语描述和有意识的提取。

（三）外显记忆和内隐记忆

外显记忆和内隐记忆的区分也逐渐得到研究者的认同，二者主要是根据过去保持的经验或信息提取时有无意识的参与来进行区分的。外显记忆（explicit memory）是个体有意识的回忆以前的经验。例如个体回忆起之前学习过的一首诗歌，或者记起一个月之前去过的一个游乐园。陈述性记忆的内容通常也属于外显记忆，如人们学习过的各种知识和经历过的一些事件。

内隐记忆（implicit memory）是以前的经验在个体无意识的情况下对当前任务所产生的影响。经常使用手机发短信的人会有一种体会，你并非有意识的去记忆字母在手机键盘上面的分布，但是发短信的速度却越来越快，直到在黑暗的屋子里你也能准确无误地找到每个字母的位置。这就是一种对字母空间位置的内隐学习和记忆，虽然你意识不到以前经验的作用，但你发短信的速度确实提高了。程序性记忆的内容在提取的时候通常也是无意识的，如练习过的各种动作技能和认知技能对以后操作相关的技能的影响，这些都属于内隐记忆的范畴。

（四）多重记忆系统

加拿大心理学家图尔文起初将长时记忆划分为情景记忆和语义记忆，后来结合自己和其他研究者的结论，提出了多重记忆系统的概念（Tulving, 1995），见表 6-1。程序性记忆系统是有关行为或认知技能的长时记忆；与之相对应的是陈述性记忆系统。语义记忆和情景记忆系统构成陈述性记忆的内容。语义记忆（semantic memory）是对一般知识和事实的记忆，与具体的情景无关，例如对单词、概念和规则、各种知识体系的记忆。情景记忆（episodic memory）是个体对所经历的事件的记忆（自传式记忆），与特定的时间、地点、情绪等情景因素密切相关，如接到大学录取通知书的情景会让人印象深刻，多年以后也能记起。知觉表征系统（perceptual representation system）主要涉及可知觉物体的多重信息的表征，如单词的视觉形式表征和语音形式表征，其提取通常也是无意识的。启动效应（priming effect）可以测查知觉表征系统的激活，启动效应指先前的加工活动对随后的加工活动所起的促进或抑制作用。在启动任务中，可以在计算机屏幕上快速地（如 10 毫秒）呈现一个物体图片或单词（启动刺激）给被试，被试通常难以意识到刚才呈现的刺激是什么，间隔很短时间后，再呈现一个与启动刺激相同或相关联的目标刺激（如与启动词语音相似或字形相似的单词），你会发现，与没有启动或控制条件（启动刺激和目标刺激没有关联）相比，被试对目标刺激的识别速度明显加快。研究者认为这反映了启动刺激的知觉表征信息的内隐激活，如单词的字形或语音信息，这种激活促进了与之相关的目标刺激的加工。初级记忆系统指短时记忆或工作记忆，可以在较短的时间内保持信息或对信息进行一定的加工和操作。

记忆按照加工过程可以分为编码、存储和提取三个时间上前后衔接的阶段，按照内容和加工方式等又可以划分为多重记忆系统。图尔文 1995 年提出了一个理论模型，将记忆过程和记忆系统两种分类方法进行了整合，即 SPI 模型。SPI 分别指序列（serial）、平行（parallel）和独立（independent）。首先，信息的编码是序列进行的，一个系统的编码依赖其他系统中信息的成功编码，即一个系统的输出信息可以成为其他系统的输入信息。其次，不同系统中的信息存储是平行进行的。每一个系统或子系统中的信息,即使都源于同一组加工过程,相互之间也是不同的,其本质由原始信息的性质和系统本身的属性来决定,多重记忆系统是平行的存储于不同的脑区的。最后,每个系统中的信息可以独立的进行提取,相互之间不受影响。人们的日常活动通常会涉及多重记忆系统,活动的结果也会存储于多个系统中。比如阅读一本书,首先会利用知觉表征系统对视觉词汇进行解码,之后会通过短时记忆或工作记忆对句子间的意义联系进行整合并加以理解,理解的结果会存储到长时记忆中去。也许一年之后,你还能记得书中的内容,这构成了语义记忆的一部分,而什么时间、地点进行阅读、阅读的时候心情如何则成为了情景记忆的一部分。

表 6-1 多重记忆系统

记忆系统	其他名称	子系统	提取方式
程序性记忆系统	非陈述性记忆	动作技能 认知技能 简单条件反射 简单联想学习	内隐的
知觉表征系统	启动效应	结构描述 词汇视觉形式 词汇听觉语音形式	内隐的
语义记忆系统	一般性的知识 事实性记忆 知识性记忆	空间的 关系的	内隐的
初级记忆系统	工作记忆 短时记忆	视觉的 听觉的	外显的
情景记忆系统	自传性记忆 事件的记忆		外显的

资料来源:彭聃龄. 普通心理学. 2004

 阅读资料:元记忆

元记忆(metamemory)和客体记忆(object memory)是根据记忆加工和控制的层面进行划分的。客体记忆包括前面所述的各种记忆类型,也就是我们通常所说的对信息进行编码、储存和提取的加工过程。元记忆是个体对自己的记忆活动所进行的了解和控制,是人对自己记忆系统的认知,反映了人类记忆的独有特征。

元记忆的研究开始于20世纪60年代哈特在斯坦福大学所做的关于知晓感的博士论文,

10年后，弗拉维尔和威尔曼1971年将元记忆正式纳入记忆心理学的研究范畴。研究者认为：元记忆是一个复杂的认知系统，包括元记忆知识、元记忆监测和元记忆控制等相互联系的动态过程。

纳尔逊和奈伦斯（Nelson & Narens）1990年认为元记忆对客体记忆的作用主要体现在控制和监测两个方面。控制作用在记忆加工过程中体现为五种功能形式：确定学习的目标和计划；确定学习时间的分配；选定信息加工模型；选择加工策略；发动、继续或中止记忆或提取过程。控制作用需要一些监测成分作为控制的依据。监测是个体对客体记忆所形成的各种主观判断或评价。监测可以分为两类。一类是回溯式监测，指对回忆、再认的答案作出正确与否的自信心判断。另一类为前瞻式监测，指对即将执行的记忆任务的难度作预见性的判断。如EOJ（Ease Of learning Judgment）是在识记之前，对所要识记项目的难易程度做出的预见性判断；JOL（Judgment Of Learning）指对当前已识记过的项目，在以后测验中成绩的预见性判断；FOK（Feeling Of Knowing）指对当前回忆不出但又有"知晓感"的项目，在以后测验中成绩的预见性判断。元记忆的监测和控制相互作用，共同作用于客体记忆。

资料来源：郭秀艳. 实验心理学. 2004

四、记忆的神经生理机制

探讨记忆的神经生理机制可以从不同的层面上进行。从分子生物学的角度探讨学习及记忆所引起的神经细胞及细胞内化学成分的变化是微观的层面，而从神经心理学的角度探讨不同部位脑损伤所引起的行为障碍或借用功能性脑成像之类的工具考察正常被试进行不同任务时的脑激活，从而推断不同信息加工和存储的脑区差异，则是相对宏观的角度。

（一）记忆的脑定位

有关脑加工和存储信息的方式，曾经存在定位说和整体说的争论。定位说认为脑的不同区域负责不同信息的加工和处理，整体说认为脑是以相对整体的方式起作用，信息以扩散的方式存储于大脑皮层，不存在特定的功能定位。随着人们对局部脑损伤患者的行为特点和信息加工方式的了解越来越多，加上新的研究工具的支持，不同记忆系统分别由相对特定的脑区负责的观点逐渐得到研究者的认同。

1861年，法国医生布洛卡发现生前丧失言语能力的一个患者大脑左半球额下回后部的一个区域发生了病变，之后又发现了类似的病例。这个区域后来被称为布洛卡区，储存着人们有关言语发音程序及语法方面的一些记忆，受损后会产生运动性失语症。几年之后，德国学者威尔尼克发现了一个大脑左侧颞上回后部病变引起言语理解困难的病例,这个区域后来被人们称为威尔尼克区,负责分辨语音和通达语义,受损后会产生感觉性失语症。20世纪中期,加拿大医生潘菲尔德在给癫痫病人进行手术之前,用微弱的电极刺激病人的大脑皮层并观察病人的反应,以确定手术的精确部位及减少手术的副作用;根据观察的结果,潘菲尔德等人绘制出人们四肢及躯体在大脑感觉皮层和运动皮层的精确定位。到现在我们对脑的结构及功能分区已经有了更多的了解和认识。

对脑损伤病例的研究也为多重记忆系统的存在及脑区定位提供了直接的证据。有一个叫H. M.的病人,因为患有严重的癫痫在1953年的时候进行了一个手术,医生切除了他大脑双侧颞叶内侧的一部分,包括三分之二的海马回、海马旁回和杏仁核。手术后H. M.的癫痫得到了控制,但是却出现了严重的记忆障碍。首先H. M.表现出严重的顺行性遗忘(anterograde amnesia,难以形成新的长时记忆),他对于所经历的事情的记忆只能保持一个短暂的时间,对于他来说,经常给他做检查的医生每天见到似乎都是第一次见到。另外H. M.还有中度的逆行性遗忘(retrograde amnesia,对过去所经历的事情的遗忘),手术之前三四天的大多数事情、甚至是11年之前的一些事情都遗忘了,更早经历的事情能够记得。然而进一步的研究发现H. M.的一部分记忆是正常的,研究者曾经让H. M.完成镜画作业,虽然H. M.不记得曾经进行过这类操作,但是他的成绩一天天提高,最后可以熟练地完成这项任务,这表明H.M.有正常的动作技能学习能力。另外H. M.也有相对正常的短时记忆和工作记忆,表现出重复启动效应。这为多重记忆系统的存在及不同记忆系统的脑区定位提供了直接的证据,情景记忆和语义记忆等陈述性记忆的形成需要颞叶内侧特别是海马等脑区的参与,这些部位受损会引发严重的陈述性记忆障碍,而程序性记忆(如技能的习得)则依赖不同的脑区,后来的研究发现小脑和基底神经节的损伤对于程序性的学习有更严重的影响。

斯奎尔总结了对正常被试、失忆症病人及动物实验的研究结论,列出了与各种记忆系统有密切关联的一些脑区,见图6-2(Squire, 2004)。内侧颞叶(特别是海马、海马旁回、内嗅区等一些边缘系统脑区)和间脑对于事实、事件的陈述性记忆的形成起着关键作用。纹状体、小脑等部位是程序性的技能和习惯形成的重要脑区。启动效应、知觉学习等内隐的记忆形式依赖于相关的大脑新皮层,如视觉皮层、听觉皮层等。

(二)记忆的脑细胞突触机制

1. 细胞集合理论

加拿大心理学家赫布提出了细胞集合理论来解释神经元之间如何互相联结

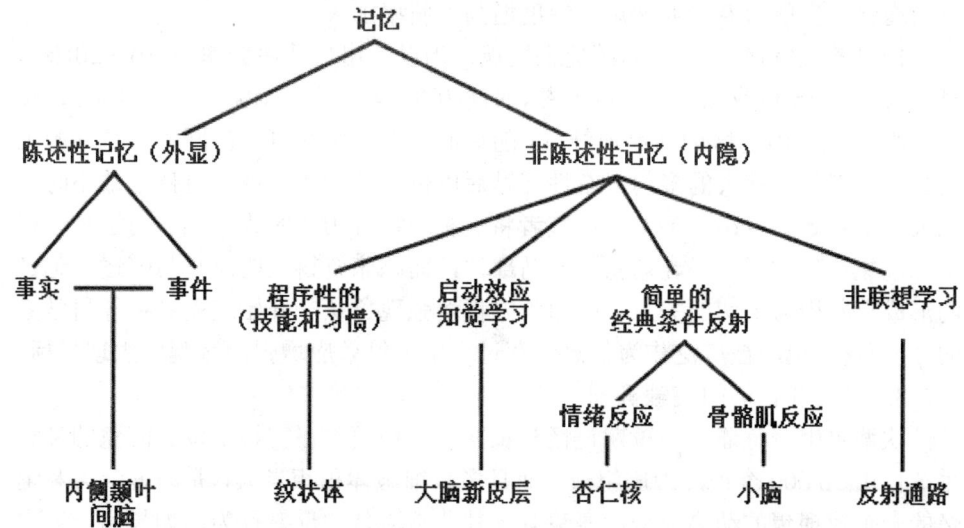

图 6-2 哺乳动物长时记忆系统的分类和相关的脑结构

资料来源：Squire, 2004

形成了记忆痕迹（Hebb）1949 年赫布认为，"当细胞 A 的一个轴突和细胞 B 足够近且能够使细胞 B 兴奋，并且能重复的、持久地使细胞 B 产生兴奋时，在这两个细胞之间或其中之一会发生某种生长过程或新陈代谢变化，以至于 A 兴奋 B 的效能得到提高"，即在同一时间被激发的神经元间的联系会加强，这被称为赫布学习律。比如，在经典条件反射中，铃声响时一个神经元被激发，在同一时间食物的出现会激发附近的另一个神经元，那么这两个神经元间的联系就会加强，形成一个细胞回路。由于赫布学习律，脑接受或加工一个刺激时，一组神经元会同时被激活，成为神经细胞集合。细胞集合内的神经元彼此交互联系，刺激出现时，细胞集合内的神经元就被激活并通过联系相互应答，这一刺激就能以短时记忆的形式被储存下来。如果细胞集合内的神经元活动持续时间足够长，神经元之间的联系就会增强，对刺激的记忆就得以巩固，记忆痕迹就会被长期的保存下来。以后，只要该细胞集合中的部分神经元被激活，由于神经元间的强有力的交互联系，整个细胞集合都会被激活，对刺激的回忆就得以实现。总之，记忆痕迹广泛分布于细胞集合的神经突触联系中。

2. 长时程增强作用

长时程增强（Long-Term Potentiation，LTP）是指突触前神经元受到短时间的快速重复刺激后，在突触后神经元快速形成的持续时间较长的突触后兴奋电位的增强,表现为潜伏期缩短、幅度增高、斜率加大。

1973年波利斯等人在麻醉兔上发现,当以一串或几串频率为10～20Hz,时间为10～15秒或频率为100赫兹,时间为3～4秒的电刺激作为条件刺激(强直刺激),刺激海马区的前穿质纤维,随后的单个电刺激可在齿回的颗粒细胞上引起比强直刺激前大的多的兴奋性突触后电位。这种增强现象可持续数小时或几天(Bliss & Lomo,1973)。研究者将这种现象称为长时程增强。由于长时程增强现象首先发现于哺乳动物的海马部位,而临床资料表明海马与陈述性记忆的形成有着极为密切的关系。因而长时程增强现象从一开始就受到神经科学家的高度重视,已经被广泛作为信息储存过程中突触效应增强的客观电生理指标。

3. 学习和记忆的突触机制

坎德尔用海兔证明,短期记忆与长期记忆均发生在突触部位。海兔的神经系统仅由20 000个神经细胞组成,而且多数细胞体积相当大,是研究学习和记忆的一个较理想的动物模型。海兔有一种非常清楚的反射行为,如果用一般水流喷射或用毛笔触碰它的喷水管,喷水管和呼吸腮就会收缩,这一反射称为缩腮反射。重复刺激喷水管后,缩腮反射幅度会逐渐变小,这就是缩腮反射的习惯化。另外还有敏感化,将对喷水管的轻微刺激与对尾部的电刺激(伤害刺激)多次配对之后,之后喷水管的轻微刺激也会引起较强的缩腮反射,即缩腮反射出现敏感化。坎德尔发现,习惯化和敏感化之类的学习与连接感觉神经细胞和产生保护性反射的运动神经细胞之间的突触加强有关。较弱的刺激形成短期记忆,一般持续数分钟到数小时。"短期记忆"的机制是由于离子通道受影响,使更多的钙离子进入神经末梢。由此,神经突触释放更多的神经递质,从而使反射加强。强大和持续的刺激能形成持续几周的长期记忆。长期记忆会引起突触蛋白质水平的变化。一些蛋白数量增加了,而另一些蛋白数量减少。结果是突触的体积变大,使得突触功能持续增强。与短期记忆不同的是,长期记忆需要生成新的蛋白质。如果新蛋白的合成受阻,长期记忆将会阻断,而短期记忆却不受影响。

 阅读资料:遗忘症

临床上把记忆障碍分为两类,即顺行性遗忘症(anterograde amnesia)和逆行性遗忘症(retrograde amnesia)。凡不能再储存新近获得的信息的称为顺行性遗忘症,海马和颞叶皮层损伤所引起的记忆障碍就属于这一类。本症多见于慢性酒精中毒者,如科尔萨科夫精神病(Korsakoff's psychosis),主要表现为新近记忆的严重障碍。凡正常脑机能发生障碍之前的一段时期内的记忆均已丧失的,称为逆行性遗忘症,患者不能回忆起紧接着本症发生前一段时间的经历。一些非特异性脑疾患(如脑震荡、电击等)和麻醉均可引起本症,即不能从长期储存的记忆中回忆,尽管知道这些记忆还是保存着的。

遗忘症可能有功能性的原因,但更普遍的是由于神经系统损伤或疾患所引起的。功能性的遗忘是一种精神病学的紊乱。据推测,这种遗忘的起因往往是由于思想冲突和压抑,其表现各不相同,入院病人的典型症状是精神紊乱或惊恐,对于过去的事情(尤其是其本人的经历)丧失记忆。病人通常不能想起自己的姓名,但是学习新事物的能力几乎都是完好的。紊乱状态消失后,丧失的记忆通常在一周内恢复,但入院前1～2天的事情仍然不能恢复记忆。遗忘症的发生有许多原因,例如颞叶切除、长期酗酒、脑炎、头部受伤、电惊厥治疗以及缺氧等。海马和颞叶联合皮层对人类和灵长类的记忆具有重要意义,因此这些部位的损伤是造成记忆障碍的主要原因。对于遗忘症病人,反射性记忆和陈述性记忆有不同的表现。海马损毁的病人可以和正常人一样很快学会来解很复杂的机械难题,但事后他不记得见过这种难题和解决过这种难题。颞叶或间脑损伤的遗忘症患者能够相当好的学会某种操作。这种病人不能完成包含陈述性记忆的作业,但能很好地完成包含反射性记忆的作业。当学习任务包含两种形式的记忆时,这种遗忘症患者只记得这一学习任务的某些方面,而不记得别的。因此这种病人能学会复杂的技巧,但不能回忆起这些技巧形成的规则和程序。

资料来源:韩济生. 神经科学原理. 1999

第二节 感觉记忆

一、感觉记忆的编码

感觉记忆是外界刺激短暂呈现后,刺激中的信息在头脑中暂时保存一段时间的过程。看下面这幅图画1秒钟(图6-3),之后遮住图画,你仍然能够回忆起图画中的一些信息。这种信息的短暂保持就是一种感觉记忆。感觉记忆保持的时间通常很短暂,也许几秒钟之后,你就不记得图画中的内容了。

感觉记忆又称感觉登记,是记忆过程的开始阶段。外界的物理或化学刺激作用于感觉器官之后,会通过感受器转换为相应的神经冲动,神经冲动传导到大脑皮层形成相应的记忆表征。这是感觉记忆的编码过程。感觉记忆的编码具有鲜明的形象性,与所接受刺激的物理特征保持一致。常见的感觉记忆有映像记忆(iconic memory)和回声记忆(echoic memory)。映像记忆是对视觉信息

图 6-3　清明上河图（局部）

的短暂存储，如瞥一眼图画之后图画中的信息能够在头脑中留下一个瞬间的痕迹。一些年幼的孩子会产生一种"遗觉像"，看一幅图画，当图画消失之后，能够在头脑中产生异常清晰的表象，可以回忆图画中的细节信息，就好像他们还在看着这幅图画一样，成人一般不会产生这种现象。这类遗觉像保存的时间通常比映像记忆要长。回声记忆是对声音信息的短暂存储。我们上学的时候可能有这样的体会，上课听讲的时候走神了，突然听到老师叫你的名字，要求你回答刚才的问题，你可能凭着模糊的记忆答对了刚才的问题。这种模糊的记忆就是一种回声记忆。

二、感觉记忆的特征

感觉记忆的容量通常较大，但所保存信息衰退的速度也很快。斯柏林（Sperling，1960）对映像记忆的容量和保持时间进行了研究。他采用速示的方式呈现一些刺激卡片，呈现的时间是50毫秒，卡片上排列着一些字母或字母与数字的组合，数量从3到12个不等，图6-4是一个例子。最初的实验采用了整体报告法，刺激呈现后，要求被试把看到的所有刺激都报告出来。结果发现被试能够报告的平均刺激数量是4.3个字母，即使被试觉得12个字母都看见了，也只能报告4到5个字母。斯柏林认为被试能够看到的字母可能比他能报告出来的要多，为此他设计了部分报告法的实验程序进行验证。在部分报告法中，给被试呈现刺激卡片50毫秒，刺激卡片上12个字母分三行排列，呈现结束后要求被试根据声音提示报告某一行的字母，如听到高音报告上面一行的4个字母，听到中音报告中间的4个字母，听到低音则报告最下面一行的字母，三种声音提示按随机顺序呈现。结果发现被试的平均成绩是3个多一点，不管是报告哪一行的刺激。由于这是报告一行刺激的结果，实际的成绩应该再乘以3，即9个多字母。也就是说，在50毫秒的注视中，被试能够看到的信息要远远大于他能够报告出来的信息，视觉映像可以保存较多的信息，只是很多信息在能报告出来之前就迅速衰退了。

```
7   1   V   F
X   L   5   3
B   4   W   7
```

图 6-4　刺激卡片

斯柏林用实验证明了映像记忆迅速衰退的性质。在实验中他变化了刺激呈现和声音提示之间的时间间隔，结果发现即时提示被试报告的正确率是82%，也就是说呈现12个字母平均能够报告9.8个字母，声音提示延迟300毫秒时，被试报告的精确性下降到60%多，当延迟时间达到1秒时，被试报告的精确性下降到38%，成绩与整体报告法的成绩类似（见图6-5）。这进一步表明视觉感觉记忆信息遗忘的速度很快，1秒钟之内接近三分之二的信息都遗忘了。

回声记忆与映像记忆类似，所保存的容量比被试能够报告出来的内容要多，但回声记忆的容量比映像记忆要小，平均只有5个左右。另外，回声记忆保存的时间比映像记忆要长，可以达到4秒钟（Darwin，et al.，1972）。

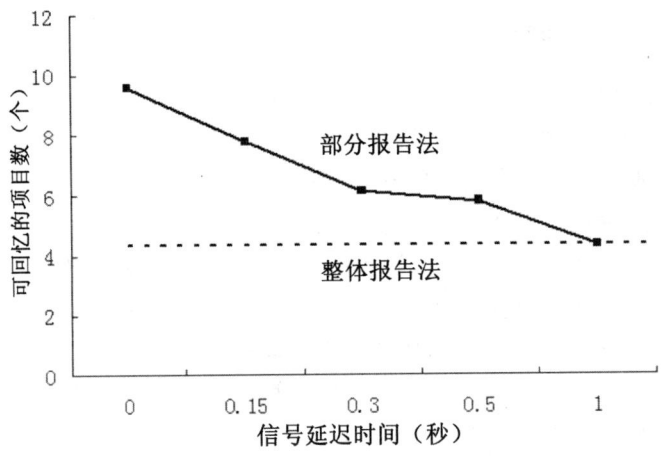

图 6-5　各种信息延迟时间下的回忆量

资料来源：Sperling, 1960

感觉记忆中对个体有意义的、受到个体注意的信息能够得到进一步的加工，进入短时记忆，从而保存更长的时间。一些信息能够与长时记忆中的信息相联系，进入工作记忆，得以精细的加工与组织，变成长时记忆的一部分。

第三节　短时记忆和工作记忆

短时记忆可以看做是感觉记忆和长时记忆之间的中间环节，其信息保存的时间在 1 分钟左右。短时记忆主要的信息来源是感觉登记中引起个体注意的一些信息，如一个无关的电话号码，可能只会以一种回声记忆的形式保存，但当个体需要记住这个号码的时候，个体会在头脑中加工复述这个号码，这个号码就进入到短时记忆中，能够保存几分钟的时间。工作记忆可以看做是短时记忆的一个更高级的形式，个体在加工感觉登记中的信息时，通常不只是一个简单的存储问题，需要对所接受的信息进行进一步的加工和操作，同时也会涉及长时记忆中的一些相关的内容，另外一些认知控制过程也会参与进来，如注意控制和资源分配。这就是一种工作记忆机制，我们在日常生活和学习中经常要用到工作记忆，如进行推理、问题解决和阅读理解等活动。

一、短时记忆的容量

短时记忆的一个重要特征是容量有限。短时记忆的容量可以通过记忆广度测验进行测量，测试的材料可以是数字、字母、音节或单词等。如向被试听觉或视觉呈现下面一串数字，每秒 1 个，呈现完毕后要求被试立刻按照原来呈现的顺序把数字说出来：5 8 3 4 9 7 2。正常被试通常能够正确得复述这 7 个数字。现在给被试呈现下面的数字序列：6 2 7 1 5 8 3 9 4 2 7 3。这次你会发现大多数被试难以完整的说出这个数字序列。

短时记忆的容量有多大？心理学家米勒发现正常成年人的短时记忆容量为 7±2 个单元，在 5～9 之间波动，平均为 7 个单元（Miller，1956）。喻柏林等人 1985 年以汉语单音节词、双音节词、四音节词等为材料的测试发现短时记忆的容量在 2～8 之间波动，具体的容量大小受到测试的材料、呈现方式、词的频率等因素的影响，如双音节词和四音节词的短时记忆容量低于单音节词，四音节词的短时记忆容量又小于双音节词。

短时记忆的容量为 7±2 个单元，一个单元可以看做是一个组块（chunk），组块是人们熟悉的一个单元。组块的大小受到测试材料和个人经验的影响，如以字母作为测试材料，一个组块通常就是一个字母，如果以被试熟悉的单词作为测试材料，一个单词就是一个组块。组块的大小也受到个人经验的影响，如面对下面一串数字：1 9 1 9 5 4 1 9 4 9 1 0 1，熟悉中国历史的人可以很容易的进行记忆，因为可以将这串数字归为两个组块，而不熟悉中国历史的人可能把每个数字都看做是一个组块。因此，通过增加每个组块的信息量，可以达到增加短时记忆容量的目的。一般来讲，随着组块中的信息量增大，被试所能记住的组块数也会下降。

二、短时记忆的编码

与感觉记忆相比，短时记忆的编码方式要更加灵活，可以进行语音编码，也可以进行语义编码和视觉编码，各种编码方式之间可以互相转换。但听觉语音编码通常是短时记忆的主要编码形式。康拉德（Conrad，1964）以视觉的方式呈现给被试一些字母串，要求被试按照顺序进行回忆，结果发现发音相似的字母之间更容易发生混淆，如 BCPTV，发音不相似的字母之间不容易产生混淆，表明了短时记忆中语音编码的普遍性。巴德利（Baddeley，1966）呈现给被试 5 个单词的序列，要求被试进行复述。一些序列发音相似（如 mad、man、mat、cap、cat），一些序列单词意义相近（如 big、long、great、high、tall），一些序列字形相似发音不相似（如 rough、cough、through、dough、bough），另有一些控制序列，单词之间的形、音、义都不相似，结果表明发音相似的单词回忆正确率最低，显著的低于控制序列（与控制序列的差异达到72.5%），语义相近的单词序列回忆正确率也低于控制序列（二者平均差异是6.3%），仅字形相似的单词序列其回忆正确率与控制序列没有差异。实验结果再次表明了听觉语音编码在短时记忆中的重要性。

视觉呈现的字母最初可能以视觉形式进行编码，之后会向语音编码过渡。波斯纳等1969年给被试呈现一对字母，两个字母或者完全一样（如 AA），或者字形不同但读音一样（如 Aa），要求被试判断两个字母是否是同一个字母。两个字母呈现方式分为同时呈现和先后呈现。结果发现，同时呈现时被试对同形的字母反应更快，两个字母先后间隔1秒钟以上呈现时，同形和同音关系的字母之间反应时差异逐渐缩小。这表明在短时记忆过程中会存在从视觉登记向语音编码的转换。

三、短时记忆的存储和提取

复述（rehearsal）是短时记忆保存信息的有效方法，短时记忆所保存的信息如果得不到及时的复述和巩固，会很快被遗忘。皮特森皮特森（Peterson & Peterson, 1959）要求被试记住听觉呈现一个三字母的刺激，为了阻止被试进行复述，字母刺激呈现后接着呈现一个数字，要求被试对数字进行连减3的运算，直到回忆信号出现，这时被试开始回忆之前呈现的三个字母。结果发现随着字母呈现和回忆信号之间的间隔增加，被试的回忆率逐渐下降，延迟3秒时被试的回忆率下降到80%，延迟18秒时被试的回忆率不足10%（见图6-6）。实验结果表明没有机会进行复述时，短时记忆内的信息很快就会遗忘。

复述的方式包括机械复述和精细复述。机械复述是对需要保持的信息进行简单的重复。机械复述的信息通常不会保存很长的时间。精细复述是对需要保持的信息进行加工组织，有时会把无意义的信息赋予一定的意义，并与长时记忆中的信息建立起联系。经过精细复述后的信息能够保持较长的时间，有可能成为长时记忆的内容。如阅读一首古诗，即使你不了解古诗的意思，多读几遍之后，你也能够记住古诗的内容，但很容易忘记；如果你通过查阅相关的资料，了解了古诗的内容和背景，对古诗的记忆就会更加牢固。

斯腾伯格1969年通过一系列的实验，对短时记忆的提取过程进行了研究。实验中给被试呈现1到6个不等的数字序列，如：4 7 9 5，之后立即呈现一个探测数字，要求被试判断探测数字是否在刚才的数字序列中呈现过。如果呈现

第六章 记忆

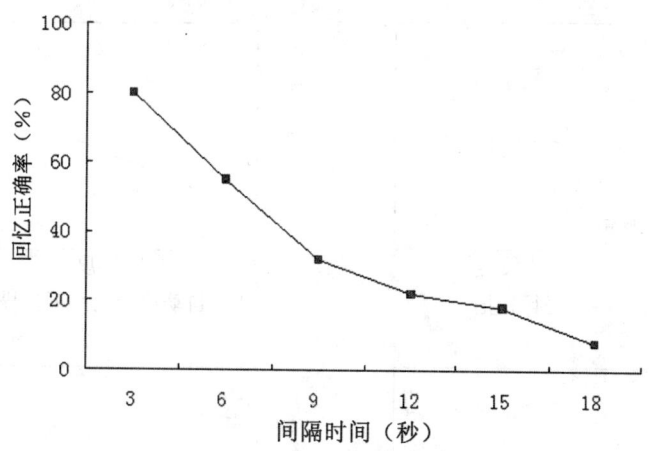

图 6-6　各种时间间隔下的回忆正确率

资料来源：Peterson & Peterson, 1959

过，就按"是"键进行反应；反之则按"否"键进行反应。要完成这个任务，被试首先需要从短时记忆中提取之前呈现的数字序列，之后才能做出判断和反应。研究者假设被试检索记忆中的数字序列可能有三种方式。一种是平行扫描，即同时对短时记忆中的所有项目进行扫描。如果采取这种方式，则不管短时记忆中的项目数有多少，被试的反应时都应该类似，结果如图 6-7（a）。另一种是序列自中止扫描，被试逐个检索记忆中的项目，一旦找到匹配的项目就停止检索。被试如果采取这种检索方式，反应时应该会随着项目数的增加而增加，且肯定反应的反应时要快于否定反应，因为肯定反应中被试检索到匹配项目即停止检索，而否定反应中被试需要检索整个项目序列，结果如图 6-7（b）。最后一种是完全序列扫描，被试对记忆中的所有项目都进行扫描，然后再做出判断。采取这种检索方式被试的反应时也是项目长度的函数，且肯定反应和否定反应的反应时应该类似图 6-7（c）。实际的实验结果见图 6-7（d），被试的反应模式符合完全序列扫描的预期。这表明短时记忆中的信息提取是一种完全序列扫描的模式。

四、工作记忆

巴德利和辛奇（Baddeley & Hitch, 1974）提出了一个工作记忆模型，用来和传统的短时记忆概念相区别。工作记忆在存储信息的同时，也包括对信息的加工和操作，是许多复杂的认知活动的工作模型，如语言理解、学习和推理等。

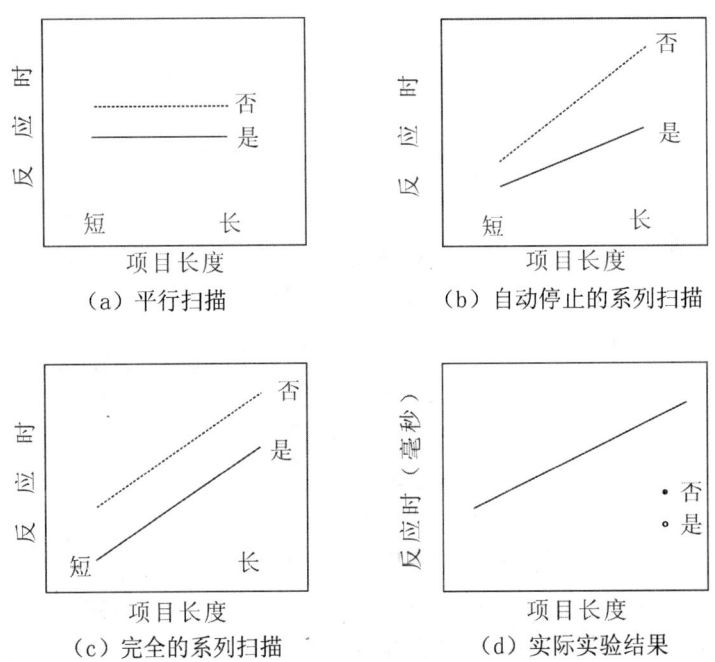

图 6-7 短时记忆的信息提取

资料来源：彭聃龄. 普通心理学. 2004

工作记忆包括三个子成分，分别是语音环路、视空间模板和中央执行系统，其中语音环路和视空间模板是存储系统，中央执行系统是控制系统。

语音环路（phonological loop）处理听觉语音信息，类似于语音短时记忆，由语音存储和发音复述两种加工过程构成。语音存储中的信息如果没有发音复述等手段的激活维持会迅速衰退。语音环路对于语言学习有重要意义，包括外语的语音和词汇的学习。语音环路受到损伤，会影响到新语言的学习。

视空间模板（visuospatial sketchpad）也是一个容量有限的系统，负责视觉和空间信息的存储，其容量可以采用空间广度和视觉模式广度等测验进行测查。视空间模板加工可以作为非言语智力的一个指标，与个体建筑、工程等方面的职业能力有密切关系。

中央执行系统（central executive）类似一个注意监管系统，负责注意资源的分配与转换，抑制无关的干扰刺激，协调来自语音环路和视空间模板的信息。

三成分工作记忆模型提出之后受到了研究者的重视，得到了大量研究。一些研究支持了这个模型，也有一些研究对这个模型提出了一些批评和建议。针对模型所存在的一些问题,如不能解决工作记忆中的信息如何同长时记忆中的信息进行交互作用,也没有一个机制允许语音环路和视空间模板中的信息互相作用,巴德利(Baddeley,2000)提出了工作记忆的第四个成分——情景缓冲器(the episodic buffer)(图6-8)。情景缓冲器也是一个容量有限的系统,它可以把多种来源的信息(如语音环路、视空间模板、长时记忆中的信息)整合到一起,形成一个综合的情景,并进行临时的存储。情景缓冲器受到中央执行系统的监管和控制,通达和提取操作都是在个体有意识的情况下进行的。

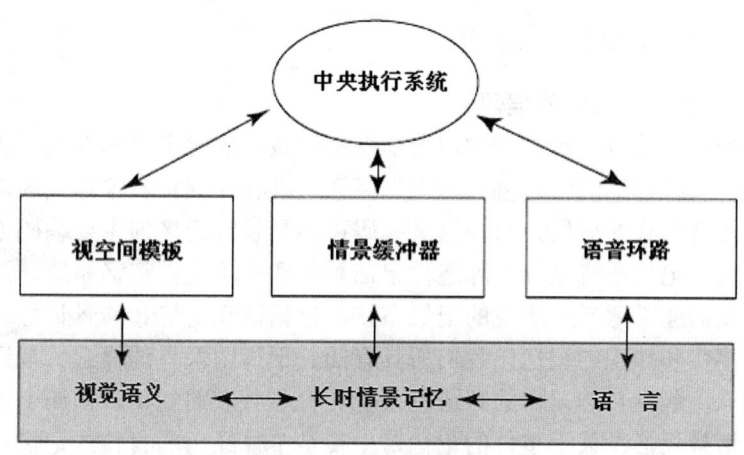

图6-8 工作记忆模型

资料来源:Baddeley, 2000

第四节 长时记忆

学习一门新的课程,一个学期以后,你记住了多少内容,记住的内容都发生了哪些变化,提取的时候遇到了什么样的困难,期间你如何进行复习和巩固。这些都是长时记忆所关心的问题。长时记忆没有一个统一的概念,从时间上来讲,凡是能够保存一段时间(几个小时、几天……终生)的信息都可以称为长时记忆。长时记忆几乎没有容量的限制,人的一生,始终可以学习和存储新的知识,尽管以前学过的很多知识和经历的很多事情你都难以回想起来,事实上,你无时无刻不受之前经验的影响。

早期的研究者主要研究长时记忆的存储和遗忘的规律,并且认为人的记忆是一个整体，人只有一个记忆系统。随着研究的深入，到现在，我们知道人的长时记忆存在多个不同的系统，不同种类的信息可能有不同的编码方式，存储于不同的记忆系统中，在脑的皮层中也有相对不同的定位。在第一节中我们介绍了图尔文提出的多重记忆系统模型，这也是当前得到普遍认可的记忆系统模型。

长时记忆系统中的信息如何进行编码？存储和提取的时候又有什么规律？下面分别进行介绍。

一、长时记忆的信息编码

（一）各种长时记忆的编码

感觉登记的编码与刺激的物理特征保持一致，短时记忆的编码以听觉语音编码为主。长时记忆的信息编码则更加灵活，既存在视觉表象形式的编码，也存在听觉语音形式的编码，另外语义编码可能是长时记忆的主要编码方式。

图尔文将记忆系统划分为陈述性记忆系统和非陈述性记忆系统。陈述性记忆系统是我们通常意义上所说的记忆系统，包括语义记忆和情景记忆。语义记忆是关于事实和知识的记忆，我们所具有的关于周围世界的概念、规则、定理等知识体系，包括自然习得的和通过接受教育所获取的知识，都属于语义记忆的范畴。情景记忆是关于事件的记忆，主要是个体经历的自传式记忆，与特定的时间、空间等情境线索相联系。语义记忆和情景记忆的编码都以语义编码的方式为主，情景记忆的形成依赖语义记忆系统的正常运作，二者在功能上是相互联系的。比如你想起了之前去游乐园玩的场景，如果你头脑中没有游乐园、过山车、摩天轮等概念，情景记忆的组织也会出现问题。

柯林斯和奎林（Collins & Quillian, 1969）提出了一个层次网络模型来解释语义记忆的编码和组织。在层次网络模型中，语义记忆被组织成一个巨大的层次网络（图6-9）。彼此具有类属关系的概念会按照逻辑关系形成一个概念网络，在网络中，层次越高，概念的抽象水平也越高。一些主要的概念，如动物、鱼、金丝雀等被储存在结点中，每个概念所具有的属性和特征与该结点相联系。每个概念结点只存储该概念所独有的特征，同一层次概念所共有的特征贮存在上一层的概念结点上。如"金丝雀"和"鸵鸟"都有翅膀，属于共有特征，这个特征存储在"鸟"这一上层概念结点中；而"会唱歌"和"个子高"分别属于"金丝雀"和"鸵鸟"的独有特征，存储于自己的结点上。

柯林斯和奎林1969年通过实验对自己的理论进行了验证,实验中给被试呈现一些句子，如"金丝雀是鸟"、"金丝雀是动物"，要求被试尽快判断句子是对

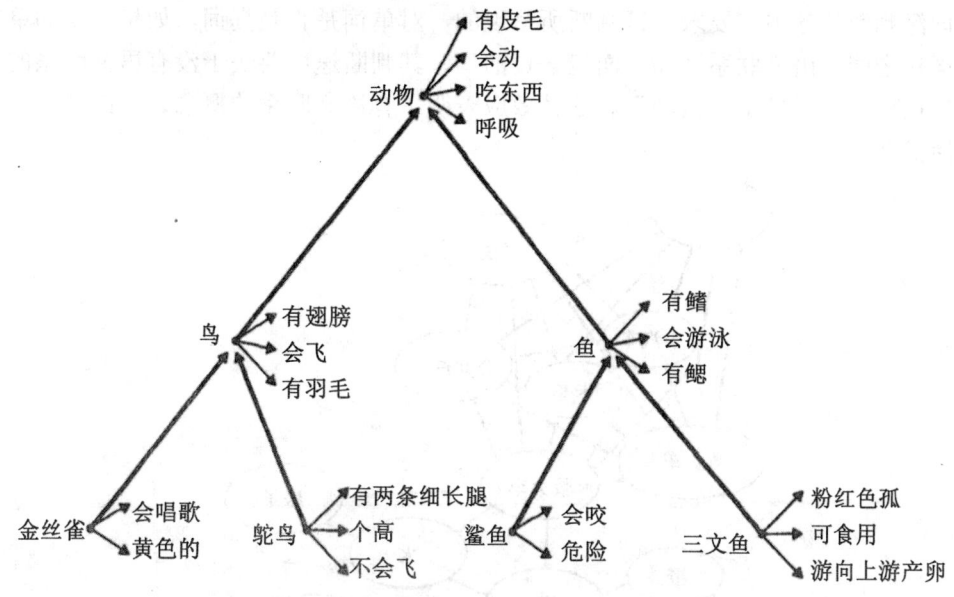

图 6-9 动物概念的层次网络模型示意图

资料来源：格里格，津巴多. 心理学与生活. 2003

还是错。预期是被试的反应时间依赖句子中概念和概念或者概念和特征之间在层次网络上的距离远近，如"金丝雀"和"鸟"在层次网络上的距离近于"金丝雀"和"动物"之间的距离，因此判断"金丝雀是鸟"的时间要短于判断"金丝雀是动物"的时间。实验结果证实了研究者的预期。

层次网络模型在解释一些实验结果的时候也遇到了问题。按照层次网络模型的预期，决定同一种类的成员是否属于一个更高层次的范畴时，被试的反应时间应该是一样的。事实上，判断典型成员所花的时间要比非典型成员花的时间少，如判断"金丝雀是鸟"要快于判断"企鹅是鸟"。鉴于层次网络模型的不足，柯林斯和卢弗斯（Collins & Loftus，1975）提出了一个更具有心理意义的激活扩散模型来解释语义记忆的编码和组织。在激活扩散模型中，语义记忆由概念之间的相关性进行组织（图 6-10），概念结点之间的连线表示它们之间的联系，连线的长度表示概念之间联系的紧密程度，连线越短，概念之间联系越紧密。当人们想到一个概念时，语义记忆中相应的结点就会被激活，结点的激活会快速的扩散到其他相关联的结点上，特别是语义上有紧密联系的结点。因此判断"金丝雀是鸟"快于判断"企鹅是鸟"，因为"金丝雀"和"鸟"的概念结点之间有着更为紧密的联系。扩散激活模型受到一些实验结果的支持，如在词汇判断任务中,要求被试判断所呈现的一对单词是否是真词,如果呈现的单词对之间有语义联系(如"面包—黄油"),其判断速度要快于没有语义联系的单词对(如"护士—黄油")。这种效应表明了有语义联系的概念之间的自动激活扩散。

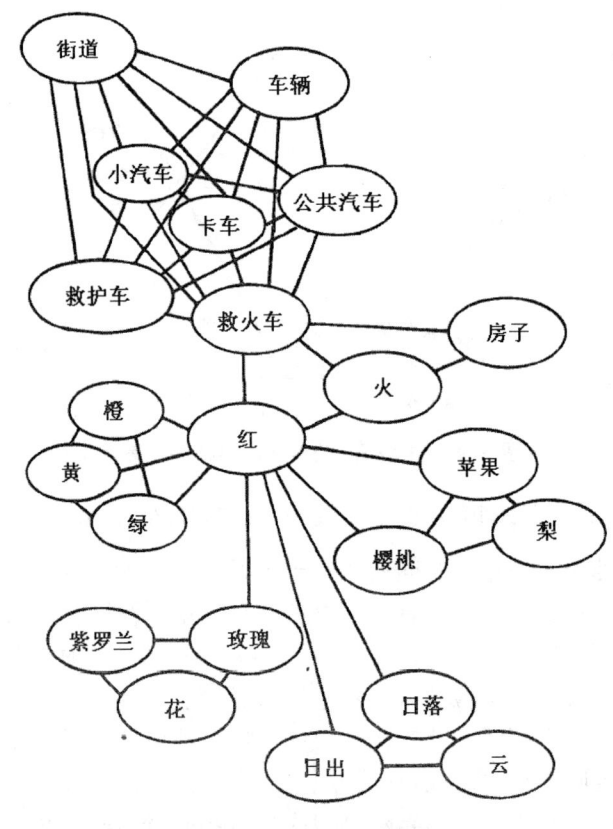

图 6-10 激活扩散模型

资料来源:Collins & Loftus, 1975

作为长时记忆的另一个重要成分,非陈述性记忆系统的编码与陈述性记忆系统存在很大区别。程序性记忆系统是对一些动作和认知技能的记忆,它们在头脑中的编码可能是一些连贯的动作或认知操作程序,并不需要通过语义的方式进行编码和组织。知觉表征系统是个体对知觉经验的记忆存储,这些信息的编码依赖所接受信息的性质,由相应的大脑皮层来完成,如词汇的语音形式存储于听觉语音皮层,而词汇的视觉形式则在相应的视觉形状皮层进行编码。知觉表征系统的信息通常也是分布式的进行表征,加工方式具有扩散激活的性质,这在启动效应的实验中得到了充分的证实。

（二）编码特异性原则

记忆系统（特别是陈述性记忆系统）的信息编码存在一个有趣的现象，当提取的背景与编码的背景相匹配时，信息保持的效果最好，这被称为编码特异性（encoding specificity）原则。高登和巴德利（Godden & Baddeley，1975）在一个实验中让被试在海滩上或者在水下（佩戴水下呼吸器）学习一些单词序列，然后让被试在海滩上或者水下进行自由回忆。结果发现学习和测试的环境相匹配时，自由回忆的成绩最好（图 6-11）。这表明对目标信息进行编码时，环境信息也会被保存在记忆痕迹中，当提取的环境与编码的环境有最大重合的时候，有助于记忆信息的提取。

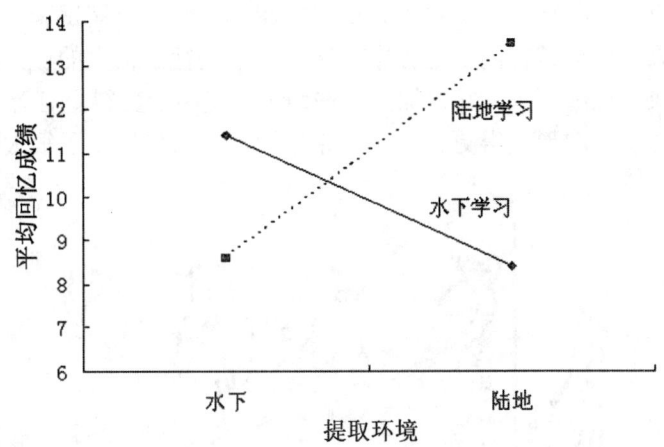

图 6-11　不同学习和提取环境下的平均回忆成绩

资料来源：Godden & Baddeley, 1975

二、长时记忆的信息存储

长时记忆中存储的信息并非是一成不变的，会随着时间的变化发生一些动态的变化。根据个体的知识背景、所接受的经验及信息加工方式等方面的差异，长时记忆中的信息变化会表现出不同的趋势，或者变得更加简略和概括，一些细节信息都消失了，或者变得更为具体，一些内容更为夸张和突出，有时也会对原有的信息进行扭曲，出现错误记忆。

英国心理学家巴特莱特（Bartlett）1932 年认为，学习和记忆是一个活跃的过程，需要个体把识记材料纳入到已有的图式中，图式就是个体根据过去的经验形成的加工、组织信息的方式。巴特莱特以故事为材料，对长时记忆的保持过程进行了研究。他以英国的大学生为被试，给他们呈现一些来自其他文化的故事，然后让学生回忆这些故事。结果发现被试对故事的回忆出现了很多的歪曲和错误，一个最常见的歪曲是把原来的故事回忆得更像是一个传统的英国故事，表明了被试试图用已有的图式来理解和识记新的材料；另外也有一些其他的变化，如把故事变得更加简略和概括，很多细节都遗漏了，或者把故事变得更生动，添加了很多自己演绎的成分。

巴特莱特也以图画为材料研究了记忆保持的过程，他采用序列再现的方法进行实验。实验中给第一个被试看一幅图画（原始图形），之后要求他根据记忆把图形画出来；再把第一个被试画出来的图形给第二个被试看，看完后要求他根据记忆画出来；再把第二个被试画出来的图形给第三个被试看，依次进行下去。实验结果发现被试在回忆过程中对原始图形进行了很大的修改，原始图形中不合理的成分逐渐消失，并增加了一些细节，使图形变得更有意义，到第18个被试时，再现的图形变得更合理，与原始图形相比也发生了很大的变化（图6-12）。

图 6-12　序列再现过程中图形的变化

资料来源：Bartlett, 1932

一般来说，刚刚进入长时记忆的信息如果得不到进一步的巩固和提取应用，所存储信息的数量和质量都会逐渐的下降。但有时也会出现例外的情况，学习后经过一段时间所测得的保持量高于学习后立即测试的保持量，这现象被称为记忆恢复（reminiscence）。巴拉德（Ballard）1913年让一组12岁左右的学生用

第六章　记忆

15分钟的时间学习一首诗，学习后立即回忆诗的内容，之后间隔1天、2天……7天再次进行测试。结果发现儿童在学习后2～3天的保持量要高于学习后立即测试的保持量。记忆恢复现象在儿童身上更为普遍，当学习材料比较难或学习程度比较低时更容易出现。

三、长时记忆的信息提取

长时记忆中的信息提取存在多种方式，可以说，在我们日常生活中，几乎所有的活动都涉及长时记忆中的信息提取。一些信息提取我们能够意识到、并且能够进行控制，一些信息的提取似乎是无意识的、难以进行控制的。

（一）再认和回忆

再认和回忆是最常见的信息提取方式，通常也是测量陈述性记忆保持效果的最常用的方式。再认（recognition）指过去学习过的内容、经历过的事情再次呈现，个体感到熟悉并能够再次确认的过程。平常我们在考试中碰到的选择题、是非判断题都是一种再认形式的测试。人类具有很强的再认能力，特别是对视觉输入的信息的再认。在一项调查中，2 000多张图片以每张10秒的速度呈现给被试，之后让被试看280对图片，每对图片中有一张是被试之前看过的，另一张是相似的新图片。结果发现，被试的再认正确率高达85%～95%。

再认的速度和准确度依赖个体对再认对象的熟悉程度，个体头脑中有关再认对象的经验越牢固，再认的速度和准确度就越高。一首熟悉的旋律，只听几个音符人们马上就能再认；很久之前听过的歌曲，也许要听完才会有熟悉的感觉。再认有时会出现错误，一种情况是完全不能再认，即对以前的经验完全没有熟悉感；一种是错误再认，如把没有经历过的事物再认为经历过的事物，特别是二者之间非常相似的时候，更容易出现错误再认。

回忆是在头脑中再现过去经验的过程，与再认相比，回忆的难度要大很多。过去学习过的很多知识，回忆的时候你可能大部分都忘掉了，只能回忆起一些零散的内容，但如果这些知识再次呈现，我们几乎都能正确的再认。测验中的名词解释、问答题等都是回忆形式的测试。

回忆的速度和准确度同样依赖我们头脑中所存储信息的巩固程度。如果需要回忆的内容是我们非常熟悉的、在头脑中有着牢固的表征，我们可以不假思索地进行回忆，如小学的时候学过的很多诗词歌赋、数学公式定理等。反之，如果需要回忆的内容在头脑中没有形成清晰牢固的表征，回忆的时候就会比较困难，甚至会出现很多错误，这个时候提供一些线索和暗示会有助于回忆。

回忆的过程中经常会产生联想，特别是一些情景记忆信息的回忆。如你看到中学毕业时的照片，会想起中学的老师和同学，中学时候的一些事情，甚至会想到上小学时的一些情景和儿时的玩伴。联想具有一些规律，如时间和空间上接近的事物容易形成联想，形式和性质上相似的事物也容易产生联想，此外事物之间的因果关系、甚至是相反的特征也会形成联想。

人们回忆序列材料时，如一组数字、字母或单词，回忆的成绩会受到项目在序列中的位置的影响，表现出序列位置效应（serial position effect），特别是在自由回忆（不要求被试严格按照呈现顺序进行回忆）的情况下。具体来说，序列中最后呈现的项目会最先回忆起来，回忆的精确性也最高，这被称为近因效应（recency effect）；其次是序列中最先呈现的项目，也有较好的回忆精确性，这被称为首因效应（primacy effect）；最后回忆起来的项目通常是在序列中间呈现的项目，回忆的精确性也较差（图6-13）。

一些研究者认为首因效应中的信息存在于长时记忆，近因效应中的信息存在于短时记忆。哥兰瑟和可尼茨（Glanzer & Cunitz，1966）在一项研究中给被试呈现15个单词的序列，一组被试呈现完毕后立即进行回忆，一组被试延迟30秒再进行回忆，延迟期间要求被试进行向后减法运算。实验结果，发现延迟30秒的干扰消除了近因效应，对首因效应没有影响（图6-14）。研究者认为，短时记忆中的信息处于不稳定的状态，容易受到延迟和干扰任务的影响，长时记忆中的信息比较稳定，不容易受其他任务的影响。然而，后来的研究发现，长时记忆中也存在近因效应，另外，被试回忆在非常短暂的时间内（如1秒的时间）呈现的项目序列也会表现出序列位置曲线，因此用首因效应和近因效应来区分短时存储和长时存储并不合适。

最先呈现的项目能够得到较多的复述，这似乎是首因效应存在的一个原因。兰杜斯（Rundus）和阿特金森（Atkinson）1970年在实验中给被试呈现一组单词，要求被试进行自由回忆。单词呈现过程中，被试可以大声的复述任何他想复述的单词。结果表明被试的回忆成绩存在首因效应，且最先呈现的单词被复述的次数多于其他的单词。当然复述也不能完全的解释首因效应和近因效应，当词表中每个单词的复述次数相等时，首因效应会减少，但不会完全消失。另外，识记项目之间的干扰抑制也是序列位置效应存在的一个原因，这在后面会有进一步的分析。

除了回忆和再认，再学法也是测量长时记忆保持效果的一种方法。一些很早之前学过的内容，我们也许既不能回忆，也不能再认，那么这些信息是否完全被遗忘了？我们可以用再学法进行测试。再学法又称节省法，艾宾浩斯（Ebbinghaus）最早使用这种方法对记忆信息的保持和遗忘进行了研究。实验

第六章　记忆

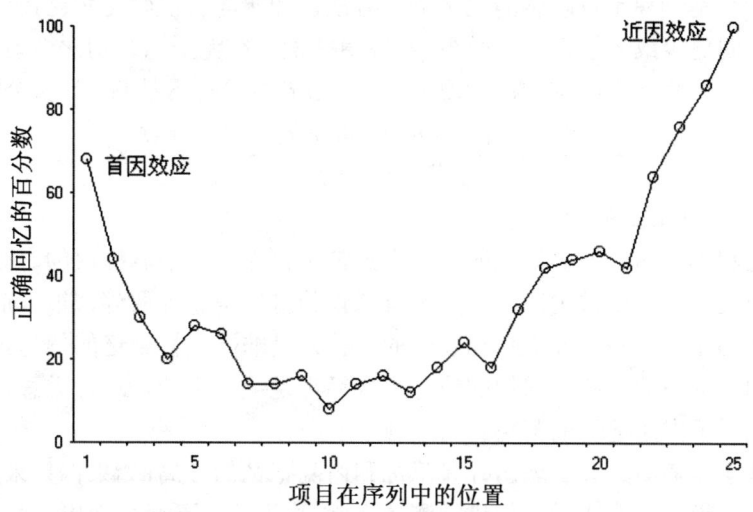

图 6-13　序列位置效应

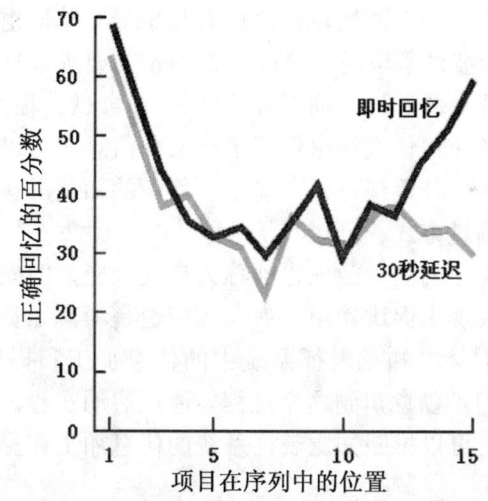

图 6-14　即时回忆和延迟 30 秒回忆的序列位置曲线

资料来源：Glanzer & Cunitz, 1966

过程中给被试呈现一组学习材料（如一组音节、单词，一篇文章等），要求被试在多个时间间隔内重复学习这组材料（达到同样的学习程度），通过计算被试再次学习与初次学习在学习时间或学习遍数上的节省量，考察被试的信息保持效果。再学法是一种比较敏感的记忆测量方法,如果与初次学习相比,再次学习花费的时间更少或者学习的遍数更少,说明被试没有完全遗忘初次学习的信息,即使被试不能回忆或再认初次学习的内容。节省量又称保持量,计算公式如下:

$$节省量 = \frac{初学的时间或遍数 - 再学的时间或遍数}{初学的时间或遍数} \times 100\%$$

(二)其他形式的信息提取

回忆和再认属于外显记忆的测量方式,被试在进行信息提取的时候能够意识到整个过程。在日常生活中,除了有意识的进行信息提取外,很多信息的提取是在我们无意识的情况下自动发生的。特别是非陈述性记忆的信息,如程序性记忆和知觉表征系统,它们的信息提取经常是无意识的,这种无意识的信息提取方式属于内隐记忆的范畴。

一些遗忘症病人会表现出外显记忆和内隐记忆的分离,如果你只采用回忆、再认等外显记忆的形式对他们进行测量,这些病人几乎不会表现出记忆的痕迹,如果你采用一些内隐记忆的测量方式,你会发现他们保留了很多的记忆。如给病人呈现一张词表,词表由桌子(table)、椅子(chair)、茶杯(cup)等常见单词组成。几分钟后要求病人回忆单词,病人几乎一个单词也回忆不出来。现在换一种测试方法,给被试呈现两个字母,如"ch",要求被试说出任何一个他想到的以这两个字母开头的单词(词干补笔任务),被试会很快说出"chair"。这说明一些遗忘症患者在记忆系统中保留了一部分信息,可以通过内隐的方式表现出信息提取。除词干补笔任务外,速示条件下的知觉辨认或模糊字辨认也可以作为内隐记忆的测量方式。

遗忘症患者表现出的这种效应也被称为启动效应,即先前的加工活动对之后进行的加工活动表现出促进作用。启动效应也是考察知觉表征系统的信息提取的一种常用实验技术。知觉表征系统中的信息加工和提取通常是非常快速的,大多数时候人们难以意识到这个过程。通过启动实验,考察启动刺激对随后刺激加工的影响,可以推断知觉表征系统的信息加工和提取的规律。

 阅读资料:目击证人的记忆

目击证人的证词对于案件的审判有重要影响。但是,目击证人也有可能不报告真话,他们对于所看到的事件的回忆很容易被事后信息所歪曲。洛夫特斯(Loftus)等人 1974 年在一个研究中给被试看一个关于车祸的电影,然后要求被试估计事故中车辆的行驶速度。对其中一些被试问这样的问题:"当两辆车相撞时,它们开得有多快?"而对另一些被试的问题是:"当两辆车接触时,它们开得有多快?"前一组被试估计车速超过了每小时40公里,相反,后一组被试估计车速为每小时30公里。大约一个星期后,询问所有的目击证人:"你是否看到了玻璃碎片?"事实上,在影片中根本没有出现玻璃碎片。但是,前一组被试中有三分之一的人报告看到了玻璃碎片,后一组被试中只有14%的人报告看到了玻璃碎片。由此可以看出,事件发生后的信息对于目击证人的报告存在潜在的影响。证人经常乐意接受误导的事后信息,把这些信息当做对以前事件记忆的一部分,且这种接受错误信息影响的倾向随着时间的推移会逐步增加。因此,在警察或检察官询问证人时,他们应该确保自己的问题不会对证人的记忆造成歪曲。

资料来源:格里格,津巴多. 心理学与生活. 2003

第五节 遗忘

记忆中的信息不能提取或提取有困难时,就发生了遗忘(forgetting)。遗忘与保持是矛盾的两个对立面,信息保持得多,遗忘得就少;信息保持得少,遗忘得就多。因此,影响信息保持的因素通常也是影响遗忘的因素。遗忘和保持的多少都可以通过信息提取进行考察。遗忘有不同的程度,信息能够再认但不能回忆是不完全遗忘,通过任何方式都不能表现出信息提取的迹象是完全遗忘;暂时性的提取困难是临时性遗忘,永远不能提取信息是永久性遗忘。

一、遗忘的一般进程和影响因素

德国心理学家艾宾浩斯(Ebbinghaus)对信息的保持和遗忘的规律进行了研究,他也是最早采用实验的方法研究记忆这种高级心理过程的学者。艾宾浩斯把自己作为被试,学习一系列的无意义音节,如"GOJ"、"PIL"、"ZEH"等。实验采用节省法的程序进行,他首先反复学习这组无意义音节,达到连续两次能够正确背诵为止。之后间隔一段时间再次学习这些无意义音节,达到能够正确背诵两遍的程度。间隔时间共7种,分别是1/3小时、1小时、9小时、1天、2天、6天和31天。再次学习与初次学习相比在学习时间上的节省量作为记忆保持或遗忘的客观指标。实验结果见表6-2。学习之后立即就开始遗忘,且遗忘的速度很快,20分钟就遗忘了41.8%,1小时后遗忘率达到55.8%,之后遗忘的速度逐渐变慢,一天的时候遗忘率达到66.3%,一直到间隔31天的时候,遗忘率才变化到78.9%。实验结果绘成曲线(见图6-15),就是艾宾浩斯遗忘曲线(the curve of forgetting)。它揭示了遗忘进程的一般规律:保持和遗忘是时间的函数,遗忘的进程是先快后慢。

表6-2 各间隔时间下的保持和遗忘百分比

次序	间隔时间(小时)	节省量或保持量(%)	遗忘的百分比
1	0.33	58.2	41.8
2	1	44.2	55.8
3	9	35.8	64.2
4	24	33.7	66.3
5	48	27.8	72.2
6	144	25.4	74.6
7	744	21.1	78.9

资料来源:彭聃龄.普通心理学.2004

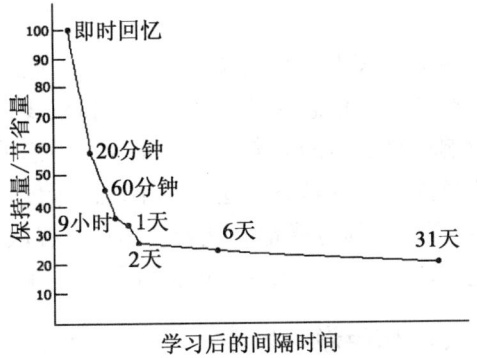

图6-15 艾宾浩斯遗忘曲线

遗忘的进程除了受到时间因素的影响,也受到学习材料的性质、学习材料的数量和学习程度等因素的影响。

首先,就识记材料的性质来说,程序性性质的动作和认知技能一旦习得就能够保持较长的时间,甚至是终生,遗忘的速度比较慢;通过感知觉经验形成的知觉表征系统也能够建立较强的记忆痕迹,不容易遗忘;陈述性的记忆系统,如在学校里学习的各种知识,如果没有及时的巩固和练习,遗忘的速度会比较快;有关个体经历的情景记忆,如果印象不够深度,也会随着时间变化逐渐模糊。另外,有意义的材料比无意义的材料遗忘的速度慢。当学习程度相等的时候(如动作刚会正确地做一次,语文材料恰能成诵),一些不同性质材料的遗忘曲线见图6-16。

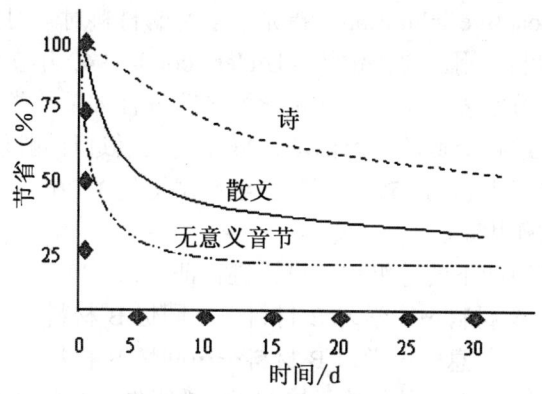

图 6-16 不同性质材料的遗忘曲线

一般来说,学习材料的数量越多,学习后遗忘的速度越快,遗忘的数量也多,特别是采用集中学习的方法时。因此数量多的材料使用分散学习的方法记忆效果会更好。学习程度也是影响遗忘进程的重要因素。学习一种材料没有达到能够一次成诵的标准时称为低度学习,恰能成诵之后还要学习一段时间称为过度学习。很明显,过度学习的材料遗忘的速度要慢于低度学习的材料。但是,过度学习也有一定的限度,不然会造成时间和精力的浪费。一般来说,学习程度达到150%时,记忆效果最好,超过150%时,学习效果的增加并不显著。

二、遗忘的原因

保存在长时记忆中的信息在提取的时候为什么会出现困难,表现出遗忘?对此有几种主要的理论解释。

(一) 痕迹衰退理论

痕迹衰退理论认为,遗忘是由于记忆痕迹得不到强化,随着时间逐渐衰退的结果。这种解释与记忆的生理学机制研究相符合,从生理学的角度来看,记忆痕迹的形成是在相应的神经元集合之间建立起的联系,并随着经验的强化形成稳固的神经细胞集合。如果形成的记忆痕迹得不到强化,神经元集合之间的联络会逐渐减弱,最终衰退,导致了信息的遗忘。痕迹衰退理论符合人们的直觉,容易被人们接受,但是还缺乏相关的实验证据支持。

(二) 干扰理论

干扰理论认为遗忘是由于在学习和回忆之间受到其他刺激的干扰所导致。干扰理论可以用前摄抑制和倒摄抑制的实验进行证明。

前摄抑制（proactive inhibition）指先前学习的材料对学习和保存后面的材料所产生的干扰抑制作用。安德伍德（Underwood）1949年在实验中要求两组被试学习无意义音节字表，第一组被试学习之前进行大量的类似学习，第二组被试学习之前没有进行类似的学习活动，24小时之后进行测试。结果发现第一组被试只记住了字表内容的25%，而第二组被试记住了70%的内容，实验结果证明了前摄抑制的作用。

前摄抑制可以用如下的等组实验设计进行证明：

实验组：学习A材料……学习B材料……回忆B材料

控制组：休　　息……学习B材料……回忆B材料

如果实验组的回忆成绩显著差于控制组，说明先学习的A材料对后学习的B材料的保持和回忆产生了前摄抑制。

倒摄抑制（retroactive inhibition）指后学习的材料对保持和回忆先前学习的材料所产生的干扰抑制作用。詹金斯和达伦巴赫（Jenkins & Dallenbach）1924年要求被试学习无意义音节字表，达到一次能正确背诵的程度。一部分被试学习后立即睡觉，另一部分被试继续进行日常活动，间隔1、2、4、8个小时后进行测试。结果发现学习后睡觉的被试组在所有时间间隔上的回忆成绩都好于日常工作组，这表明，日常活动干扰抑制了先前学习材料的保持和回忆。倒摄抑制可以用如下的等组实验设计进行证明：

实验组：学习A材料……学习B材料……回忆A材料

控制组：学习A材料……休　　息……回忆A材料

如果实验组的回忆成绩显著差于控制组，说明后学习的B材料对先学习的A材料的保持和回忆产生了倒摄抑制。

倒摄抑制的大小受前后两种学习材料的相似程度、学习的时间安排、难度及识记的巩固程度等因素的影响。前后两种学习材料完全相同时，后面的学习就是复习，不会产生倒摄抑制；随着两种学习材料由完全相同向完全不同逐渐变化，倒摄抑制的影响逐渐增加，材料的相似性达到一定程度时，倒摄抑制的作用最大；随后抑制作用又开始减小，两种学习材料完全不同时，倒摄抑制的作用最小。学习的时间安排也影响到倒摄抑制的大小。如果恰在回忆第一种学习材料之前学习新的材料，倒摄抑制的作用最大；学习第一种材料之后立即学习第二种材料，也会产生较强的倒摄抑制；在第一种材料的学习和回忆之间的时间间隔内学习第二种材料，倒摄抑制的作用较小。另外学习材料的巩固程度越高，越不容易受到干扰。第一种学习材料的巩固程度较低时，容易受到第二种学习材料的倒摄抑制的影响。

前面提到过的序列位置效应也可以用干扰抑制理论进行解释。序列中间的项目既受到前面项目产生的前摄抑制的影响，又受到后面项目产生的倒摄抑制的影响，因此保持的效果最差；而序列前面或后面的项目仅受到某种抑制的影响，因而有更好的保持效果。

（三）线索依赖性遗忘

线索依赖性遗忘指由于信息提取的时候没有适当的提取线索引起的遗忘，即检索线索困难导致的遗忘。图尔文将痕迹衰退性遗忘和线索依赖性遗忘进行了区分，前者是记忆痕迹从记忆系统中消失了，后者是记忆痕迹仍然存在于记忆系统中，由于缺乏适当的提取线索导致信息提取困难。图尔文和皮尔斯通（Tulving & Pearlstone, 1966）在一项研究中要求被试学习一组单词，单词分属于不同的概念范畴。进行回忆测试时，给一组被试提供单词的类别名称（有线索的回忆），另一组被试不提供任何线索，进行自由回忆。结果发现线索回忆的被试组可以回忆起更多的单词。这为线索依赖性遗忘提供了证据，记忆存储中的一些信息虽然在提取的时候存在困难，但并没有从记忆痕迹中消失，如果给予适当的提取线索，这些信息仍然能够进行提取。

（四）动机性遗忘

动机性遗忘指由于情绪或动机的压抑所引起的遗忘，当压抑被解除后，记忆就能恢复。奥地利精神病医生弗洛伊德在临床实践中发现，病人在催眠状态下能够回忆起很多童年生活的情景，特别是一些创伤性的情景，而这些情景在平时很难回忆起来。弗洛伊德认为回忆童年的不愉快的经历会使个体产生痛苦、焦虑的情绪，个体因而会压抑这些信息的回忆，拒绝它们进入意识状态，将其储存在无意识中。日常生活中，人们情绪过于紧张或激动时，也会产生遗忘。比如在考试的时候，由于太紧张，一些平时很熟悉的内容突然回忆不起来。这个时候就需要缓和情绪，努力让心情平静下来，可以先做其他会做的题目，也许过一会，之前遗忘的信息又浮现在脑海中。

总之，遗忘并不只是简单的记忆痕迹的衰退，有很多种可能的原因，比如存储信息之间的相互干扰抑制。有时即使记忆痕迹没有衰退，也会因为缺乏适当的提取线索或情绪、动机的压抑导致信息提取困难。

三、增强记忆、防止遗忘的一些方法

储存在长时记忆中的信息在保持过程中会发生一些动态的变化，提取的时候会出现遗忘。如果在信息编码和保持的过程中采取一些措施，可以增强记忆效果，有效地防止遗忘。

（一）复习要及时

遗忘的进程是先快后慢，特别对于刚刚识记的信息，最初遗忘的速度是最快的。因此，对于新识记的内容，及时的进行复习，可以有效地防止信息的快速遗忘，增强记忆痕迹。新识记的知识，如果过很久之后再进行复习，几乎与重新进行识记没有区别。

（二）合理分配复习时间

复习的时间应该进行合理的分配，既可以集中时间进行复习，也可以间隔一定的时间进行分散复习。一般来说，分散复习的效果好于集中复习，具体差别大小受到材料的意义性、难易程度、学习阶段等因素的影响。意义性较低的材料、难度比较大的材料、识记的初期阶段，更适合采用分散复习。分散复习的时间间隔，可以根据学习材料的性质、数量、学习程度等因素灵活的进行安排。最初识记的时候，复习的时间间隔应该短一些，以后可以逐渐延长。

（三）阅读和试图回忆交替进行

识记的时候，阅读和试图回忆交替进行，记忆的效果要好于单纯地进行阅读。试图回忆一方面可以通过积极提取的方式加强记忆痕迹，另一方面可以及时发现识记中的难点，节省识记时间，提高记忆效率。一项研究要求被试识记无意义音节和传记文，各用 9 分钟的时间，其中部分时间用于试图回忆。结果发现随阅读和试图回忆的时间分配不同，记忆效果存在显著差异，用于试图回忆的时间越多，记忆的效果越好（表 6-3）。

表 6-3 阅读时试图回忆的效果

时间分配	16 个无意义音节回忆百分数（%）		5 段传记文回忆百分数（%）	
	立刻	4 小时后	立刻	4 小时后
全部时间阅读	35	15	35	16
1/5 用于试图回忆	50	26	37	19
2/5 用于试图回忆	54	28	41	25
3/5 用于试图回忆	57	37	42	26
4/5 用于试图回忆	74	48	42	26

资料来源：曹日昌. 普通心理学. 1963

（四）利用多重编码

对于识记的内容，从多个角度进行编码，有助于增强记忆效果。学习汉字就是一个典型的例子，汉字的识记可以从字形、字音和意义（形、音、义）三个角度进行编码，这样识记的效果就比较牢固。如果只把汉字看成无意义的符

第六章 记忆

号,学习起来难度就大多了。因此,识记的时候要尽可能的利用多重编码,无意义的材料可以赋予一定的意义,进行意义编码;程序性技能的步骤、技巧可以进行陈述性的言语编码;空间的、形象的知识既可以进行言语编码,也可以进行鲜明的表象编码。

 阅读资料:超常记忆

我们身边总有一些记忆特别好的人。问题是:那些人的超常记忆力是天生的吗?还是因为他们在记忆时比一般人更善于使用某些习得策略?

习得策略 有一位叫史代夫的大学生,他的数字记忆广度测验成绩是7个数字,这也是大学生中的平均得分。史代夫参加了一个记忆力训练,通过使用某些记忆策略记忆更多的数字。在20个月中,他每天练习记忆越来越长的数字表。最后,他能够记忆大约80个数字。例如,他可以一次记住下面这一串数字。

```
9234204805084226895399019025291280799970
6606574717310601080585269726026357331135
```

那么,史代夫是怎么记的呢?简单讲,他把每3个或4个数字分为一组,并让它成为有意义的组块。史代夫喜欢长跑运动,而9分2秒是他的3000米跑最好成绩。这样,他就记住了头3个数字。接着,史代夫采用了诸如年龄、日期等各种联想来建立组块。显然,史代夫的记忆成绩是通过学习获得的,他找到了一些新的数字编码策略,这些策略是其非凡的记忆数字能力的基础。每当他掌握一种新的策略之后,便能够更好地往长时记忆里存储数字。但史代夫的短时记忆成绩在几个月的练习后并没有提高,如他能够回忆出的无意义音节仍然是7个。

有人对拉占·马哈德万(Rajan Mahadevan)的特殊数字记忆力进行了研究,得出了同样的结论。1981年,拉占·马哈德万背出了圆周率的31 811位数,被收入吉尼斯世界记录。他和史代夫一样,对其他类型信息的记忆力并不比我们强。他们表现出的了不起的记忆成绩,主要基于高强度练习后对数字的编码和存储策略。

至此,我们可以回答一个问题,即一些人的记忆力是通过掌握记忆策略而得到提高的。还有一个问题没有答案:是否有一些人天生就有超常的记忆力呢?

记忆冠军赛 1991年,第一届记忆冠军赛在伦敦举行,许多"智力运动员"赶来参赛,看谁是天下第一记忆高手。首先,参赛者要通过资格测试,必须能够快速记忆相当数量的信息,包括一长串相互毫无联系的单词和数字。心理学家发现,这是研究特殊记忆的一次极好的机会。因此,他们说服参赛者来参加一系列附加测验,包括一般性测验(如即时回忆一个故事）、中等难度的测验（如即时回忆6个人的电话号码）和高难度测验（按照行列顺序记忆48个数字，或从70幅雪花照片中再认14幅曾见过的照片）。他们发现，那些具有特殊记忆力的人有三个特点：第一，他们使用了记忆策略和技巧；第二，他们具有一些特殊的兴趣和知识，这使他们能够更容易地对某一类信息进行编码和回忆；第三，他们都有着天生的超常记忆能力，包括保存生动表象记忆的能力。

记忆比赛中，有几项任务是不能使用习得的策略和技巧去完成的，但有几位记忆参赛者依然表现出卓越的记忆力。这一点说明，在超常的记忆能力中，既有习得的成分，也有先天的成分。研究者们的结论是，一个人可以因为天赋而具有超出常人的记忆力，也可以通过学习掌握记忆策略而获得超出常人的记忆力。通常情况下，先天和后天两方面的因素是相辅相成的。事实上，大多数具有非凡记忆力的人都会通过运用记忆策略而使自己的天赋得到更好的发挥。

资料来源：库恩. 心理学导论——思想与行为的认识之路. 2004

本章摘要

1. 记忆是个体经验在头脑中识记、保持和再现的心理过程。从信息加工论的角度来讲，记忆就是人脑对外界输入的信息进行编码、存储和提取的过程。

2. 记忆有很多种分类方法，如感觉记忆、短时记忆和长时记忆，陈述性记忆和程序性记忆，外显记忆和内隐记忆等。人类存在多重记忆系统的观点逐渐被研究者所接受。

3. 不同的记忆系统有不同的脑区定位，其中内侧颞叶和间脑对于事实和事件的陈述性记忆的形成起着关键作用。学习和记忆涉及到细胞突触间的化学或形态变化。

4. 感觉记忆又称感觉登记，是记忆过程的开始阶段。常见的感觉记忆有映像记忆和回声记忆。

5. 感觉记忆的编码具有鲜明的形象性。感觉记忆的容量通常比较大，但信息衰退的速度很快。

6. 短时记忆可以看做感觉记忆和长时记忆之间的中间环节，其信息保存的时间在1分钟左右。听觉语音编码是短时记忆的主要编码形式。

7. 正常成年人的短时记忆容量为7 ± 2个单元，一个单元可以看做是一个组块。复述是短时记忆保存信息的有效方法。短时记忆中的信息提取是一种完序列扫描的模式。

8. 工作记忆在存储信息的同时，也包括对信息的加工和操作，是许多复杂的认知活动的工作模型。工作记忆包括三个子成分，分别是语音环路、中央执行系统和视空间模板。

9. 长时记忆的信息编码更加灵活，语义编码可能是长时记忆的主要编码方式。语义记忆的表征具有扩散激活的特点。

10. 长时记忆中存储的信息会随着时间变化发生一些动态的变化，或者变得更加简略和概括，或者变得更为具体，有时甚至出现错误记忆。

11. 再认和回忆是最常见的信息提取方式。再认指过去学习过的内容、经历过的事情再次呈现，个体感到熟悉并能够再次确认的过程。回忆是在头脑中再现过去经验的过程。回忆经常以联想的形式进行。

12. 回忆的成绩会受到项目在序列中的位置的影响，表现出序列位置效应，如近因效应和首因效应。

13. 记忆中的信息不能提取或提取有困难时，就发生了遗忘。遗忘与保持是矛盾的两个对立面，信息保持得多，遗忘得就少；信息保持得少，遗忘得就多。

14. 保持和遗忘是时间的函数，遗忘的一般进程是先快后慢。遗忘的进程除了受到时间因素的影响，也受到学习材料的性质、学习材料的数量和学习程度等因素的影响。

15. 遗忘有多种可能的原因，包括记忆痕迹的衰退，存储信息之间的相互干扰，缺乏适当的提取线索，情绪、动机的压抑等。

16. 及时进行复习、合理分配复习时间、复习时阅读和试图回忆交替进行、利用多重编码等策略可以有效地防止遗忘。

复习思考题

1. 记忆的一般过程是什么？
2. 简述记忆的分类？
3. 感觉记忆有哪些特征？
4. 短时记忆的编码和提取有哪些特点？
5. 什么是工作记忆？工作记忆包括哪几个成分？
6. 简述语义记忆的扩散激活模型。
7. 长时记忆的信息提取有哪些方式？
8. 什么是序列位置效应？原因是什么？
9. 简述遗忘的一般进程和影响因素。
10. 遗忘的原因有哪些？

第七章 思维

第一节 思维

一、思维的定义

在日常生活和工作中,我们经常运用自己的思维能力进行思考,做出判断和决策,解决遇到的问题。可以说,高级的思维能力是人类区别于其它动物的本质特征之一。那么什么是思维?思维(thinking)是指人脑借助言语、表象或动作实现的对客观事物间接、概括的反映。它是一种能揭示事物本质特征及内在规律的高级认识过程。思维是一种依托于感知觉、但不同于感知觉的认识过程。感知觉是对客观事物的直接反映,只涉及外部特征和个别属性。思维是在感知觉的基础上,对与客观事物有关的信息进行更深层次的加工,形成间接的、概括的认识。通过这种对输入信息的深加工,思维在概念形成、推理、判断和决策、问题解决等过程中起着重要的作用。

二、思维的特征

(一)概括性

在大量感性材料的基础上,形成对事物的共同特征和内在规律的认识,并得出相关事物之间的本质的内在联系,这就是思维的概括性。如通过对苹果、桃子、山楂、荔枝、香蕉等一些水果的研究,运用思维,得出它们的共同特性是"可食用的多汁液的植物果实"。概括是人们形成概念的前提,而概念的形成将对人们的日常生活产生深远的影响。另外,随着人们认识水平的提高,对事物的概括水平也逐渐提高。

（二）间接性

思维是在感知觉的基础上认识事物的，但认识事物的方式与感知觉不同。它是依据已存在的知识经验和其他媒介对客观事物进行间接的认识。思维的这种特征可打破认识事物的时空限制。如根据海平面上升、南极冰川融化、旱灾增多、森林火灾增多等不同时间地点发生的现象，可得出全球气温正在持续升高的结论；根据地震发生频繁、海啸来袭次数增多、火山喷发几率变高等现象，可推断出地壳板块正处在活跃阶段。思维的间接性与概括性有着密切的联系。思维对客观事物的间接性认识是在对事物各种信息进行概括总结的基础上进行的。

（三）思维与语言有着密切的关系

人的思维可以借助语言来实现，这也是人与动物思维的本质区别之一。语言是思维的工具，思维的过程和结果需要用语言进行组织和表达。如果没有语言，人们相互之间无法交流思维的成果。可以说，语言的出现，极大地促进了人类思维的发展。当然语言的出现，也离不开人类思维的高度发展。另外，语言也不是思维的唯一工具，思维还可借助表象、动作来实现。

三、思维的种类

思维可以从不同的角度进行分类。

（一）根据思维凭借的媒介和解决问题的方式不同，可分为直观动作思维、具体形象思维和抽象逻辑思维

1. 直观动作思维

直观动作思维又叫实践思维或操作思维，是指通过实际动作解决问题的思维方式。直观动作思维具有很强的实用性。在日常生活中，很多问题需要通过实际操作才能找出解决的办法。例如，手机接收不到信息了，看表面完好无损，这时候你需要通过实际操作找出问题所在，是网络信号问题、还是手机本身的问题，问题明确了，才能找出解决的方法。3岁前的幼儿的思维活动常常是在实际操作中进行的，他们通过触摸、摆弄物体等直观动作来完成各种思维活动。

2. 具体形象思维

具体形象思维指运用直观形象和具体表象所进行的思维活动。例如，画家在作画时，首先在头脑中形成所画事物的大体轮廓，然后才会下笔作画；服装师设计服装时，也会在头脑中形成服装的样式，之后才会把样式描绘出来进行修整。艺术创作能力与形象思维关系密切，作家、艺术家通过对大量表象进行高度凝结，可以形成崭新的艺术形象。

3. 抽象逻辑思维

抽象逻辑思维是指运用概念、判断和推理，通过比较、分析、概括、综合等过程，揭示事物的本质特征和内在联系的思维方式。这种思维不同于以动作为中介的直观动作思维，也不同于以表象为基础的形象思维，它是以概念为基础的理性思维方式，属于人类特有的一种典型思维方式。平时人们所进行的判断推理、逻辑思考等活动都离不开这种思维方式。

（二）根据思维过程中是否有明确的分析步骤，可分为直觉思维和分析思维

1. 直觉思维

直觉思维是指人们面临新的问题或情境时，能够迅速理解并做出判断的思维活动。例如，篮球运动员根据直觉判断最佳时机，作出投篮的决定；科学家根据偶然的发现，提出某种理论或猜想。直觉思维具有灵活性、偶然性、简约性等特点。

2. 分析思维

分析思维也叫逻辑思维，是指经过仔细研究、逐步分析，最后得出明确结论的思维方式。如警察通过侦查、取证、审问等方式从众多嫌疑人中找出真正的犯罪对象；学生通过逐步推导证明几何问题。

（三）根据思维活动以日常经验还是以科学理论为依据，可分为经验思维和理论思维

1. 经验思维

经验思维指依据日常生活经验进行的思维活动。如人们根据生活经验，得出"瑞雪兆丰年"的结论；儿童认为"鸟是会飞的动物"，得出鸵鸟不是鸟的结论。经验思维具有片面性，容易产生错误的结论。

2. 理论思维

理论思维是以科学的方法和理论为基础进行的思维活动。例如用"水是生命之源"的理论来解释干旱对世界万物的影响。理论思维能够认清事物的本质和内在联系，是解决问题的更有效的思维方式。

（四）根据思维指向性不同，可分为聚合思维与发散思维

1. 聚合思维

聚合思维（convergent thinking）又称辐合思维、求同思维、集中思维，是指将与问题有关的各种信息集中起来，找出最佳解决方案的思维方式。这种思维方式注重在求同基础上的创新。如工程师通过对比各式各样的设计图，找到最具特色的设计方案。

2. 发散思维

发散思维（divergent thinking）又称做求异思维、扩散思维、辐射思维，是指从一个目标出发，运用各种方法去寻求多种答案的思维方式。它具有流畅性、变通性、独特性等特点，是创造性思维的主要成分。发散思维注重求异基础上的创新，要求人们从多个不同的方面思考同一问题，如"一题多解"、"一物多用"等。这种思维在碰到用常规思维不能解决的新问题时能够发挥重要作用。

（五）据思维创造性成分的多少，可分为常规思维与创造性思维

1. 常规思维

常规思维也叫再造性思维，是指根据已有的知识经验，运用现成的方法和惯用的思路解决问题的思维方式。如体操教练用同样的方法来训练体操运动员；学生根据例题来解决类似的问题。这种思维注重传承已有的经验，创造性水平不高，有时运用不当，会对问题解决产生不利影响，特别是解决一些新问题的时候。

2. 创造性思维

创造性思维是指运用独特创新的方法解决问题的一种思维方式。创造性思维具有新颖性、灵活性、独特性等特点。创造性思维是人类思维的高级形式，人类的文明和进步与创造性思维息息相关。从科技发明到艺术创造、甚至是我们所使用的语言文字，都是创造性思维的产物。创造性思维可以是多种思维形式的综合表现，既可以是发散思维与聚合思维的结合，也可以是直觉思维与分析思维的结合，其中发散思维在创造性思维中起着重要作用。

四、思维的过程

思维是一种复杂的心理活动，它是通过一系列的认知操作来实现的。思维过程包括分析、综合、比较、分类、抽象、概括等操作。

（一）分析与综合

分析是指在头脑中把整体的事物分解为各个方面、各个部分来进行认识的思维活动。人们对事物进行分析，往往是为了更好的研究客观事物。例如从外貌、性格、言行、受教育程度等不同的方面来了解一个人；把空气分解成二氧化碳、氧气、氢气、氮气等成分来进行研究。

综合是指在头脑中把事物的各个组成部分、各个特征、各个方面结合起来进行总体认识的思维活动。例如从政治、经济、文化、人民生活水平等方面考察一个国家的综合实力；通过综合考试来查看学生的整体水平。

分析与综合在人们的认识过程中起着不同的作用。两者相结合，有助于形

成对事物的全面认识。分析与综合也是同一思维过程中密不可分的两个方面。分析是以综合的事物为前提来进行的,综合则是在对事物分析的基础上进行的,两者存在相互依存、互为条件的关系。思维活动是在两者紧密结合的基础上进行的。

(二) 比较与分类

比较是指在头脑中把各种相似的、有联系的事物加以比较,找出异同点,从而认识事物的思维活动。例如通过比较同卵双胞胎和异卵双胞胎之间心理和行为上的异同点,加深对遗传的认识。比较与分析、综合有着密切的联系。任何比较都是在对事物的各个方面进行分析与综合的基础上进行的。没有对事物的分析与综合,就难以进行深入的比较。

分类是指在头脑中对各种事物进行比较后,区分为不同种类的思维活动。分类是在比较的基础上进行的。通过比较,找出事物的异同点,从而把完全相同的事物归为一小类,再把差异小的事物归为一大类,形成事物的关系网,以便加深对事物的认识。

(三) 抽象与概括

抽象是指在头脑中舍弃各种事物的个别的、非本质的特征,而把共同的、本质的特征抽取出来的思维过程。例如通过对狗、猫、猪、马等动物进行研究发现,它们都是通过哺乳和胎生来繁衍后代的,哺乳和胎生就是哺乳动物的两个最显著的特征。这就是通过抽象的思维操作得出来的结论。

概括是指在头脑中对抽象出来的事物的共同的、本质的特征进行总结形成普遍认识的思维活动。概括是在抽象的基础上进行的,没有抽象出来的事物的本质特征,概括就难以进行。概括有初级概括和高级概括之分。初级概括是在感知觉、表象的基础上进行的概括;高级概括是对事物的内在联系和本质特征的概括,通常是抽象逻辑思维的产物。

第二节 概念

一、概念的含义

概念(concept)是人脑对客观事物的一般特征与本质特征的反映。事物的本质特征是使一事物区别于其他事物的特征。如"人"这个概念,制造并使用工具和拥有语言能力应该是"人"的本质特征,可以使人类与其他动物相区别;

而直立行走、胎生等特征则是非本质特征，不能使人类与其他动物相区别。掌握了概念，有助于人们认识事物的本质。

每个概念都有内涵与外延两个方面。概念的内涵是指概念所反映的事物的本质特征的总和。概念的外延是指具有该概念所反映的本质特征的一切事物。例如"鸟类"这个概念的内涵是有羽毛、有翼、卵生等，它的外延包括一切符合这些本质特征的动物，如麻雀、老鹰、燕子、鹦鹉、杜鹃、翠鸟、猫头鹰、鸵鸟、天鹅、企鹅，等等。概念的内涵与外延是此消彼长的关系。概念的内涵越丰富，外延的范围就越小。如除"鸟类"的本质特征外再加上不能飞翔、生活在南极寒冷地区等特征后，也许就只有企鹅符合这些特点了。

概念与词有着密切的关系。概念可以由词进行表达。但概念与词并非一一对应的关系，两者不能混淆。不同的词可表述同一概念，如"香菜与芫荽"表示的就是同一种蔬菜。反之，同一个词也可以表述不同的概念，如"山寨"既可指山村，又可指仿冒或伪造的产品。此外，虚词一般不能单独表述概念，只能起辅助作用。

二、概念的种类

概念可以从不同的角度进行分类。

（一）根据概念所涵盖的事物属性的抽象程度可分为具体概念和抽象概念

1. 具体概念

具体概念（concrete concept）是指根据事物的外显属性形成的概念。如将篮球、足球、橄榄球、西瓜、甜瓜、木瓜进行分类，若将蓝球、足球、西瓜归为一类，将橄榄球、甜瓜、木瓜归为另一类，这就是按照事物的外形所进行的分类，由此而形成的概念即为具体概念。

2. 抽象概念

抽象概念（abstract concept）是指根据事物的本质属性而形成的概念。例如，在上例中，若将篮球、足球、橄榄球归为一类，将西瓜、甜瓜与木瓜归为另一类，这就是根据事物的本质属性进行的分类，由此形成的概念即为抽象概念。

（二）根据概念所反映的事物属性的数量及其相互关系，可分为合取概念、析取概念和关系概念

1. 合取概念

合取概念（conjunctive concept）是指一类事物中单个或多个特征共同形成的概念。如 "鸟类"这个概念必须具有"有羽毛、有翼、卵生"这几个属性，

缺少其中任一属性,都不能形成"鸟类"这个概念。也就是说,这些属性在概念形成中,必须同时存在,缺一不可。合取概念是最常见的一种概念,如"动物""水果""电视"等。

2. 析取概念

析取概念(disjunctive concept)是指据不同的标准,由单个或多个特性形成的概念。例如"优秀演员"这个概念可结合各种特征,如"热爱表演"、"演技不凡"、"多才多艺"等,每种特征或几个特征的结合都可以构成"优秀演员"这个概念。因此,析取概念的内涵并不固定,合取概念的内涵相对固定。

3. 关系概念

关系概念(relative concept)是指根据事物之间的相互联系形成的概念。如好坏、胖瘦、高矮等。

(三)根据概念形成的途径,可分为日常概念和科学概念

1. 日常概念

日常概念(daily concept)又称前科学概念,是指在日常生活中形成的概念。此类概念受生活习惯和经验所限,概念的内涵可能包括一些非本质特征,带有片面性。

2. 科学概念

科学概念(scientific concept)指通过科学的方法进行研究和论证之后形成的各种概念,如各种学科体系中的概念。这类概念的内涵和外延通常比较准确,但受研究方法和手段的局限,科学概念也存在时代的局限,需要不断的更新和发展。

三、概念的形成

概念形成(concept formation)是指个体掌握概念的过程。自然概念的形成是一个长期的过程,涉及许多因素,难以进行研究。为此,心理学家设计了人工概念,在实验室里对概念形成的过程进行了详尽的研究。

(一)人工概念形成的实验研究

赫尔最早使用汉字偏旁为材料进行了人工概念形成的研究。在此之后,很多心理学家也进行了人工概念形成的实验,其中布鲁纳等人所做的实验研究(Bruner, et al., 1956)较有代表性。他们使用的实验材料是81张带有图形的卡片,如图7-1所示。每张卡片上的图形可在形状、颜色、数目、边线四个维度上进行变化,同时,每个维度又分为三个不同的水平。形状有十字形、圆形和方形。颜色有绿色、黑色和红色。数目有1个、2个和3个。边线数有一条、

第七章 思维　　　　　　　　　　　　　　　　　　　　　　　　　　185

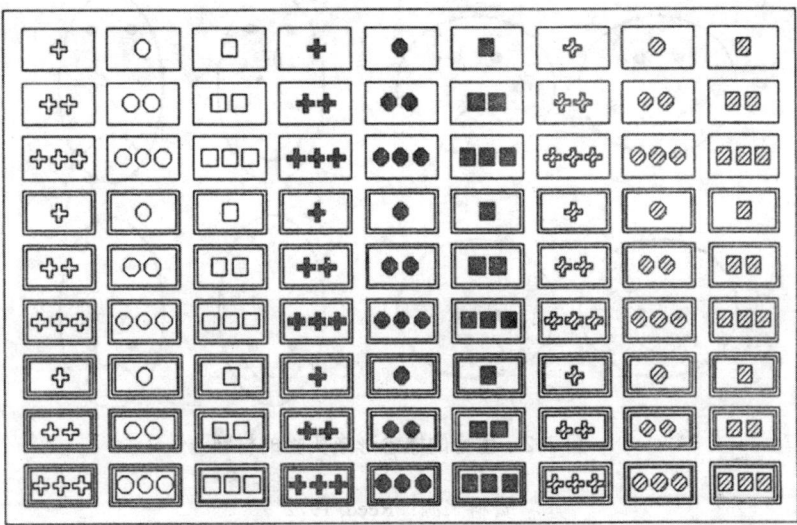

图 7-1　布鲁纳等人关于人工概念形成的实验材料

两条和三条。实验过程中，主试首先将 81 张带有图形的卡片同时呈现给被试，向被试说明卡片都有哪些属性，以及怎样将卡片的这些属性结合成概念。然后，指着一张卡片对被试说："我现在心中有一个概念，概念的属性可在这张卡片上找到。请按你的想法，每次指一张卡片给我看，我会给予你对与错的指示，看能否形成我所设定的概念。"例如，主试给被试提示的卡片图形是"双边、一个、红色、方形"，主试心中的概念是"红色方形"。被试可能会进行下面的一系列选择，直到发现主试心目中的概念：

被试选择图片　　　　　　　　主试判定
　A. 单边一个红色方形　　　　　对
　B. 单边一个黑色方形　　　　　错
　C. 双边一个红色方形　　　　　对
　D. 双边一个红色圆形　　　　　错
　E. 三边两个红色方形　　　　　对

这时，被试就会明白主试心中的概念是"红色方形"。主试会给予"正确"的反馈信号。至此，被试就形成了这种人工概念。

里德（Reed，1972）的人工概念形成实验也比较典型。该实验采用的材料是一些面孔图形（图 7-2），这些图形有脸形、眼睛位置和嘴角表情三个维度，每个维度又分为两个水平。脸形分为宽脸与长脸，眼睛位置分为在上和在下，

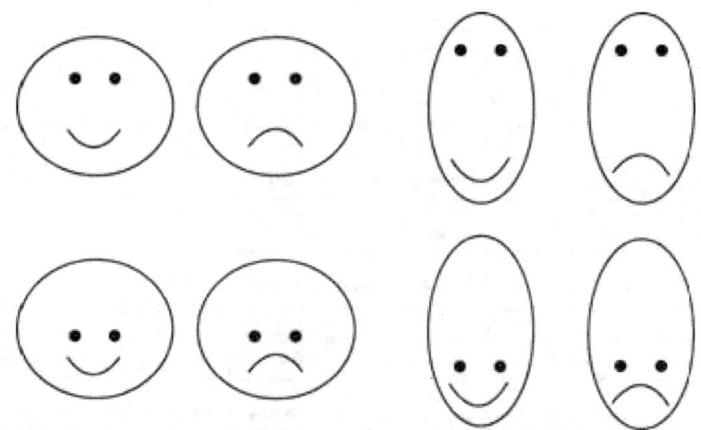

图 7-2 里德的概念形成实验的材料

资料来源：Reed, 1972

嘴角表情分为笑和愁两种。指定这些特征中的一些特征来作为概念的属性，就可形成大小范围不同的概念。例如：（1）如果只把"面孔"作为唯一属性，其概念范围为八个图形；（2）如果说"宽面孔"，属性就有两个，其概念范围为四个图形；（3）如果说"宽而笑的面孔"，属性就有三个，其概念范围为两个图形；（4）如果说"宽而笑且眼在上的面孔"，属性就有四个，其概念范围只有一个图形。概念范围的大小，由其属性来限定。

在实验开始时，主试和被试两人面前各放一组面孔各异的卡片（共八张）。主试会对被试说："我心中有一个概念，但形成概念的属性暂时保密，我会出示每张卡片，你可根据卡片上的图形的属性去猜测，以确定我所心目中概念的属性。"表 7-1 就是一次概念形成的试验，三次练习之后，被试即能确定"宽而笑的面孔"就是主试心中所持的概念。

表 7-1 一次概念形成的流程

练习	主试出示的图形	被试的推测	主试的反馈
1	宽而笑且眼在上的面孔	是	对
2	长而愁且眼在上的面孔	不是	对
3	宽而愁且眼在下的面孔	是	错

（二）人工概念形成的途径

布鲁纳等人认为概念形成过程是不断提出假设、验证假设的过程，这就是假设检验说（hypothesis test theory）。主试给予被试实验材料，被试根据实验材料提出各种假设，然后根据主试的反馈，验证自己提出的各种假设，直到某种假设被证实是正确的，这时概念也就形成了。

布鲁纳等人认为，被试在假设检验、形成概念的过程中可能采取四种策略：

(1) 保守性聚焦（conservative focusing） 将第一个肯定实例含有的所有属性都看做目标概念的有关属性，而后每次改变其中一个属性。如果主试给予新选择的卡片的反馈是"对"，那么这个属性就是目标概念的无关属性。相反，如果主试给予的反馈是"不对"，那么这个属性就是目标概念的有关属性。例如，在前述概念形成的例子中，主试出示的卡片是"双边一个红色方形"，被试初始选择了"单边一个红色方形"，主试反馈的信息是"对"，那么可以得知边框数目是目标概念的无关属性。依次改变其他属性，根据主试反馈，可以很容易地找到目标概念。

(2) 冒险性聚焦（focus gambling） 将第一个肯定实例含有的所有属性都看做目标概念的有关属性，而后每次改变一个以上的属性，根据主试反馈推断目标概念。此策略带有冒险性，成功率低，但有可能在较短时间内发现目标概念。例如，焦点卡片是"双边一个红色方形"，被试选取"三边两个红色方形"，如果主试给予的反馈信息是"对"，即可一次判定边框数目和图形数目都不是目标概念的有关属性。如果主试的反馈是"错"，则需要花费更多的时间来寻找目标概念的有关属性。

(3) 同时性扫描（simultaneous scanning） 指根据第一个肯定实例包含的部分属性，同时形成多个假设。之后，根据主试给予的反馈信息，同时验证这些假设。这种策略的认知加工负担较重，因此不易被采纳。

(4) 继时性扫描（successive scanning） 指依据肯定实例包含的属性形成多个假设之后，每次只检验一种假设，依次判断每个假设的正确性。

四种加工策略相比较，保守性聚焦策略记忆负担比较轻，且每次反馈都能获得明确的信息，是一种更有效的概念形成策略。

(三) 影响概念形成的因素

对于个体来说，概念的形成就是掌握概念的过程。个体掌握概念可以通过两条途径，一是通过直接经验的方式掌握概念，这需要个体在实践中接触、操作事物，形成对事物的直接认识；另一种是通过间接经验的方式掌握概念，我们的大多数概念都是通过这种方式掌握的，包括日常生活中的经验交流和通过接受正规的学校教育所掌握的各种概念。影响概念形成的因素也很多，包括概念内涵本身的抽象性和复杂性、个体的知识经验、社会文化背景等因素。以下主要分析影响学生掌握概念的几个因素。

1. 学生的认知能力和过去经验

在教学中，概念的讲授要考虑到不同阶段的学生的认知能力和理解水平。例如，对低年级的学生来说，"空气就是任何生命都离不开的气体"；而对高年级的学生来说，"空气不是一种单纯的气体，而是由许多种气体组成的混合气体，其中最主要的是氧气和氮气"。学生的认知能力直接决定了他们掌握概念的深度。

此外，概念的讲授还要考虑到学生过去的经验。特别是学生过去的经验与当前要学习的概念的内涵或外延不一致时，会对概念的掌握产生消极影响。比如说蝙蝠和鲸鱼都是哺乳动物，这可能会与学生过去的经验相冲突，这时需要讲清楚哺乳动物的本质特征以及蝙蝠和鲸鱼都具有这些本质特征。

2. 下定义

下定义是用简洁、明确的语言对概念的本质特征进行描述。通过下定义的方式，学生可以直接掌握概念的本质特征，进而通过本质特征去认识和辨别事物。例如，宠物狗的概念是"适合家庭饲养的犬种，是以为人类提供乐趣和玩伴为主要目的的一种狗"，通过这个定义，我们对宠物狗的认识更加明确，也可以把它与其他的犬种进行区别。

3. 变式

变式是从不同的角度和方面组织和呈现材料，突出事物的本质特征，淡化事物的非本质特征的方法。不充分、不合理的变式，会使概念的外延不恰当地缩小或扩大，进而影响对概念内涵的理解。所以，讲授概念时，要学会正确利用变式。变式有两种，一种是变化事物的非本质属性，本质属性保持不变。如讲"角"的概念时，如果仅列举锐角、直角、钝角等特征明显的例子，学生就有可能形成"角就是两条直线的交叉"的错误概念，如果同时把平角、周角等本质特征不明显的例子展示给学生，就能使学生理解角的含义是"从一点出发的两条射线组成的图形"。另一种变式是变化事物的本质特征，而非本质特征保持不变。如"飞禽"这个概念的本质特征是善于飞行的野生鸟类，讲述的时候可以列举蜻蜓、蝙蝠等例子，蜻蜓、蝙蝠虽然也善于飞行，但飞行属于非本质特征，它们本质上不属于鸟类，所以不是飞禽。

4. 概念体系

任何事物都是相互联系的，概念之间也有着各种各样的联系，形成了不同的概念体系。有相反的概念体系（高与矮、胖与瘦），有并列的概念体系（美丽、漂亮、好看），有从属的概念体系（植物、花、玫瑰），等等。掌握概念的时候，要注意概念之间的相互联系，形成系统的概念体系，以加深对概念的理解。

第三节 推理

一、推理的含义

推理（reasoning）是指由一个或几个已知前提为出发点，推出一种新的结论的思维活动。如根据"水是生命之源"的前提，推出"动植物都需要水"这样的结论。这个过程就是推理过程。要保证推理的正确性，必须具备两个条件：一是前提要正确，二是前提与结论之间有必然的联系。

二、推理的分类

按照推理过程中思维方向的不同，推理可分为演绎推理（deductive reasoning）和归纳推理（inductive reasoning）。演绎推理指从一般性的前提，推出特殊性结论的思维活动；归纳推理是从特殊前提推出普遍性结论的思维活动。

（一）演绎推理

演绎推理有很多种表现形式，其中典型的有三段论推理、线性推理（关系推理）和条件推理。

1. 三段论推理

三段论推理是由两个假定真实的前提推出一个新结论的思维过程。如根据"所有的鸟类都会飞"和"鸵鸟是一种鸟"两个前提，推断出"鸵鸟也会飞"的结论。在这个推理中，有一个大前提、一个小前提加一个结论。大前提通常是一种普遍的原则，小前提是特殊事例，结论是根据两个前提推断出的新命题。这个推理中大前提有着明显的局限性，是个否定前提，小前提是一个正确的陈述，最后的结论则是一个错误的结论。

在推理中人们经常会出现错误，如根据"有些A是B"和"有些B是C"两个前提，推断出"有些A是C"的结论。推理中的错误，主要是由于人们对前提中的信息加工不充分，或者受工作记忆容量的限制，人们只根据前提创建了一种心理模型或可能的结论，而没有全面考虑其他可能的心理模型造成的。

2. 线性推理

线性推理又称关系推理或线性三段论，在所给的两个前提中指出了三个逻辑项之间的可传递的关系。如根据"书本在灯的右边，花瓶在书本的右边"推断出"花瓶在灯的右边",两个前提说明了"灯"、"书本"和"花瓶"三个物体在空间位置上的线性关系。

3. 条件推理

条件推理又称假言推理,是指人们利用条件性命题所进行的推理。例如,"如果明天是晴天,我们就去游乐园","明天是晴天",所以"我们去游乐园"。

 阅读资料:四卡片实验

在条件推理中,人们发现一个有趣的现象,就是人们倾向于证实某种假设或规则,而很少去证伪它们,这种现象被称为证实倾向。

以沃森(Wason)1966年和1968年的"四卡片选择作业"为例。在实验中,给被试看四张卡片,卡片的一面写有字母,另一面写有数字(见图7-3抽象任务)。同时,主试给被试提出一个规则:"若卡片的一面是元音字母,则另一面为偶数"。要求被试说出为证实这一规则的真伪,需要翻看哪些卡片。结果发现,只有约4%的人作出了正确的选择,即认为应该翻看卡片"E"和"7"。46%的被试认为应该翻看卡片"E"和"4"。沃森等人认为,在检验规则或假设的过程中,被试有一种强烈的对规则的证实倾向。

为什么会出现这种证实倾向呢?一种观点认为,卡片选择作业中的错误与实验材料的性质有关。由于实验采用了抽象的、人为性的材料,因而导致了错误。如果把卡片中的内容换成被试熟悉的内容,被试正确选择的比率就会明显升高。例如,格瑞格斯(Griggs)等人1982年在实验中,给被试呈现了写有下面内容的卡片(见图7-3现实世界任务)。要证实的规则是:"若有人喝啤酒,则该人的年龄必须超过19岁"。结果表明,采用这种与被试生活经验相关的材料,有高达74.1%的被试作出了正确的选择。

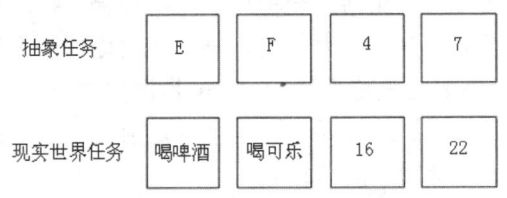

图7-3 抽象与现实世界推理图

资料来源:彭聃龄.普通心理学.2004

(二)归纳推理

归纳推理是指从特殊性前提到一般性结论的推理。归纳推理的前提是其结论的必要条件。归纳推理的前提一般是真实的,否则,归纳就失去了意义;即使归纳推理的前提是真实的,归纳推理的结论也未必是真实的。归纳推理的结论所界定的范围通常会超出前提所界定的范围。例如，麻雀会飞，燕子会飞，所以鸟类都会飞。

归纳推理根据前提所界定范围的大小，可以分为完全归纳推理和不完全归纳推理。

1. 完全归纳推理

完全归纳推理是根据某类事物的全部对象都具有某种属性，从而推断此类事物具有这种属性的一种推理形式。完全归纳推理的前提与结论之间的联系是必然的。由于完全归纳推理是考察事物的所有对象之后，才据此作出推论，所以通常适用于对象数量不多的事物。如果考察的事物所具有的对象数量太多，这种归纳方式就不实用了。

2. 不完全归纳推理

不完全归纳推理指根据某类事物部分对象都具有某种属性，从而推出此类事物具有这种属性的一种推理形式。这种推理形式又可分为简单枚举归纳推理和科学归纳推理。

（1）简单枚举归纳推理

简单枚举归纳推理是根据观察到的部分对象都具有某种属性，从而推出此类事物具有这种属性的结论。此类推理的结论具有或然性，因此不一定真实可信。民间的许多谚语，如"燕子低飞要落雨"、"云势若鱼鳞，来朝风不轻"等，就是在日常生活中经过多次验证而形成的简单枚举推理。此类推理是归纳推理中最简单的一种推理。

（2）科学归纳推理

科学归纳推理是根据某类事物中部分对象与某种属性间存在因果关系的分析，推断出此种事物具有这种属性的结论。科学归纳推理是在强调对象与属性之间因果关系的基础上作出的推论，因而可信度高，有助于人们去探求事物的本质，发现事物的规律，把感性认识提升到理性认识层面。

第四节　问题解决

一、问题解决的含义

问题解决（problem solving）指在问题情景中，应用各种认知策略、技能，经过一系列的思维操作，使问题得以解决的过程。在日常生活和工作中，问题无处不在，而且问题的种类也多种多样。有些问题运用已有的方法可以得到解决，而有些问题需要找到独特新颖的方法才能解决。

问题解决是人类的思维活动之一，但并非所有的思维活动都是问题解决。一般来说，问题解决应具备以下三个特征：

（1）目标指向性。即问题解决活动应具有明确的方向性，经过一系列的认知活动有目的地把初始状态转变为目标状态。

（2）操作系列性。问题解决必须包含一系列的心理操作，能够自动完成或只有单一操作的活动不能构成问题解决过程。例如，当你学会了弹钢琴之后，再弹钢琴的活动就不是一种问题解决的活动。

（3）认知性操作。问题解决需要有思维认知成分的参与。没有认知成分参与的活动，不被看做是问题解决。

二、问题解决的过程

认知心理学把问题解决的过程分为三种状态：初始状态、中介状态和目标状态。初始状态是问题解决者所面临问题的初始情境，问题解决者所要达到的最终目标是目标状态，由初始状态转变为目标状态，中间经历的各种操作所产生的各种状态称为中介状态。以上三种状态构成问题空间。问题解决就是从初始状态，经过一系列认知操作，最终达到目标状态的思维过程。

具体来说，问题解决的思维过程可分为以下几步：

（1）发现问题：大多数问题的情境都非常明确，但是有些问题的情境相对比较模糊，解决问题首先是从找出问题开始的。相对来说，这个过程比较简单。

（2）分析问题：找出问题之后，需要分析问题的性质及其他有关情况，为着手解决问题做好准备。发现问题和分析问题的过程也是明确问题的初始状态的过程。

（3）确定策略：问题的情境和性质都明确之后，就要找出解决这个问题的策略。策略可以是分析的，也可以是综合的。只要能达到解决问题的目的，都可以称之为策略。

（4）应用策略：策略确定之后，就可以应用这个策略来解决问题。确定策略、应用策略解决问题的过程构成问题解决的中介状态。

（5）评估结果：问题得以解决之后，还要对问题解决的结果进行评估验证。一方面需要评估问题解决是否达到最终的目标状态，另一方面也可以对问题解决策略的有效性进行评估。在这个过程中可能会形成新的策略，以提高问题解决的效率。

三、问题解决的策略

策略在问题解决中起着重要的作用。策略是否得当,决定着问题解决是否顺利。心理学家研究发现,有以下几种常用的问题解决策略。

(一) 算法策略

算法策略就是在问题空间中搜索所有可能解决问题的方法,直到找到一种能够有效解决问题的方法。也就是说,算法策略是将各种可能解决问题的方法都搜寻出来,一一验证,以确定解决问题的最佳方法。当算法明确时,采用这种策略能够确保问题得到解决,如密码破解。但应用这种策略解决问题,需要投入大量的时间和精力,而且问题复杂或者算法不明确时,很难用这种策略来解决问题。

(二) 启发法

启发法是通过观察初始状态与目标状态之间的联系,利用一定经验采取较少的认知操作以达到解决问题的方法。这种方法对经验的依赖性较大,如果经验不足,就难以保证问题解决的成功。启发法不需搜索解决问题的全部可能途径,比较省时省力。下面是几种常用的启发式策略:

1. 手段—目的分析法

手段—目的分析法(mean-end analysis)是将需要解决的目标问题分为几个较为简单的子问题,而后通过解决子问题使目标问题得以最终解决。其操作步骤通常是:①比较初始状态与目标状态,提出第一个子目标;②找出实现第一个子目标的方法或途径;③完成第一个子目标;④提出新的子目标。如此循环前进,直到达到问题的目标状态。

河内塔问题的解决就是应用这种策略的典型实例。在一个柱子上有三个大小不等的圆盘,盘子1、盘子2和盘子3。现要求被试把三个盘子全部移动到第三个柱子上,但要保持原来盘子放置的顺序。在这个过程中,有一个限制条件:每次只能移动一个盘子且大盘子不能放在小盘子上面。当前问题是盘子3不在柱子3上。要解决这个问题,就得先移走盘子3上的盘子1和盘子2。为了移动盘子2,只能先移动盘子1。至此,开始移动盘子1到柱子3上,接着将盘子2移动到柱子2上,然后再将盘子1移动到柱子2上。这时,可将盘子3移动到柱子3上,第一个子目标实现了。现在,要解决的问题是把盘子2移动到盘子3上。由于盘子1压在盘子2上,所以要先把盘子1移动到柱子1上,而后再把盘子2移动到柱子3上。最后一个问题是把盘子1移动到柱子3上,这步直接就能完成。至此,问题的目标状态就实现了,参见图7-4。

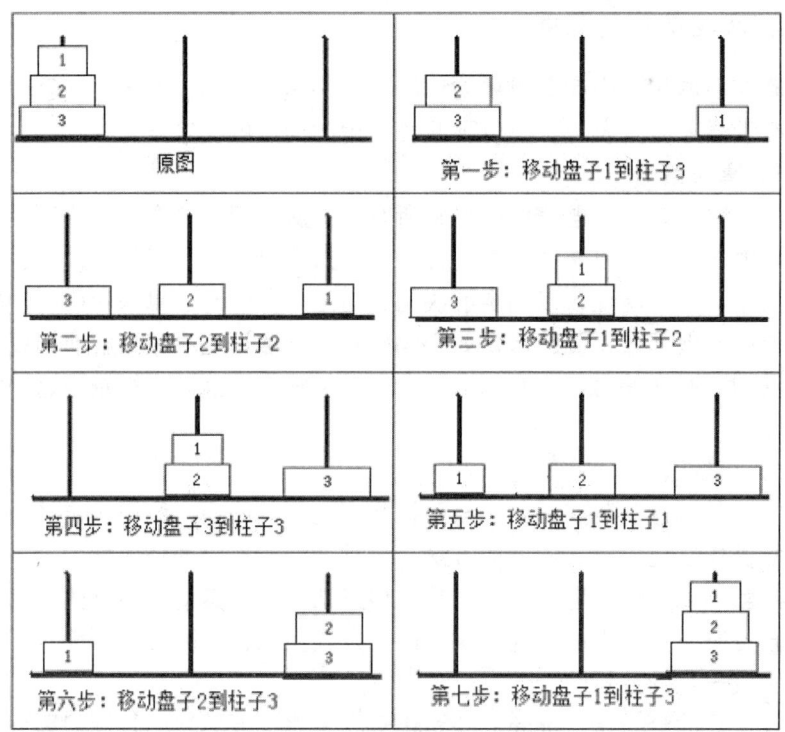

图 7-4 河内塔问题示意图

2. 爬山法

爬山法（hill climbing method）是在分析当前的问题状态后，采用一定的方法，降低初始状态与目标状态之间的差异，有时了为需要，还要扩大目标状态与初始状态之间的差异，以达到问题最终解决的目的。这个过程就像爬山一样，为了登上最高峰，先登上一个一个的矮山峰，迂回前进，直到登上最高峰为止。

3. 逆向分析法

逆向分析法（backward search）是指从问题的目标状态出发，逐步搜索直到找到通往初始状态的通路。有时问题的解决从初始状态搜索通往目标状态的通路比较困难，这时采用逆向分析的方法可以更迅速地找到问题解决的途径。很多几何证明题比较适合采用这种方法解决。

四、影响问题解决的因素

在问题解决的过程中，会受到各种因素的影响。既有主观的因素也有客观的因素，既有产生积极影响的因素也有产生消极影响的因素。以下是几个较为明显的影响问题解决的因素。

（一）知识经验

知识经验对问题解决有显著的影响。丰富的知识经验能提高问题解决的效率，知识经验不足会阻碍问题解决。专家和新手在解决问题中的差异是显而易见的，专家头脑中储存着大量的知识以及把这些知识运用于不同情境的丰富经验，因而他能够熟练地解决本领域所遇到的问题，而新手缺乏相应的知识储备和实践经验，很容易被新的问题情境所迷惑。在公司招聘中，公司都喜欢雇用有工作经验的职员，就是一个明显的例子。

（二）定势

定势（set）是先前的操作导致心理活动所产生的一种准备状态。定势的形成有时有利于问题的解决，有时又阻碍问题的解决。

心理学家陆钦斯曾做过一个"量水实验"，证明了定势对问题解决的影响。实验要求被试用不等容量的容器量出定量的水，具体步骤用算式进行表示（表7-2）。选取两组被试，分别为实验组和控制组。实验组被试完成1~8题，第1题为例题，主试示范例题可以用 D=B-A-2C 方法完成，剩余题目由被试完成。控制组被试直接做第 6~8 题。结果发现，实验组 81% 的被试都采用 D=B-A-2C 方法完成 2~8 题，而控制组被试完成第 7 题和第 8 题时全部采用了另外一种更简单的方法，即 D=A-C 或 D=A+C（表7-3）。结果表明，实验组被试受思维定势的影响非常明显，而控制组没有形成思维定势，故不受影响。在问题解决中，要注意克服思维定势的影响，保证思维的灵活性。

（三）功能固着

功能固着（functional fixation）是指对事物的常用功能过于关注，以致无法了解到事物的其他用途，从而影响问题解决的一种心理现象。功能固着不利于灵活地解决问题，有时候能否改变事物的固有功能以适应新的情境需要，会成为解决问题的关键因素。

美国心理学家梅尔（Maier）1931 年设计了一项摆荡结绳的实验。该实验设置的问题情境是在一个房间内，由天花板上垂下两条绳子，要求被试设法将它们连接在一起。房间里还摆放有一把椅子、一把钳子和其他东西（图7-5）。由于两条垂绳间距太远，被试无法直接用手将它们连接起来。实验设计的目的在于观察被试能否利用现场所摆放的工具，达到问题解决的目的。这个问题的解决办法是将钳子拴在一条垂绳上，然后摆动垂绳，使两绳间的距离瞬时缩短，被试可趁机抓住两条垂绳，结在一起。实验结果发现，只有 39.3% 的被试能够想到用上述方法解决问题。而大多数被试没想到钳子可以当做摆锤用,在他们看来,钳子的功能固定在拔钉或剪断铁丝之类的作用上。

表7-2 定势对问题解决影响的实验材料

课题序列	容器的容量			所求水量
	A	B	C	D
1	21	127	3	100
2	14	163	25	99
3	18	43	10	5
4	9	42	6	21
5	20	59	4	31
6	23	49	3	20
7	15	39	3	18
8	28	76	3	25

资料来源:彭聃龄. 普通心理学. 2004

表7-3 定势对问题解决影响的实验结果

组别	人数	采用D=B-A-2C方法的正确回答率(%)	采用D=A+C或D=A-C方法的正确回答率(%)	方法错误(%)
实验组	79	81	17	2
控制组	57	0	100	0

资料来源:彭聃龄. 普通心理学. 2004

图7-5 摆荡结绳问题

克服功能固着就需要功能变通,需要人们灵活地使用当前的工具和材料,不受工具和材料固有功能的制约。这既需要思维的灵活性,也需要人们熟悉事物的不同功能。

(四) 动机和情绪状态

动机的强度对问题解决也会产生重要的影响。动机过强或过弱,都会影响到问题解决的效率。动机太弱,容易受其他因素的干扰,影响问题解决的积极性。动机太强,容易使人的神经过度紧张,使正常思维受到极大干扰,也不利于问题解决。"欲速则不达"就是这个道理。研究表明,动机强度和问题解决效率之间存在一种倒 U 型的曲线关系,中等强度的动机水平最有利于问题解决(图 7-6)。

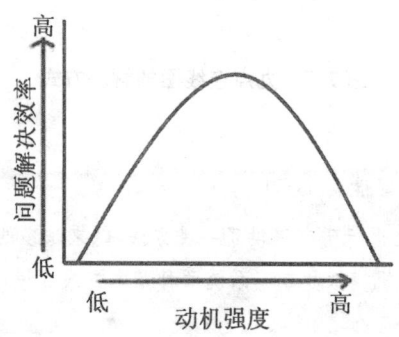

图 7-6 动机强度与问题解决之间的关系

情绪状态也影响到问题解决。消极的情绪对问题解决有着不利的影响,而积极的情绪会促进问题解决。美国心理学家耶克斯(Yerkes)和多德森(Dodson)1908 年曾对情绪的激动水平和作业成绩之间的关系进行了研究,他们设计了三种难度的任务,解决复杂的代数问题是困难任务,进行基础的数学运算是中等难度的任务,简单的反应时任务是简单任务。要求被试在不同的激动水平下完成三种任务。实验结果表明,完成困难任务,作业成绩在较低的激动水平时达到最佳;完成中等难度的任务,作业成绩在中等的激动水平时最好;完成简单的任务,作业成绩在较高的激动水平上最佳。这表明解决问题时,面临的问题情境越复杂,越需要心境平和、情绪稳定。考试的时候我们也会有这样的体会,很多难度不大的问题解决起来会出现困难,就是由于我们的情绪过于紧张。

(五) 知识表征的方式

知识表征的方式会影响到问题解决。同一问题情境,运用不同的表征方式,最终形成的解决问题途径也会差异很大。如九点连线问题,在这个问题中,要求被试用不多于四条的直线将九个点连接起来。被试通常容易受 9 点组成的方形这个问题情境影响,以至于在头脑中形成按方形连线的知识表征,从而难以解决问题。若在实验前，提醒被试，连线可以突破方形的限制，解决这个问题就容易得多。这个问题可有两种解法，如图7-7所示的。

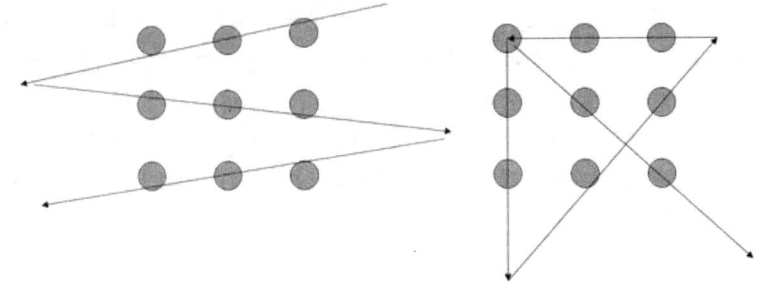

图7-7 九点连线图的解决方式

 阅读资料：人工智能与认知

人工智能为人类对思维进行研究提供了一种方法。越来越多的认知心理学家把人工智能当做一种研究工具，以计算机模拟和专家系统两种基本方式探讨诸如语言理解、决策及问题解决等思维研究中的老问题。

计算机模拟（computer simulation）指为再现人类思维、决策和问题解决等行为而编制的计算机程序，其作用是验证各种认知理论模型。因此，如果一个计算机程序表现出的行为与人的行为一样，包括犯与人类相同的错误，那么，这个程序就可能是解释我们思维过程的完好模型。

有关问题解决的大多数计算机模型是以手段—目的分析为基础的，也就是说，计算机程序通过比较事件的当前状态与目标状态，逐步缩小它们之间的差异。程序每运行一步后要检测差异的变化情况，如此循环直至问题得到解决。这种模型看似远离现实，但在日常生活中，人们的许多思维和问题解决活动用的都是手段—目的分析方法。例如，你在送孩子去托儿所之前开始想：

● 我想送儿子去托儿所。我从当前状态到达目标状态需要什么？缩短距离。
● 距离通过什么来缩短？汽车。
● 我的汽车发动不了。发动车需要什么？一个新电池。
● 哪儿有新电池？汽车修理店有。我需要请修理店的人来我家，把新电池装好。
● 但修理店的人并不知道我需要电池。问题出在哪儿？我必须先通知他们。
● 怎样通知？打电话。

专家系统（expert system）是另一种主要的人工智能程序，这种计算机程序能够按照人类专家的方式解决问题，把复杂的技能编制成清晰的、陈述性的计算机规则。专家系统使人类的一些高超技能不再神秘。它们能够预测天气、分析地形、诊断疾病、下象棋和阅读，还能告诉你何时买进或抛出股票。

资料来源：库恩. 心理学导论——思想与行为的认识之路. 2004

第五节　创造性思维

一、创造性思维的定义

创造性思维是指运用独特新颖的方法解决问题的一种思维过程。创造性思维是人类特有的一种思维活动。它属于思维的高级形式，强调创新与突破，不同于一般的思维活动。创造性思维是拓展新知识、开发新产品所必不可少的思维活动。

二、创造性思维的特点

创造性思维是在一般思维的基础上发展起来的，除了具有一般思维所具有的特征之外，还有一些独有的特征，主要表现在以下几个方面：

（一）创造性思维是发散思维与聚合思维统一的产物

发散思维是创造性思维的重要组成部分。在解决问题时，通过发散思维，可以找出尽可能多的解决问题的方法，为创造性地解决问题打下基础。吉尔福特（Guilford）通过研究发现，发散思维主要体现在三个方面：分别是思维的流畅性、思维的独特性和思维的变通性。思维的流畅性（fluency）指单位时间内发散项目的数量。在较短的时间内想出的项目数量越多，思维的流畅性越高。如用汉字"家"组词，在规定的时间内，组的词越多，流畅性越好。思维的独特性（originality）指所发散项目的独特新颖程度。所发散的项目或想出的问题解决方式越新颖，思维的独特性越好。思维的变通性（flexibility）指发散项目的范围或维度。范围越大，维度越多，思维的变通性越好。如让被试说出"报纸"的用途，如果只说出"阅读"、"在上面写字"等用途，思维的变通性就比较低，如果说出"做窗帘"、"叠飞机"、"剪纸"、"擦鞋"、"包东西"、"引火"、"当坐垫"等各种用途，思维的变通性就比较高。思维的变通性与独特性密切相关，思维的变通性是独特性的基础，思维独特性高的人一般也有较好的变通性。

聚合思维也是创造性思维的重要组成部分。通过发散思维，可以找到尽可能多的解决问题的方法。若想找到最佳的、最具创造性的方法，还需要通过聚合思维进行整合。聚合思维起着过滤器的作用，通过仔细筛选，找到解决问题的最佳方案。综上所述，创造性思维的过程，就是从发散思维到聚合思维，必要时再从聚合思维到发散思维，多次循环往复，最终找到解决问题的最佳途径的过程。

（二）灵感状态

在创造性的解决问题的过程中，新思路、新方法的闪现，往往是一瞬间的事情。这种现象就是灵感。灵感的产生看似偶然，实则是个必然的过程。它不是凭空产生的，而是思考者在大量积累知识经验、长时间反复思考的基础上产生的。灵感闪现的情景往往多种多样，有时是在做其他事情的过程中，有时甚至是在梦境中。这些情景都属于放松状态下的情景。所以灵感出现的最佳时机通常是在长期思考之后的短暂松弛状态下。当然，这种闪现总是在对一个问题苦思冥想之后才会出现。如阿基米德发现浮力原理的故事，就是用灵感解决问题的典型例子。希腊王叫阿基米德想出一个办法来检验金王冠是否为纯金所制，阿基米德为此日思夜想，考虑多日，仍一无所获。这令他非常苦恼。一次，他在盆中洗澡时，发现自己的身体在浴盆里沉下去的时候，就有一部分水从浴盆边溢出来；而且，他发现入水愈深，体重就愈轻。这时，灵感的光芒闪现了：同样重量的合金王冠体积要比同样重量的纯金王冠体积大，应该会排开更多的水，可以用这个方法检验王冠的纯度。想到这里，阿基米德冲出浴盆，欣喜地喊道："我找到了！我找到了！"就这样，在经过长时间潜心思索之后，再加上洗澡时受到的启发，阿基米德最终获得了一种"直觉上的顿悟"。由此可见，创造性思维往往诞生于灵感闪现的瞬间，灵感状态直接促成了问题的解决。

（三）新颖性

与常规性的思维相比，创造性思维更注重创新和突破，它具有明显的新颖性和独特性。因此创造性思维应该富于批判精神，善于打破常规，敢于另辟蹊径，独立思考，追求新思路，做出新发现。

（四）创造想象的参与

创造想象在用创造性思维解决问题的过程中发挥着重要作用。创造性思维讲求标新立异，创造的是事物的新形象或解决问题的新思路，而这个过程需要借助创造性想象来完成。如作家发挥想象来创作小说中的人物形象；音乐作曲家通过聆听自然万物的声音，发挥想象，创作新的音乐作品；印象派画家通过想象画出新的作品。所有这些都是通过想象进行的创造性思维活动。科学研究同样也离不开创造性的想象,正如爱因斯坦所说:"想象力比知识更重要,因为知识是有限的,而想象力概括着世界的一切,推动着进步,并且是知识进化的源泉。严格地说,想象力是科学研究的根本因素。"

三、创造性思维的基本过程

运用创造性思维解决问题,从知识储备到最后创造性地解决问题,会经历哪些过程?心理学家对此进行过一些研究,比较有代表性的是英国心理学家华莱士(G. Wallas)所提出的四阶段论。华莱士认为,任何创造性思维过程,包括科学和艺术上的创造,都会包括准备、酝酿、豁朗和验证四个阶段。

(一) 准备阶段

准备阶段是创造性思维过程的第一个阶段。这个阶段是收集信息,整理资料,作前期准备的阶段。例如爱迪生为了发明电灯,据说光收集资料整理成的笔记就有二百多本,总计达四万多页。不仅科学研究、发明创造需要收集信息、积累知识经验,艺术创造同样需要进行大量的准备工作。作家路遥记录了他创作《平凡的世界》的一些准备工作:"其间我曾列了一个近百部的长篇小说阅读计划,后来完成了十之八九。同时也读其他杂书,理论、政治、哲学、经济、历史和宗教著作等等。……那时间,房子里到处都搁着书和资料,桌上、床头、茶几、窗台、甚至厕所,以便在任何时候任何地方随手都可以拿到读物。"

(二) 酝酿阶段

酝酿阶段主要对前一阶段所收集的信息、资料进行消化和吸收,在此基础上,寻找解决问题的各种策略。在这个过程中,有些问题可能一时难以找到有效的答案,可以把它们暂时搁置。但搁置问题并不等于思维活动的停止,这些问题仍然会萦绕在头脑中,甚至转化为一种潜意识的工作状态。酝酿阶段是解决问题的关键阶段,会让人产生一种狂热的工作状态,如"牛顿把手表当成鸡蛋煮"就是一个例子。因此,在这个阶段,要注意思维的紧张与松弛相结合,这样更有利于灵感的出现。

(三) 豁朗阶段

豁朗阶段是新思路、新形象、新方法诞生的阶段。经过前两个阶段的准备和酝酿,思维已达到一个相当成熟的阶段,在解决问题的过程中,常常会进入一种豁然开朗的状态,新的思想或方法会突然闪现出来,问题解决找到了突破口,这就是先前所讲的灵感状态。灵感状态的出现有时是非常偶然的,一些极具创造力的想法经常是在从事其他活动的时候突然受到启发而产生的。

（四）验证阶段

验证阶段是实施、验证、补充和完善新观念、新方法的阶段。灵感闪现获得的新思路、新方法是否能够解决问题，是否具有严密的逻辑性，需要在实践中，用科学的方法进行验证，最终形成有价值的、创造性的思维成果。

四、影响创造性思维的因素

个体思维本身的流畅性、变通性和独特性，即发散思维能力是影响个体发挥创造性思维的主要因素。除此之外，还有很多其他的影响因素，其中既有个性特征方面的因素，也有社会环境、学校教育方面的因素。

（一）个性因素

个性因素对创造性思维有着重要的影响。这些个性因素包括兴趣爱好、性格特征、心理素质等方面。大凡做出创造性成果的人，都对自己的事业有着浓厚的兴趣，充满求知欲和好奇心，富有冒险精神和批判精神，不拘泥于常规，也不会因为一点挫折而轻易放弃，甚至几十年如一日地坚持工作。因此，浓厚的兴趣、强烈的动机、创新的精神、坚韧的性格、良好的心理素质，都有利于创造性思维的发挥和创造性成果的出现。

（二）知识经验

创造性思维的发挥并不是没有根据的胡编乱造，它是在丰富的知识经验的基础上进行的。创造性思维需要以先前的知识经验为跳板，在此基础上，进行突破和革新，提出解决问题的新方法、新策略。因此，在日常的学习和工作中，应当注重知识的积累，厚积才能薄发。

知识经验的作用具有两面性，有时也会阻碍创造性思维的发挥。头脑中已有的观念和经验太牢固，个体很难做出创造和革新。因此，积累知识经验和吸收前人成果的时候，要保持批判精神，寻求创新和突破；同时也不要太局限于某个方面，适当地拓宽自己的领域和眼界，这些都有利于创造性思维的发挥。

（三）社会环境

社会环境对创造性思维的发挥也有着一定的影响。变革、快速发展的年代，创造性思维的火花更容易闪现；安定的社会环境，鼓励创新的社会氛围，也有利于创造性思维的发挥，而动荡的环境，会阻碍创造性思维的发展。

（四）家庭环境和学校教育

家庭环境和家庭教育影响到个体创造性思维的发展。民主、关爱、又不缺乏教导的家庭环境有利于培养活跃的思维模式；专制、缺乏关爱的家庭环境既不利于培养良好的个性特征，也不利于发展儿童的创造性思维。

学校教育对个人知识结构和思考问题的方式无疑会产生重要影响。崇尚权威的教育模式、死记硬背的教学方法、以考试为中心的评估方式等，都会制约个人创造性思维的发展；相反，注重兴趣培养、以掌握知识为目标、鼓励个体创新和发挥的教育方式，则会积极的促进创造性思维的产生。

 阅读资料：创造性与个性

什么样的人具有高创造力？在一般人心目中，具有高创造力的人古怪、内向、神经质、不适应社会、兴趣不稳定、近乎疯狂。尽管一些知名的艺术家和音乐家确实给公众留下了这种印象，但对具有高创造力者的研究结果证明，事实并非如此。

表 7-4 高创造力者的特点

日常行为	喜欢把思维内容可视化
有独创性	能在"漂亮"问题的提出和解决中，找到
语言表达流畅	一种美感体验
智力水平较高	利用每一个偶然的机会
想象力丰富	**个性特点**
思维能力	愿意参加智力冒险游戏
在思维中善于运用比喻	在问题解决中具有良好的坚持性
决策灵活	好奇心强，爱刨根问底
归类、概括的能力强	重视新的经验，不受已有经验的束缚
善于独立判断	做自己感兴趣的事时非常专注
善于运用心理表象	工作遵守纪律，信守承诺
有应对新鲜事物的能力	能对工作自发地产生强烈兴趣
逻辑思维能力强	对其他人施加的限制和规定极为反感
能打破心理定势	寻求竞争和挑战
善于在混乱中找秩序	勤于思考，精力集中
思维方式	能容忍事物的不明确性
不轻易接受假设，总要问"为什么"	有广泛的兴趣
能找出新知识的新、异、奇处以及与	幽默地看待问题
已有知识的差别	重视创造性和独创性
利用现有知识，提出新观念	直觉准确
喜欢非言谈性的交流	

资料来源：库恩. 心理学导论——思想与行为的认识之路. 2004

1. 智力水平一般者的智商与创造性之间有一定程度的正相关。也就是说，更聪明的人倾向于具有更高的创造性。大学毕业生的平均智商分数是 120，如果一个人写小说、做研究或从事其他创造性工作，这种智商水平已是绰绰有余。在智商 120 以上的人群中，更聪明的人不一定具有更高的创造性。

2. 高创造力者通常比一般人的兴趣更广泛，知识面更宽，把来源不同的信息资源组合起来的能力更强。

3. 高创造力者注重新经验，不受过去经验和理念的束缚，能够接受感觉和幻想中的东西。

4. 高创造力者喜欢用符号解释思想、观点、概念和问题的可能性。他们更有兴趣的不是获得成功或得到承认，而是对真理、完美形式和美感的追求，以创造本身作为创造性工作的最终目的。

5. 高创造力者更喜欢独立解决问题，问题越复杂越合他们的胃口，在工作之中绝不循规蹈矩或被他人意见左右。这就是他们显得特别各色、古怪或在个性方面与众不同的原因。

不管在什么领域，高创造力者具有许多共同的个性特点（表 7-4）。当然，就具体的高创造力者而言，他们每个人的个性可能具有其中的许多特点，但不一定具有全部特点。

第六节　表象

一、什么是表象

表象（image）是指客观事物没有呈现在面前时，人们在头脑中出现的关于事物的形象。表象是在感知觉的基础上形成的，是个体表征客观事物的一种方式，具有鲜明的形象性。例如睹物思人：看到熟悉的人的物品，就想起了这个人。虽然这个人不在眼前，但他的言行举止、音容笑貌却能在脑海里生动地浮现出来，这就是通过表象的方式来实现的。表象的出现不需要客观事物的直接刺激，不受时间和空间的限制，对于想象和思维等高级心理过程有重要意义。

二、表象的特征

表象具有直观性和概括性的特点。

（一）直观性

表象是在知觉的基础上产生的，表征的是客观事物的具体形象，具有直观性和形象性。此外，表象的内容与知觉的内容也存在明显的差异。首先，表象内容的完整性不如知觉，头脑中的表象经常是事物的片断，不如知觉的形象完整。其次，表象内容的鲜明性不如知觉，表象的形象比较模糊，通常只呈现客观事物的主要特征和大体轮廓。最后，表象内容的稳定性不如知觉，对客观事物形成的表象，容易随时间变化产生变动，出现遗忘和混淆。

儿童有时会产生遗觉象（eidetic image），即客观刺激停止作用后，脑中仍然保留着异常鲜明的表象。遗觉象是表象的一种比较特殊的形式。如给儿童呈现一张复杂的图画，几十秒钟后，让图画远离儿童视线，同时，让他看向一个灰色屏幕，这时他会报告说看到一张与刚才呈现的图画一样的图片映像，就好像图画再次呈现一样。研究发现，儿童群体中有40%～70%的人存在遗觉象，且在11～12岁时最为突出，成年人一般不具有这种能力。

（二）概括性

表象是人们通过多次知觉某类客观事物后形成的，反映的是此类事物的一般特点，具有概括性。因此，表象主要反映客观事物的主体轮廓和典型特征，而不是个别细节。例如"骆驼"的表象一般是有两个驼峰、四肢粗壮、弯长的脖子等，这些都是具有典型特点的形象，并非某个骆驼的知觉形象。

表象的概括性具有一定的限度，只是对客观事物的形象的概括，所概括的既有事物的本质特征也有非本质特征。但表象的概括性对于日常概念的形成具有重要意义，也为进一步抽象逻辑思维的概括与综合提供了原材料。

三、表象的分类

表象可以按照不同的方式进行分类。

（一）视觉表象、听觉表象、嗅觉表象、动觉表象等

依据表象形成的主要感觉通道，可分为视觉表象、听觉表象、嗅觉表象、动觉表象等。视觉表象是最常见的表象形式，此外，动觉表象和听觉表象对于人们也有重要意义。比如学习某种动作技能依赖动觉表象，而学唱一首歌曲则需要听觉表象。各种表象形式并不是孤立存在的，很多时候是综合起作用的。比如厨师学习做菜就需要视觉表象、嗅觉表象、味觉表象、动觉表象等多个表象的相互作用。

（二）记忆表象和想象表象

根据表象的创造性程度，可分为记忆表象和想象表象。记忆表象是指在记忆中重现已感知过的客观事物的形象。想象表象是对旧的形象进行加工组合，创造出的新形象。这两种表象存在着相互依存的关系。记忆表象为想象表象提供加工改造的素材，而想象表象创造出来的新形象也会影响记忆表象在头脑中表征的方式。

（三）个别表象和一般表象

根据表象对客观事物的概括程度可分为个别表象和一般表象。个别表象是指对特定事物形成的表象。一般表象是对某一类客观事物形成的表象。这两种表象存在相互依存的关系。个别表象是一般表象的前提和基础，一般表象是个别表象的抽象和概括。例如，你对自己家里养的某条金鱼形成的表象就是个别表象，而对金鱼这种生物形成的普遍形象就是一般表象，这种一般表象是在总结多种金鱼表象的基础上形成的。

四、有关表象的研究与理论

（一）心理旋转实验

表象是人脑对客观事物进行编码的一种方式，心理学家通过心理旋转实验验证了表象的客观存在。同时，心理学家还发现，表象是可以操作的，人们对表象进行的操作就像在操作客观事物一样。

美国心理学家谢帕德和梅茨勒（Shepard & Metzler，1971）进行了心理旋转的实验，证实了表象存在的客观性和可操作性。实验的材料是 1 600 对线条画（图 7-8）。其中 800 对图形是完全相同的（三维形状可以重合），两个图形中的某个图形按照一定的角度进行了旋转，旋转角度的范围是 0 到 180 度；800 对图形有一半的图形是按照平面角度进行旋转（图 7-8A，平面旋转 80°），另一半是按照与平面垂直的立体角度进行旋转（图 7-8B，立体旋转 80°）。另有 800 对三维形状不能重合的图形（图 7-8C）。实验时，给被试成对的呈现这些图形，要求被试判断两个图形的三维形状是否重合，被试拉杆做出反应。然后记录被试的反应时与正确率。结果发现，被试的反应时是图形旋转角度的直线函数，图形旋转的角度越大，被试做出判断所需的反应时间就越多，且平面旋转与立体旋转数据模式非常类似（图 7-9）。这个实验表明，被试做出判断时要先把图形转成相同的角度，然后再进行匹配，因此不同角度的旋转匹配，需要的反应时间也不同，旋转角度越大，反应时越长；被试对视觉表象的旋转加工类似于对具体事物的旋转操作。

1973 年库珀和谢帕德（Cooper & Shepard，1973）通过另一个实验进一步验证了表象心理旋转加工的特点。实验材料是正向和反向的字母"R"，每个方向都有 7 种旋转角度，从 0°开始，间隔 60°变化到 360°（图 7-10）。实验时，给被试随机呈现这些字母，要求被试判断所呈现的字母"R"是正向还是反向。结果发现，字母旋转的角度越大，被试做出反应的时间也就越长，旋转角度为 180°时，反应时最长，超过 180°之后，反应时又开始下降（图 7-11）。因此，

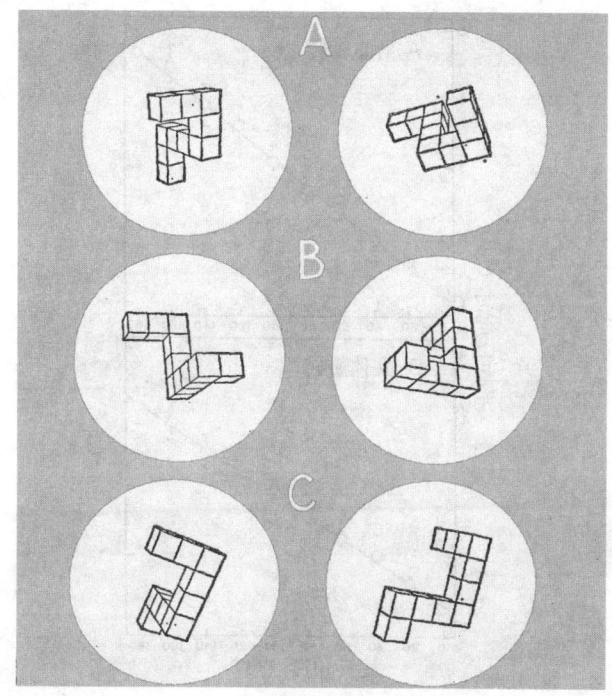

图 7-8　心理旋转实验材料举例

资料来源：Shepard & Metzler, 1971

被试判断旋转一定角度的字母"R"时，也是在头脑中把图形转到正常角度之后，再做出判断。

心理旋转实验证实了表象是人脑存储信息的一种方式，且人脑可以对表象进行操作。人脑对表象的操作类似于对真实物体的知觉操作。

（二）双重编码理论

有关人类编码和表征信息的方式，佩维奥（Paivio，1971）提出了双重编码理论。该理论认为，在信息加工过程中，存在言语编码和表象编码两种信息编码方式。言语编码负责语言信息的处理，而表象编码负责具体的、形象的信息的处理。在一定条件下，表象编码和言语编码可以相互转换，表象编码的内容可以用言语编码进行储存，言语编码的内容也可以转换为感性的形象。佩维奥（Paivio，1971）要求被试学习一组具体词和抽象词，结果发现，在自由回忆和再认测验中，具体词的成绩都好于抽象词。佩维奥认为，具体词和抽象词都可以进行言语编码，而具体词还可以进行表象编码，由两个编码系统进行加工，因此具体词的成绩要好于抽象词。这被认为支持了双重编码理论。

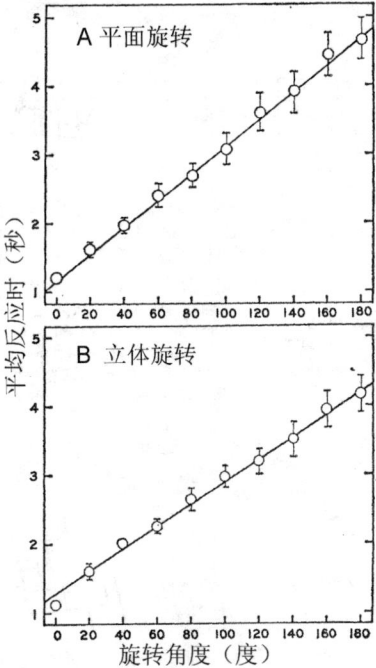

图 7-9 心理旋转的实验结果

资料来源：Shepard & Metzler, 1971

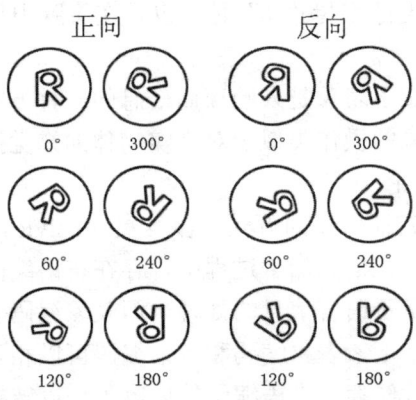

图 7-10 字母"R"心理旋转实验的材料

资料来源：Cooper & Shepard, 1973

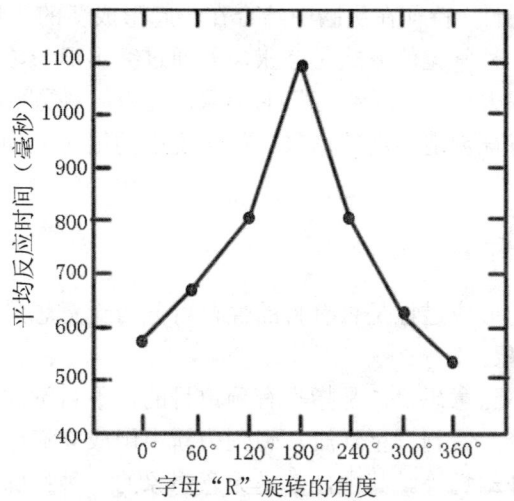

图 7-11　字母"R"心理旋转实验的结果

资料来源：Cooper & Shepard, 1973

第七节　想象

一、什么是想象

想象（imagination）是指对已存在于人脑中的表象进行再加工、创造新形象的过程。例如人们根据世间万物创造出来的神话故事中的各种形象；各个民族根据自己的信仰创造出来的图腾等，都属于想象的产物。

想象是对头脑中已有表象的再加工，既具有形象性，又具有新颖性，所创造出来的形象是区别于以往事物的新形象。通过想象形成的新形象，既可能是现实生活中的存在物，也可能是现实中根本没有的事物，但是想象的材料来源于现实，可以找到现实的依据。如"龙"的形象是通过想象创造出来的新形象，但也集合了现实生活中很多动物的原型，如蛇身、鹿角、鹰爪等。想象高于现实，但不脱离于现实。它是对客观现实的一种大胆设想，是一种高级的认识活动。

想象加工改造旧形象的方式有很多种。一种方式是粘合，就是把旧的形象中从未结合过的属性、特征在头脑中结合在一起形成新的形象。例如"龙"、"麒麟"的形象。另一种常见的方式是夸张，即通过突出旧形象的某些特点而形成的新形象，如"超人"、"千手观音"的形象。还有一种方式是典型化，即根据一类事物的共同特征创造出新的形象。如小说中的很多人物形象都是通过这种方式创造的。

二、想象的种类

根据新形象的形成过程是否有目的性，可分为无意想象和有意想象。

（一）无意想象

无意想象即不随意想象，是指没有预定目的，不自觉的产生的想象。如在睡觉时做的各种梦；看到五星红旗，想到为新中国成立流血牺牲的人民英雄；疲劳时产生的各种幻觉等。其中，梦是无意想象的一种特殊形式，它是在意识控制减弱的状态下进行的想象。

（二）有意想象

有意想象即随意想象，是指有既定目的、有意识的、自觉的进行的想象。如小说家创作新小说，音乐家创作新曲子，科学家发现新成果等等。

在有意想象中，据新形象的新颖性和创造性的不同，又分为再造想象、创造想象和幻想。

1. 再造想象

再造想象是根据各种言语或非言语的描述而在头脑中形成事物新形象的过程。例如，听到"梁祝"的曲子，头脑中涌现出梁山伯与祝英台的形象；读到"忽如一夜春风来，千树万树梨花开"，头脑中出现一片白色花海的景象。再造想象是在已知表象的基础上形成的，新颖性和创造性成分比较少。头脑中的记忆表象越丰富，再造想象的内容也就越丰富。另外，在再造想象的过程中，词语起着一定的组织作用，丰富的词语能使想象得到淋漓尽致的发挥，再造出更多的新形象。

2. 创造想象

创造想象是指不以现有描述为依据，在头脑中独立创造新形象的过程。这种想象具有独创性和新颖性。像新的发明创造、新的艺术作品等，都离不开创造想象的参与。创造想象对于问题解决和创造性思维的发挥具有重要意义。

3. 幻想

幻想是指与个人的愿望相联系，并指向未来状态的想象。幻想是创造想象的一种特殊形式。幻想的过程总是寄托着人们的希望，能够起到抚慰人心灵的作用。幻想分为科学幻想、理想和空想。科学幻想是指有一定的科学依据和实现可能性的科学想象。理想是指以客观规律和现实条件为依据，通过努力能实现的想象。空想是指脱离客观规律和现实条件，没有实现可能性的想象。

三、想象的功能

（一）想象具有扩充知识经验的作用

现实生活中，很多事物的形象是无法直接感知的，如诗词、小说中的人物形象，遥远的太空中的形象。借助想象我们可以在头脑中形成这些事物的形象，以补充知识经验的不足。如读马致远的《天净沙·秋思》："枯藤老树昏鸦，小桥流水人家，古道西风瘦马。夕阳西下，断肠人在天涯"。通过文字描述，无法直接感知词中的景象，而通过对描述的景象进行想象，就能得到一副"秋暮羁旅图"。

（二）想象具有预见的作用

想象指向未来的时候，有时会起到预见作用。想象的这种预见作用对于创造性的发挥具有重要意义。如小说创作中塑造新的人物形象，音乐创作中谱写新的曲子，科技发明中设计新的仪器等，这些新形象都可以通过想象进行预见，从而指引目前活动的方向。

（三）想象具有满足需要的代替作用

由于各种主客观条件的限制，人们的现实需要有时难以得到满足。这时，如果借助想象，可使人们的需要得到精神上的满足。如成语"望梅止渴"、"画饼充饥"讲的就是这个意思。

（四）想象具有调整人的各种生理和心理状态的作用

研究发现，通过想象，可以使人体的某些生理机能发生微妙的变化，也可以影响到人的心理状态。例如，通过想象"恐怖情景"，可使人的心脏跳动加快、体温下降、心慌意乱；通过想象"平静祥和"的情景，可使人的心跳减慢、呼吸平缓、心绪安定。想象还可以坚定人的意志。如生活中遇到困难的事情，可想象"西游记"中师徒西天取经的精神，坚定战胜困难的决心。

本章摘要

1. 思维是指人脑借助言语、表象或动作实现的对客观事物间接、概括的反映。它是一种能揭示事物本质特征及内在规律的高级认识过程。思维具有概括性、间接性等特点。

2. 思维可以从不同的角度进行分类。如直观动作思维、具体形象思维和抽象逻辑思维，直觉思维和分析思维，经验思维和理论思维，聚合思维与发散思维，常规思维与创造性思维等。

3. 思维是一种复杂的心理活动，它是通过一系列的认知操作来实现的。思维过程包括分析、综合、比较、分类、抽象、概括等操作。

4. 概念是人脑对客观事物的一般特征与本质特征的反映。每个概念都有内涵与外延两个方面。概念的内涵越丰富，外延的范围就越小。

5. 概念具有多种分类，如具体概念与抽象概念，合取概念、析取概念与关系概念，日常概念与科学概念。

6. 概念形成是指个体掌握概念的过程。心理学家对人工概念形成的过程和策略进行了大量实验研究。

7. 推理是指由一个或几个已知前提为出发点，推出一种新的结论的思维活动。要保证推理的正确性，必须具备两个条件：一是前提要正确；二是前提与结论之间有必然的联系。

8. 推理可以分为演绎推理和归纳推理。常见的演绎推理有三段论推理、线性推理和条件推理；归纳推理包括完全归纳推理和不完全归纳推理。

9. 问题解决指在问题情景中，应用各种认知策略、技能，经过一系列的思维操作，使问题得以解决的过程。问题解决具有目标指向性、操作系列性和认知性操作三个特征。

10. 问题解决的策略包括算法策略和启发法。常用的启发法有手段—目的分析法、爬山法、逆向分析法。

11. 问题解决受到很多因素的影响，包括知识经验、定势、功能固着、动机和情绪状态、知识表征的方式等。

12. 创造性思维是指运用独特新颖的方法解决问题的一种思维过程。创造性思维是人类思维的高级形式，强调创新与突破，是发散思维和聚合思维统一的产物，常会有灵感状态的出现。

13. 创造性思维一般包括准备、酝酿、豁朗和验证四个阶段。

14. 影响创造性思维的因素除发散思维能力外，还有个性特征、知识经验、社会环境、家庭环境和学校教育等方面的因素。

15. 表象是指客观事物没有呈现在面前时，人们在头脑中出现的关于事物的形象。表象具有直观性和概括性的特点。

16. 表象可以按照多种方式进行分类。如视觉表象、听觉表象、嗅觉表象和动觉表象，记忆表象和想象表象，个别表象和一般表象等。

17. 心理旋转实验证实了表象是人脑存储信息的一种方式，人脑对表象的操作类似于对真实物体的知觉操作。

18. 想象是指对已存在于人脑中的表象进行再加工、创造新形象的过程。想象高于现实，但不脱离于现实。

19. 想象包括无意想象和有意想象。有意想象又包括再造想象、创造想象和幻想。想象具有扩充知识经验、预见、调节生理和心理状态等功能。

复习思考题

1. 什么是思维？思维有哪些特征？
2. 思维的种类有哪些？
3. 概念的形成受到哪些因素的影响？
4. 什么是推理？推理有哪些分类？
5. 什么是问题解决？问题解决过程中有哪些影响因素？
6. 问题解决的策略有哪些？
7. 什么是创造性思维？它有哪些特点？
8. 什么是表象？它有哪些分类和特征？
9. 有关表象的理论有哪些？
10. 什么是想象？想象有哪些功能？

第八章 言语

第一节 言语概述

一、言语的含义与功能

(一) 语言与言语的概念

语言（language）是人类社会存在的客观现象，并伴随人类社会产生和发展。人类在漫长的社会生产和共同劳动中，为了满足生存和交流的需要，创造出语言这种特殊的交际工具。作为人类特有的交际工具，语言同时也是一种社会上约定俗成的符号系统。具体来说，语言是由词汇按一定的语法所构成的复杂的符号系统，包括语音或字形系统、词汇系统和语法系统。换句话说，语言是一种以语音或字形为物质外壳、以词汇为建筑材料、以语法为结构规律而构成的系统。

言语（speech）是人们在交际活动中运用语言的过程。在语言学中，言语这一术语有时也可兼指言语活动的产物，如人们所说出的言辞和写出的文字作品。由于心理学是研究人们心理活动的科学，因此在心理学中，言语主要是指言语活动的过程，即人们运用语言材料和语言规则进行交际活动的过程，如人们日常的交谈、讲演、报告等都是言语活动。

(二) 语言和言语的区别

言语和语言是两个彼此不同而又联系紧密的概念。早在 19 世纪初，德国语言学家洪堡特（W. Humboldt）就开始对这两个概念加以区别。20 世纪初期，结构主义语言学创始人索绪尔（F. Saussure）比较系统地对语言和言语进行了区分，认为"语言是通过言语实践存放在某一社会集团全体成员中的宝库，一个存在于一群人大脑中的语法体系；因为在任何个体的脑子里，语言都是不完备的，它只有在集体中才能完全存在"。我国语言学研究者也曾对这两个概念之间的区别存在不同的见解，但是目前比较一致的观点认为，语言和言语的区别主要表现在以下三个方面：

第一，语言和言语属于不同学科的研究对象。一般来说，研究表达心理的符号系统的形成、演变规律和内部结构规律是语言学的任务，而研究表达心理的符号系统是如何被个体掌握和运用则是心理语言学的任务。通俗地说，语言学家研究"话"，即语言，而心理语言学家研究"说"，即言语。

第二，语言属于社会现象，是社会的产物，也是一种交流或沟通的工具，不属于社会中的某一个成员；而言语则是心理现象，是个体运用语言规则表达他的思想和感情的行为。对使用某个语种的人来说，语言是统一的，在发音、词法、句法等方面具有一整套确定的规则，这些规则一经产生，便具有较大的稳定性。相反，言语则具有个体性和多变性，每个人都有自己的言语风格，而且同一个人在不同场合、不同需要之下会表现出不同的言语风格。

第三，在日常生活中，语言是人们进行交际和思维的工具，言语则是运用这种工具的过程。

同时，语言和言语又有密不可分的联系。一方面，言语活动是依靠语言材料、语言规则进行，离开了语言，就不会有言语活动；另一方面，语言也离不开言语活动，任何一种语言必须通过人们的言语活动才能发挥其交际工具的作用。一旦某种语言不再被人们用来进行交际，那么它将会从社会上消失。总之，语言和言语是两个彼此不同而又紧密联系的概念。

（三）言语的功能

言语在人类社会生活中发挥着重要的作用。如果没有言语，人们的信息传递和思想交流就会困难重重，更难以创造出如此灿烂的人类文明。概括起来，言语的功能主要包括：

1. 交流功能

言语活动最大的特点就是它是宣于外的，不像感知、记忆等属于个体内在的心理活动。言语作为外在的心理活动，是沟通不同个体之间的桥梁，是不同个体的心理活动发生相互影响的最有效的工具。正是由于言语的交流功能，不仅使同代人之间的思想交流成为可能，也使世代之间的人们的经验传递成为可能。

2. 思维功能

言语不仅可以表示个别事物，还可以表示某一类事物。由于言语具有概括功能，人们就有可能根据事物的共同特征把它们联系起来，同时舍弃其余的个别特征,从而形成事物的概念,而词是概念的承担者。此外,人们可以根据言语的概括功能用言语进行抽象思维或逻辑思维活动,这有利于人们认知能力的发展。

3. 调节功能

言语不仅可以调节和控制个体自身的思想、情感、意志和行为,还可以通过人际交流调节人与人之间的关系,进而影响他人的心理和行为。目前,随着大众传媒的发展,言语的影响已经扩展到一个群体、一个国家或一个民族的思想和行为。因此说,言语具有调节人的心理和行为的功能。

二、言语的种类

在心理学研究中,研究者一般把人类的言语活动分为口头言语、书面言语和内部言语三类。

(一)口头言语

口头言语(oral speech)是指个体凭借自己的发音器官发出语音以表达思想和情感的言语。口头言语可分为对话言语和独白言语两种。

1. 对话言语

对话言语(dialogue speech)是指两个或两个以上的人直接交际时的言语活动,如聊天、座谈、讨论、辩论等。对话言语是一种最基本的言语形式,其他形式的口头言语和书面言语都是在对话言语的基础上发展起来的。一般来讲,相对于独白言语,对话言语在组织言语上比较松散,通过相互谈话、插话的形式进行,对话时双方可以相互补充。对话言语具有以下特点:

(1)情境性。对话言语与交谈双方当时所处的环境有密切联系,若脱离情境,对话也就无法进行。

(2)简略性。对话言语的情境性,同时也赋予这种语言的简略性。在对话言语中,说话者往往只使用简单的句子,甚至是极个别的字词来表达自己的思想。尽管这些言语的语法结构和逻辑关系可能不完善、不严谨,但是这并不会影响双方的正常交流。

(3)直接性。对话言语是对话双方直接进行的交际,需要对话双方相互支持。在对话言语中,参加对话的人既是说话者,又是听众。双方只有在理解对方话语意思的基础上,并做出适当反应,对话才能继续进行。

(4)反应性。对话言语常常是一种反应性的言语。大部分对话言语是由某种具体情境直接引起的,因此缺乏预见性和计划性,而且交谈的双方需要随时根据对方的谈话内容来调整自己的话语,所以这种言语具有反应性。

2. 独白言语

独白就是人们通常所说的发言或讲话，而独白言语（monologue language）是个体独自进行的、与叙述思想或情感相联系的、较长的连贯性言语，其表现形式有报告、讲课、演讲等。独白言语具有以下特点：

（1）独自性。独白言语是说话者独自进行的言语活动。与对话言语不同，独白言语的支持物是说话者谈话的主题和所说的词句。尽管独白言语也受听众的支持，但这种支持主要来自听众的表情和当时的环境气氛。

（2）展开性。这是因为独白言语是说话者独自进行的，为了向听众准确表达自己的思想，说话者不能采用简略的形式，而需要采用展开的形式，使自己的语言具有系统性和连贯性。除此之外，独白言语不仅要求用词造句严谨，符合语法规则，而且还要控制言语的速度和发音等。

（3）计划性。独白言语是一种有计划、有目的、有准备的言语。由于独白言语对说话者的言语质量具有较高的要求，再加上从交谈环境中得到的反馈信息较少，所以要求言语者事先准备和计划，如明确讲话目的、制定讲话提纲。

（二）书面言语

书面言语（writing speech）包括一个人借助文字来表达自己的思想，以及借助阅读来了解人的言语，前者用于写作过程，而后者用于阅读过程。从个体发展来看，书面言语的出现比口头言语晚得多，它是在儿童形成口头言语的基础上，再经过专门教育而掌握的。书面言语一般需要通过视觉、发音器官和手部运动三者的协调活动来实现。书面言语除了具备独白言语的特点外，它还具有以下特点：

（1）随意性。在口头言语中，说话者说出的词语依次出现，后一个词在前一个词的声音之后出现，此时前面出现的词已经不被说话者和听话者所知觉了。但是在书面言语中，作者和读者随时可以返回前面的内容，必要时可以反复斟酌和修改。这是其他言语形式所无法做到的。

（2）丰富性。一般来说，对话言语具有简略性的特点，独白言语较展开，书面言语的内容则更丰富。这是因为书面言语无法借助作者的表情和动作来加强其表现力，也没有任何情境因素的帮助，因此要求作者在写作过程中，必须把自己所要表达的内容用丰富而精确的语言加以陈述，有时为了表明作者的语气和感情色彩，还可以采用相应的修辞手法。

（3）计划性。书面言语和独白言语一样，都需要个体在发出语言之前做出详细周密的计划，对所要传达的信息进行充分的准备，而且需要进行反复的润饰和修改，以便读者能够准确地了解个体想要传达的信息。如果说独白言语有时还是个体的即兴发挥,那么书面言语就完全是个体经过充分准备后的产物。

(三) 内部言语

口头言语和书面言语都是表现为外显的语音或文字符号的交际性言语,属于外部言语,而内部言语(inner speech)则是在外部言语的基础上产生的,是一种自问自答或不出声的言语活动。尽管内部言语并不直接用于与别人的交流中,但是这种言语是人们言语交流活动的重要组成部分。如果没有内部言语的参与,人们就不能顺利地进行外部言语的活动;同时,如果没有外部言语就没有内部言语,内部言语的发展离不开外部言语的发展。内部言语有以下两个特点:

(1)隐蔽性。作为一种不出声的言语,内部言语的特点是语音的隐蔽性。当人们思考问题时,就有可能用这种不出声的内部言语。语言器官发出的动觉信号在进行内部言语时具有非常重要的作用,如下唇和舌头。

(2)简洁性。在内部言语中,个体的内部言语高度简缩,有时只保留主语和谓语,其他成分均被省略。这是因为内部言语并不是用于交际的言语,也不需要别人理解,所以内部言语经常以简洁、概括的形式出现。

阅读资料:思维和言语的关系

早期的行为主义者认为,思维是看不见、摸不着的,因而不应该是心理学的研究对象,那么思维的外显性表现是什么呢?行为主义创始人华生(J. B. Watson)通过观察发现,正常成人在深思时,嘴唇常伴有一种活动;如果将一个小鼓放在被试的喉头处,可以记录到随着人们的深思喉头肌肉的运动;聋哑人虽然不能说话,但是在思考时却会伴随手或手指的运动。因此华生等人将思维定义为"喉部习惯"或"其他肌肉的习惯系统"。华生指出,有声言语所习得的肌肉习惯是无声言语的基础,从有声言语到无声言语的发展,就是人类思维的形成和发展过程。

然而最新的研究发现,人为控制肌肉的活动,被试仍然可以思考,也就是说离开言语也可以思维。但是在思考时人们还是会试图寻找恰当的词语来表达模糊的表象或感觉,即思维在很大程度上依赖于言语。不仅思维的过程和结果需要通过言语表现出来,就是思维的内容也需要一定的言语表达才能为他人所知。而且当词汇或句子的含义发生变化时,思维也会随之产生变化。比如说"水缸半空着"或者"水缸半满着",说"军队入侵他国"还是"军队反击进入他国"都会直接导致思维的差异。

思维和言语的发展是相辅相成的。通过对新生儿到成年人言语发展的研究发现:个体的思维是随着言语的发展而发展的。如果言语不发展,思维的内容也就不会得到有效的表述。

儿童的思维内容，只能用他们所掌握的语言表达。因此，言语的发展推动着思维的发展。另外，思维的发展也推动着言语的发展。个体的思维发展，经过了直接行动思维、具体形象思维、抽象思维和逻辑思维等几个阶段，而言语的发展正好可以反映这几个阶段的变化。词意表达、词语的形成、语法构造等，都在不同程度上受思维形式发展的制约。任何人都不可能在婴儿时期就会使用逻辑思维的形式，同样逻辑思维的内容也不可能使用婴儿时的词汇来表现。

　　思维和言语是人类进化和发展的必然结果，对人类的发展有着重要的作用。

资料来源：库恩. 心理学导论——思想与行为的认识之路. 2004

第二节　言语活动的生理机制

一、言语的发音机制

　　物体振动产生声音，人类的言语也是由于发音器官的振动产生的，人类的发音器官包括呼吸器官，喉头和声带，口腔、鼻腔和咽腔三个部分（图8-1）。

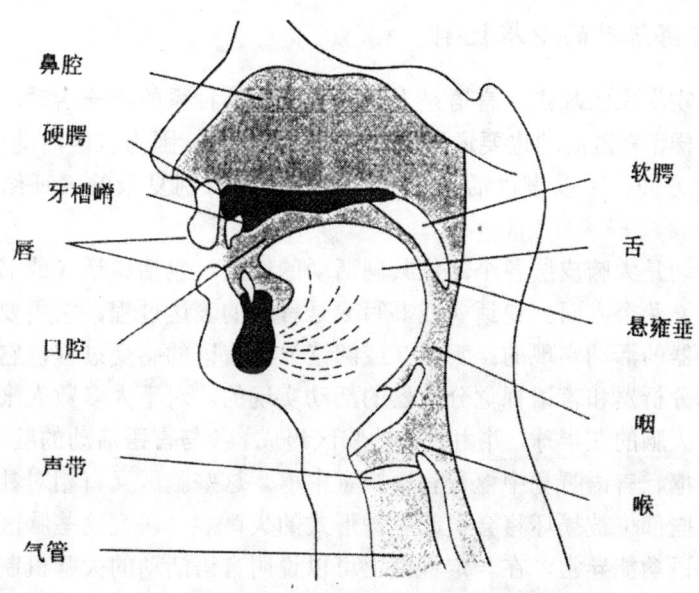

图8-1　发音器官示意图

（一）呼吸器官

呼吸器官包括气管、支气管和肺。气流经过气管、支气管进入肺部，在肺部进行气体交换后，又沿着这些管道排出体外。在气体流通过程中，气流冲击或摩擦某些部位，就产生了声音。语言一般是在呼气时发生的，也有少数类型的语言（如非洲的某些语言）是在吸气时产生的。

（二）喉头和声带

喉头是由软骨构成的狭小空间，中间由两片粘膜构成的部位就是主要的发音体——声带。由于肌肉的作用，喉头的几块软骨可以自由活动，调节声带形成不同的松紧状态。当由肺部呼出的气流引起声带振动时，就可以产生声音。而声带的松紧程度就决定了音高的变化。

（三）口腔、鼻腔和咽腔

口腔、鼻腔和咽腔都含有腔室，能够起到共鸣器的作用。由声带发出来的声音，与口腔、鼻腔和咽腔中的空气产生共鸣，可以起到加强声音的作用。口腔的许多部位可以变化，形成了不同的共鸣器，因而可以产生不同的音色；鼻腔可以为声音加上鼻音；而咽腔的收缩能使气流通过时产生噪声等。

正是由于人类具有如此独特的发音器官，各个器官的协调活动才产生了语言，而且形成了不同的音调、强度和音色。

二、言语活动的中枢机制

根据生物学家的观点，言语是人类区别于其他种系的特殊活动。和人类的其他活动一样，言语活动也要通过大脑的控制，但是，因为言语活动极其微妙，并涉及多个方面，所以言语活动在大脑中有一个特别复杂的表征结构，参见图8-2。

言语活动是大脑皮层各个部位共同活动的结果，包括说话（或书写）和听话（或阅读）两个方面。说话（或书写）是言语的表达过程，它主要是通过言语运动分析器的活动实现的；听话（或阅读）是言语的感受过程，它主要是通过言语听觉分析器和言语视觉分析器的活动实现的。对于大多数人来说，言语区主要位于大脑的左半球，并由较大的脑区组成。参与言语活动的脑区主要有：言语运动中枢、言语听觉中枢、言语视觉中枢。这些脑区又有相对独立的机能分工，若这些部位被损坏将会引起各种形式的失语症。研究这些脑区病变或损毁造成的言语功能异常，在一定程度上可以说明言语活动的大脑机制。

实际上，了解言语活动的生物学基础具有非常重要的意义。一方面，对与言语有关的脑区进行研究，可以加深人们对言语理解和产生的认识；另一方面，

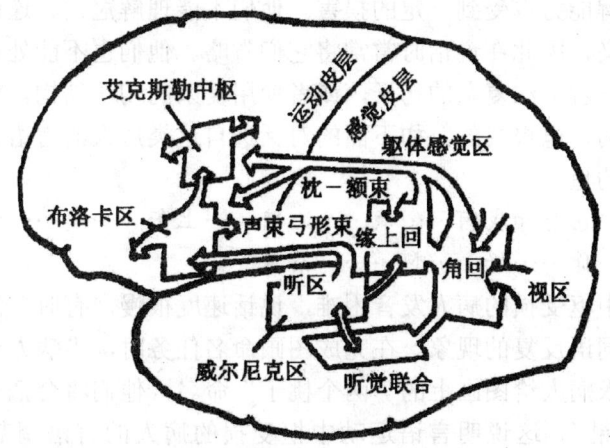

图 8-2 脑内言语区示意图

与言语的生物学基础相关的研究能扩展我们对言语习得的探讨。然而，言语的生物学基础的某些最有意义的启示源于那些与言语功能有关的脑区受损的个体。与言语正常的个体相比，这些在言语活动上遭受不幸的人们一般会表现为言语活动的不均衡，有些功能正常，有些功能受损，而还有一些人的言语活动受到极大的损害，甚至丧失言语能力。

（一）言语运动中枢

1861 年，法国医生布洛卡（P. Broca）在解剖两具患有严重失语症的病人尸体时发现，病人左额叶部位的组织有严重病变。病人生前都是右侧瘫痪，言语运动异常，于是他推测个体言语运动的控制区应该位于第三额回后部、靠近大脑外侧裂处的部位。后来人们把这一区域命名为言语运动中枢，由于该区域是布洛卡发现的，所以也叫布洛卡区或布洛卡中枢。

言语运动中枢受损引起的失语症通常称为运动性失语症、表达性失语症或布洛卡失语症。患有这种失语症的病人，他们的发音器官完整无损，功能正常，还能听懂别人的话，也能写字认字，但却表现出发音困难、说话迟钝费力，不能说出连贯、流畅的话语。

鲁利亚（A. P. Luria）等人研究发现，言语运动中枢能产生详细而协调的发音程序，这种程序被送到临近的运动皮层的颜面区，从而激活嘴、咽、舌、唇和其他与言语活动有关部位的肌肉活动。如果言语运动中枢受损，就会引起发音程序的破坏，进而导致个体发音障碍。

言语运动中枢受损的病人不仅会产生言语运动障碍，而且从某种程度上说，他们的言语理解能力也受到一定的损害。他们不能理解冠词、连词、代词及其他功能词的含义，因此在说话时常常将它们省略。他们也不能处理动词的时态变化，更不能理解语法复杂的句子，或者使用复杂的句法结构。他们的话语常常是吞吞吐吐的、电报式的，如下面的对话选自这类病人的言语，他是想周日上午约朋友去钓鱼。

"周六……爸爸和我啊……哦……池塘……上午……噢……钓……鱼……周日……和……你……好……啊……一条鱼"

言语运动中枢受损的病人发音困难，说话速度很慢，有时会混淆有关的发音，还会出现词语反复的现象。在完成图画命名任务时，当病人给"苹果"正确命名后，要求病人给图画上的"两个桃子"命名，他们将会把"两个桃子"叫成"两个苹果"。这说明言语运动中枢受损的病人的言语调节机制受到了破坏。

（二）言语听觉中枢

1874年德国学者威尔尼克（C. Wernicke）发现，位于大脑左半球颞叶的颞上回受损，将会引起另外一种失语症。病人的听觉器官还是正常的，他们能听到声音，却不能分辨语音，对字词也失去了理解的能力。引起这种失语症的部位叫言语听觉中枢，由于这种失语症是由威尔尼克发现的，所以言语听觉中枢又称为威尔尼克中枢。它的主要作用是分辨语音、形成语义，因而和言语的接受有密切关系。

由言语听觉中枢受损引起的失语症称为接受性失语症。尽管接受性失语症患者的音位知觉和正常个体相似，也有研究表明，他们能进行语义启动，但是他们的理解能力受损，在理解方面存在问题，如句子和语篇等水平的加工缺陷。病人说话时，语音与语法均正常，谈吐自由，语速较快，但是他们的话语没有意义，可以说不能提供任何言语信息。

接受性失语症的另一种表现是病人对词义常做出错误的估计。病人能重复别人对他说的单词，这说明他们能知觉到声音的模式，但是对他们来说，这些声音模式已经失去了原有的符号价值，如他们嘴里说水杯，手指却指着一件别的无关物体。此外，还有的病人虽然能分辨个别单词，但是他们无法理解整个词组的意思。

将布洛卡区和威尔尼克区之间的神经纤维束——弓形束切断，也会出现同样的病症，这是因为正常工作的布洛卡区无法接受到来自正常工作的威尔尼克区发出的信息，因此说出的话毫无意义。

(三) 言语视觉中枢

角回位于左半球顶叶和枕叶的交汇处,即布罗德曼分区的第39区。它是脑中的一个联系区,把一个脑区和另一个脑区联系起来。角回在既影响阅读,又影响书写的视觉刺激和语言符号的联系中起重要作用,也就是说角回不仅可以将书面言语转换成口头言语,还能将口头言语转换为书面言语,所以又把它称为言语视觉中枢。

临床观察发现,如果言语视觉中枢受到损伤,病人在看到的物体和听到的物名之间便失去了联系,因而不能理解词语的意义。此外,角回受损还会出现理解书面言语的障碍,病人只能看到字形,却不能理解字词的含义,这种失语症叫做视觉失语症或失读症。另有研究表明角回存储着语法和拼写的规则,可能使人出现语义性失语症。

近年来,随着无损伤脑成像技术的发展,研究者普遍认为言语的加工不仅是上述三个脑区的活动,而且还涉及更加广泛的区域。例如普赖斯(Price)1996年采用正电子发射断层扫描技术对比了复述词汇、听词汇和安静状态时大脑的活动过程,结果发现词汇的复述激活了大脑额叶和颞叶,而听词汇仅激活了颞叶的部分区域。

 阅读资料:失语症

失语症(aphasia)是指由于脑局部损伤而出现的语言理解和产出障碍。这类病人意识清晰、智能正常,与语言有关的外周感觉和运动系统的结构和功能无恙,但是不能正常理解、发音和书写。语言理解障碍又分为口头语言理解障碍和书面语言理解障碍;语言产出障碍也可分为发音、用语、语法和书面等方面的障碍,以及口头表达的流畅性和韵律异常等。传统上把语言产出障碍称为运动性失语症。除左额中回损伤引起书写困难外,其他类型的语言产出障碍都是左额下回布洛卡区受损所致。这类病人说话很慢,像刚学外语的人在讲话,他们边说边想单词,句子结构错乱或用词不当,他们常常用一些零散的名词作为主题词,缺乏谓语的正常表达方式。与运动性失语症相对应的是感觉性失语症,这类病人的主动性语言产出功能基本正常,但听不懂别人的话,称为听觉性失语症,是威尔尼克区受损所致。失读症(alexia)是指看不懂书面语言,因此又称视觉失语症,它是由大脑皮层顶下小叶角回受损所致。另外,还存在一类传导性失语症(conductive aphasia),病人既能听懂别人说话,也可正常讲话和说出物体的名称;但不能重复别人讲过的话,也不能按别人的命令做出相应的反应。这类传导性失语症长期被认为是由于联系布洛卡区和威尔尼克区的弓形束受损所致,是语言理解与语言产出之间产生了障碍。随着研究的深入,除上述3种经典失语症外,又发现了3种新的失语症及其在大脑皮层的机能定位。皮层间失语症（transcortical aphasia）与传导性失语症症状恰好相反。病人可以复述别人的讲话，但却不理解其含义，也不能自发地用正确的语言表达自己的思想。他们虽然能够说出物体的名称，却不知道其含义，这是由于多种感觉次级皮层受损，使语言理解和产出功能与其他认知活动间的功能联系遭到破坏所致。命名性失语症（anomi aphasia）的病人可以正常理解语言，并产出有意义的语言，但往往无法正确叫出所谈论的物体的名称，只能用复杂的语言描述该物体的属性或用途，这种命名性失语症是颞叶皮层受损所致。颞叶前、中部的部分皮层与具体物体名词表征的功能有关；左颞叶后部与普通概念及名词表征有关。完全型失语症（global aphasia）病人既有语言理解障碍，又有语言运动障碍，还有传导性失语症的症状，是皮层大面积损伤造成的。

资料来源：沈政等．认知神经科学导论．1995

三、大脑两半球功能的不对称性和言语活动

大量研究证据表明大脑左右半球的功能是不一样的。左半球主要负责与语言或言语有关的心理活动，如阅读理解、写作、数学运算、抽象逻辑思维等。而右半球主要负责对物体的空间关系的知觉、情绪、艺术欣赏、音乐欣赏、舞蹈以及雕塑等方面的心理活动。因此，左半球也称为言语优势半球。

关于大脑左半球是言语优势半球的证据，最早来源于对失语症病人的研究。早在1861年，布洛卡就发现大脑左侧额叶受损的病人除了言语功能丧失外，智力的其他方面均正常。布洛卡首次发现了言语机能在大脑中的定位，因此也把这一区域成为"布洛卡区"。后来关于失语症病人的研究也发现，大多数失语症与大脑左半球某些部位的损伤有关，如布莱登（M. P. Bryden）总结了三组病人的利手与言语优势半球的关系，结果发现95%以上的右利手病人的言语优势半球为左半球，而且大约70%的左利手者的言语优势也为左半球。

进一步的割裂脑研究也为大脑两半球功能不对称性提供了证据。斯佩里（R. Sperry）进行的割裂脑研究发现大脑两半球在言语功能上存在明显的不对称，言语活动主要是大脑左半球的功能。

无损伤脑成像技术的发展为研究正常人大脑两半球的功能不对称性提供了方法。贾斯特（M. A. Just）利用功能性磁成像技术（fMRI）对正常人的言语优势半球进行了研究。结果发现，被试进行言语活动时，大脑左半球的布洛卡区和威尔尼克区及与之相对应的大脑右半球区域都出现了激活，但是右半球的激活区域非常小，刚刚大于左半球激活量的20%。

上述这些研究证据都表明大脑左半球具有明显的言语优势，但是也有证据

表明大脑右半球也具有一定的言语加工机能,如米尔纳(Milner)发现大约有15%的左利手被试的言语优势半球为右半球,还有15%的人没有明显的言语优势半球。而且那些在早年就左半球受损的病人,经过手术之后,还可以恢复部分言语功能,这说明大脑两半球的功能具有相互代偿性。

第三节 言语感知和理解

言语活动本身就是一个复杂的多方面过程。说话者所说出的话语或写作者写出的文字,只有为别人所接受时才能起到交际作用。这也就是说,对于听话者或阅读者来说,他们为了了解对方言语包含的意义,都要进行一个对言语的感知和理解过程。实际上,交流的双方都是在感受器、大脑和效应器中进行一系列的活动。说话者在大脑活动的控制下,通过发音器官或手的动作把语言说出来或写出来,这是言语的表达过程;而听话者或阅读者领会对方的言语所表达的思想,称为对言语的感知和理解过程。

一、言语感知

言语感知是指个体对他人言语的感知过程,包括口头言语的感知和书面言语的感知。

(一)口头言语的感知

口头言语只有以有声言语的形式出现,才能被他人感知。有声言语是以说话人所发出的声音和听话人所听到的声音作为物质形式而存在的,听话者往往把言语的声音(也称为语音),作为刺激而感知。个体只有正确感知语音,才能接受它所代表的意义。

1. 语音的物理性质

研究言语活动中的语音感知问题,不能不对语音进行分析,并了解它在辨别词义中的重要作用(语音是复合音),它具有某些物理属性,常用音高、响度和音色来衡量。

(1)音高

音高是由频率决定的,取决于个体声带的长短、厚薄和松紧程度,并由声带的松紧程度调节。声带的松紧变化会形成不同音高的声音,声带松弛发出的声音较低,而声带紧缩发出的声音较高。一般来说,成年男子的声带长而厚,发出的声音低;女子和小孩的声带短而薄,发出的声音高。

音高是构成音调的主要因素。语音的声调在各民族的语言中并不是都具有表达语义的作用,但是在汉语中它具有非常重要的作用,有助于人们对词义的辨别。汉语中的音调有四声的区别。同样是一个 ma 的声音,按照四种不同的声调,可以读成"妈"、"麻"、"马"、"骂"。音调不同,其词义也不同。

(2)响度

语音的响度和言语的重音密切相关。由于响度差异所引起的重音差别在语音中具有区别词义的作用。例如,用普通话读 lian zi 这两个音节时,如果把重音念在后面,就读成"莲子";如果把重音放在前面,就读成"帘子"。在汉语发音中,由于重音对帮助人们辨别词义具有重要作用,所以不能随便把某些音节读成重音,而是要根据当时的语境,选择是否要把这些音节读成重音。

(3)音色

音色是指语音的特色,语音的音色是由声波的波形决定的。人们之所以能够区分各种不同的声音,是因为这些声音的音色不同。言语的音色包括多种特性,并不是每一种特性都与语音辨认有关。语音的音色取决于许多条件,如发音体的性质、发音的方法、共鸣腔的形状和大小等。

2. 语音感知的指标

人们常常用言语的清晰度和可懂度这两个指标来衡量语音的感知效果。清晰度与可懂度是指听话者了解说话者话语的百分率,或者是指听话者听懂的百分率。一般来讲,清晰度和可懂度之间没有严格的区别。当言语材料的上下文关系对听话者的理解不起作用时,人们习惯用清晰度来衡量;而听话者对于言语材料的感知受上下文关系影响时,用可懂度来衡量。

影响清晰度和可懂度的因素包括:

(1)语音类似性。在心理语言学中,音位是指在一种语言中能够区别意义的最小语音单位。由于音位具有区别性特征,所以说个体能否正确感知这些特征是分辨不同语音的重要条件。两个语音包含的共同特征越多,听话者就越容易混淆。

(2)语音的强度。以往的听觉研究发现,当语音的强度为 5 分贝时,个体可以觉察语音的存在,但是不能分辨语音;随着强度的增加,词语的清晰度也会增高;当强度为 20~30 分贝时,词语的清晰度为 50%;当强度为 40 分贝时,清晰度为 70%;当强度为 70 分贝时,清晰度就达到 100%;若强度超过 130 分贝时,则会使听话者感到不舒服,甚至产生压痛感觉。

(3)噪声干扰。噪声对语音的干扰依赖于语音、噪声的比率。当语音的强度比噪声的大 100 倍时,噪声对语音的可懂度没有任何影响;当语音和噪声的强度相当时，语音的可懂度为50%。在日常生活中，由于语境的作用，尽管有时语音的强度低于噪声，但是人们还可以听懂语音。如果想在有噪声情况下能清楚地感知语音，那么，当噪声强度为20分贝时，语音就得提高10分贝；当噪声强度为40分贝时，语音就得提高19分贝；当噪声强度为60分贝时，语音就得提高30分贝；而要抗拒100分贝的噪声时，语音就必须提高72分贝。

（4）语境。语境是指言语双方进行言语交流所处的环境。广义上的语境是指言语活动进行的具体情境，包括说话的场合、社会环境、时代背景等；狭义上的语境是指书面言语的上下文和口头言语的前言后语等。人们对语音的知觉常常受所处语境的影响。

（5）推断。推断在言语知觉中具有非常重要的作用。例如我们常常需要对讲话者的动机、目的进行推断，而且言语的字面意义有时与其所表达的意义不同，如句子"你能把钥匙递给我吗？"字面意思是听话人是否有递钥匙的能力，而说话者真正想要表达的意思却是请听话人把钥匙递给他。

此外，说话者的口音和语速，听话者的听力水平和抗噪声能力等也会影响言语的清晰度和可懂度。

3. 言语知觉的复杂性

用光谱仪获得的证据可以表明言语知觉的复杂性，光谱仪的基本原理是由麦克风进入的声音被转换为一种电信号，通过一系列过滤器产生光谱图。影响言语知觉复杂性的因素有：

（1）语音分解问题。言语由相对连续的声音气流构成，在知觉时必须把它们划分成一系列单词，如果听话人不是很熟悉这种语言，就难以发现声音气流中的间断。

（2）非不变性问题。对任何因素来说，其声音模式都会因它前面或后面的因素而产生变化，而且辅音由于其声音模式受到后面元音的特征影响而比元音具有更大的非不变性问题。

运用上下文信息可以解决部分语音分解和非不变性问题，研究表明，单独呈现一个一个的单词，只能识别47%的单词；而如果呈现言语片段，就可以大大提高言语知觉的准确性。

（二）书面言语的感知

书面言语一般会以书面文字的形式表现出来。根据个体的认知发展特点，个体对书面言语的感知比口头言语晚得多。书面言语的感知可以从一系列的层面进行理解，在这里，以对拼音文字的书面言语感知为例，从特征、字母和词三个加工水平来理解个体对书面言语的感知。

在特征水平，刺激是根据构成字母表中的字母的物理特征进行描述的。例如，字母 K 可以描述为由一条垂直线、两条斜线、一个直角和两个锐角组成的图形，字母 R 可以描述为由一条垂直线、两条水平线、一条斜线、三个直角和一条非连续曲线组成的图形。

在字母水平，视觉刺激是用脱离了其物理特征的更为抽象的特征来描述的。例如，无论字母 Q 是打印的还是手写的，也不管它是红色的还是黑色的，我们都会把它表征为字母 Q，而并不会把它表征为字母 G。

在词水平，一系列的特征和字母被个体辨认成同一个熟悉的词。一旦人们将这个词辨认出来，它的拼写规则、发音、意义和用法等都可以被人们加以利用。

个体对书面言语的辨认服从知觉的整体性原则。对拼音文字的辨认研究表明，由字母组成的单词的整体知觉依赖于对各个字母的知觉。在辨认过程中，只要作为主干的首字母、尾字母和中间的部分字母保留，即使缺少某些字母，也并不妨碍认出原来的单词。同时，对单词的整体知觉也会影响对字母的知觉，于是就会出现不易发现个别字母上的错误或者把它感知为正确字母的现象。

对汉字的辨认也遵循知觉的整体性原则。对汉字字形的辨认，一般会依据字形轮廓和其他的一些特点，个别笔划的脱落或畸变有时并不会影响对整字字形的辨认。周先庚曾研究在汉字的辨认中，究竟是其上半部分，还是其下半部分的作用大。他们把汉字的上半部分挡住，让被试看下半部分，或者是把下半部分挡住，让被试看上半部分，结果发现，被试根据上半部分进行辨认的成绩会更好一些。这表明在汉字的辨认中，字形的主要轮廓在上半部分的汉字较占优势。

此外，研究者还发现，汉字辨认的难易，与字形结构有很大的关系。一般来说，对称的汉字比不对称的汉字更容易辨认；由横竖笔画组成的汉字比斜笔画组成的汉字更容易辨认。不同结构汉字的正确再认率从高到低依次是：对称结构、左右结构、半包围结构。在左右结构的汉字中，人们一般先看清的是其右下角；而对半包围结构的汉字来说，人们先看清的是其左上角。至于汉字的笔画数，对汉字辨认的难易程度没有太大的影响，这也就是说，笔画多的汉字并不意味它就难以辨认，而笔画少的汉字不一定就容易辨认。

二、言语理解

言语的理解就是在感知言语的物质外壳（语音和字形）的基础上，凭借个人的过去经验，通过思维而掌握语义，即掌握言语所表达的意义的过程。听懂别人说的话或看懂别人写的文字材料，即把握口头言语或书面言语所表达的思想，都可以称为言语的理解。下面将从词汇、句子和语篇三个方面来介绍个体对言语的理解过程。

（一）词汇理解

词汇理解是目前心理语言学中最活跃的研究领域之一，它是指人们通过听觉或视觉，接受输入的词形或语音信息，并在人脑中揭示词义的过程，也称词汇识别。汉语中的每一个词汇均包含词音、词形、词义三方面的信息，其中词音和词形是词汇表现在外面的信息，而词义是内在的信息，指与这个词相联系的思想意义。人们一般将个体对词语的音和形的掌握过程归为对词汇的感知，而把对词义的掌握归为对词汇的理解。

近年来，研究者围绕汉语的词汇理解展开了大量研究，结果发现，汉语词汇的理解受多种因素的影响，主要包括以下几方面：

1. 部位信息

与按线性排列的拼音文字不同，汉字是方块字，每个汉字都是一个结构紧密的图形，具有较强的表意功能。不同部位的笔画和偏旁在汉语词汇的理解中起着不同的作用。彭瑞祥等人研究发现，在汉语词汇的理解过程中，左边特征比右边特征更重要，上边特征比下边特征更重要。

2. 笔画数量

艾伟等人研究发现，笔画在十画以内的汉字容易观察，也容易被理解。彭聃龄等人研究发现，在汉语词汇的理解过程中，表现出笔画数效应，即词汇理解的时间或词汇识别的时间会随着笔画数的增加而增长。这充分说明，汉语词汇的某些特征信息在词汇理解中所起的作用。

3. 字形结构

汉语词汇理解的难易受汉字字形结构的复杂程度的影响，如结构对称的汉字容易识别，相对上下结构、独体结构的汉字来说，左右结构的汉字较容易再认。

4. 词汇的使用频率

近年来，我国学者对汉语词汇的使用频率进行了大量的实验研究。结果发现，在速示条件下，汉字识别的正确率随汉字使用频率的上升而上升，同时识别时间随频率的上升而缩短。此外，也有研究发现，不仅整词的词频在汉语词汇识别中起重要作用，而且组成汉语词汇的成分字的频率对词汇识别过程也有一定的影响。

此外，词汇的语音、语义、熟悉度和具体性，以及词汇所处的语境也会影响汉语词汇的理解。

（二）句子理解

句子是用以表达完整思想的具有一定语法特征的最基本的言语单位。在阅读过程中，对句子的理解是一个十分重要的认知加工过程。一般而言，句子理解是在字词识别的基础上，通过对组成句子的各成分的句法分析和语义分析，来获得句子语义的过程。

美国著名语言学家乔姆斯基（N. Chomsky）提出的转换生成理论认为，任何一个语句都包含两个层次的结构：表层结构和深层结构。表层结构是接收者实际上听到或看到的语句形式，或者说话人实际发出或写出的语句形式；而深层结构则是说话人实际上想要表达的真正意图。这也就是说言语的深层结构是意义，表层结构是形式，深层结构决定了表层结构，然而实际上言语的表层结构往往与深层结构有出入。所以相对词汇理解而言，句子的理解是一个更为复杂的过程，会受到多种因素的影响，包括以下几种主要因素：

1. 句子类型

句子类型会影响个体对句子的理解。常见的句子类型主要有肯定句、否定句、被动句、被动否定句等。人们对否定句的理解一般难于对肯定句的理解，理解否定句比理解肯定句花费的时间更长。根据乔姆斯基的转换生成语法，句子的理解过程是由句子的表层结构向深层结构的转换过程，而简单的、主动的、肯定的陈述句与深层结构的距离最近。因此在句子的理解过程中，否定句比肯定句多经过一些转换，所以比肯定句略难一些。同理，相对主动句来说，被动句的转化较复杂，所以较难理解。

2. 词序、重音和语调

词序、重音和语调都是语法或语义的表达手段，这些成分都影响句子的理解。

词序是现代汉语表达词的语法意义的重要手段。汉语的基本词序为主语——谓语——宾语，即主语在前，谓语其次，最后才是宾语。一般情况下，遵循如下顺序："施动者"——"行动"——"对象"，这种比较固定的词序为句子的理解提供了线索。由于汉语中没有词的形态学变化，因此词序在句子理解中的作用更为重要。词序的颠倒，就会引起句子意义的改变，如"人走路"是不能变成"路走人"的。但是在某些词序颠倒的场合，人们可以借助某些句法手段来帮助理解句意。例如，把"他打我"这句话改成"他把我打了"或"我被他打了"。这时，原来的词序发生了变化，但是特定的句法手段为句意的正确理解提供了线索，使人们对句子的意思不会产生误解。

重音在句子中位置的不同，意味着要强调句子意思的不同位置。例如：在读"小张卖给他朋友一辆自行车"这句话时,重音的位置不同,意味着说话者强调不同的内容。如果重音放在"小张"上,表明卖自行车的人不是别人,而是小张;如果重音放在"卖"上,表明小张是卖给他朋友自行车,而不是借给他朋友;如果重音放在"朋友"上,表明小张将自行车卖给他朋友,而不是卖给他弟弟或者陌生人。

语调是指阅读整个词组或句子的声音高低的变化,包括基调、响度、音高和长度变化等。例如,说"这件事就这么办"这句话的语调,会因为说话人心情的不同而不同,从而所表达的意义也就不同。如果是上级命令下级:"这件事就这么办!"全句采用降调,这意味着下级必须按照这种办法执行;如果是上级责备下级:"这件事就这么办?"全句采用升调,这意味着下级按照这种办法办事有不足之处,需要进一步完善。正是因为说话者讲话时的语调不同,听话者才能对同一句话有不同的理解。

3. 语境

在言语交流活动中,对句子的理解与句子所处的语境有很大关系,书面言语的上下文或口头言语的前言后语所提示的内容就是一种语境,它能提供各种背景知识,因而可以帮助人们迅速、准确地理解言语表达的意思。

例如:"情况怎么样?"这是一个结构比较简单的句子,但当人们孤立地听到或读出这句话时,却不明所以。如果它处于一定的情境之中,譬如你到医院探望生病的亲友时问了这句话,显然别人知道你是在关心他的病情;再譬如你正委托一个朋友帮你办理一项事务,则他会理解你的问话是在关心所托付事情的进展。

在口头言语和书面言语中,常常会出现一些包含两种或两种以上意义的句子,即歧义句,但是只要联系当时的语境,这种歧义句也能获得较确切的意义。例如"The shop is near the bank."是一个歧义句,孤立地看它,并不明白它的确切含义是什么。如果有上下文作为提示,那么人们就可以确定"商店在银行附近"还是"商店在河边"。研究发现,语境的存在常常使人们意识不到句子的歧义性,这时人们对歧义句的反应速度与非歧义句的反应速度是一样的。

总之,语境的作用就是为人们提供一般性的知识背景。人们根据这些背景知识,便能组织当前的信息,对信息做出解释,并产生期待和预测。

4. 句法分析与语义分析

句法分析决定着人们如何对句子的组成成分进行切分,它对人们理解句子的意义起着非常重要的作用。例如,句子"下雨天留客天留我不留",人们可以切分成"下雨天,留客,天留,我不留。"也可以切分成"下雨天,留客天,留我不？留！"对句子采用不同的切分方式，人们对句子的理解也完全不同。

语义分析在句子的理解过程中也起重要作用。例如，人们在理解"猫追老鼠"、"人吃饭"这样的句子时，不仅要应用词序方面的知识，也要应用语义知识，即要了解"猫"、"老鼠"、"人"、"饭"的词义。按照日常生活经验，人们只会说出"猫追老鼠"、"人吃饭"之类的话，并不会出现"老鼠追猫"、"饭吃人"的现象。

心理学家针对句法加工和语义加工的关系提出了不同的理论观点。一种观点认为句法加工一般发生在语义加工之前，前者影响后者；另一种观点则认为句法加工发生在语义加工之后，后者会影响前者；还有人认为这两种加工是独立发生的。每种理论都有一些支持的证据。

（三）语篇理解

语篇也称语段或篇章，它是介于句子和段落之间的一个言语单位，是指由句子和句子组合而成的与上下文相关联的而又相对独立的一段话或一个片段。在日常生活中，人们听到的和阅读的不是单个孤立的句子，而是由一系列句子组成的语篇。

语篇理解是言语理解的最高水平，它是指在理解字词、句子等的基础上，运用推理、整合等方式揭示话语意义的过程。语篇的理解需要以句子的理解为基础，但又比句子的理解高出一个层次。无论语篇以何种形式出现，都必须符合语法规则，语义也要连贯。语篇理解除了受个体能否正确理解语篇中的词汇和句子外，还受推理、语境和图式的影响。

1. 推理

推理是指对语篇中没有明确出现的信息的激活和编码过程。由于语篇不能提供所要叙述内容的全部信息，所以读者要利用已有知识进行推理，这样才能完全理解语篇中文字所要表达的全部意义。这是因为通过推理，读者可以在语篇所包含的信息上增加头脑中与之相关的信息，或者在语篇的不同成分中建立新的联系，因此推理在语篇理解中起着非常重要的作用。有学者认为，至少存在三种类型的推理：一是逻辑推理，即依赖词义的推断，如根据句子"那个公司主管使得众多女职员神魂颠倒"，可以推断"这位公司主管"是一位男性；二是连接推理，即把前面的信息与新信息连接起来，如根据句子"约翰今年得到的最好礼物来自妈妈"和"约翰最好的礼物是一副网球拍"，可以推断"网球拍是妈妈送给约翰的"；三是精细推理，即把知识添加到文章中去进行推理。

2. 语境

语境是指语篇所提供的背景知识的多寡，以及上下文联系的紧密程度，它对读者理解语篇具有非常重要的作用。研究发现，如果读者头脑中的原有知识经验与语篇所提供的知识紧密相关，这将有利于读者很好地理解语篇的真实含义。语境能使读者将当前的语篇信息和头脑中已有的知识经验结合起来，还能为读者排除无关信息的干扰，帮助读者理清思路，促进对语篇内容的理解。一般来说，上下文的语境信息既有以文字形式呈现的，也有以图画等其他形式呈现的。布朗斯佛尔德（Bransfold）等人1972年在一个实验中，让两组被试阅读同一段课文，其中一组被试事先看了图画（图8-3），另一组则没看。课文的内容是：

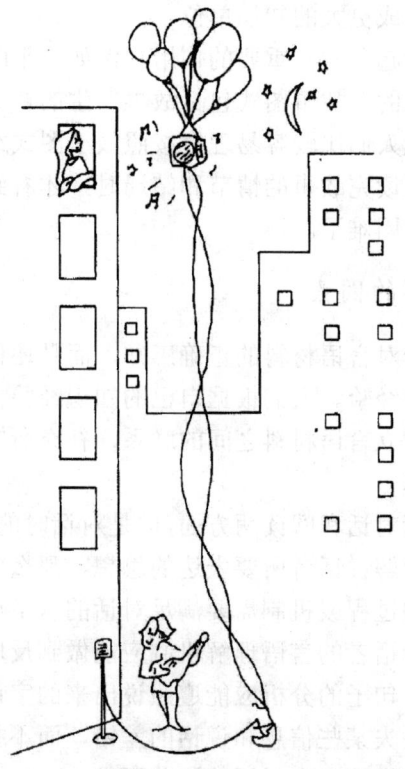

图 8-3　语境对语篇理解的作用

资料来源：彭聃龄. 普通心理学. 2004

"如果气球炸裂了，那么声音便不能带去。因为一切距离那层楼太远了。关闭的窗户也能阻止声音传进，因为多数建筑物都有很好的隔音。由于整个操作都依赖于稳定的电流，因此，电线中断也会引起问题。当然，小伙子可以喊叫，但人声的强度不足以传那么远。另外一个问题是乐器上的弦可能断。如果断了，就不能伴奏了。显然，最好的情形是距离短。这样，潜在的问题就少一些。如果能面对面接触，则问题最少。"实验发现，在没有图画提供语境时，上段课文很难理解；相反，如果被试事先看了图画，有了语境的帮助，再去理解课文就很容易了。

3. 图式

图式既是知识的心理组织形式，也是一种表征知识的抽象数据结构，它可以说明一组信息在头脑中最一般的排列或者可以预期的排列方式，也可以通过不同的方式结合起来，形成更大的知识单位。

在语篇理解中，图式起着非常重要的作用。例如，平时人们所说的故事就是按照故事图式组织起来的。故事图式包括故事发生的背景、主题、情节和结局等内容。相关研究发现人们比较容易理解按照故事图式组成的故事。如果打乱故事的图式，如读者在读完故事的情节和结局时，才看到故事的主题，这时他们对故事的理解就变得困难了。

三、影响言语理解的因素

言语理解不仅依赖于对言语材料的正确感知，而且还依赖于人们已有的认知结构和各种形式的知识经验。人们根据自己的知识经验去接受、加工所获得的言语信息，通过推理建立言语材料之间的联系，补充所缺少的信息，最后达到对言语材料的合理解释。

尽管言语的理解包括对话和阅读两方面，但是对话时的言语理解尤为突出。如果听话者不能很好地理解说话者所要表达的思想，那么对话就难以顺利进行下去。因此，言语理解的过程或机制需要满足对话的以下要求。

首先，在对话中，听话者的言语理解机制应能做到反应迅速，以便跟上说话者的说话速度；其次，句子的分析应能遵照说出来的字词顺序进行；此外，言语理解机制还应允许丢失某些信息和说话的差错，而不损害理解说话者的思想。在研究言语的理解时应该考虑对话的这些要求。

 阅读资料：动物能学习语言吗？

如果将语言定义为交流的工具，那么任何动物都具有这种能力，然而动物的这种能力与人类的语言有着本质的区别，我们将要了解的是动物能像人类一样学习语言吗？

从 20 世纪 20 年代开始，心理学家就一直试图教与人类最为接近的黑猩猩学习语言，然而四十多年的尝试终究以失败告终,一只名叫维吉的黑猩猩创造了最早的动物学习语言的记录,然而实际情况是在六年内它只学会了四个单词"爸爸"、"妈妈"、"杯子"、"上面"。由于黑猩猩具有与人类完全不同的发音器官,根本无法发出类似人类的语言,但这并不能说明黑猩猩不具有学习语言的能力。

从70年代开始研究者改用手语对猩猩进行训练,它们采用渐进强化的方式训练猩猩,研究结果发现四岁的猩猩可以学会130个不同的手语词汇(Gardner, 1972)。最近几年,有学者研究了与人类更为接近的倭黑猩猩。在他们的研究中,有两个倭黑猩猩没有经过外在的训练自然地获得了塑料符号的意义,而且它们能理解一些英语口语,如当听到词汇时,能够找到相应的物体或图片。这些研究结果似乎说明猩猩通过训练能够以手语方式学习语言,然而这些猩猩学到的究竟是一些单独的词汇还是具有复合意义的语言呢?

桃乐茜·切尼(Dorothy Cheney)等通过研究长尾黑颚猴的交流能力对上述问题作出了解答。这些猴子能够根据听众的不同调整自己的叫声,与没有关系的猴子在一起时相比,与自己的孩子在一起的雌性猴子会以更高的频率发出警告。然而这种看似有意义的叫声其实更多的是一种本能,因为它们不能根据其他猴子的反应调整自己的叫声。其他的研究也表明,猩猩无法理解五个单词组成的新概念。

也许猩猩拥有一些人类的语言能力,但是由于人类的语言是极为复杂的,所以猩猩想要学习语言是极其困难的。

资料来源:格里格,津巴多. 心理学与生活. 2003

第四节 儿童言语的发展及理论

一、儿童言语的发展阶段

言语能力是儿童认知发展的基础,一旦儿童的言语能力得到发展,他就可以用符号来表示周围的事物,思维、情感和交际能力也会随之提高,儿童便能更主动地探索周围世界。儿童言语的发展速度非常快,这可能与人类先天具有的语言器官和大脑结构有关。研究发现,在开始说话之前,儿童就已经具有了理解语言的能力,而这是儿童说话和表达自己思想的基础。一般来说,学龄前儿童言语发展的阶段分为:牙牙学语阶段、单词句阶段、双词或三词句阶段、完整句阶段。

（一）牙牙学语阶段

在 5 个月左右，婴儿就可以咿呀学语，他们在吃饱、睡足、心情好的时候，经常会自动发音。这些发音可以让婴儿练习如何调节自己的发音器官，还可以练习母语的各种发音，以及逐步淘汰那些不正确的发音，为以后的"说话"打下坚实的基础。儿童在一周岁左右能说出第一批具有意义的词。

（二）单词句阶段

儿童刚开始说话时，语速非常慢，常常以一个词代表一个句子的意思，在特定情境中代表儿童想要表达的内容，所以将这个阶段称为单词句阶段。儿童所讲的单词句经常会造成成人理解的困难，例如儿童说"苹果"，可能是指他想"吃苹果"，也可能是告诉妈妈"没有苹果了"，还有可能是要吃"桃子"，他知道桃子和苹果一样都能吃，但是他不会说"桃子"，只好用"苹果"代替。因此在单词句阶段，儿童还没有掌握词汇的性质和用法方面的相应知识，所以只能用某些特定的单词表达内心的想法。

（三）双词或三词句阶段

随着言语中枢的发展，儿童词汇量的增加，以及对词汇意义理解能力的提高，儿童开始学会用两个或三个单词的组合来表示句子，通常把这一阶段称为双词或三词句阶段，如儿童会说"妈妈、抱抱"，就是"让妈妈抱抱他"的意思，而说"爸爸、回来、糖"，就是"让爸爸回来给他买糖"的意思。相对单词句阶段来说，这一阶段儿童会正确使用的词汇量明显增加，儿童表达的意思更加明确，成人也容易理解。但由于儿童仍然不能准确理解词汇，所以经常出现误用词语的现象。

（四）完整句阶段

大约 2 岁之后，儿童开始说出具有真正意义的句子。这一时期是儿童积极的言语活动时期，随着词汇量的扩大，儿童说话变得更主动，经常会缠着大人问这问那，要大人说出他所指的事物的名称。他们还会用含有主语、谓语等的较完整的简单句来表达自己的思想，如"爸爸走了"。尽管这些句子比较简单，没有复杂的修饰成分，句长也较短，但这却是儿童言语发展的关键期。自此之后，儿童言语的发展会变得异常迅速，大约到 5 岁时，儿童的言语就具有了成人的特点，经常会出现陈述句、否定句、疑问句等较复杂的句型，这些都为儿童进入学校接受正规语言的学习奠定了基础。

二、言语发展的理论

从出生到头两三年，不管是讲什么语言的儿童，他们都能逐步掌握母语，也就是逐步掌握这些复杂的人类语言,这是儿童认知发展最引人瞩目的成就。然而这个过程是怎么发生的呢?心理学家为此进行了不同的解释,有的强调后天学习的作用,如强化说和模仿说;有的强调先天遗传的作用,如生成语法说。

(一) 强化说

新行为主义代表人物斯金纳用操作性条件反射来解释人类的言语行为。他认为,和人类的大多数行为一样,言语行为是一种操作行为,儿童言语的习得是通过操作条件作用而形成的,例如他人言语的声音、手势、表情、动作等,都能成为儿童言语行为的强化手段。

当儿童能正确地重复父母某些词的发音,或者是发出一种符合成人发音规律的语音,或者是说出一句符合成人句法规则的话,那么父母可能会以不同的方式鼓励他们,如点头、微笑或说"说对了"等。父母的这些反应将提高孩子再次发出这种语音或说出这种语句的可能性。于是在父母长期的强化作用下,儿童学习了成人的言语模式,从而能正确地使用语言。

但是强化理论也不能完全解释儿童是如何获得言语的。首先,在与成人的言语交流中,成人往往只关心儿童说话的内容,而忽略了儿童的发音以及话语是否符合语法要求。例如,当妈妈问孩子准备要去哪里时,孩子回答说:"我刚才去幼儿园了。"(正确的回答应该是:"我要去幼儿园。")尽管这句话不符合语法,但儿童表达的却是他要去的地方,所以有的母亲便回答:"对了"。因此,父母给予儿童的直接言语强化,不是针对语法的正确程度,而是言语内容的真实性。所以说这一事实与强化理论的预期不同。

其次,强化理论很难解释为什么儿童能在出生后的一个较短暂的时间内,学会如此复杂的人类语言。美国心理学家米勒(Miler)曾保守地估计,英语中有 10^{20} 个由 20 个单词组成的句子。显然,个体通过他人强化不可能在一生几十年的时间学会数量如此巨大的语句。

(二) 模仿说

持有这种观点的研究者强调模仿在儿童获得言语中的重要作用。他们认为,儿童是通过与成人尤其是母亲的交往过程而模仿说话的。这表现为:一方面儿童以减缩的方式模仿成人说话,例如母亲说"洋娃娃的裙子",孩子则用简略方式模仿"洋娃娃裙子";另一方面,成人在儿童的话语上进行扩展,成为儿童的模仿对象,例如孩子说"宝宝板凳",母亲便说"宝宝要坐小板凳",从而帮助儿童模仿成人的言语。

模仿在儿童言语学习中具有一定作用,但它不是儿童习得言语的唯一途径。假设儿童只能依靠模仿来学习言语,那么儿童只会说成人说过的词,只会讲成人用过的句子。然而在实际生活中,儿童能说出那些成人从来没有使用过的语句。因此说,仅仅用模仿来解释儿童言语的获得是不全面的。

(三) 生成语法说

与强调言语是后天习得的观点不同,语言学家乔姆斯基(N. Chomsky)认为,言语是人类与生俱来的一种能力,并提出了语言的"生成语法说"。该学说认为,儿童之所以能够学习语言,是因为他们具有一个先天的语言获得装置(Language Acquisition Device, LAD)。这是一个天生的生物系统,在这个系统中储存着人类所有语言的共同语法规则。有了这一装置,不管儿童听到的是哪一种语言,只要他们具备一定的词汇量,就能按照相应的语法规则加以理解,并用语句的形式表现出来。也有研究者指出,儿童学习语言的这种内在潜力,在青春期之后,就迅速丧失了。

乔姆斯基的"语言获得装置"体现了转换生成语法的理论基点:第一,人们可以借助语言来反映心理活动;第二,个体语言能力本身就包含天赋成分。他认为,尽管个体的语言含有天生的成分,但这并不是说人的语言知识都是天生的,因为语言知识中有些成分是后天获得的,如词汇。他认为任何人从先天获得的语言能力可以看做是相同的,因为这部分能力是人类进化的结果,也是从父母身上遗传来的。然而,每个人的语言能力中非遗传获得的成分不同,这是由于所处的环境和获得的经验不同造成的。因此说,遗传是获得语言能力的内部条件,而环境和经验是获得语言能力的外部条件。没有内部条件就不可能获得语言,如动物不会说话,同时没有外部条件也不可能获得语言,如狼孩刚被发现时也不会说话。

乔姆斯基的生成语法说强调言语能力的先天预成性,而忽视了社会生活条件的作用。但是,他强调认知表征在言语获得中的重要作用,这不仅有助于研究言语过程的心理机制,还促进了心理语言学和认知心理学的发展。

阅读资料:野孩的言语习得

珍妮(Genie)出生于1957年4月,是在最为可怜的条件下长大的:20个月大,珍妮就被关在一个小屋里……如果她发出任何声音,她父亲便对她进行体罚,多数时间里她被捆在一个婴儿便盆上,或者被装在一个睡袋里,放在一个铁丝网罩起来的床上。

珍妮由她眼瞎的母亲每天定时喂饭,她们之间几乎没有交谈。她父亲和哥哥显然从不和她说话。当人们发现她时,她已快14岁了,完全不能说话。从此,研究者们以极大的兴趣注意着她的言语习得进程。他们很快发现,珍妮的言语发展在很多方面都比其他儿童慢得多,例如,正常儿童是在已形成的话语前加"不"字来表达否定意思(如"No want go");珍妮也这样用。但正常儿童通常很快就经过这一阶段;而珍妮却整整花了2年时间。正常儿童在大约2岁时开始问"Wh—"疑问句(如"Where mommy?");而珍妮却一直没能获得这一能力,她的疑问句是不符合语法的。她在词汇掌握上进步较快,虽然她的整个语言能力大约只有3岁孩子的水平,但她的词汇却比一个普通3岁孩子的词汇多得多。

卡提斯(Curtiss)后来写了一个珍妮18岁时的追踪报告。卡提斯注意到珍妮说的语句很短,语法结构极简单原始,但她的话语知识,如英语词序的知识好像并不差。虽然她说出的句法正确的句子数是有限的(卡提斯显然相信这些影响是终身的),但珍妮的理解力却并没有因多年的语境剥夺而受到什么影响。

显然,有些天生的语言能力并不因创伤和受剥夺的成长经历而消失。但另一些专门的能力,如那些使人获得句法知识的能力,如果没有充分的机会使用它们,就会受到破坏。

资料来源:贝斯特. 认知心理学. 2000

本章摘要

1. 语言是由词汇按一定的语法所构成的复杂的符号系统,包括语音或字形系统、词汇系统和语法系统。言语是人们在交际活动中运用语言的过程,主要是指言语活动的过程,即人们运用语言材料和语言规则进行交际活动的过程,如人们日常的交谈、讲演、报告等都是言语活动。

2. 语言和言语是两个彼此不同而又联系紧密的概念。语言和言语的区别主要表现在以下三个方面:第一,语言和言语属于不同学科的研究对象;第二,语言是社会现象,而言语则是心理现象;第三,语言是人们进行交际和思维的工具,言语则是运用这种工具的过程。

3. 人类的言语活动可以分为口头言语、书面言语和内部言语三类。口头言语是指个体凭借自己的发音器官发出语音以表达思想和情感的言语。口头言语又可分为对话言语和独白言语两种。其中,对话言语是指两个或两个以上的人直接交际时的言语活动;独白言语是个体独自进行的、与叙述思想或情感相联系的、较长的连贯性言语。

4. 书面言语包括一个人借助文字来表达自己的思想,以及借助阅读来了解人的言语,前者用于写作过程,而后者用于阅读过程。内部言语是在外部言语的基础上产生,是一种自问自答或不出声的言语活动,具有隐蔽性和简洁性。

5. 言语活动是大脑皮层各个部位共同活动的结果，包括说话（或书写）和听话（或阅读）两个方面。说话（或书写）是言语的表达过程，主要是通过言语运动分析器的活动实现的；听话（或阅读）是言语的感受过程，主要是通过言语听觉分析器和言语视觉分析器的活动实现的。

6. 对于大多数人来说，言语区主要位于大脑的左半球，并由较大的脑区组成。参与言语活动的脑区主要有：言语运动中枢、言语听觉中枢、言语视觉中枢。其中，布洛卡区是言语运动中枢，威尔尼克区是言语听觉中枢，两者之间的角回是言语视觉中枢。大脑两半球存在明显的机能不对称性，言语主要是左半球的功能。

7. 言语感知是指个体对他人言语的感知过程，包括口头言语的感知和书面言语的感知；而言语的理解就是在感知言语的物质外壳（语音和字形）的基础上，凭借个人的过去经验，通过思维而掌握语义，即掌握言语所表达的意义的过程，包括词汇理解、句子理解和语篇理解。

8. 口头言语只有以有声言语的形式出现，才能被他人感知。有声言语是以说话人所发出的声音和听话人所听到的声音作为物质形式而存在的。人们常用音高、响度和音色来衡量语音的物理属性，而用言语的清晰度和可懂度这两个指标来衡量语音的感知效果。

9. 影响清晰度和可懂度的因素包括：语音类似性、语音的强度、噪声干扰、语境、推断。此外，说话者的口音和语速，听话者的听力水平和抗噪声能力等也会影响言语的清晰度和可懂度。

10. 词汇理解是目前心理语言学中最活跃的研究领域之一，它是指人们通过听觉或视觉，接受输入的词形或语音信息，并在人脑中揭示词义的过程，也称词汇识别。汉语词汇的理解受以下因素的影响：部位信息、笔画数量、字形结构、词汇的使用频率。此外，词汇的语音、语义、熟悉度和具体性，以及词汇所处的语境也会影响汉语词汇的理解。

11. 句子理解是在字词识别的基础上，通过对组成句子的各成分的句法分析和语义分析，来获得句子语义的过程。相对词汇理解而言，句子的理解是一个更为复杂的过程，会受句子类型，词序、重音和语调，语境，以及句法分析与语义分析等因素的影响。

12. 语篇理解是言语理解的最高水平，是指在理解字词、句子等的基础上，运用推理、整合等方式揭示话语意义的过程。语篇的理解需要以句子的理解为基础，但又比句子的理解高出一个层次。除了受个体能否正确理解语篇中的词汇和句子外，语篇理解还受推理、语境和图式的影响。

13. 儿童言语的发展是十分迅速的，经过牙牙学语阶段、单词句阶段、双词或三词句阶段和完整句子阶段，在大约 5 岁时儿童就已经掌握了母语的大部分内容。

14. 心理学家提出各种理论解释儿童言语发展，主要有强化说、模仿说和语法生成说，其中强化说和模仿说强调后天学习的作用，生成语法说强调先天遗传的作用。

复习思考题

1. 语言和言语的联系和区别表现在哪些方面？
2. 对话言语具有哪些特点？
3. 哪些因素可以影响言语的清晰度和可懂度？
4. 影响词汇理解的因素有哪些？
5. 影响个体对句子的理解有哪些因素？
6. 儿童的语言发展要经历哪几个阶段？
7. 如何促进儿童言语能力的发展？

第九章 情绪和情感

第一节 情绪和情感概述

一、情绪和情感的含义

(一) 什么是情绪和情感

人非草木,孰能无情?在生活中,人们经常能够体验到各种各样的情绪和情感。例如,生活中遇到志同道合的知己,我们会感到愉悦和欣喜;遭遇挫折和失败,我们会感到郁闷和痛苦;遇到不公平的事情,我们会感到气愤;看到别人的不幸遭遇,我们会感到同情和哀伤;看到可怕的事物,我们会感到恐惧。凡此总总,都是情绪的不同表现形式。

那么究竟什么是情绪和情感呢?当代心理学家将情绪(emotion)界定为人对客观事物是否符合自己需要所产生的态度体验,是伴随认识活动而产生的心理过程。而情感(feeling)则是同人的社会性需要相联系的态度体验。情绪和情感是一种态度体验,"体验"是情绪和情感的基本特征。除体验之外,情绪和情感产生过程中还常常伴随着特定的生理唤醒和外部表现。例如人们在愤怒时,除了主观体验之外,还会伴随脸红、血压升高、心跳加快等外部表现。因此,一般我们提到情绪和情感时,不仅指某种主观体验,还包括了生理唤醒、外部表现等成分。

情绪和情感有积极和消极之分,人对客观事物采取何种态度与该事物能否满足人的需要有关。一般来说,当人们遇到能满足自己需要的事物时,便会产生积极、肯定的情绪,如满意、愉快、喜爱、欣赏等;反之,当人们的需要无法得到满足时,就会产生消极、否定的情绪,如苦闷、悲伤、愤怒、憎恨等。

（二）情绪和情感的区别与联系

情绪和情感是同一类而不同层次的心理体验，它们既有区别，又有密切的联系。

情绪与情感的区别主要有三点：（1）情绪既可以与人的生理需要相联系，也可以与人的社会性需要相联系，是人和动物所共有的；情感则主要与人的社会性需要相联系，是在人类社会发展进程中形成的，为人类所特有。（2）情绪大都与具体的情境相联系，经常随情境的改变而改变，具有较强的情境性；而情感往往与特定的事物相联系，比较稳定和持久。例如，朋友之间有时也会发生争执，并且生气，但可能很快又会和好。这是因为生气只是一种短暂的情绪；而友谊则是一种比较稳定的情感。（3）情绪具有冲动性和外显性，常伴有明显的外部表现，如欣喜若狂、手舞足蹈、怒不可遏、暴跳如雷等；情感则比较内隐和深沉，常常以微妙的方式流露出来，其生理变化也不明显。

人类的情绪和情感虽有区别，但两者又是密不可分的。它们都是对需要是否得到满足所产生的体验，是同一类型的心理活动，情感的产生会伴有一定的情绪反应，情绪的变化又常常受情感的支配。在一定意义上可以认为：情绪是情感的外部表现，情感是情绪的本质内容。

二、情绪和情感的功能

（一）适应功能

有机体的行为总是以生存和发展为目标的，情绪和情感的适应功能也主要表现在人类的进化和人的成长过程中。

早在人类进化早期，类人猿等高级灵长类动物就已经在适者生存的激烈竞争中发展和分化出与现代人类相似的表情，可以表达出喜、怒、哀、乐等基本情绪，这些情绪具有适应意义，例如在遇到危险时产生恐惧情绪并呼救，或者通过愤怒情绪阻吓敌人。在人的成长过程中，情绪也是有机体适应生存和发展的一种重要方式。婴儿出生时还不具备独立的生存能力，这时主要依赖情绪来传递信息，从而获得必需的生存条件。例如，婴儿感觉到饿或者身体不适等就会哭，生理需要得到满足时就会笑，哭和笑是婴儿最具特征的适应方式。到了儿童期，情绪的功能开始表现出社会适应性，在与成人的接触中儿童习得了具有社会意义的"微笑"。在成人的生活中，情绪也是人们心理活动的晴雨表，如愉快表示处境良好，痛苦表示遇到困难等。这样一来，人们可以通过情绪反应和情绪调节，帮助自身适应社会、求得发展。

（二）动机功能

有机体的各种需要是其行为动机的主要来源，当需要不能被满足时，会推动人们采取活动以消除不满足的状态。情绪和情感都是与需要相联系的主观体验，它们能放大因需要不能满足而产生的驱力，因而也具有动机作用。例如，人们在饥饿难耐时体会到的焦虑和紧张感会增强寻找食物的驱力，会成为进食行为的强大动力；而在战场上，对敌人的刻骨仇恨也会激励战士们英勇杀敌。

人都具有趋利避害的本能，积极的情绪状态能够提高行为的效率，对人的"趋利"行为起到正向的推动作用；而消极的情绪是人们所不喜欢的，为了摆脱消极情绪，人们会努力回避导致消极情绪的事物。

（三）组织功能

情绪和情感是心理过程的监测者和心理活动的组织者。具体表现为：积极、正面的情绪对其他活动有协调、促进作用；消极、负面的情绪对其他活动起破坏、阻碍作用。日常生活中人们也常有这样的体会：在良好的心境下，思路开阔，思维敏捷，解决问题迅速；而在情绪低落、郁闷时，则思路阻塞，操作迟缓，难有创造。

鲍尔（G. H. Bower）1969 年的一个实验，具体地反映了情绪性质对认知活动的影响。实验发现，当人心情好时，更容易回忆起那些带有愉快情绪色彩的材料；当人情绪低落时，则容易回忆起那些带有消极情绪色彩的材料；如果材料在某种情绪状态下被识记，那么这些材料在同样的情绪状态下更容易被回忆出来。这种现象称为心境—记忆一致性效应。此外，情绪的性质还能影响归因、推理和决策等认知活动。

情绪还能影响人的态度。当人处于积极的情绪状态时，倾向于乐观地看待事物，注意事物的美好方面，对人态度友善；当人处于消极的情绪状态时，往往用否定的眼光看待事物，悲观失望，态度消极。

（四）信号功能

情绪和情感使人们对环境的认识、态度和观点更具有表现力，在人际交往中往往起传递信息的信号作用。情绪的信号功能主要是通过其外显形式——表情来实现的，表情是传播情绪和情感信号的主要媒介。例如，当有人对你怒目而视时你可能会驻足不前，而当有人对你面露微笑时你可能会和他接近。面部表情、语音语调和身体姿势都能够用来传递主体的情绪状态和了解周围人的态度和意愿，比如微笑表示赞许或鼓励，点头表示默许或满意等。

情绪的信号功能对我们顺利地进行人际沟通有着重要的意义，试想一下，如果我们不能理解别人的情绪，那么我们和别人的沟通会变成怎样的情形？从信息交流的发生看，表情的交流也比言语交流要早得多，如在前言语阶段，情绪和情感是婴儿与成人和外界沟通的唯一手段。情绪的适应功能也主要是通过信号作用来实现的。

第二节　情绪和情感的种类

一、情绪的维度和极性

（一）什么是情绪的维度和极性

情绪的维度是指可以从数量上加以衡量的情绪的固有属性。例如，任何一种情绪产生时，都伴有一定程度的紧张，因此紧张度可以看成是情绪的一个维度。情绪的维度主要包括愉悦度、动力性、激动性、强度和紧张度等若干方面。每种情绪在一个特定的维度上都有两种对立状态，叫做情绪的极性。情绪和情感都表现出相互对立的两极。

情绪的愉悦度表现为"积极—消极"两极。各种情绪大都与人们肯定或否定的内心体验相联系。例如，满意、喜悦、快乐、热爱、崇敬等，是个体对于事物所持的肯定性的体验；而不满、痛苦、忧愁、悲哀、绝望、憎恨等，是个体对于事物所持的否定性的体验。由于客观事物的复杂性，有时个体可能同时体会到肯定和否定的情绪，从而使个体体验到悲喜交集的情绪。

情绪的动力性表现为"增力—减力"两极。一般说来，积极的情绪（如兴奋、喜悦）对个体的活动起"增力"作用，表现为使个体精神焕发、干劲倍增；消极的情绪（如悲哀、郁闷），对个体的活动起"减力"作用，表现为使个体精神不振、心灰意冷。

情绪的激动性有"激动—平静"两极。激动情绪常是强烈的、短暂的、爆发式的体验，如激愤、狂喜、绝望等，常在事件对个体具有重要意义或出乎意料、超出意志控制的情况下发生；平静的情绪是指一种平静安稳的情绪状态，它是保证人们正常的学习、工作和生活的基本条件。

情绪的强度有"强—弱"两极。如从愉快到狂喜，从微愠到狂怒等，在情绪的强弱之间还有不同的等级，例如喜欢由弱到强划分为好感、喜欢、爱慕、热爱和酷爱。情绪的强度既与情绪事件对个体意义的大小有关，也与个体的目的和动机强度有关。

情绪的紧张度方面有"紧张—轻松"两极。情绪紧张的程度取决于任务的性质，如任务的紧迫性、重要性等；也决定于个体的心理状态，如个体对自身能力的估计和自身的调节能力。一般来说，一定程度的紧张有利于个体集中能量和资源；但过度的紧张有时候也会起抑制作用，导致精神疲惫。

现代生理学的研究发现，在动物和人的上丘脑、边缘系统及相邻部位存在主导积极情绪和消极情绪的"愉快中枢"和"痛苦中枢"，这为情绪的两极性提供了科学依据。在四个维度上，情绪的两极并不是互相排斥的，它们之间可以进行相互转化，如乐极生悲、破涕为笑、喜极而泣等就反映了情绪两极间的变化过程。

（二）情绪维度的理论

情绪的维度能够帮助我们理解情绪的性质，对情绪的度量也有一定的指导意义。人们对情绪的维度有着不同的看法，并在此基础上提出了多种理论。

早在1896年，冯特就提出了第一个情绪维度理论，他认为情绪可以从愉快—不愉快、兴奋—平静、紧张—松弛等三个维度加以度量。但这种理论逐渐被施洛伯格（Schloberg）和普拉切克（R. Plutchik）各自所提出的情绪三维论所取代。20世纪50年代，施洛伯格通过研究面部表情提出了情绪的三维理论，他认为情绪包含愉快—不愉快、注意—拒绝和激活水平三个维度，并建立了三维模式图（图9-1），三个不同水平的组合可以得到各种不同的情绪。20世纪60年代，普拉切克提出了情绪立体模型（图9-2）。该模型由8个桔瓣体组成，其中每个桔瓣体代表一类基本情绪，如悲痛、哀伤和忧郁就属于同一类情绪。在这8类情绪中，最强烈的情绪位于桔瓣体的上部，越往下情绪强度越弱。例如，悲痛比哀伤强，哀伤比忧郁强。该模型还反映了各种情绪在性质上的关系：互为对顶角的桔瓣体所对应的情绪性质正好相反（如憎恨和接受）；而空间上邻近的桔瓣体所对应的情绪性质相似（如恼怒和厌恶）。

20世纪70年代末，美国著名心理学家伊扎德（Izard）提出了情绪的四维理论，他用愉悦度、紧张度、激动度和确信度四个维度对情绪进行度量，其中愉悦度反映的是情绪是否符合主体的需要；紧张度反映情绪的生理激活水平；激动度反映某种刺激情境或情绪发生的突然性；确信度反映个体能够承受情绪影响的程度。

二、情绪的种类

情绪和情感是复杂多样的，从古至今，人们对情绪和情感的种类提出了很多看法。例如，我国古代名著《礼记》中提出了喜、怒、哀、惧、爱、恶和欲的"七情"说。自科学心理学诞生以来，心理学家们对情绪的种类曾提出各种

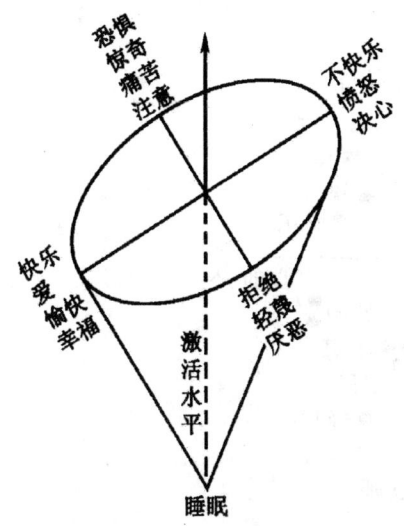 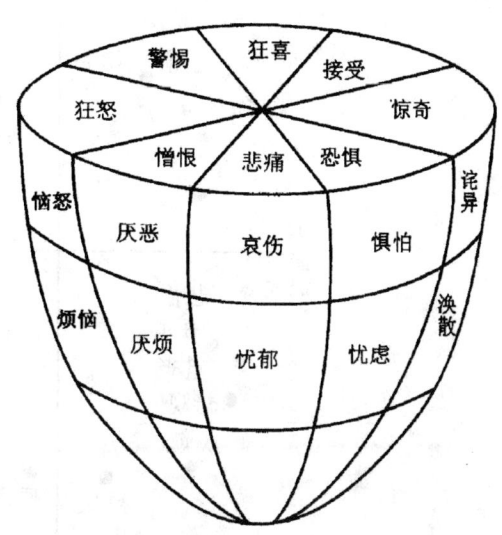

图 9-1　施洛伯格情绪三维模式图　　　　图 9-2　普拉切克的情绪立体模型

资料来源：彭聃龄.普通心理学.2004　　　资料来源：彭聃龄.普通心理学.2004

不同的看法，但至今还没有得到完全一致的认识。

　　按照情绪体验的复杂程度，人的情绪可分为基本情绪和复合情绪。基本情绪是人与动物所共有的最基础、最原始的情绪，它们与基本生理需要相联系，每一种基本情绪都有其独特的主观体验和生理唤醒模式，并在生物进化和适应环境的过程中发挥着不同的作用。20 世纪 70 年代初，美国心理学家伊扎德利用因素分析技术提取出 11 种基本情绪，即兴趣、惊奇、痛苦、厌恶、愉快、愤怒、恐惧、悲伤、害羞、轻蔑和自罪感等。后来，美国心理学家艾克曼（Ekman）在情绪反应的跨文化研究中发现，高兴、惊奇、生气、厌恶、恐惧、悲伤和轻蔑等 7 种表情在全世界的各种文化中的表达方式都基本相同。因此，也有学者认为这 7 种情绪是最基本的情绪类型。

　　复合情绪是由基本情绪的不同组合派生而来的。伊扎德认为复合情绪大致有三类，第一类是基本情绪间的混合，如兴趣—愉快、恐惧—害羞等；第二类是基本情绪与内驱力的结合，如疼痛—恐惧—愤怒等；第三类是基本情绪与认知的结合，如多疑—恐惧—内疚等。

　　现在比较流行的划分方式是罗素（Russell）在 20 世纪 80 年代提出的环形模式（图 9-3），他从情绪维度的理论出发，利用愉悦度和强度这两个独立维度

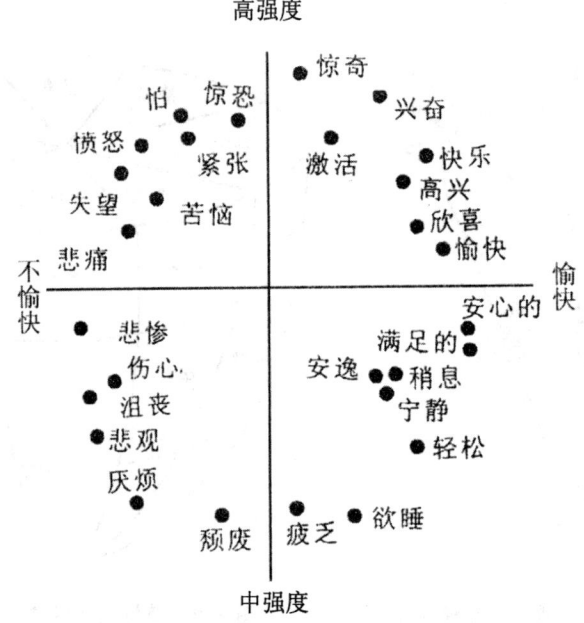

图 9-3 罗素的环形情绪分类模式

资料来源：彭聃龄. 普通心理学. 2004

为坐标轴，得到了四组情绪类型，即愉快——高强度的高兴型，愉快——中强度的轻松型，不愉快——中强度的厌烦型和不愉快——高强度的惊恐型。

三、情绪状态的种类

情绪状态是指在某种事件或情境的影响下，在一定时间内所产生的某种情绪，可分为心境、激情和应激三种。

（一）心境

心境（mood）是指人比较平静而持久的情绪状态。它不是关于某一事物的特定体验，而是以同样的态度体验对待所有事物，因此具有弥散性的特点。心境是人的各种心理活动的情绪背景，当一个人处于某种心境中，往往以这样的情绪状态看待周围的事物，从而使其他事物染上与这一心境相关的"色调"。古语所说的"忧者见之而忧，喜者见之而喜"，就是心境作用的体现。

心境可以由对人具有某种意义的心理事件所引起。工作的顺逆、事业的成败、人际关系的好坏、身体健康状况、甚至环境天气的变化，都可以成为引起和维持某种心境的原因。虽然一定的心境总有其产生的原因,但有时人自己并不能清楚地意识到。所以经常可以听到有人这样说:"不知怎么搞的,这几天特别烦"。

除了由当前情境产生暂时的心境外,人还可以有各自独特的、稳定的心境或称主导心境。主导心境往往与一个人的性格特征密切相关。如,有的人乐观开朗、积极向上,在他的生活中愉快心境便占主导地位;有的人总以消极的眼光看事物,容易抑郁,在他的生活中忧郁的心境便占主导地位。

心境对人的工作、学习、生活有很大影响。积极、良好的心境有助于提高学习和工作的效率,增强克服困难的勇气;消极、不良的心境则使人退缩、消沉。心境虽然由客观事物引起,但它还受人的主观意识的所调节和支配。因此,在现实生活中,激发和维持积极的心境,克服消极的心境,是非常重要的。而要做到这一点,关键是要树立正确的世界观、人生观和价值观,同时要注意培养坚强的意志。

(二)激情

激情(intense emotion)是一种强烈、短暂、爆发性的情绪状态,如狂喜、愤怒、绝望等。个体在激情状态下,常常伴有剧烈的动作和明显的表情。比如,愤怒时全身发抖,紧握拳头;恐惧时毛骨悚然,面如土色;狂喜时手舞足蹈,欢呼跳跃。

激情是由强烈刺激所引起的过度兴奋或抑制,事业成功、失恋、被侮辱等生活事件,都容易引起激情。激情的发展大致经历三个阶段:(1)意志力减弱,高度的紧张使细微动作发生紊乱;(2)意志的监督作用减弱,人做出失去理智的行为;(3)激情爆发后的平息阶段,人出现疲劳状态,甚至精力衰竭,精神萎靡。

当激情发生时,皮层下中枢的神经活动过于兴奋,大脑皮层的调节和控制作用降低,认识范围缩小,自我控制能力下降,甚至做出冲动或者过激的行为或动作,这种现象称为"意识狭窄"。但用"激情爆发而犯错"的说法并不能逃避由失控行为导致的不良后果所应承担的责任,因为人是能够意识到自己的激情状态的,并能够运用一定的方法对它进行调节和控制。如注意力转移法,当消极的激情即将发生时,尽量把注意力从产生这种激情的事物上转移到其他事物上;心理换位法,从多角度分析问题,想想"假如我是他……",等等。总之,我们要善于控制自己的激情,做情绪的主人。

当然,激情也有积极作用。积极的激情与理智和坚强意志相联系,能激励人们克服艰险,勇往直前。例如,为祖国人民争光的激情,往往成为运动员在国际比赛中战胜对手的力量源泉；胜利完成一项重大任务后的狂欢，可以鼓舞人们继续前进。

（三）应激

应激（stress）是由于刺激事件打破了有机体的平衡，或超出了个体的负荷和能力范围而引起的情绪状态。应激在有的场合也翻译为压力。造成应激的刺激事件称为应激源（stressor）。人在工作和生活中，往往会遭遇突发事件或危险，这时就要迅速动员机体全部的资源和能量，以应付紧急情况，此时的情绪状态就是应激状态。亲人的猝然离世，工作中的紧急情况，意外的自然灾害等，都会引发应激。除了上述灾难性、创伤性的重大生活事件外，日常生活中的挫折、慢性疾病、不良的生活环境和持久的经济困难也会成为慢性应激源，引发机体的应激反应。

在应激状态下，机体会有强烈的生理反应（图9-4），如肾上腺素分泌增加等，从而使整个身体处于充分动员的状态。但是，如果应激状态持续时间过长，就会导致机体有限的能量消耗过多、过快，降低免疫系统的机能，进而引发全身范围内的适应性疾病。

加拿大生理学家塞里（H.Selye）1956年把应激带来的反应称为一般适应综合症，它包括三个阶段：

（1）警觉阶段：警觉阶段的初期为震撼期，即刺激的突然出现产生了情绪震撼，机体的体温和血压下降，肌肉松弛，显示缺乏适应性准备；警觉阶段的后期为反击期，即机体通过调动自身的生理机能进行适应性的防御，表现为肾上腺素分泌增加、心跳加快、血糖水平和胃酸度暂时性增加，淋巴系统增强，产生高水平的生理唤醒，对应激强度增加的敏感性升高。

（2）抗拒阶段：身体各个系统的潜能被充分动员起来，以应付危急的情境。这时，全身代谢水平提高，呼吸和心率加快，血压升高，血糖增加。这一阶段持续时间过长，会使体内储存的能量大量消耗，疾病易感性增强。

（3）衰竭阶段：由于长时间处于应激状态，机体内的各种能量储存濒于耗竭，免疫功能下降，机体处于危机状态，严重时可导致重病或死亡。

图9-4中的实线显示了通常的一般适应综合症的过程，虚线则表示，如果在原有的应激源基础上增加新的刺激事件，则个体抗拒阶段的适应能力将大为降低，导致衰竭阶段的提前到来。这也说明了为什么遭到连续打击之后的个体往往比较脆弱。

因此，人们应理智地对待生活中的突发事件，尽量降低应激状态的消极影响。同时，还应注意培养思维的敏捷性和意志的果断性，加强应付危急状态技

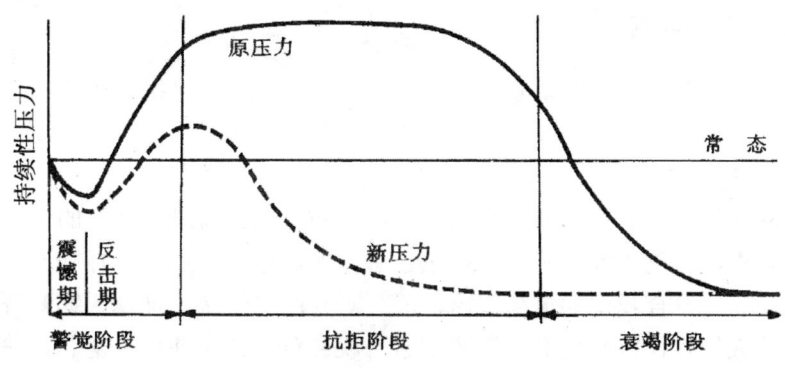

图 9-4 应激过程中的三个阶段

资料来源：张春兴. 现代心理学. 2005

能的训练，提高在意外情况下迅速做出判断和决策的能力。

 阅读资料：情绪与身心健康

　　人们的情绪有些是积极的，有些是消极的，有些是短暂的，有些是持续的。一般来说，积极的情绪有利于身心健康，而短暂的消极情绪随着刺激的消失而消失，也不会对健康产生大的不良影响。但是，如果消极情绪（如焦虑、紧张、忧愁、悲伤等）长期存在，由其引起的生理反应久久不能复原，就会给人的身心健康带来危害。

　　不良情绪对身心健康的影响程度因人而异。耐受力较强的人，消极情绪会影响他的工作效率，但不一定会危及健康。而耐受力弱的人，长期的紧张、焦虑会降低他们的免疫能力，最终导致心身疾病。在医学上，常见的心血管病、消化道溃疡、糖尿病、哮喘、甲状腺机能亢进等都与长期的情绪紧张有密切关系。对这些疾病的治疗，除了药物、手术外，往往还需要心理治疗。另有统计资料表明：经常处于担忧、畏惧或苦闷等精神状态下的人容易得癌症。美国霍普金斯大学的托马斯（C. B. Thomas）曾对该校的一千多名学生进行了追踪调查，结果发现，其中 48 个后来患了癌症的人大多具有敏感、抑郁的个性，经常处于怨恨、恐惧、焦虑等不良情绪之中。我国的中医学认为"怒伤肝"、"思伤脾"、"恐伤肾"，也从一个侧面说明了情绪对身心健康的影响。因此，树立乐观主义的人生观，保持豁达的心胸和积极的人生态度，是促进身心健康的一个重要方面。

资料来源：阴国恩等. 普通心理学. 1998

四、情感的种类

情感是同人的社会性需要相联系的主观体验。主要包括道德感、理智感、美感等。

（一）道德感

道德感是个体根据其道德标准评价自身和他人行为时所产生的情感体验。它是由别人或自己的行为是否符合自己心中的道德信念和道德标准而引起的。当他人的言行符合我们的道德信念，就会对其产生崇敬、仰慕、钦佩等情感体验；当他人的言行背离我们的道德信念，就会对其产生痛恨、憎恶、蔑视的情感体验。例如，对成就巨大、品行高尚的人的景仰和钦佩；对贪污受贿、腐化堕落的官员的痛恨，都属于道德感的范畴。在不同的时代、不同的社会制度中，道德观念和道德标准是不同的，所以道德感要受社会历史环境的制约。

（二）理智感

理智感是个体追求知识和认知事物过程中产生的情感体验。它与人们的好奇心、求知欲和认识兴趣相联系。个体在认识过程中，当有新的发现时会产生愉快或喜悦；在遇到矛盾的问题时会感到疑惑或惊讶；在作出不太肯定的推测和判断之后感到不安；在成功地解决了一道难题时会感到兴奋和骄傲，这些都属于理智感。理智感是在认识过程中产生和发展起来的，它反过来又推动着认识的进一步深入，成为个体认识和改造世界的一种动力。

（三）美感

美感是个体根据其审美标准评价事物时所产生的情感体验。美感的成分非常复杂。但从主观体验来看，它具有两个明显的特点：①美感是一种不涉及自身利益的愉悦体验；②美感是一种倾向性的体验。美感的愉悦，表现为个体对美好事物的肯定和爱慕；美感的倾向性，表现为个体愿意接近和欣赏美的事物。审美标准既反映事物的客观属性，又受人的主观意识和社会条件的制约。因此，不同的历史时期、不同经历和背景的人，对美的感受也会有所不同。

美感具有较强的直观性，事物的外表形式对美感有很大影响，但美感也依赖于事物的内容。漂亮的外表并不意味着高尚的内容，反之有价值的事物也并不都具有漂亮的外在形式。同时，美感也和道德感紧密相连，因为美的内容往往受到道德观念的制约。

第三节 情绪的表现

一、表情

（一）表情的含义

情绪体验的外部表现称为表情。表情是人与人之间表达态度、交流思想的重要手段之一，它能表达很多语言无法表达或不便于表达的心理内容。言语可以心口不一，察言观色则可以发现真实的心理状态。当然，有时人也可以有意识地控制自己的表情，从而隐藏自己真正的情绪和态度。

关于表情的起源，达尔文（C. R. Darwin）认为，原始表情的产生是为了适应环境，增加生存机会。例如，愤怒时的咬牙切齿、双拳紧握、怒目而视，是人类祖先作出的准备搏斗的姿态，同时也起到威吓敌人的作用。现在这些情绪表现通过遗传保留了下来，成了人类交际的重要手段。

（二）表情的种类

人的表情主要有面部表情、言语表情和动作表情三类。

1. 面部表情

面部表情（facial expression）是指面部的表情动作，它是情绪表达的主要通道。人类的面部表情可以用眼部肌肉、颜面肌肉和口部肌肉的变化来标志，这三个部分肌肉运动的不同组合，就构成了不同的面部表情，表达着相应的情绪。如描述高兴时的"眉开眼笑"，气愤时的"怒目而视"，憎恨时的"咬牙切齿"。等等。据估计，人的面部有80块肌肉，可以产生七千多种不同的动作组合模式，从而能精细、准确地反映人的情绪。测量面部肌肉活动主要使用的是面部电子眼动仪（EMG），一些研究表明，愉快、兴奋等正性情绪能够增加面部肌肉活动，沮丧、气愤等负性情绪的面部肌肉活动仅局限在眼部以上区域。艾克曼等人也运用面部电子眼动仪对微笑进行了研究，发现"真微笑"会牵动面颊和眼部肌肉活动，也会使大脑左半球兴奋度增加，而"假微笑"仅使唇部肌肉活动，大脑电位活动也并不明显。

那么表情是否具有普遍性呢？艾克曼（Ekman）等人1987年利用照片识别法所做的跨文化比较研究，证明了达尔文关于表情的假设，即面部表情是天生的、固有的，对于人类具有普遍性。艾克曼等人在其研究中，要求来自10个不同国家和地区（如美国、日本、巴西、阿根廷、新几内亚等）的人们对照片（见

图 9-5）中的表情进行判断，结果发现不同文化和种族的人们对七种基本表情（愉快、惊奇、愤怒、厌恶、恐惧、悲哀、轻蔑）的识别显示出高度的一致性。例如，新几内亚的原始部落的成员可以准确地识别出白人面孔所表达的情绪，而欧美文化中的白人也能容易地辨别出该部族成员的表情。拜尔（Biehl）1997年等人的研究也发现，美国、匈牙利、日本、波兰和越南的被试对于面部表情的判断具有很高的一致性。伊扎德等人1995年对婴儿表情的研究也倾向于支持表情是天生的。他们的研究发现，当母亲和出生后10周的婴儿进行交谈时，婴儿会表现出高兴、恐惧、愤怒、惊奇、悲伤、厌恶等表情。就已有的跨文化研究的结果来看，全世界的人，不管文化差异、种族、性别或教育程度，都分享着一套共同的"表情语言"，至少在基本情绪的表达方面具有一致性。

愉快　　　惊奇　　　愤怒　　　厌恶

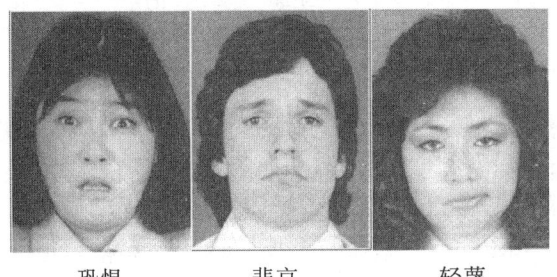

恐惧　　　悲哀　　　轻蔑

图9-5　7种基本的面部表情

资料来源：格里格，津巴多. 心理学与生活. 2003

尽管如此，这并不意味着文化对情绪表达没有影响，相反，不同的文化对于某些情绪的表达仍存在着不同的标准。例如，西方人表情比较开放，东方人表情则比较含蓄。此外，拜尔在其研究中也发现，日本人识别生气的能力比美国人、波兰人和匈牙利人都差，这可能与东亚文化的特点有关。

阅读资料：文化与情绪表达

个人主义文化强调个体的需求，而集体主义文化强调团体的需求。因此，个人主义者看重个人回报、自由、平等、个人享乐，追求多变、刺激的生活；而集体主义者则更重视生活中个人的位置、来自父母和长者的赞誉、个人形象的保持，以及为了整个团体的长远利益而努力工作。研究者认为这些文化倾向将会影响情绪的表达。

当人们向他人或集体表达自己的负面情绪时，会出现什么样的情况呢？通常，一切会变得很糟。如果你是一个个人主义文化的成员，这种做法应该还可以——你可以较为舒服地表达自己的不满，从而彰显你的个性。但是，如果你是集体主义文化中的一员，你可能会羞于表现出自己的负面情绪，从而避免引起整个团体的不快。为了证明这一推理，一组研究者分别从美国（一种个人主义文化）和哥斯达黎加（一种集体主义文化）的大学中招募学生，询问当他们向情绪的引发者表达自己的积极和消极情绪时，他们的舒适度如何。学生们被要求在一个5点（从极不舒服到非常舒服）量表（图9-6）上进行评估。从图9-6中可见，个人主义和集体主义文化中对积极情绪的表达没有差异，人们都能非常自然地表达积极情绪，但当表达负面情绪时，那些来自个人主义文化的个体的舒适程度更高。

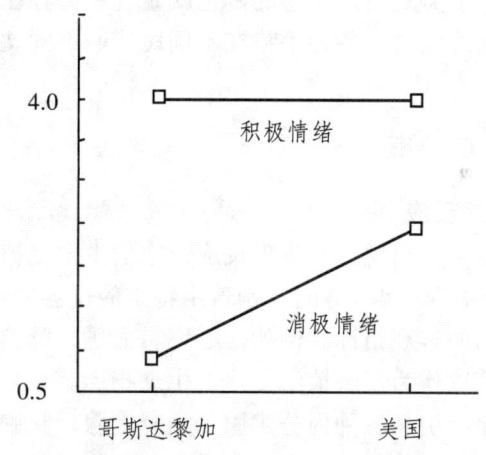

图 9-6　文化与情绪表达

资料来源：格里格，津巴多. 心理学与生活. 2003

2. 言语表情

言语表情（intonation expression）是情绪在语言的音调与节奏、速度等方面的表现，如人在高兴时音调上扬、节奏轻快，忧伤时音调低沉、节奏缓慢，发怒时声音刺耳、速度极快，等等。人在不同的场合也会使用相应的言语表情，如日常生活中人们语调是平静而舒缓的，宣誓时人们的语调是庄重而坚定的，动员会上音调则是高亢而富有激情的。同时，语音的高低、强弱、顿挫都是人们用来表达情绪和传递情感的重要手段，很多优秀的演说家就是靠他们的言语表情去打动和说服听众的。

3. 动作表情

动作表情是情绪在身体姿势和四肢动作方面的表现，可分为身体表情（body expression）和手势表情（gesture）两种。身体表情是指人在不同的情绪状态下身体姿态会发生变化，如人在高兴时捧腹大笑，悔恨时捶胸顿足，惧怕时手足无措，悲哀时肃立低头，等等。手势表情主要以手部、脚部的运动为主，通常和言语表情共同使用，借以表达赞成、反对、接纳、拒绝等态度。例如，摇头叹气表示失望，手舞足蹈表示高兴，摊手耸肩表示无奈。用身体动作表达情绪时，当事人自己可能并没有意识。

手势表情也可以单独使用，来表达自己的思想或愿望，如一些残障人士用"手语"就可以彼此很好地交流，人们也经常用简单的手势指示方位、调动情绪等。有研究表明，手势是后天习得的，也就是说手势存在个体差异。同时手势的使用也受到文化的制约，各种手势在不同民族、不同文化中被赋予了各种各样的含义。

二、情绪的生理唤醒

（一）情绪的生理反应

机体在情绪状态下会出现许多生理反应，它们主要受植物神经系统和内分泌系统支配，受人的主观意识影响小。倘若用特定的仪器把这些反应记录下来，就可以作为情绪活动的客观指标。例如，心率、血压、脉搏、呼吸、心电、脑电、皮肤电等，均可以作为反映情绪变化的生理指标。

个体情绪的变化会引起各种内分泌腺（如肾上腺、胰腺）和外分泌腺（如泪腺、消化腺）活动的变化。例如个体在焦虑、悲伤时，肾上腺皮质激素分泌增加，外周血管收缩，血糖下降，肌肉松弛，消化腺的活动受到抑制，使肠胃蠕动减慢，食欲衰退；惊恐、愤怒时，唾液常常停止分泌，使人感到口干舌燥；紧张、激动时，肾上腺素的分泌会增加，使人脸红心跳。内分泌系统的化学激活与有机体的许多方面的生理变化直接关联，是情绪反应的一个重要标志。

个体在不同情绪状态下，呼吸、循环系统、骨骼、肌肉组织，以及代谢过程都在发生着改变。据研究，人在愤怒时，呼吸每分钟可达 40~50 次（平静时每分钟20次左右);突然惊恐时,呼吸会暂时中断;狂喜或悲痛时,呼吸还会发生痉挛现象。人在惊恐、困惑、紧张时,汗液分泌会发生变化,而汗液中含有大量的导电离子,进而使皮肤导电性随之改变。

在不同情绪状态下,脑电波也会发生变化。通常人在清醒、安静、闭目状态时,脑电呈α波;在紧张焦虑状态下,出现高频率、低振幅的β波;熟睡时,出现低频率、高振幅的δ波。

阅读资料:测谎的原理

情绪的生理反应及其测定研究在许多实践领域中得到了应用,测谎就是其中之一。

人在说谎的时候,往往会产生一些不寻常的情绪反应,如紧张、焦虑、内疚等,并伴有机体的生理变化。特别是那些从事过违法和犯罪活动的人,在被问及相关问题的时候,常常为隐瞒真相而故作镇定,但这种"隐瞒"和"假装"本身就会引起相应的生理反应,而且这些生理反应是个体难以控制的。多导生理记录仪能同步记录多项生理指标,在测谎时常常用它来记录被测者的生理反应(图9-7)。近年来,又出现了一种语音分析型的测谎仪。它采取电子滤波和鉴频技术,分析人说话声音中的声波,根据人在说话时的语音颤动,来判定其心理上的紧张度。它可以和电话机、录音机等电声设备配合使用,操作起来更为简便。

测谎的一般过程是:先测定被测者各项生理指标的基础水平,然后向被测者提出一系列问题,其中包含与案情无关的一般问题和与案情有直接关系的"重要"问题(起鉴别作用)。如果被试在回答鉴别性问题时的情绪表现与回答一般问题时不同,即产生紧张性的情绪反应,则说明他很可能涉案。

虽然测谎仪在司法领域有着重要的应用价值,但由于能引起人的生理变化和紧张反应的因素有很多,其中的一些很难预测和控制,因此测谎仪记录的结果只能作为参考,而不能作为判定事实的依据。

(二) 情绪的唤醒模式

任何情绪都伴随着一系列的生理变化,即生理唤醒状态,而且这种状态会增强情绪的体验。然而不同情绪的生理唤醒模式是否相同呢?有的研究者认为,每一种情绪都有自己独特的生理模式;另一些研究者则认为,所有情绪激起同样的生理唤醒,如愤怒和恐惧都会使心率加快,恐惧和悲伤都会使皮肤温度降低,厌恶和发怒都会有肌肉紧张的现象。近二三十年的研究表明,同一种基本情绪的生理唤醒模式是基本相同的,而不同的基本情绪的生理唤醒模式则有所不同。这说明上述两种观点都有一定的合理性。例如,艾克曼等人1983年的研究发现,面部的六种表情模式(愉快、发怒、惊奇、恐惧、悲伤、厌恶)所对应的生理唤醒是不同的,如发怒时"脖子以下发热"、"血液沸腾",恐惧时

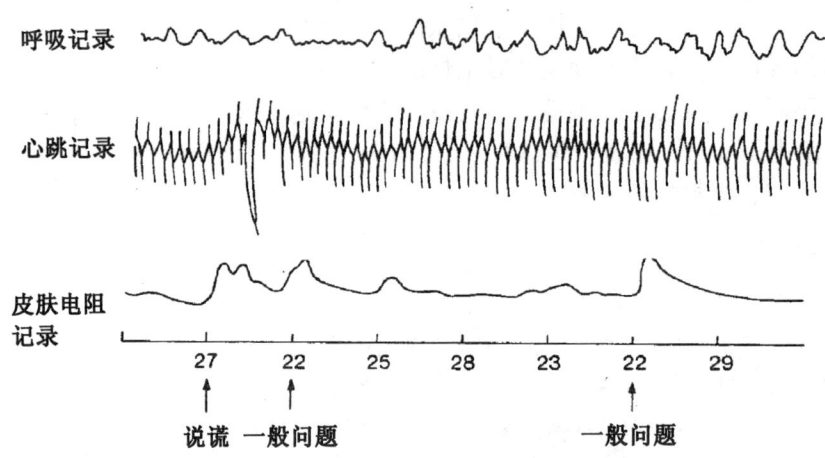

图 9-7　多导生理仪记录图

资料来源：张述祖，沈德立. 基础心理学. 1987

被试报告"骨子发冷"、"脚底发凉"。舍雷尔（Scherer）1994年研究了包括美国、巴西、希腊、印度、以色列、马拉维等37个国家和地区的3 000名被试，发现基本情绪的体验具有广泛的一致性。利文森（Levenson）等人1992年通过对印尼的苏门答腊的某部族成员的研究发现，这里的人虽然在文化上与美国人有很大差异，但在情绪的唤醒模式上与美国人一致。

第四节　情绪的脑中枢机制

一、下丘脑与情绪

下丘脑位于第三脑室下部，视交叉后部，脑垂体上部，与中枢神经系统、植物性神经系统有着紧密的联系，并控制着脑垂体和整个内分泌系统。下丘脑与情绪的关系密切，有时被视做应激中心。动物实验表明，刺激猫的下丘脑腹内侧核会产生明显的情绪性行为，刺激下丘脑的不同部位可引起两种行为反应，一种是争斗和发怒的表现，如怒吼或发出嘶嘶声，耳朵挺起，毛发竖立等；另一种是逃走和恐惧的表现，如瞳孔放大，向后退缩乃至逃走。这说明下丘脑可能存在一个调节攻击、防御和逃跑反应的系统。如果切除下丘脑以上的脑组织，这些反应仍然存在。切除皮层后的动物常常在面对微弱的外界刺激时也表现出强烈的愤怒,如毛发竖立、张牙舞爪。这说明下丘脑是产生情绪的重要脑结构,正常情况下下丘脑的应激反应功能会受到大脑皮层的调节和抑制,但切除大脑皮层导致抑制解除后,动物就表现出敏感性提高和愤怒阈限降低。

美国心理学家奥尔兹(J. Olds)1954年用埋藏电极法进行了"自我刺激"的实验,发现下丘脑存在着"快乐中枢"。实验是这样做的:在白鼠的下丘脑背部的相应部位埋上电极,电极通过电线与一个起开关作用的杠杆和电源相连。将白鼠放入一个箱子里,箱子中有一个可以按压的杠杆,一旦白鼠按压了杠杆,电源就会接通,埋藏的电极就会向白鼠下丘脑的特定部位发出一个微弱的电刺激。实验发现,当白鼠学会了按压横杆以获得电刺激后,就会不断地按压杠杆,以获得快乐感。有的白鼠竟以高达5 000次/小时的频率去按压杠杆,并能连续按压15~20小时,直到精疲力竭而睡去,但一醒来就又会去按压横杆。后来奥尔兹又在老鼠和横杆间摆一个有很强电流的架子,即使这样也没有减少老鼠追求刺激的热情。如果在下丘脑以外的脑部埋下电极,则没有出现上述情形,或者快乐效果不明显。由此推断,白鼠的下丘脑中存在一个"快乐中枢"。此外,在下丘脑的另一部位还有"痛苦中枢",当这一区域受到电刺激后,白鼠就会产生痛苦的情绪,从而促使它们学习按压另一杠杆,以截断对其脑部的电刺激。

二、网状结构与情绪

脑干网状结构的主要作用是维持大脑皮层的唤醒状态,它所产生的唤醒和激活作用是情绪发生的必要条件。从外周感官和内脏组织来的感觉冲动通过传入神经纤维的旁支进入网状结构,在下丘脑被整合与扩散,兴奋间脑觉醒中枢,激活大脑皮层。网状结构能同时接受来自中枢和外围两个方向的冲动,所以它既是情绪表现下行系统的中转站,又是上行警觉激活系统的转换器。它向下发送信息引起情绪的外部表现和生理唤醒,向上传递信息可使某种情绪处于激活状态,产生情绪体验。有人推论,抑郁症患者表现出的冷漠、内心体验麻木、面无表情可能与网状结构的功能遭到破坏有关。动物实验发现,切除脑干后的动物表现出某种不太协调和盲目的情绪,并且脑干切除部位越低,情绪表现和行为的整合性也越差。

三、边缘系统与情绪

边缘系统位于前脑底部,它包括了杏仁核、海马、扣带回、隔区等与情绪的发生有密切关系的脑区。心理学家若滕伯格（Routenberg）认为，网状结构和边缘系统均是唤醒系统，两个系统既互相抑制又互相关联。勒杜（LeDoux）认为，杏仁核是大脑中央的"情绪计算机"，它分析输入的感觉信息，做出认知性功能评估，并赋予其情绪意义。杏仁核还起联结作用，它一方面接受视听信息，另一方面与控制情绪行为的下丘脑密切联结，使大脑各部分相互协同完成情绪加工。

临床发现，有些凶暴行为病人的脑病变似乎常常在边缘系统的杏仁核。动物实验发现，损毁狗的杏仁核背内侧部位，狗容易表现出敌意、恐惧和攻击行为；但如果损坏其外侧部位，狗表现出愉悦、安适和玩耍。通过电刺激的方法也发现，杏仁核的某些部位具有促进攻击性行为的作用，而有的部位则具有抑制攻击性行为的功能。

近年来的研究显示，海马在情绪调节中也具有重要作用，且其机制十分复杂。一些动物实验发现，海马受损的动物往往表现凶猛和缺少畏惧感；而另外的一些研究则发现，海马受损也可能引起退缩和回避反应。戴维森（R. Davidson）认为，海马在情绪行为的背景调节中起重要作用，海马受损的个体常常表现出与情境不相适应的行为。

四、大脑皮层与情绪

近年来的大量研究使心理学家确信，大脑皮层在情绪的认知加工、体验和表达中起重要作用，是情绪机制的最高调节和控制机构，这个结论主要来自对大脑两半球情绪功能差异的考察以及临床和病理研究。很多研究证实，大脑两半球具有情绪功能的不对称性，左半球为正情绪优势，右半球为负情绪优势。临床研究发现，左侧前额叶受损的病人患忧郁症者较多，而右侧前额叶受损的病人更多地表现出躁狂。

戴维森通过对脑损伤病人的观察也发现，左半球损伤病人表现出过多的哭泣，而右半球损伤的病人表现出更多的欣快反应。他认为这是由于病人缺乏正常情况下两半球的协调活动，左半球受损伤时，右半球释放更多的负面情绪；而右半球受损伤时，左半球释放不适当的正面情绪。为验证这一观点，戴维森等人1990年让额叶受损的病人观看能引发情绪反应的电影片段，同时利用脑电图技术（EEG）记录大脑各部位的脑电变化。结果发现，当被试表现出高兴的表情时，左侧前额叶的脑电活动比右侧活跃；当被试表现出厌恶的表情时，则正好相反。

第五节 情绪理论

一、早期的情绪理论

(一) 詹姆斯—兰格理论

美国心理学家詹姆斯（W. James）和丹麦生理学家兰格（C. Lange）于1884年和1885年分别提出了相似的情绪理论，被合称为詹姆斯—兰格情绪理论，也被称为情绪的外周理论。

詹姆斯和兰格都认为情绪是由有机体的生理唤醒所引起的知觉体验，没有生理唤醒就不会产生情绪。詹姆斯更加强调情绪发生过程中植物性神经系统的作用，认为情绪是由情绪刺激物作用于感官所激起的神经冲动传至中枢神经系统而产生的。他说："因为我们哭泣，所以感到难过；因为动手打人，所以生气；因为发抖，所以害怕；并不是我们愁了才哭，生气了才打，怕了才发抖。"而兰格则特别强调情绪与血管变化的关系。他认为血管舒张，就产生了愉快的情绪；血管收缩或器官肌肉痉挛，就产生了恐怖的情绪。饮酒引起血液循环加快，血管扩张，因而使人兴奋；冷水浇身引起血管收缩，就可以使愤怒减弱。总之，詹姆斯和兰格都一致认为，情绪刺激引起身体的生理反应，而生理反应进一步导致情绪体验的产生（图9-8）。

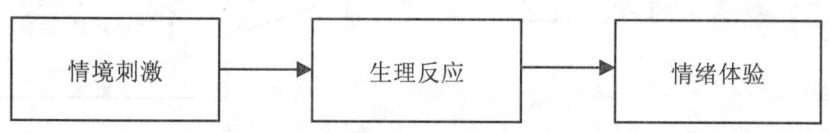

图9-8　詹姆斯—兰格情绪理论图示

詹姆斯—兰格情绪理论指出了生理唤醒与情绪过程的密切关系，并认为是生理反应引发了情绪体验，所以他们的理论又被称做情绪的外周理论，因为生理唤醒(尤其是内脏反应)主要是由外周的植物神经系统所控制。但他们的理论忽视了中枢神经系统对情绪的调节、控制作用，否认了人的态度对情绪的决定意义。

(二) 坎农—巴德的丘脑学说

美国生理学家坎农（W. Cannon）对詹姆士—兰格的情绪学说提出了质疑，

并提出了四个方面的反驳意见：第一，根据生理变化很难分辨各种不同的情绪，因为在各种情绪状态下机体的生理变化并无很大的差异。第二，机体的生理活动主要是受植物性神经系统的支配，变化缓慢，难以说明情绪快速多变的事实。第三，药物（如肾上腺素）能够激起机体的某些生理变化，却不能直接造成某种相应的情绪。第四，切断动物的内脏器官与其中枢神经系统的联系，动物的情绪反应并没有完全消失。

根据上述事实，坎农和另一位生理学家巴德（P. Bard）认为，植物性神经系统控制的生理反应不是情绪产生的根本原因，情绪机制的中心不在外周神经系统，而在中枢神经系统的丘脑。他们的观点后来被称为坎农—巴德理论。这种学说认为情绪产生的具体过程是，由外界刺激引起的感觉器官的神经冲动经由内导神经传至丘脑，再由丘脑同时向上向下发出神经冲动，向上传至大脑，产生情绪的主观体验，向下传至交感神经，引起机体的生理变化。根据这一理论，外界刺激同时引发了生理唤醒和情绪体验，所以生理唤醒和情绪体验没有直接的因果关系，而是相对独立的（图9-9）。例如，遇到一件令你生气的事情，你会产生愤怒的主观体验，同时也出现血液循环加快、心跳加速等生理反应，这两种过程是平行发生的。

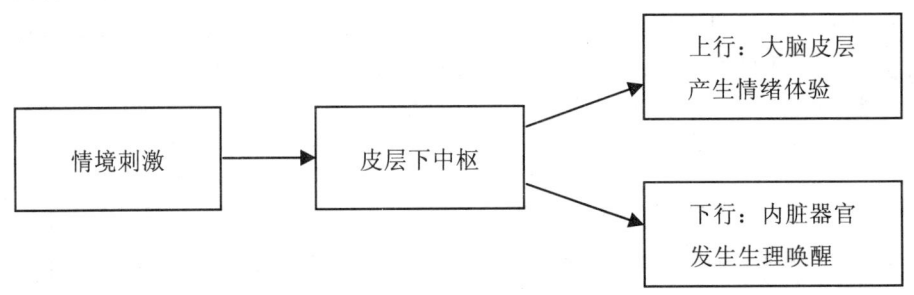

图 9-9　坎农—巴德的情绪理论图示

坎农—巴德情绪理论强调皮层下中枢在情绪中的作用，把詹姆斯—兰格对情绪的外周性研究推向对情绪中枢机制的研究。

二、情绪的认知理论

（一）阿诺德的"评定—兴奋"学说

美国心理学家阿诺德（M. B. Arnold）于20世纪50年代提出了情绪的评定—兴奋说。她认为，从刺激出现到情绪的产生要经过对刺激情境的评价过程，个体在认识客观事物的时候，会不由自主地对其与自身的利害关系进行评估。情绪是趋向有益事物、回避有害事物、忽略无关事物时产生的一种主观体验。如食物的香味，会给饥肠辘辘的人带来愉快的情绪体验，可是酒足饭饱的人却感到无动于衷。

阿诺德的"评定—兴奋"学说的另一个重要部分是强调了大脑皮层兴奋对情绪产生的重要作用。阿诺德认为，外界的刺激作用于感受器时产生的神经冲动经内导神经传至丘脑，再到大脑皮层，由大脑皮层产生对情绪刺激与情境的评估，形成相应的情绪体验，这种体验再经由外导神经传至丘脑和交感神经，所引起的生理变化使人产生相应的感觉。该学说在阐释情绪发生过程时，强调了大脑皮层的作用，兼顾了环境和机体内部生理变化以及不同心理过程之间的联系，认识到情绪的产生是生理、行为和认知成分相互作用的结果，从而推动了情绪理论的进一步发展。

（二）沙赫特的两因素理论

20 世纪 60 年代，美国心理学家沙赫特（S. Schachter）和辛格（J. E. Singer）提出，环境刺激导致的生理唤醒和个体的认知评价对情绪的产生有着同等重要的作用。他们通过一个经典的实验，说明了在情绪产生过程中高度的生理唤醒以及个体对生理唤醒的归因和解释是两个必不可少的要素。

实验的基本过程是这样的：他们给被试注射一定剂量的肾上腺素，这种药物能使人出现心悸、脸红、呼吸加快、血压升高等生理变化。但实验前却告诉被试，注射该药物的目的是为了研究它对视觉的影响，以掩盖实验的真实目的。然后，把被试分成三个实验组。对第一组（知情组）被试，主试正确地告知他们注射药物后可能引起的反应；对第二组（假知情组）被试，主试告诉他们药物会使他们感到双脚发麻、头痛等，此乃虚假信息；对第三组（不知情组）被试，则什么也不说。

注射药物后，各组被试又被随机分为两小组，分别被带入两个休息室中等候。在一个休息室里，实验者的一个助手唱歌、跳舞、做滑稽表演，制造出令人愉快的情境；在另一个休息室里，实验者的助手跺脚、怒骂，强迫被试填写烦琐的问卷，并对被试横加指责，制造出令人生气的情境。

实验的逻辑是：如果生理因素单独决定情绪，那么三个实验组的被试注射了同样的药物，引发了同样的生理反应，他们应该产生同样的情绪；如果环境因素单独决定情绪，那么，所有进入"愉快情境"中的被试都应该显得愉快，而所有进入"生气情境"中的被试都应该显得气愤。实验结果是：第一组（知情组）的被试在房间里表现得相对平静，不大理会实验者助手的行为；而第二组（假知情组）和第三组（不知情组）被试则倾向于追随实验者助手的行为，表现出愉快或气愤。这表明生理因素和环境因素都不能单独地解释情绪产生的机制。

根据这一实验的结果,沙赫特与辛格提出了情绪的两因素理论,也称为激活—归因理论,即认为刺激激起了生理反应,而个体对这种生理反应的归因和解释决定了情绪的性质。根据这一理论,知情组的被试由于对自己的生理反应有了正确的了解,所以不再从环境中去寻找解释,因而在各种情境下都比较平静;而假知情组和不知情组的被试,由于对自身的生理反应不能做出恰当的说明,就将其归因于外部情境,并产生了与情境一致的情绪。

沙赫特和辛格认为,情绪的产生是环境刺激、生理变化、认知过程三种因素整合作用的结果。环境中的刺激因素通过感受器向大脑皮层传递外界信息;生理因素通过内部器官向大脑输入生理状态变化的信息;认知过程是对过去经验的回忆和对当前情境的评估,来自这三方面的信息经过大脑皮层的整合后才产生某种情绪体验,其中认知过程起着最关键的作用。

 阅读资料:生理唤醒与认知曲解

20世纪70年代,心理学家Dutton和Aron进行了一项有趣的实验研究。他们让两组男性被试分别通过加拿大温哥华市附件的两座桥,一座是很安全、坚固的桥,另一座是摇摆不定、感觉比较危险的桥。在桥的另一端,有实验者的女性助手。当男性被试通过大桥后,这些女性研究助手假装对"安全与创造力的关系"这一课题感兴趣,要求这些男性被试根据一位妇女的两可图形写一个短故事,还告诉他们如果对研究的更多信息感兴趣,可以给她打电话。

图9-10 危险桥上的约会

结果发现,那些刚刚从摇摇晃晃的桥上通过的男性被试写出的故事里包含更多的性幻想,而且给女性研究助手打电话的人数也是那些从安全桥上通过的被试的4倍。为了证明生理唤醒是导致认知曲解的关键因素，研究者后来又安排了另外一组男性被试，也让他们从摇摆不定、感觉比较危险的桥上通过，但女性研究助手在他们等待10分钟之后才开始对他们进行采访。结果发现，由于生理唤醒已经平复，这组被试没有表现出与前一组类似的兴奋反应。

资料来源：格里格，津巴多. 心理学与生活. 2003

（三）拉扎勒斯的认知评价理论

拉扎勒斯（R. Lazarus）是情绪的认知理论的另一位代表人物。他发展了阿诺德的认知评价学说。在20世纪60年代，拉扎勒斯等人通过实验证明了认知评价在情绪体验中的重要性。在其中的一项研究中，他们给被试观看会激发焦虑情绪的录像，例如各种工伤事故的发生过程。实验者通过改变影片的配音来影响被试的认知评价。实验条件分为三种：否定式的配音，即通过解说告诉被试，影片中的镜头只是演员的表演而非真有其事；理智式的配音，即通过解说告诉被试这是工厂的一次意外事故，被试应该客观理性地看待这一事件；控制组被试则不加任何配音说明。实验者通过连续记录被试的多项心理生理指标（如心率和皮肤电阻）来评定被试在观看录像过程中的生理唤起水平或应激程度。结果发现，否定式和理智式的配音确实降低了被试情绪反应的程度。

与阿诺德相同，拉扎勒斯也认为情绪是人与环境相互作用的产物，情绪的产生有赖于人们对情境刺激与自身关系的评价，在情绪活动中，人不仅反映环境中的刺激事件对自己的影响，同时也要根据"趋利避害"的原则调节自己对于刺激的反应。拉扎勒斯在阿诺德的基础上将认知评价扩展为初级评价、次级评价和再评价三个过程。

初级评价（primary appraisal）是指人确认刺激事件与自己是否有利害关系，以及这种关系的程度。即确定情境刺激是合乎自身需要的还是对自己有害的，抑或是没有关系的。

次级评价（secondary appraisal）是一种控制判断，即个体根据自身各方面的资源，如物质和金钱、能力和技术、社会关系，等等，来判断自己对情境刺激的控制力。也就是当人们要对刺激事件做出行为反应时，必须根据主客观条件来考虑行为的后果，从而选择有效的应对措施和方法。例如当人们受到威胁和攻击时，选择"逃跑"反应还是"战斗"反应，就依赖于通过次评价形成的判断。

再评价（reappraisal）是一种反馈性评价，它是个体对自己的情绪和行为反应的有效性和适宜性的评价。如果发现自己应对外界刺激的措施是无效的或者不恰当的，个体就会调整先前的评价结果和应对反应。

拉扎勒斯认为，认知评价总是先于情感反应，但认知评价并不一定发生在意识水平之上。Zajonc 等人的研究也发现，在缺乏有意识的认知加工的参与下，情绪反应也可能发生。

本章摘要

1. 情绪是人对客观事物是否符合自己需要所产生的态度体验，是伴随认识活动而产生的心理过程。情感是同人的社会性需要相联系的态度体验。一般认为情绪是由主观体验、外部表现、生理唤醒等成分共同组成。

2. 情绪大都与具体的情境相联系，具有较强的情境性、冲动性、外显性，经常随情境的改变而改变；而情感往往与特定的事物相联系，比较稳定和持久。

3. 情绪的维度是指可以从数量上加以衡量的情绪的固有属性，主要包括愉悦度、动力性、激动性、强度和紧张度等。每种维度上都可以有两种对立状态，叫做情绪的极性、如积极和消极、增力和减力、激动和平静、强和弱、紧张和轻松等。

4. 情绪和情感的功能主要体现在适应功能、动机功能、信号功能和组织功能等四方面。

5. 人的情绪可分为基本情绪和复合情绪。基本情绪是人与动物所共有的、最基础、最原始的情绪，每一种基本情绪都有其独特的主观体验和生理唤醒模式。已有研究发现，高兴、惊奇、生气、厌恶、恐惧、悲伤和轻蔑等情绪属于基本情绪，复合情绪是由这些基本情绪的不同组合派生而来的。

6. 情绪状态是指在某种事件或情境的影响下，在一定时间内所产生的某种情绪，可分为心境、激情和应激三种。心境是指人比较平静而持久的情绪状态。激情是一种强烈、短暂、爆发性的情绪状态，如狂喜、愤怒、绝望等。应激是由于刺激事件打破了有机体的平衡，或超出了个体的负荷能力范围而引起的情绪状态。

7. 如果应激状态持续时间过长，就会导致机体有限的能量消耗过多、过快，降低免疫系统的机能，进而引发全身范围内的适应性疾病。应激带来的反应称为一般适应综合症，它包括警觉、阻抗和衰竭三个阶段。

8. 情绪体验的外部表现称为表情。表情是人与人之间表达态度、交流思想的重要手段之一。人的表情主要有面部表情、言语表情和动作表情三类。

9. 机体在情绪状态下会出现许多生理反应，它们主要受植物性神经系统和内分泌系统支配。同一种基本情绪的生理唤醒模式是基本相同的，而不同基本情绪的生理唤醒模式则有所不同。

10. 大脑皮层是情绪最高调节和控制机构。此外，下丘脑、边缘系统、网状结构都与情绪的发生有密切的关系。

11. 早期的情绪理论包括詹姆斯—兰格的外周理论和坎农—巴德的丘脑学说。詹姆斯—兰格情绪理论认为生理反应引发了情绪体验；坎农—巴德的丘脑学说认为，情绪机制的中心不在外周神经系统而在中枢神经系统的丘脑，生理唤醒和情绪体验是相对独立的。

12. 情绪的认知理论主要有阿诺德的"评定—兴奋"说、沙赫特的两因素理论、拉扎勒斯的认知评价理论。

13. 阿诺德认为，个体在认识客观事物的时候，会不由自主地对其与自身的利害关系进行评估，情绪是趋向有益事物、回避有害事物、忽略无关事物时产生的一种主观体验。

14. 沙赫特和辛格认为，在情绪产生过程，生理唤醒以及个体对生理唤醒的归因和解释是两个必不可少的要素，情绪是环境刺激、生理变化、认知过程三种因素整合作用的结果。

15. 拉扎勒斯也认为情绪是人与环境相互作用的产物，情绪的产生有赖于人们对情境刺激与自身关系的评价，并将认知评价扩展为初级评价、次级评价和再评价三个过程。

复习思考题

1. 什么是情绪和情感？它们有何功能？
2. 情绪的维度有哪些？它对于我们认识情绪有何意义？
3. 基本情绪的种类大致有哪些？
4. 什么是应激？应激对机体有何影响？
5. 表情的内容有哪些？它的主要功能是什么？
6. 情绪与生理唤醒的关系如何？
7. 情绪的认知理论主要有哪几种？它们有何异同？
8. 情绪对心理健康有何影响？
9. 如何有效地调节和控制自己的情绪？

第十章 动机

第一节 动机概述

一、动机的含义与功能

（一）动机的含义

人的各种行为和活动都是有其目标和原因的，区别只是有时候这些目标和原因显而易见，而有些时候可能连个体自身也意识不到。心理学中所谓的动机（motive），就是指引起和维持个体活动，并使活动朝向某一目标的内在动力。动机对每个人都很重要，个体的活动，除了无意识的行为之外，都是在动机的支配下进行的。在现实生活中，有的人为实现特定的目标，坚持不懈，努力奋斗，甚至做出巨大的牺牲，这正是由于动机的推动。如果一个人没有一点动机，那他就丧失了活力和能动性，对各种环境刺激无动于衷，成为类似"植物人"的人。

个体的行为是千变万化，多种多样的，作为个体行为内在动力的动机，自然也是复杂的。动机的复杂性表现在以下几个方面：

（1）相同的活动背后可能有不同的动机，不同的活动也可能由相同或相似的动机所支配。例如，虽然很多学生都认真学习，但其学习动机却可能不同：有的是为了将来能更好地报效祖国；有的是想将来找一份好的工作；有的是因为想得到老师和父母的表扬和奖励。反过来，同样是为了健身，有的人选择游泳，有的人选择跑步。

（2）就单个的动机而言，其性质也是复杂的。比如进食动机，虽然它属于原始的生理性动机，但受到社会文化因素的影响，很多时候人们的饮食行为并不单纯是为了消除饥饿，而是具有其他目的，如人际交往。

(3) 人的活动通常都受多种动机的支配，个体的行为往往是多种动机整合的结果。如两个人交朋友，除了感情的因素外，往往还有利益因素的影响。

（二）动机的功能

动机对人的心理和行为具有非常重要的作用，概括起来，主要有以下三种功能：

（1）激发功能

动机具有激发行为的作用，能推动个体完成某种活动。人类的行为，绝大多数都是由动机激发的。没有动机，人就不会产生有目的的行为。比如，没有进食动机，个体就不会吃东西；没有学习动机，个体就不会进行有目的的学习；没有交往动机，自然就不会有主动的交往活动。

（2）指向功能

动机具有把个体的行为活动引向某一特定目标的功能。例如，学习的目的是掌握知识、增进能力，而能实现这一目的的方式多种多样，可以去学校读书，也可以自学。学习的内容也有很多方面，如知识、技能、策略等。每个方面还包括很多具体的科目，如文科、理科、艺术、体育等。因此，学习动机不仅要为个体的学习提供动力，还要把个体的学习活动引向具体的目标或对象，即具体指引学什么，怎么学。

（3）维持和调节功能

活动产生以后，动机就会维持着这种活动，并调节着活动的强度和持续时间。如果活动达到了目标，动机就促使个体停止这一活动；如果活动尚未达到目标，动机就驱动个体维持甚至加强这一活动，或者转换方向，寻求达到目标的其他途径。比如，个体在觅食活动中没有找到食物，即没有达到目标，饥饿状态无法解除，那么进食的动机就会促使个体继续寻找下去，直到获得满足。

二、需要与动机

（一）需要的含义

需要（need）是机体内部的一种缺乏或不平衡状态，它表现为机体对内部或外部生活条件的稳定要求。这些要求的内容既包括阳光、空气、水、食物等自然条件，也包括交往、学习、成就等社会条件。当这些要求引起机体内部的不平衡状态，并被机体感受到时，就成为人们的需要。例如，血液中血糖浓度的降低会产生进食的需要；机体内水分的缺乏则会产生喝水的需要；感到孤独就会产生交往的需要等。当需要得到满足后，机体在生理或心理上的不平衡状态就消除了。这时,有机体内部又会有新的不平衡状态出现,又会产生新的需要。

人既有生物性,又有社会性,因此人的需要也可以分为生理性需要和社会性需要两个方面。其中,生理性需要主要包括饮食的需要、睡眠的需要、性的需要等;社会性需要主要包括求知的需要、交往的需要、成就的需要等。

根据需要指向的对象,人的需要还可以分为物质需要和精神需要。其中,物质需要指向物质产品,如:人们对衣食住行等生活条件的需要,对劳动工具、仪器设备、文化用品等工作条件的需要。精神需要则指向社会的精神产品,如:求知的需要,审美的需要,交往的需要等。精神需要是人类所特有的需要。人们的物质需要和精神需要有着密切的关系,精神需要的满足不能离开其物质基础,而物质需要的不断满足也会给人们带来精神上的愉悦。

需要是个体积极性的源泉,是个体活动的基本动力。人的各种活动都是由需要引起的,从饮食男女、生产劳动,到文艺创作、科技发明等无一例外。同时,人的需要又是在活动中不断产生与发展的。当人通过活动满足了原有的需要时,人和周围现实的关系就发生了变化,又会产生新的需要。新的需要又推动人进行新的活动,从而使人的活动不断向更高的层次发展。

(二) 需要和动机的关系

需要与动机是紧密联系的。如果说动机是推动个体活动的直接力量,那么,需要就是这种力量的源泉。需要能推动主体采取行动,寻求满足它的对象,从而产生活动的动机。需要越迫切,由其引起的活动动机就越强烈。

需要和动机也有区别。如果需要仅仅以意向的形式停留在头脑里,而没能和具体的行动目标相结合,那么这种需要就还没有转化为活动的动机。只有当需要激起并维持个体进行有目标的活动时,才成为活动的动机。换句话说,个体的需求处于潜伏状态时叫做需要,而当个体的需求处于现行状态(引起人的活动)时,才叫做动机。例如,人在寒冷的冬天生火取暖,在饥饿的时候寻找食物,在疲惫的时候上床休息,在有求知欲的时候努力学习,这时的需要,由于与具体的行动结合起来才成为活动的动机。

当机体内的不平衡状态所引起的需要,不是由机体的主动活动去消除,而是由机体的自动调节机制来弥补的话,那么这种需要就不是行为的动机。比如,人在进行剧烈活动时,能量消耗很快,血液中的含糖量减少,但又无法立刻通过进食活动来弥补,这时机体内肝脏和肌肉内储存的糖原就会释放,一部分脂肪也会转化为糖,以弥补糖分的损失。在这种情况下,需要只是引起了机体的自动调节活动,但并没有转化为进食的动机。

三、动机与行为效率的关系

动机与行为的关系是十分复杂的。同一种行为可能有不同的动机，即各种不同的动机通过同一种行为表现出来；不同的活动也可能有同一种或相似的动机。在同一个人身上，行为的动机也是多种多样的，其中有些动机占主导地位，称主导动机，有些动机处于从属地位，称从属动机。主导动机和从属动机的结合，组成个体的动机系统，推动个体的行为。所以，个体的活动往往不是受单一动机的驱使，而是他的动机系统所推动的。

一般人以为，动机和行为效率的关系是简单的线性关系，动机强度越大工作效率越高；动机强度越小工作效率越低，然而实际情况并非如此。心理学的研究表明，动机与工作效率之间的关系不是简单的线性关系，而是一种倒 U 型的曲线关系，即动机强度过高或过低，都会使工作效率下降（图 10-1）。这种现象称为耶克斯—多德森定律（Yerkes-Dodson law）。

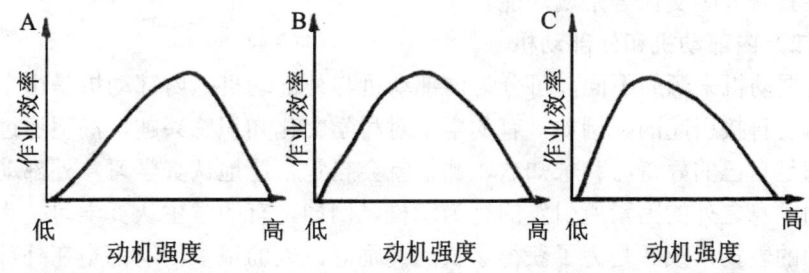

A 简单作业；B 较复杂作业；C 高度复杂作业

图 10-1　任务性质、动机强度和工作效率的关系

动机很弱，态度淡漠，工作效率当然不会高。如果动机过强，机体处于高度紧张状态，注意和知觉的范围变得狭窄，工作效率也会降低。例如在重大考试中，有的学生一心想考出好成绩，压力过大，结果反而导致发挥失常。因此，为了使工作更有效率，就应避免动机强度过高或过低。

耶克斯和多德森通过研究发现，在各种活动中都有一个最佳动机强度，而且最佳动机强度是以工作的复杂程度为转移的，即：工作较简单时，最佳动机强度偏高；工作较复杂时，最佳动机强度偏低。

第二节 动机的种类

一、动机的一般分类

（一）生理性动机与社会性动机

根据引发动机的需要的性质不同,可将动机分为生理性动机和社会性动机。前者以人的生理需要为基础,具有先天性,如进食动机、睡眠动机等;后者以人的社会性需要为基础,是后天习得的,如成就动机、交往动机等。

由于人具有社会性,因此人的生理性动机及其满足方式就不可避免地受到人类社会文化的影响。拿进食动机来说,本来是一种生理性的动机,但在现代社会,饮食已经发展成为一种文化,人类的饮食行为已不单纯是为了保证生存,往往还具有人际交往等附属功能。

（二）内部动机和外部动机

根据动机来源的不同,可分为内部动机与外部动机。内部动机是由个体的内在需要直接引起的。例如,有的学生对科学文化知识感兴趣,渴望通过学习活动满足自己的好奇心和求知欲,那他就会自觉自愿地认真学习。外部动机是由活动本身之外的因素所引发的行为动机。例如,有的学生认真学习是为了获得老师的表扬,或者是为了获得家长的奖励等。人的很多活动都是在外部动机和内部动机的共同作用下完成的。

（三）主导动机与次要动机

根据动机在活动中所起的作用不同,可分为主导动机与次要动机。主导动机是指在活动中所起作用较强、处于支配地位的动机。次要动机是指在活动中所起作用较弱、处于辅助地位的动机。在一个特定的时间内,人的行为往往只受占主导地位的动机支配。如果主导动机与次要动机的方向一致,活动的动力会加强;如果彼此冲突,活动的动力就会减弱。

个体活动的主导动机也不是固定不变的。当个体处于饥饿状态的时候,进食就成为主导动机;而当个体感到困倦时,睡眠或休息就成了主导动机;倘若这时个体突然面临着某种危险,那么安全又成了主导动机。当一种主导性的需要得到满足后,就会有新的需要发展为新的主导动机。

二、生理性动机

（一）饥饿

1. 饥饿的生理因素

饥饿是由机体内缺乏食物或营养引起的一种生理不平衡状态。个体为了生存，必须维持体内物质和能量的平衡，平衡一旦失去，个体就会调动自身的各个系统对其进行调节。饥饿导致进食也是为了维持体内物质和能量的平衡。个体在饥饿时会感到紧张不安，甚至痛苦，从而形成内在的压力，促使其寻觅并摄取食物。

坎农（W. B. Cannon）在一项实验中，设法人为地引起被试胃壁收缩，被试便出现了饥饿感。这似乎说明胃壁收缩与饥饿状态有关。后来又有研究发现，切断控制动物胃收缩的神经，阻止其胃壁收缩，动物依然会产生进食行为。临床上也发现，做过胃切除大手术的病人，仍能体验到饥饿。这说明引起饥饿感的原因可能有多个方面。

腾布里通（Templeton）和奎格力（Quigley）将从饥饿的狗身上抽取的血液注入饱食之后的狗的体内，发现这些已经吃饱的狗又会继续进食。于是有学者提出，血液中化学成分的变化，可能与饥饿和进食行为有关。迈耶（Mayer）在1955年提出了关于饥饿的"葡萄糖恒定机制"假说，他认为机体的下丘脑部位存在着"葡萄糖浓度感受器"，能敏锐地觉察血液和细胞中血糖含量的变化。当血糖含量降低时，这种感受器就激活相应的神经通路，产生饥饿感并导致进食行为。

一些生理学家用电刺激法进行的脑机能定位研究表明，动物的下丘脑中有"进食中枢"和"厌食中枢"。当"进食中枢"受到电刺激时，动物的食欲与食量均明显上升，即使已经吃饱的动物，也会继续进食；当"厌食中枢"受到电刺激时，动物的食欲受到抑制，本来处于饥饿的动物也拒绝进食。

2. 节食与体重控制

随着社会经济的发展和生活水平的提高，现代人的平均体重呈现出日渐增加的趋势。肥胖是健康的敌人，它是糖尿病、高血压、心脏病等常见疾病的重要成因。对个体而言，身体过于肥胖，轻则影响个人形象和自尊心，重则危害身体健康，给个人的工作和生活带来很大的不便。于是就有很多人通过节食来控制和减轻体重。然而肥胖产生的原因是很复杂的，既有遗传因素的影响，也与社会文化和个体的生活方式有关。因此，控制体重也不能只靠节食，而应该在综合考虑自己年龄、体质、健康状况的前提下，采取适当的措施。如改变不良的生活习惯，合理饮食，增加运动，等等。倘若盲目节食，往往收不到理想的效果，还会影响自己的身体健康，严重时甚至导致神经性厌食症。神经性厌食症的患者，多为青春期的女性。据调查，美国大学生中，平均每200人中就有一人患有此症。患了神经性厌食症的人，先是忍着饥饿不吃食物，后来变成看见食物也没有食欲，最后发展成对食物的极度厌恶，即使勉强进食，也会呕吐出来。这样，就会导致体重急剧下降，甚至危及生命。曾以一首"Yesterday Once More"打动过无数人的美国著名歌星卡彭特（Carpenters），就是由于患上了神经性厌食症而英年早逝的。可见，控制体重也要采取科学、系统的手段。台湾心理学家张春兴教授总结了健康饮食的几条原则，主要包括：养成定时、定量进食的习惯，少吃或不吃零食；养成细嚼慢咽的吃饭习惯；少吃含脂肪和糖分多的高热量食物；合理搭配营养成分，不偏食；饮食以清淡为主，少吃刺激性食物。

 阅读资料：焦虑与食欲

在一般人的印象里，情绪不佳时食欲也往往会降低，但心理学家的研究却发现情绪与食欲的关系并非这样简单。伯利维（Polivey）1994年在一项研究中，考察了压力和焦虑对女大学生进食的影响。他根据96名女大学生在饮食方面的自我报告，将她们分为限制性饮食者（42名女大学生）和非限制性饮食者（54名女大学生）。当这些被试到达实验现场时，一半的学生被要求做一个两分钟的即兴演讲，以考察他们语言的流畅程度（焦虑组），另一半的学生参加一个触摸和感知纺织品的实验（控制组）。由于即兴演讲是一个更有压力的任务，因此导致了参加该项任务的被试较高水平的焦虑和紧张。接着让焦虑组和控制组被试都参加一个味觉品尝实验，食品分为美味甜饼干和难吃的饼干两种。实验结果发现，当非限制饮食者感到焦虑时，她们对两种饼干都吃得很少；而对限制饮食者来说，焦虑反而让她们吃更多的这两种饼干，结果见表10-1。

表10-1　焦虑对限制和非限制饮食者的影响

		非限制饮食者	限制饮食者	差异
美味饼干	焦虑组	5.1	7.6	+2.5
	控制组	6.2	5.1	-1.1
难吃饼干	焦虑组	2.7	3.7	+1.0
	控制组	3.0	2.6	-0.4

该研究的结果证明焦虑情绪对限制饮食者和非限制饮食者的影响是不同的，焦虑抑制了非限制饮食者的饥饿感，却消除了限制饮食者的饮食限制。同时，它也回答了为什么一旦超

重，减肥就很困难。虽然许多肥胖者都说自己经常节制饮食，但是由于日常生活中应激事件的出现，就会使他们解禁，暴饮暴食反而更容易导致体重的增加。

资料来源：格里格，津巴多. 心理学与生活. 2003

（二）渴

渴是由于体内水分不足而引起的一种生理不平衡状态。它能推动有机体产生找水和饮水的活动。对机体而言，水分缺乏比食物缺乏带来的危害更大。在一些特殊情况下，人可以若干天不吃食物而依然活着，但若几天不喝水，则很难存活。

一般认为，脑对饮水行为的调节建立在体内水分的动态平衡基础之上。体内水分的缺失能够产生渴的信号，刺激脑内控制饮水行为的中枢，进而导致饮水行为；当体内的水分重新恢复到正常水平，脑内的有关中枢感受到这一信息，就会使饮水行为停止。研究表明，下丘脑与饮水行为有着密切的联系。

在现实生活中，人的饮水行为中有相当一部分是后天习得的条件性行为，因为人们往往在体内真正失水之前就已经开始喝水了。比如，丰盛的大餐、腌制的食品、炎热的天气，乃至某一个固定的时段等，都可能成为饮水行为的条件刺激。在建立后天饮水的条件反射过程中，原始的生理上的渴需求，在最初无疑是很重要的，而在这种条件反射建立之后，环境中与渴相联系的条件刺激也能直接引起人的饮水行为，这对人适应环境具有重要意义。

（三）性

性是人和动物都有的一种较强的生理动机，它的产生以性需要为基础。性和饥、渴不一样，它不是个体生存的必要条件，但却是种族延续所必需的。此外，饥饿引起的进食行为能补充体内的物质和能量，而性动机唤起的性行为是一个紧张、消耗能量的过程，并伴有快感体验。性动机与个体的性成熟有着密切的关系，研究表明，强烈的性动机只发生在成熟的个体身上。

个体生殖器官的发育、成熟以及性动机和性行为的产生，都受性激素的调节和影响。在个体发育期间，脑垂体分泌的垂体素刺激男性的睾丸分泌雄性激素，刺激女性的卵巢分泌雌性激素。性激素能刺激男性和女性生殖器官的发育，激活大脑内控制性行为的神经通路，并促使第二性征的出现。研究还发现，在男性性成熟后的一段时期内，雄性激素的浓度最高，以后就保持在相对恒定的水平上，因而男性的性动机水平也相对恒定。女性的情况则不同，由于雌性激素的分泌具有明显的生物周期，使得女性的性动机也呈现出周期性。这种情况在动物身上表现得尤为明显。

对人类而言,性激素并不是产生性动机的唯一基础,外界刺激与情境对性动机和性行为的影响往往超过性激素的作用。很多由于疾病而摘除了卵巢的女性,仍有一定的性动机。此外,人的性动机和性行为还深受社会习俗和道德评价的影响。比如在某些文化中,人们不能与外族通婚和发生性行为。即使在同一文化环境中,不同时期人们的性观念也可能不一样。

阅读资料:性行为的进化

现实生活中,男性似乎比女性有更多的出轨行为。有些人认为这是由于社会禁忌和文化的影响,但是进化心理学认为这种差异可以从基因层面得到解释。就人类的生育过程而言,女性一年最多只能生育一次,而且要投入大量时间和精力抚养孩子,而男性需要付出的努力相对较少。为了传递自己的基因,男性往往需要争夺有限的卵细胞,争取使自己的后代达到最多,而女性面临的问题则是找到一个优秀的配偶,以保证生出健康的后代并为其提供良好的生活条件。因此,女性选择配偶时不是挑选那些强壮、英俊的,而是忠实、有责任心的。

1999年,彭顿沃克(Penton-voak)等人进行了一项实验研究,以考察女性的选择偏好。他们给女性被试呈现大量看起来比较有男子气和比较女性化的男性照片,要求她们判断这些照片中男性的吸引力。研究发现,如果要求女性从"长期婚姻关系"角度考虑选择一张最有吸引力的面孔时,她们更愿意选择那些看起来有些女性化的男性照片,这是因为女性化的面孔意味着这个男人从长期关系的角度来看会是一个可靠的伴侣。而如果是对"短期关系"的选择,则依赖于女性的月经周期阶段,那些处于排卵期的女性会倾向于选择那些看起来比较有男子气的面孔。进化心理学家对此的解释是,怀孕的可能性使女性把偏好从"有利于养家"转向了"好的遗传基因"。

巴斯(Buss)等人1992年还从配偶不忠诚对男女两性的影响方面证明了两性择偶的差异。他们让被试想象各种情景并估计所引起的消极情绪的大小。这些情景是:(1)你的配偶和他人有性关系;(2)你的配偶和他人感情很深。结果发现,85%的女性在第二个问题上引起了最消极的情绪,而60%的男性在第一个问题上引起了消极的情绪。这说明对于女性来说,配偶和他人的性行为所带来的损失相对较小,但是如果配偶对其他女性发生了感情,自己就有被抛弃的危险,那么对于抚养孩子来说就是非常不利的;而对于男性来说,配偶与他人的性行为可能使他失去传递基因的机会,甚至被愚弄,帮助别人抚养孩子,因此损失较大。

资料来源:格里格,津巴多. 心理学与生活. 2003;艾森克. 心理学——一条整合的途径. 2000

（四）睡眠

睡眠动机是由机体疲劳引起的。睡眠是人的基本需要之一，它使个体由活动趋向休息。如果一个人的睡眠被剥夺，只需几天时间，他就会变得精神错乱、无法忍受。研究证明，睡眠并不是机体的一种消极行为，相反，它对于个体保存能量、恢复精力乃至学习和记忆都有着积极的作用。

睡眠和觉醒是人和动物维持正常生命活动所必需的两个相互交替和转化的生理过程。觉醒是大脑正常工作的基本条件，而睡眠则是大脑为维持正常机能而产生的自律性抑制状态。通过对脑的内部机制进行研究，发现睡眠并不是觉醒状态的简单终结，而是由中枢神经系统内部驱动的一个主动过程。睡眠与觉醒状态的交替，与脑内的网状激活系统及其他脑区的神经抑制有密切关系，同时也与脑内神经化学递质的动态变化有关。

在困倦和疲劳的时候通过睡眠补充体力，对绝大多数人来说是自然而然的事情。然而，也有一些人存在不同程度的睡眠障碍，这给他们的生活和工作都造成了严重的困扰。常见的睡眠障碍包括失眠、突发性睡眠障碍、睡眠窒息、日间嗜睡等。睡眠障碍产生的可能受生理、心理和环境等多方面因素的影响。

三、社会性动机

（一）交往动机

交往动机（affiliation motive）是在交往需要和亲密需要的基础上发展起来的一种社会性动机。交往需要和亲密需要表现为个体愿意归属于某个团体，喜欢与人来往、合作，渴望得到别人的关心、支持与赞赏。交往动机促使人们结交朋友，寻找支持，参加团体活动并努力在其中发挥作用。人们的交往需要得到满足时，就会产生安全感和归属感；反之，就会感到孤独、寂寞，产生焦虑不安的情绪。

个体为什么需要与他人进行交往呢？主要有三方面的原因：
（1）获得安全和情感支持；
（2）通过与他人联系，获得更多信息，以调整自己、适应社会；
（3）得到他人的赞赏、鼓励。

人的交往动机是在人类进化过程中发展起来的。原始人生活在一起，能大大提高抵御各种天敌和自然灾害的能力；如果离开群体，个体应付各种困难局面的能力就大为下降，生存的机会也会降低。交往动机的产生也是人类社会发展的必然要求。随着人类社会的发展，商品交换的出现和社会分工的细化，使得人与人之间的交往不可避免。社会交往使人们能够共享资源，有利于维持社会秩序，因而有利于人类的生存和发展。如果没有交往，人类社会将不复存在，更不会有现代社会的文明与成就。

交往动机的发展依赖于个体的生活经验。在个体发展的早期，如果缺乏交往机会、离群索居，交往动机就会发展迟滞，交往技巧也得不到锻炼，成年后往往会出现人际关系方面的问题。

 阅读资料：压力与交往动机

在压力环境中，个体的交往动机往往会发生改变，与正常情况相比，个体更倾向于选择与他人待在一起而不是自己独自面对，但是这样做的原因究竟是什么呢？个体与他人在一起是为了习得他人的经验，还是因为可以暂时摆脱压力的困扰？

沙赫特（Schachter）1959 年的实验对此作出了解释。他在实验前告诉部分女性被试，她们要接受非常疼痛的电击，但对于另一部分女性被试，告诉她们要接受非常轻微的电击，然后让她们选择单独等待实验开始还是与其他参与者一起等待。结果发现，被告知电击非常疼痛的被试中有 63% 选择与他人一起等待；而被告知电击非常轻微的被试只有 33% 选择与他人一起等待。

之后沙赫特又进行了另一项实验，实验中所有的参与者都预计到要承受电击。与前一个实验不同的是，告诉一些被试其他在等候的学生不是要参加实验，而是等着去见指导老师。然后让被试选择是单独等待还是和他人一起等待。结果发现，如果被试知道了其他等候者也是要参加电击实验，则倾向于和其他等候者待在一起；而如果被试知道了其他等候者是准备去见导师，他们就倾向于单独等候。综合上述两个实验，沙赫特认为，在压力情境中，个体与他人交往的动机会增强。

资料来源：艾森克. 心理学——一条整合的途径. 2000

（二）成就动机

成就动机（achievement motive）是指人们希望从事有意义和有挑战性的活动，并在活动中取得满意成绩的动机。成就动机强的人在活动中有高标准，他们愿意承担困难的工作，喜欢面对挑战，渴望做出超越他人的成绩。人类文明的进步、科学上的发明创造和个人的成才，都和成就动机密切相关。

阿特金森（J. W. Atkinson）认为，人的成就动机中包含了两个因素，一是追求成功，二是避免失败，这两者同时存在于人的动机结构之中。在现实生活中，努力追求成功的人往往比较自信，抱负远大，喜欢接受有挑战性的任务，并勇于承担责任；注重避免失败的人往往比较自卑，容易在困难面前退缩，喜欢选择容易的任务，以避免失败。

成就动机对个体的活动有着重要的影响。很多研究发现,在能力相同的情况下,成就动机高的个体往往能取得更高的成就。在学校里,那些成就动机高的学生比成就动机低的学生成绩更好;在工作中,成就动机高的职工比那些成就动机低的职工业绩更突出。麦克里兰(D. C. McClelland)认为,一个国家的经济发展水平,很大程度上要受其国民的成就动机水平的影响。

成就动机主要是后天形成的。研究发现,家庭教养方式对个体成就动机的形成和发展有重要作用。父母尊重孩子的个性,允许他们独立活动,鼓励他们自己决定做事的方式和途径等,有利于儿童成就动机的发展;如果父母总是强迫孩子服从自己,孩子的自主活动得不到鼓励,就会抑制儿童成就动机的发展。

(三)权力动机

权力动机(power motive)是指个体所具有的影响和支配他人以及周围环境的欲望或内在驱力。权力动机高的人对社会事务具有浓厚的兴趣,表现出积极主动的参与精神,经常争论并希望影响和支配他人,成为团体的领导者。

虽然在现实中,人们普遍把位高权重视为一种重要的成就,但美国心理学家麦克里兰在成就动机的研究中发现,凡是对工作的内容感兴趣并追求高成就的个体,对人际关系和人事问题一般都缺少兴趣。也就是说,成就动机高的人本身没有强烈的支配和指挥他人的欲望。这表明,追求成就与追求权力乃是两种不同的动机。心理学的研究表明,那些对社会事务很有兴趣,并喜欢领导和支配别人的人,通常都有较高的权力动机。根据他们的行为目标,又可以将权力动机分为两类:个人化权力动机和社会化权力动机。

个人化权力动机高的个体,一切行为的目的都是满足自身的权力需要。他们的主要表现可能有下面几种:积极参与社会活动和政治事务,并尽量表现自己,努力提高自身的社会地位;热衷于权力,积极向权力核心靠拢,对妨碍自己的人极力打压,不择手段地获取权位和领导职务;极力追求物质生活的奢侈,利用各种手段聚敛财富,通过洋房、豪车等物质条件来炫耀自己的社会地位,从而达到心理的满足。

与个人化权力动机高的个体不同,社会化权力动机高的个体,参与社会活动的目的并不是为了满足个人权欲,而是为了服务大众,推动社会发展。他们关心社会,具有很强的正义感、责任感和使命感,经常利用他们的知识和技能,传播新知,影响大众,服务社会;他们还积极从事社会活动,关注弱势群体的疾苦,尽力维护社会安定,努力推动社会进步。

第三节 意志

一、意志和意志行动

(一) 意志和意志行动的含义

意志 (will) 是个体自觉地组织自己的行为，克服困难，实现预定目的的心理过程。它是意识能动性的体现。

意志总是和行为紧密联系，受意志支配的行动称为意志行动。人为了达到一定的目的，往往要克服各种困难。困难的性质不同，相应的意志行动的表现也不一样。例如，学生在课堂上为了学习高深而难懂的知识强迫自己集中注意；体育运动员为了取得好的成绩而刻苦训练；想要锻炼身体的人，冬天在户外游泳；解放军战士为了保卫人民的安全，坚守在抗洪前线等等，都是意志行动的表现。

意志是人类特有的心理现象，是人的能动性的集中表现，不仅对主观世界的形成和发展有重要作用，而且对改造客观世界也有重要意义。

(二) 意志行动的特征

意志行动具有以下特征：

1. 意志行动具有自觉的目的

意志行动是有目的、有计划的行动。在意志行动之前，行动的目的和结果已经以观念的形式存在于人的头脑中，并且以这个目的来指导自己的行动。简言之，就是有所预见，能按预见行事。从这个角度讲，意志是自由的。但这种自由必须以对必然的认识为基础，即按照客观规律办事，才能发挥意志自由，否则就是一意孤行，必定招致失败，意志自由也就无从谈起。

意志行动的目的性和灵活性并不矛盾。我们应该把意志坚强和固执区别开来。前者可以在坚持目的的前提下灵活地改变手段；后者往往固执于已经失败的手段而不肯改变。

2. 意志行动与克服困难相联系

在实现目的的过程中，往往会遇到各种各样的困难，人的意志品质正是在克服困难的过程中体现出来的。可以说，克服困难是意志行动的核心。比如，沏一杯茶招待客人，不能说是意志努力的表现，因为这是轻而易举的。但是，在战场上为了救活一个战友，甘冒生命危险去寻找水源，则是高度意志力的表现。一个人能够克服的困难越大，表明这个人的意志越坚强。因此，人在活动中克服困难的水平，就成为衡量意志强弱的标志。

困难包括外部困难和内部困难。外部困难主要是指来自个体以外的障碍，包括缺乏必要的工作条件，人员、设备不足以及恶劣的自然条件，也包括来自家庭、社会和他人的阻挠，等等。内部困难主要是指来自个体生理和心理方面的障碍，包括相反愿望的干扰，知识经验不足，身体疾病，消极情绪，等等。一般来说，外部困难通过内部困难起作用，二者相互影响。

3.意志行动受意识的控制

人的行动都是由简单动作组成的。简单动作可分为不随意的和随意的两种。不随意动作不受意识支配，也不以人的意志为转移，如眨眼、打喷嚏等。随意动作是受意识控制的，具有目的性。它是在不随意动作的基础上，通过有目的的练习而形成的。例如，穿衣、吃饭、学习、劳动，等等。

人的意志行动以随意动作为基础，又具有很强的目的性，因而是在意识的调节和支配下进行的。这就使人的意志行动具有了主观能动性，即能根据目的和对客观规律的认识，使客观事物服务于自己。

二、意志行动中的动机冲突

人的意志行动总是由一定的动机引起并指向一定的目标。人的需要是多种多样、不断变化的，各种需要常常不能同时得到满足。因此，在同一时间内往往存在着几种目标不同的动机，它们之间的矛盾和斗争，称为动机冲突。当动机之间的矛盾得不到解决时，人便会处于彷徨、焦虑不安的状态；当冲突的结果使某种动机占了优势时，便会推动人朝着某个方向去行动。

意志行动中的动机冲突主要有三种基本形式（图10-2）。

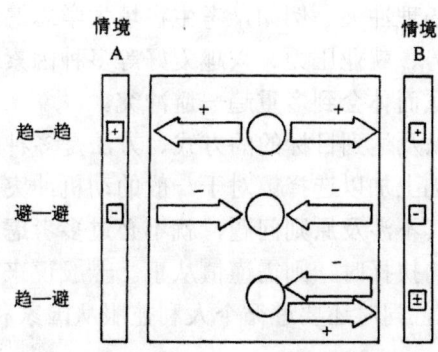

图10-2 动机冲突示意

（一）趋—趋冲突

两个目标同时出现，而且都是个体所需要和喜欢的，但又不能兼顾。这时，朝向两个不同目标的动机就会产生冲突。"鱼我所欲也，熊掌亦我所欲也"，反映的就是这种情形。如果两个目标的吸引力差别较大，那么动机冲突就容易解决；如果两个目标的吸引力大致相等，动机冲突就会比较激烈。例如，大学生在择业时对两个单位都很有兴趣，但他不能同时在两处工作，就会感到矛盾。

（二）避—避冲突

个体面临的两个目标，都不符合自己的需要，都是个体力图回避的，但又必须在这两个目标之间选择，就会感到左右为难、进退维谷。例如，有些腿部患了骨癌的病人，要么做截肢手术，以保证生命安全；要么保留病腿，但要冒病情加重、危及生命的风险。在这种冲突发生时，个体可能会因为动机冲突而在两个都不愿接受的目标之间徘徊，最后经过痛苦的权衡，接受其中回避程度较轻的目标。

（三）趋—避冲突

人的行为一般都是趋利避害的。但有时个体面临的某个目标，既有符合其需要而为个体所喜欢的一面，又有不符合其需要而被个体所排斥的一面。这时，个体对这一目标就会同时存在着接近和回避两种相互冲突的动机。例如，有的人很喜欢吃油炸的食品，但又知道吃多了会不利于身体健康，于是在遇到油炸食品时就产生了既想接近，又想回避的矛盾心理。

多数情况下，个体的需要都不是单一的。如果个体同时面临多个目标，而且每个目标既有符合个体需要的一面，又有个体不喜欢而力图回避的一面，这时就会产生多重趋—避的动机冲突，即在两个或两个以上的各有优缺点的目标间进行抉择时产生的心理冲突。例如，考生在填大学志愿时，由于要综合考虑学校的资源、专业优势、就业压力、兴趣爱好等多种因素，常常会在多个学校和多个专业间徘徊，从而体会到多重趋—避冲突。

个体的行动目标以及达到目标的的方式、方法是多种多样的，可以在周密思考、权衡利弊的基础上加以选择。对于一般的动机冲突，譬如周六晚上看电影还是看球赛等，因其不涉及原则问题，就不必过多考虑。但在面临着对个体或社会具有重要意义的抉择时，则需谨慎从事。一般说来，要"两利相权取其重，两害相权取其轻"，同时还要遵循个人利益服从国家利益的原则。

三、意志行动的过程

意志行动可以分为两个阶段：决策阶段和执行阶段。

（一）决策阶段

决策阶段是意志行动的开始阶段，它决定意志行动的方向和部署。在这个阶段，首先解决动机斗争问题，进而明确行动的目的，并选择意志行动的方式和计划。

1. 行动目的的确定

人的意志行动总是由一定的动机引起并指向一定的目的。在简单的意志行动中，动机单一明确，行动目的可以直接确立。但由于人的需要多种多样，并且在不断发展。在同一时间内，各种需要常常不可能同时得到满足。所以往往存在着几种可能是彼此冲突的动机。所以在决定之前，一般都有动机斗争，这时个体需要权衡各种动机的轻重缓急，当某种动机占优势时，便会推动人去行动。

目的在意志行动中起着极其重要的作用。一般地说，目的越深刻、社会意义越大，则由其引起的动机也就越大，意志行动也就越坚决。

2. 行动方式的选择和计划

在动机选择和目的确定之后，必须选择正确的行动方式和制订合适的行动计划。这是意志行动中的决策步骤。在一般情况下，达到目的的方式、方法、途径和策略可以有很多，必须广泛收集信息，权衡各种计划方案的利弊得失，通过分析比较选择一种适当的方案。由于个体在决策时掌握的信息可能不很全面，而且不同个体的认知风格、智力水平和个性特征也有所不同，因此不同个体在面临同样情境时会有不同的选择。

（二）执行阶段

执行决定是意志行动的第二阶段。即使一个人具有良好的目的，行动方案和计划也很周密，但如果不付诸实际行动，仍只是良好的愿望而已，不会有现实的成效。在意志行动的执行过程中，经常会遇到各种各样的困难，这时候就需要通过意志努力，来克服主客观的各种障碍和干扰，通过坚韧不拔的努力执行行动计划，实现行动目标。人的意志品质正是在克服困难的过程中体现出来的。在克服困难的同时，个体还必须根据在执行过程中得到的各种反馈信息，不断调整、修正原先的行动方案，以便更好地达到目的。

意志的执行阶段还会伴随着各种情感体验。行动计划实施顺利时会产生积极的情感体验，进展不顺利时则会产生消极的情感体验。由于情绪的动力和组织作用，行动过程中的积极情感会促进行动的开展，而消极的情感体验则会阻碍行动的开展。在执行阶段，个体要通过意志努力，调整自己的情绪，增强对挫折的耐受力，保障行动方案的顺利执行。

阅读资料：意志行动中的挫折与应对

挫折是个体的意志行动受到困难的干扰和阻碍，预定目标不能实现时的一种紧张状态和情绪反应。挫折是不以人的主观意愿为转移的。每个人在学习、工作和生活中都不可避免地会遇到挫折，所不同的只是挫折情境有大有小，影响有深有浅而已。事实证明，个体能否克服困难，从挫折中奋起，不仅取决于实际的挫折情境，更取决于主体对挫折的认识、评价，以及应对挫折的方法。一般而言，理智、积极的态度有助于增强个体承受及战胜挫折的能力。具体地说，应注意以下几个方面。

第一，正确看待挫折。挫折是普遍存在的，从某种意义上讲，挫折就是生活的一部分。认识到这一点，就能对挫折有较好的心理准备。同时还应看到，挫折也具有正面效应，它能磨砺人的意志，增加人生经验，使人变得更加成熟。

第二，设法改善挫折情境。挫折情境是导致挫折感的重要原因，在挫折发生之后，要认真分析导致挫折的原因，总结经验教训，并采取相应的补救措施，设法改善、消除不利因素。必要时还可以暂时离开挫折环境，或寻求他人的支持。

第三，调整抱负水平。抱负水平过低或过高，都不利于目标的顺利实现。抱负水平过低，就缺少行动的动力；抱负水平过高，容易导致失败。所以，活动的目标应该适合于客观条件和个人的能力。

第四，培养良好的意志品质。意志行动的一个重要特征就是与克服困难相联系，因此，培养良好的意志品质，提高行为的独立性、果断性和坚定性，对于增强挫折耐受力并最终战胜挫折，具有重要的意义。

资料来源：彭聃龄. 普通心理学. 2004

四、意志的品质

（一）独立性

意志的独立性是指个体能充分认识行动的社会意义，并根据自己的信念独立地做出决定，并执行决定。意志的独立性是以坚定的信念和科学的世界观为基础的。具有独立性的人，在行动中一方面不轻易接受外界影响，另一方面也不拒绝一切有益的意见。

与独立性相反的品质是受暗示性和独断性。受暗示性强的人，没有以正确的认识为基础，也没有真正意识到自己行为的社会意义，他们缺乏主见，容易受他人左右，对别人的思想、行为不加思索地接受，经常轻易地改变自己的决定，甚至盲目从众。独断性强的人，表面上似乎是独立地考虑问题、采取行动，但实际上缺乏自觉性，他们不考虑自己的决定是否合理，拒绝接受别人的合理化建议和劝告，独持偏见、一意孤行，最后往往以决定和行动的失败而告终。

（二）果断性

意志的果断性是指一个人能够在较短时间内迅速地做出合理决定并执行决定的品质。果断性以深思熟虑和大胆勇敢为特征，表现为决策时能审时度势、当机立断；在活动过程中敢作敢为，毫不动摇；在情况变化时能够迅速调整。果断性是以正确认识为前提的，并不是每个人都能在复杂局面中当机立断、正确决策。决策和行动果断的人，必须对客观现实和任务情境有深刻的认识，对行动的目的和方法有全面深入的考虑，能科学地预见各种行动的可能后果。例如，有经验的汽车驾驶员之所以能够在遇到危险时果断采取紧急避险的措施，转危为安，是与其丰富的驾驶经验和对所驾驶车辆的熟悉为基础的。

与果断性相反的品质是优柔寡断和草率。优柔寡断的人的主要特征是：在不同的目的、手段和行动之间摇摆不定，难以取舍，患得患失，顾虑重重。他们常常怀疑所作决定的正确性，担心实行决定的后果，在行动过程中一旦遇到不同意见和一点苦难，就可能马上改变主意。草率则是指不顾客观条件，也不考虑行动的后果，仓促决定，轻举妄动，冒险从事。结果往往是以盲动开始，以懊悔收场。

（三）坚韧性

意志的坚韧性是指一个人在执行决定时，凭借充沛的精力和顽强的毅力，努力克服各种困难，坚持到底的品质。它是个体克服困难，持续工作，完成艰巨任务的前提。意志坚韧的个体，能够勇敢地面对困难，能够承受挫折和打击，百折不挠、锲而不舍、勇往直前，直至实现目标。意志薄弱的个体，往往见异思迁、虎头蛇尾，一遇到困难就放弃或改变自己的决定。

坚韧性不同于顽固执拗，尽管它们都表现为长久地坚持某种活动。坚韧性的坚持是理性的、灵活的，并不排斥合理意见和新思路、新策略，其行为符合最终目的；而顽固的人只承认自己的意见、自己的论据，即便其思想和行为不符合客观实际，仍然固执己见、一意孤行。

（四）自制力

意志的自制力是指能够自觉地控制自己的情绪，约束自己的言语和行为。自制力反映着意志的抑制能力。有自制力的人，一般具有较强的组织性、纪律性和情绪稳定性。他们能克制自己的拖延、恐惧、担忧等消极情绪和冲动行为，努力执行符合社会和自身长远利益的决定和计划。在活动过程中，自制力强的个体具有比较强的抗干扰能力，能有效抵制外界的各种诱惑。例如，学习时能集中注意力，坚持完成学习任务。而自制力弱的学生在学习时，常常因外部的诱惑（如好看的电视、同伴的游戏）而中断学习。儿童的任性就是缺乏自制力的表现之一。

意志的四种主要品质是相互联系的，其中坚韧性是意志的中心品质，是意志坚强的集中体现。

第四节 动机理论

一、本能理论

对行为动机的探讨，最早起源于本能的概念。所谓本能（instinct）是指有机体生而具有的、程序化的行为模式或行为倾向。

19世纪末，达尔文用进化论揭示了物种起源及发展的规律，在很大程度上改变了人们对自身的认识。受其影响，许多心理学家也开始相信，人的大部分行为也是受本能控制的。美国心理学家詹姆斯提出，人类的行为是在本能的指引下进行的，人除了与动物一样的生物本能外，还具有社会本能，如同情、爱等。另一位美国心理学家麦独孤（W. McDougall）认为，本能是人类一切思想和行为的动力和源泉，个人和民族的性格与意志也都是由本能逐渐发展而形成的。他还提出人类具有的18种本能，包括：逃避、争斗、好奇、繁殖、乐群等，并提出每种本能都有三种成分：能量成分、行动成分和目标指向成分。

弗洛伊德也认为，本能是人类一切行为的原动力。他提出人类最基本的本能就是"生的本能"和"死的本能"，前者表现为无所不在的性本能或性欲望，它的作用在于维持个体生存和种族繁衍；后者促使个体通过疾病老化而最终死亡。当"死的本能"指向内部时，导致自我破坏行为；而当其指向外部时，就会导致攻击行为。弗洛伊德指出，本能虽然是无意识地发生着作用，但它对人的思想和行为却有极大的影响。

本能理论强调先天遗传因素的作用，忽视了人的社会性。很多研究证实，人类的许多行为动机是后天习得的，环境和教育对人的发展也有重要的影响。因此，完全用本能来解释人的行为已走入困境。目前人们普遍认为，人类的行为是由遗传与环境交互作用的结果。

二、驱力—诱因理论

由于本能论在解释人类行为时遇到了困难，20世纪20年代武德沃斯（R. S. Woodworth）又提出了驱力的概念。所谓驱力（drive）是指由机体的生理需要所唤起的一种紧张状态，它能激发个体采取行动，恢复体内的平衡。

心理学家赫尔（C. I. Hull）是驱力理论的主要支持者。他认为，驱力是一种动机结构，它能为机体的活动提供动力，促使机体采取行动，以消除需要唤起的紧张状态。当紧张状态得以降低或消除后，驱力的动机作用也随之减弱。赫尔的理论适用于解释个体的生物性行为，例如吃、喝、睡眠和性等。

赫尔认为，驱力（D）、习惯强度（H）共同决定了个体行为的潜在能量（P），它们的关系可以表示为：

$$P = D \times H$$

驱力理论强调个体活动的内在动力，却忽略了外在环境对行为的诱发作用。针对这种缺陷，一些心理学家又提出了诱因的概念。诱因（inducement）是指能满足个体需要的刺激物，它具有激发或诱使个体活动的作用。例如，美味的食品激发人的进食欲望；漂亮的时装引起人的购买欲望；挑战性的任务激发人的成就动机。诱因也可以是非物质的，如名誉、地位、权力等。凡是人们希望得到的、有吸引力的刺激都可以成为诱因。

赫尔接受了诱因这一概念，把它作为行为的决定因素之一，并将诱因（K）加入自己的行为公式。修正后的公式如下：

$$P = D \times H \times K$$

诱因与驱力是分不开的。驱力能推动机体活动，但其动力缺乏指向性，而诱因恰好为机体的活动提供了目标；诱因虽然是外在目标激发的，但它只有转化为个体内在的需要后，才能成为推动个体行为的动力。

三、需要层次理论

美国著名的心理学家马斯洛（A. H. Maslow）提出了"需要层次论"，该理论把人的多种多样的需要归纳为五个层次，如图10-3所示。

（一）生理的需要

这是人类最原始、最基本的需要，包括对食物、水、空气、睡眠、性的需要等。它们是推动人们行为的最强大的动力。只有在生理需要基本满足之后，高一层次的需要才会相继产生。例如，当人们食不果腹、饥肠辘辘的时候，会首先想办法填饱肚子，这时学习知识、受人尊重都显得不那么重要了。

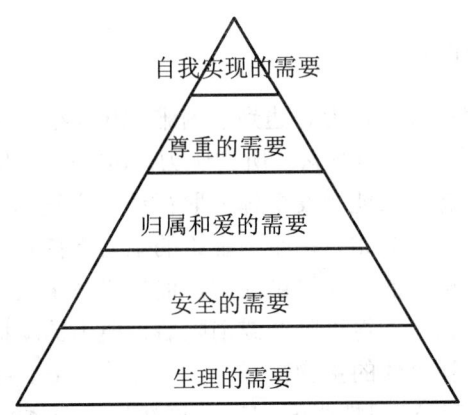

图 10-3 马斯洛的人类需要层次结构

（二）安全的需要

人们希望稳定、有保障、有秩序的生活环境，要求生命、财产等免受威胁和侵犯，就是安全需要的体现。人们希望有稳定的职业和收入，或者参加各类保险，都是为了回避风险，获得安全保障。婴幼儿由于生活无法自理，因此安全需要很强烈。如果在婴儿期没能得到很好的照顾，可能会影响到个体成年后的安全感。

（三）归属和爱的需要

归类和爱的需要表现为人们希望同别人交往，与他人建立情感联系，维持朋友之间的友谊，渴望获得别人的爱，并努力追求爱情；希望为某个群体或社会所接纳，成为其中的一员，得到支持与关照。

（四）尊重的需要

尊重的需要包括受人尊重与自尊两个方面：前者是希望受到别人的重视，获得名誉、地位；后者是希望能感受到个人的力量和价值。如果尊重的需要得到满足，就会变得自信乐观；否则就会自卑消极，缺乏解决问题的信心和勇气。

（五）自我实现的需要

自我实现的需要是指人们希望实现个人的理想、抱负，最大程度发挥个人潜能以及自我完善。马斯洛认为，人们为满足自我实现的需要所采取的途径是因人而异的。比如，有的人（女性）希望做贤妻良母，在家相夫教子；有的人想成为企业家，为社会创造物质财富；还有的人希望在科研领域有所创新。

马斯洛认为，这五种需要都是人类最基本的需要，它们是与生俱来的、激励个体行为的力量。他还认为，需要层次越低，其动力作用越强，随着需要层次的上升，其力量也相对减弱。人只有在低级需要得到一定程度的满足后，才会进一步追求较高层次需要的满足。马斯洛的需要层次论具有一定的合理性，对现代的心理学和管理学都有很大的影响。

四、认知理论

虽然个体的行为动机是主观需要和客观事物之间相互作用的结果，但客观事物是否符合自己的主观需要？其程度如何？实现目标的可能性有多大？都取决于个体的认知。因此，心理学家又提出了许多认知理论，用以说明认知因素是如何影响行为动机的。比如，对行为结果的预期，对自身能力的估价，以及对过去成功与失败的归因，等等。

（一）期望理论

美国心理学家弗洛姆（V. H. Vroom）强调期望的作用。他认为，个体从事某种行为的动力，取决于行为目标的价值（value）以及他对达到该目标可能性的期望（expect）。如果个体要完成的活动比较容易，而且活动结果的价值很高，那么活动的动机就较强；反之，如果活动的结果没有什么价值，或者虽然目标的价值很大，但实现目标的期望很小，个体活动的动机就较弱。需要注意的是，由于估计本身是一个主观的过程，因此，对于同样的目标，不同个体对其价值及其实现可能性的估计可能也会不同。

（二）归因理论

当人们进行某种活动取得成功或失败时，都有对行为结果进行探究的愿望。这种对导致自己或他人行为结果的原因的知觉和推断，称为归因（attribution）。心理学研究发现，归因不仅影响个体对自己行为的认识，而且会影响个体后续行为的动力。

最早进行归因研究的心理学家是海德（F. Heider），后来韦纳（B. Weiner）等人的工作使归因理论更加系统化。韦纳认为，个体在完成一项重要的工作后，无论成败，都会从能力、努力程度、工作难度、运气、身心状况、外部环境等几个方面进行归因。只是不同的人在对不同的事件进行归因时，以上几项因素所起的具体作用会有不同。韦纳又把这些影响因素进一步归纳为三个维度：因素源（内部的和外部的）、稳定性（稳定的和不稳定的）、可控性（可控的和不可控的）。表 10-2 反映了归因类别与归因维度的具体关系。

归因方式会影响到个体成功和失败的情绪体验。例如，如果个体把成功归因于能力，他会感到自豪；如果个体把失败归因于能力则会令他感到沮丧；如果个体把成功归因于运气他会感到庆幸和惊讶，如果个体把失败归因于运气，则会感到惋惜。

表 10-2　归因类别与归因维度的关系

归因类别	归因事项的特征					
	稳定性		因素源		可控性	
	稳定	不稳定	内在	外在	可控	不可控
能　　力	√		√			√
努　　力		√	√		√	
任务难度	√			√		√
运　　气		√		√		√
身心状况		√	√			√
外部环境		√		√		√

资料来源：张春兴. 现代心理学. 2005

一般说来，把行为成败的原因归结为外部的和不可控的因素，会降低个体的行为动机；而把行为结果归结为内部的、可控的因素，会增强个体的行为动机。例如，当学生把考试成绩好的原因归结为自身的能力和努力时，他在未来的学习中就会更有信心，同时学习动机也更强。

（三）自我效能理论

班杜拉（A. Bandura）认为，个体从事某项活动的动机，在很大程度上与个体对自己从事该项活动胜任与否的判断有关。他把这种个体对自己是否能胜任某种任务的知觉和判断，称为"自我效能感"（self-efficacy）。通俗地说，自我效能感就是个体根据以往成败的经验，在处理某一方面的任务时，对于自己是否具有相应的能力或水平的主观判断。

自我效能感与自信有关，但二者并不相同。自信是指个体在一般情况下对自己的态度和评价，适用于广泛的场合；而自我效能感是对自己从事某项特殊任务或活动的评价。比如，在文学方面自我效能感高者，在数学方面自我效能感未必高。

自我效能感对个体完成挑战性的任务具有重要影响。俗话说"艺高人胆大"，个体面对困难和挑战性的情境，之所以敢于冒险和承担责任，一个重要的原因就是他具有较强的自我效能感。班杜拉等人的研究还发现，个体的自我效能感对其行为的坚持性，遇到困难时的态度，以及活动时的情绪状态都有影响。

 阅读资料：如何提升工作动机

每位管理者都希望自己的员工能够以饱满的精神，努力地完成公司交给的任务。工业和组织心理学家也曾就此进行广泛研究，并提出了几种有影响力的理论。

洛克（Locke）等1968年和1990年提出的目标设置理论认为，较高的目标导致较高的绩效水平，特别是当个体全心全意投身于达成目标时。洛克曾考察了12种不同的任务，如运用物体、加法运算、反应时和搭建玩具等，结果发现，目标难度与绩效水平之间的总相关是+0.78。后来，洛克等人又通过研究发现，为了提高工作绩效，目标设置应满足以下条件：①员工认同所提出的目标；②对实现目标的进度予以反馈；③目标达成时予以奖励；④个体必须具备达到目标所需的技能；⑤管理层的支持或鼓励。如果目标的设置不满足这些条件，如目标没有吸引力或个体认为目标的难度超出了自己所能达到的范围，则会削弱个体的工作动机。

弗洛姆（Vroom）等人1964年提出的期望理论认为，个体从事某种行为的动力，取决于目标的价值和他对实现目标可能性的期望。个体在从事实际的活动之前，会综合评价这两个因素，并将两个因素的心理值相乘，值越大产生的工作动机水平越高。当个体期望他们工作上的努力和成绩会产生理想的结果时，就会受到激励。期望理论在实际中应用广泛，如果员工相信他们的努力和得到回报的多少之间没有关系，就不会付出很多的努力去完成任务。

在实际工作中，个体不仅会关注自身的努力与回报之间的关系，还会与他人进行比较。亚丹（Adams）1965年提出的公平理论认为，个体关注他们的投入与产出，然后与其他个体进行比较，如果个体的投入产出比与其他人相等（甚至超出），那么个体就会感到满意。相反，如果个体感觉自己的工作投入没有得到相应的回报，就会设法改变投入和产出关系（如削减工作来降低投入），以求得心理上的平衡等。

上述理论分别从不同角度提出了影响员工工作动机的因素，但是在实际工作中，往往各种因素交互作用、错综复杂，所以管理者要综合考虑。

资料来源：艾森克. 心理学——一条整合的途径. 2000；格里格，津巴多. 心理学与生活. 2003

本章摘要

1. 动机是指引起和维持个体进行活动，并使活动朝向某一目标的内在动力。动机对于人的行为具有激发功能、指向功能、维持和调节功能。

2. 需要是指机体内部的一种缺乏或不平衡的状态，它表现为机体对内部和外部生活条件的稳定要求。动机与需要是紧密联系的，是动机的源泉。需要越迫切，由其引起的活动动机就越强烈。

3. 动机与行为效率并不是简单的线性关系，它们之间的关系可以用耶克斯—多德森定律来刻画：动机与工作效率之间的关系是一种倒U型的曲线关系，动机强度过高或过低,都会使工作效率下降;工作较简单时最佳动机强度偏高,工作较复杂时最佳动机强度偏低。

4. 动机具有不同的种类,可以分为生理性动机和社会性动机,内部动机和外部动机,主导动机和次要动机。其中,生理性动机是指先天的生理性需要为基础的动机,如饥饿、渴、睡眠、性等;社会性动机是指后天习得的社会性需要为基础的动机,包括交往动机、成就动机和权力动机。

5. 交往动机是在交往需要和亲密需要的基础上发展起来的一种社会性动机。人们通过交往,可以获得信息、安全感和情感支持,得到他人的赞赏、鼓励。成就动机是指人们希望从事有意义和有挑战性的活动,并在活动中取得满意的成绩的动机。权力动机是指个体所具有的影响和支配他人以及周围环境的欲望或内在驱力。

6. 意志是个体自觉地组织自己的行为,克服困难,去实现预定目的的心理过程。意志行动的特征包括:意志行动具有自觉的目的;意志行动与克服困难相联系;意志行动受意识的控制。

7. 人的需要是多种多样、不断变化的,各种需要常常不能同时得到满足,因此在意志行动中经常有动机冲突,动机冲突的类型包括趋—趋冲突、避—避冲突、趋—避冲突和多重趋—避冲突。

8. 意志的品质有独立性、果断性、坚韧性和自制力等 4 个方面。

9. 动机的本能理论认为,人类的大部分行为是在本能的指引下进行的。本能理论过分强调先天遗传的作用,忽视了人的社会性。

10. 驱力是由机体的生理需要所唤起的一种紧张状态,它能促使机体采取行动;诱因是指能满足个体需要的刺激物,它具有激发或诱使个体活动的作用。驱力—诱因理论认为,动机是诱因、驱力、习惯强度和抑制综合作用的结果。

11. 马斯洛提出的需要层次理论从需要的角度解释动机的产生,并把人的需要分为生理需要、安全需要、归属和爱的需要、尊重的需要、自我实现的需要等 5 个层次。

12. 动机的认知理论强调认知因素对行为动机的影响。其中,期望理论认为个体从事某种行为的动力,取决于行为目标的价值以及他对达到该目标可能性的估计。

13. 归因是对导致自己或他人行为结果的原因的知觉和推断。韦纳认为归因可以从内外因、稳定性和可控性等维度进行分析。归因不仅影响个体对自己行为的认识,而且会影响个体后续行为的动力。

14. 班杜拉把个体对自己是否能胜任某种任务的知觉和判断,称为自我效能感。自我效能感对个体承担任务的积极性、行为的坚持性、遇到困难时的态度以及活动时的情绪状态都有影响。

复习思考题

1. 什么是动机？动机与需要有何关系？
2. 动机与工作效率有何关系？
3. 主要的生理性需要和社会性需要各有哪些？
4. 意志行动中为什么会有动机冲突？
5. 如何应对意志行动中的挫折？如何培养意志品质？
6. 阐述动机的认知理论。
7. 结合动机理论，谈谈怎样培养和激发个体的成就动机。

第十一章 能力

第一节 能力概述

一、能力的含义

"能力"一词在现实生活中非常流行，我们常说某某事业有成就、某某学业出众就是对其能力的评价。在心理学中，能力是指个体顺利完成某种活动所必须具备的心理特征，它直接影响活动的效率。人要顺利、成功地完成一种活动，所需要的基本条件就是能力。

在英语中，能力既可以用 ability 表示，也可以用 aptitude 表示。ability 指现有成就，是人们现在实际能做到的，即实际能力；aptitude 是指通过努力能够达到的成就，是个体具有的潜力和可能性，即潜在能力。我们平时所说的能力同时包括了实际能力和潜在能力。

能力是与活动紧密相连的，离开了具体活动，能力就无法形成和表现。一个学生的学习能力，只有在学习活动中才能施展出来；一个教师的教学能力，也只有在教育教学活动中才能显示出来。能力在活动中发展和完善，并通过所从事的活动表现出来，我们只有通过活动来了解一个人能力的大小。一个人顺利完成某种活动的程度，在一定程度上体现了其能力的大小。

能力是顺利完成某种活动所必备的心理特征，但不是影响活动效率的全部心理特征。个人的健康状况、知识经验、兴趣大小、物质条件以及人际关系等也会影响活动的开展。但是在这些条件相同的情况下，能力强的人却比能力弱的人更容易取得成功。其原因就在于，这些因素并不直接影响活动的效率，不直接决定活动是否成功，只有能力才是完成活动所必备的最关键心理特征。例如，决策能力、谋略能力、应变能力、指挥协调能力等对于一个领导者来说是必不可少的。缺乏这些心理特征，就会影响有关活动的效率，使活动不能顺利进行。

二、能力、才能和天才

人们在完成任务的过程中，往往不是单凭一种能力，而是将多种能力加以结合，这些能力相互联系、相互影响、相互融合，以保证活动的顺利完成。这种结合在一起的能力就叫才能。我们生活中所认为的有才能的人，通常能够将从事某项活动所必需的各种能力进行综合运用，形成一个良好的能力结构，并运用这些能力取得成功。例如，音乐家往往将曲调感、节奏感、音色和音准的辨别能力以及音乐的演奏或运动能力加以结合，从而构成了音乐才能；而画家将使用线条表现实物的抽象力与想象力、目测长度比例的能力、估计大小或亮度关系的能力、灵活自如的运笔能力结合起来，从而构成了绘画才能。

能力的高度发展就是天才，它是多种高度发展的能力完美的结合。如果能将完成某种活动所具备的各种能力进行充分、完美的结合，并创造性、出色地完成了该活动，就表明这个人是从事这种活动的天才。例如，一个数学方面的天才往往能够把抽象思维能力、逻辑推理与判断能力、数学建模能力、数据处理与数值计算能力、数学语言与符号表达能力等几种高度发展的能力进行最完美的结合。当然，天才同样离不开个人的勤奋和努力。

三、能力与知识、技能的关系

在现实生活中，能力、知识、技能都是保证活动取得成功的重要条件。知识是人脑对客观事物的主观表征，是信息在头脑中的储存。人类在不断的社会发展中获得经验，并对经验进行概括和总结，由此形成了丰富的知识。每一个体也都在生活、学习过程中，不断地掌握人类已有的知识经验。技能是人们通过练习而获得，由于练习而得以巩固，并能够在活动中应用的基本动作方式和动作系统。技能也是一种个体经验，但主要表现为动作执行的经验，因此与知识是有区别的。

知识、技能和能力是有区别的。知识是客观事物的主观表征，技能是人们通过练习而获得的动作方式和动作系统。知识并不等于能力，一个人读书很多，并且拥有丰富的知识，但是在实际生活中，却不懂得如何运用知识解决问题，这样的人便不能称之为有能力的人。一个人在学习游泳时，掌握游泳的一套动作方式是技能，而支配此动作方式的心理过程的稳定特点则属于能力。如果一个人在学习游泳时表现出动作敏捷，而且在学习其他技能时也经常表现出动作敏捷的特点，这就表明他具有动作敏捷的能力。知识和技能是能力的基础，它们都是活动自我调节机制中的组成要素，也是能力结构的基本组成成分，可以通过广泛的应用和迁移，使其转化为能力。

知识、技能和能力也是密切联系的。一方面，能力是在掌握知识、技能的过程中形成和发展起来的。例如，学生在学习知识的过程中不断发展着思维能力，在学习游泳、打篮球等技能的过程中完善自己的运动能力。通过知识、技能的积累，人的能力也会不断的提高。另一方面，能力又是掌握知识、技能的必要前提。能力的大小会影响知识掌握的深浅和技能水平的高低。能力强的人比能力弱的人更容易获得知识和技能。在相同的时间内，学习能力强的学生会比学习能力弱的学生掌握更多的知识、取得更好的成绩。

第二节 能力的种类和结构

一、能力的种类

人们在社会生活中需要完成各种各样的活动，所需要的能力也各不相同，可以根据不同的标准划分为不同的种类。

（一）一般能力和特殊能力

根据能力所表现的活动领域不同可划分为一般能力和特殊能力。一般能力，即我们平时所说的智力（intelligence），它是指在不同种类的活动中所表现出来的能力，是进行各种活动所必须具备的。特殊能力又称专门能力，是指在某种专业活动中表现出来的能力，如音乐能力、数学能力等。它只在专业活动领域中起重要作用，是顺利完成某种特殊活动所必需的能力。

一般能力和特殊能力密切相关。一般能力是特殊能力形成和发展的基础。人的一般思维能力存在于许多能力中，比如数学能力、写作能力。没有一般思维能力的发展，就不可能发展出需要较强逻辑思维的数学能力和写作能力。另一方面，特殊能力的发展也会促进一般能力的提高。例如，数学能力的增强往往会促进其一般思维能力的发展。

（二）模仿能力和创造能力

模仿能力（imitative ability）是指人们通过观察别人的行为和活动，然后以相同的方式作出反应的能力。例如，学生初学写作时会首先根据作文书中的文章进行模仿；练习英语口语时会跟随录音带模仿标准的英文发音等。模仿虽然创造性程度较低，但却是基本的社会现象，对于人类的社会生活具有非常重大的意义。创造能力（creative ability）是指产生新思想、新发现和创造新事物的能力。人类的进步和社会的发展需要创造性思维和创造性想象，在习以为常的生活中产生新思想，提出新发现，进而创造出新事物。科学家提出新的理论、音乐家谱写新的乐章、发明家研制出新的产品，这些都是创造力的具体表现。

模仿能力和创造能力既存在区别，又有密切的联系。动物具有模仿能力，但不会创造。模仿只能按现成的方式解决问题，而创造则可提供解决问题的新方式和新途径。创造能力是在模仿能力的基础上发展起来的。人们要想创造出新的产品，往往需要先对旧有产品进行观察、模仿，进而通过研究进行创新。人在模仿力和创造力上存在明显的差异。有的人模仿力强，而创造力弱；也有的人模仿力和创造力都很强。因此在选拔和使用人才时应认识到个体之间的差异，做到人岗匹配。

（三）流体能力和晶体能力

流体能力（流体智力，fluid intelligence）是指在信息加工和问题解决过程中所表现出来的能力。它主要依赖先天的禀赋，较少依赖文化和知识的内容。人们在遇到事情时通常需要个体随机应变，运用思考加以解决，此时就需要用到类比、推理、演绎之类的流体能力。晶体能力（晶体智力，crystallized intelligence）是指通过学习，在知识经验基础上形成的能力。它主要受教育和文化环境的影响，与社会文化有密切的关系。当人们以事实性资料的记忆、辨认和理解来解决问题时，就是运用了晶体能力。

流体能力和晶体能力具有不同的发展速度，达到成熟和出现衰退的时期也是不同的。人的流体能力发展与年龄密切相关，在个体生命的早期发展最快，20岁前后达到顶峰，30岁之后随着年龄增长而降低；晶体能力在人的一生中会一直发展，但是到25岁以后，发展的速度会渐趋平缓。同时，流体能力和晶体能力存在着一定的依赖关系。流体能力较高的个体倾向于发展出较高的晶体能力，但是如果该个体生活在贫乏的智力环境中，那么他的晶体能力的发展也会受到影响。

（四）认知能力、操作能力和社交能力

认知能力（cognitive ability）是指人脑感知、加工、储存和提取信息的能力。它是人们认识客观世界、完成各种活动最重要的心理条件。操作能力（operative ability）是人们操作自己的肢体以完成各种动作和活动的能力。劳动能力、体育运动能力、实验操作能力都被认为是操作能力。人们在操作技能

的基础上逐渐形成了操作能力,操作能力同时又会成为掌握操作技能的重要条件。社交能力(sociability)指人们在社会交往活动中所表现出来的能力,对团队组织、人际交往和信息沟通都有重要的作用。表达能力、谈判能力、协调能力、应变能力等都被认为是社交能力。

认知能力和操作能力是紧密联系着的。认知能力中必然有操作能力,操作能力中也一定有认知能力。人们通过认知能力积累知识和经验,继而促进操作能力的形成和发展。而操作能力的发展又能使人们更好地发展认知能力。另外,在社交能力中包含有认知能力和操作能力,认知能力和操作能力的发展也会促进社交能力的提高。

二、能力的结构

在现实生活中,人们的活动效率在很大程度上都受到智力和能力的影响。分析智力和能力的结构对于深入了解智力,合理设计智力的测量手段,科学设定智力的培养原则都有重要的意义。通过研究,心理学家提出了各种各样的智力理论,加深了我们对智力本质的认识。

(一) 因素说

1. 二因素说

二因素说是由英国心理学和统计学家斯皮尔曼(C. E. Spearman)于1927年提出的。他根据人们完成智力作业时成绩的相关程度,提出能力由一般能力或一般因素(general factor,G因素)和特殊能力或特殊因素(specific factor,S因素)组成。G因素是人的基本心理潜能,是决定一个人智力高低的主要因素,是每种心智活动所共同具有的。S因素是人们完成特定活动时所必需的。在个体完成的智力作业中,都有G和S因素的参加。如果包含的G因素越多,则各种作业成绩的正相关值就越高;如果包含的S因素越多,则其成绩的正相关值就越低。例如,完成一个语文作业需要$G+S_a$,完成一个数学作业需要$G+S_b$,完成一个外语作业则需要$G+S_c$,这几个测验的结果出现正相关是由于每个作业中都包含有一般因素G,但三者又不完全相关,则是由于每个作业中都包含不同的、无联系的S因素(如图11-1)。由此,斯皮尔曼得出G因素是所有智力结构的基础与关键,是一切智力活动的主体。

斯皮尔曼在该学说的提出过程中首次使用了因素分析的方法,对后人的研究有较大的影响。智力二因素说一方面为智力测验提供了理论依据,另一方面促进了智力测验的发展,但该理论中G因素的具体含义并不明确。

2. 群因素说

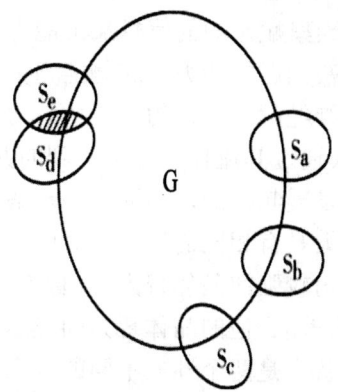

图 11-1　智力二因素模型

a、b、c……指各种不同的测验，S_a、S_b、S_c……是测验的特殊因素

资料来源：黄希庭. 心理学导论. 1991

群因素说是由美国心理学家瑟斯顿（L. L. Thurstone）1938 年提出的。与斯皮尔曼所不同的是，他认为因素分析应该基于简单结构原则选取因素。之后，他凭借多因素分析的方法，突破过去的智力因素理论框架，提出人的智力是由言语理解、数学计算、空间知觉、知觉速度、记忆、推理、词汇流畅性等七种主要的基本能力组成，这些基本能力因素的不同搭配便构成每个人独特的智力。他的观点与斯皮尔曼的智力二因素理论是不同的。斯皮尔曼的观点是先有一个总的智力，然后有许多特殊智力。瑟斯顿则认为，这七种能力是平等的，并且这些能力之间存在一定相关，它们并非彼此独立。这实际上又支持了斯皮尔曼的二因素理论。

在现代智力因素理论中，群因素论起着承前启后的重要作用，对后来的研究具有较大影响。瑟斯顿所提出的七种基本能力，已经成为心理学工作者研究智力结构的重要资料。人们根据该学说将智力因素研究转向对智力的更深入的因素分析，形成两种倾向：一种是构造包括普遍因素和各种基本能力在内的智力等级体系，另一种是在独立的智力因素之上建立智力结构模型。但由于群因素论没有明确一般因素和群因素之间的关系，因而仍然存在一定的缺陷。

3. 流体智力和晶体智力

美国心理学家卡特尔（Cattell）于 1963 年对瑟斯顿的七个因素进行了次级因素分析，提出了一个更具概括性的理论。他认为在概念上，一般智力因素存在两个既对立又联系的智力形式，即流体智力和晶体智力。

流体智力是主要受先天禀赋影响的信息加工能力,与基本心理过程有关,如知觉、记忆、学习和解决问题的能力。这些能力多半不依赖于学习,大部分是先天的和依赖于大脑的神经解剖结构的。流体智力几乎可以参与到一切活动中去。晶体智力则是一个人通过其流体智力所学到的并得到完善和发展的能力,是通过学习和其他经验而发展起来的,如词汇和理解方面的能力。晶体智力依赖于流体智力。如果两个人具有相同的经历,其中一个如果具有较强的流体智力,那么他将倾向于发展出较强的晶体智力。但是,一个有较高流体智力的人如果缺乏良好的智力环境,那么他的晶体智力的发展也可能是平平的、甚至是低下的。流体智力和晶体智力是两个性质不同的因素,在智力测验中大多表现出了相反的因素负荷模式(如表11-1)。

表11-1 各项智力测验在流体智力和晶体智力上的因素负荷

测验	因素负荷量	
	流体智力	晶体智力
图形相关:从一般图形中推断出相关性	0.57	0.01
记忆广度:再现一些数字和字母	0.50	0.00
归纳:从一系列字母、数字(如字母序列测验)中推断出有相互关系的东西	0.41	0.06
一般推理:解决面积、比率、财政以及类似于如数学推理测验中的问题	0.31	0.34
语义相关:推断词之间的相关,如在类比测验中	0.37	0.43
形式推理:用形式推理得出结论,如在三段论推理中	0.31	0.41
数字敏捷性:迅速而准确地运用如加、减、乘的算术运算	0.21	0.29
经验评估:解决周围礼节和必要的外交手段的问题,如在社会关系的测验中	0.08	0.43
词的理解力:对语言的深入理解,如在词汇和阅读测验中	0.08	0.68

资料来源:黄希庭.心理学导论.1991

4. 多元智能理论

美国心理学家加德纳(Gardener)于1983年和1999年提出,智能的内涵是多元的,人的智能具有多个相对独立的成分或模块。他的理论依据主要来自于对脑损伤病人智能受损情况的考察,对智能杰出和智能迟滞群体的分析,以及现代神经科学研究的成果。他认为,人有7种相对独立的智力成分(如表11-2),包括语言智力、逻辑—数学智力、空间智力、音乐智力、身体—运动智

第十一章 能力

力、社交智力、自我认知智力。这些智力系统可以相互作用，产生外显的智力行为。人们可以通过运用这些智力顺利地解决有关问题。

表 11-2　加德纳提出的七种智力

智力类型	反映这种智力的任务
语言智力	读书，写文章、小说或诗歌，理解口头言语
逻辑—数学智力	解决数学问题，结算支票本，解决数学证明，逻辑思维
空间智力	从一个地方到另一个地方，看地图，在卡车中装箱子以使它们位置摆得恰当
音乐智力	唱歌，谱写奏鸣曲，吹奏小号，或欣赏音乐片段的结构
身体—运动智力	跳舞，打篮球，跑步，投掷标枪
社交智力	与他人的联系，比如当我们试图理解他人的行为、动机或情感时
自我认知智力	理解我们自己——理解我们是谁，什么使得我们行动，在能力和兴趣受到限制的情况下我们如何改变自我

资料来源：叶奕乾等. 普通心理学. 1997

加德纳的多元智力理论与传统智力理论的最大不同在于，它的理论包含了更大范围的各种能力。传统智力理论涉及空间智力、数理—逻辑智力和语言智力，但没有涉及另外四种智力。

 阅读资料：情绪智力

心理学家常常会面对孩子们的这样一个提问："你知道我心里想什么吗？"

这是一个充满童稚而又专业化的问题。在日常生活中，人们不仅在反观自己的内心世界，而且还试图走进别人的心理世界，探查他人的想法，感受他人的情感。这就涉及有关"情商"这个热门话题。

情绪智力（emotional intelligence）的概念是由美国耶鲁大学的萨罗威（Salovey）和新罕布什尔大学的玛伊尔（Mayer）1990 年提出的，简称"情商"，它是指"个体监控自己及他人的情绪和情感，并识别、利用这些信息指导自己的思想和行为的能力"。换句话说，情绪智力也就是识别和理解自己和他人的情绪状态，并利用这些信息来解决问题和调节行为的能力。在某种意义上，情绪智力是与理解、控制和利用情绪的能力相关的。

情商是相对智商而言的，是指情感智力的高低。高尔曼（D. Goleman）1995 年在其著作《情绪智力》一书中明确提出"真正决定一个人成功与否的关键是情商而非智商"。到目前为止,人们对"情商"的提法存在着分歧和争议,情商能否和智商一样加以定量测量还有待进一步研究。但是,有关情绪智力是决定人们成功的重要因素的思想正逐渐被人们所接受。

萨罗威和玛伊尔认为,情绪智力包括一系列相关的心理过程,这些过程可以概括为三个方面:准确地识别、评价和表达自己和他人的情绪;适应性地调节和控制自己和他人的情绪;适应性地利用情绪信息,以便有计划地、创造性地激励行为。

情绪智力作为人类社会智力的一个组成部分,是人们对情绪进行信息加工的一种重要能力。情绪智力有很大的个体差异。情绪智力高的个体可能更深刻地意识到自己和他人的情绪和情感,对自我内部体验的积极方面和消极方面更开放。这种意识使他们能对自己和他人的情绪做出积极的调控,从而维持自己良好的身心状态,与他人保持和谐的人际关系,有较强的社会适应能力,在学习、工作和生活中取得更大的成功。因此,培养和发展人们的情绪智力对全面提高人们的素质具有重要的意义。

资料来源:彭聃龄. 普通心理学. 2004

(二)结构理论

1. 吉尔福特的三维结构模型

美国心理学家吉尔福特(J. P. Guilford)通过分析检验许多与智力相关的任务,于1967年提出了该理论。他认为智力结构应该从内容、操作和产品三个维度考虑(如图11-2)。智力活动的内容(contents)包括视觉(具体事物的形象)、听觉、符号(由字母、数字和其他记号组成的事物)、语义(词、句的意义及概念)、行为(社会能力)5个因素;智力操作(operations)包括认知、记忆、发散思维、聚合思维、评价5个因素;智力活动的产品(products)包括单元、分类、关系、系统、转换、提示6个因素。例如儿童对词组的学习就综合了语义、记忆、单元的能力。又如,学生背诵一篇课文时,其智力活动内容是语义,操作是记忆,产品是单元。

其中,内容维度中的视觉和听觉是由图形发展而来的,这样智力就由 $4×5×6=120$ 种基本能力发展成 $5×5×6=150$ 种。1988年,吉尔福特又将操作维度中记忆分为短时记忆与长时记忆,使其由5个因素变为6个,因而智力结构的组成因素便增加到 $5×6×6=180$ 种。三维智力结构模型(Structure Of Intelligence,SOI)同时考虑到了智力活动的内容、过程和产品,完善和丰富了智力的内容,加深了对智力复杂性的认识,并促进了智力测验的发展。到1985年,有研究者已经根据吉尔福特提出的三维结构模型发现了超过100种智力。但由于否认一般因素的存在,并把智力划分为很多小的因素,使人看不到智力的整体性。

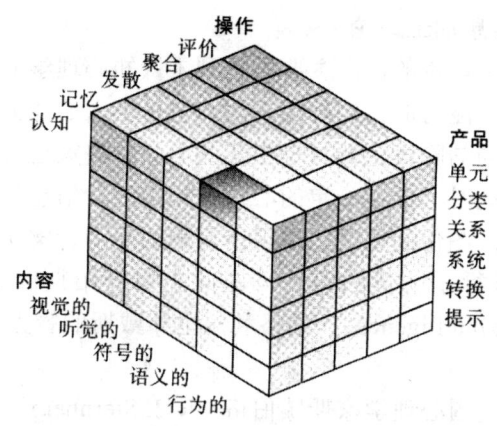

图 11-2　三维智力结构模型

资料来源：格里格，津巴多. 心理学与生活. 2003

2. 能力的层次结构理论

英国心理学家阜南（P. E. Vernon）1971 年认为，能力的结构是按层次排列的一个结构体，且主要由四个层次组成（如图 11-3）。最高层是一般因素；第二层是两个大因素群，即言语和教育因素、机械和操作因素；第三层是小因素群，包括言语理解、数量、机械信息、空间能力和手工操作等；第四层是特殊因素。阜南的智力层次结构理论把斯皮尔曼提出的 G 因素理论和瑟斯顿的群因素理论结合起来，对智力结构和构成要素的分析又深入了一步，对现代智力测验的开发也有很大启发。

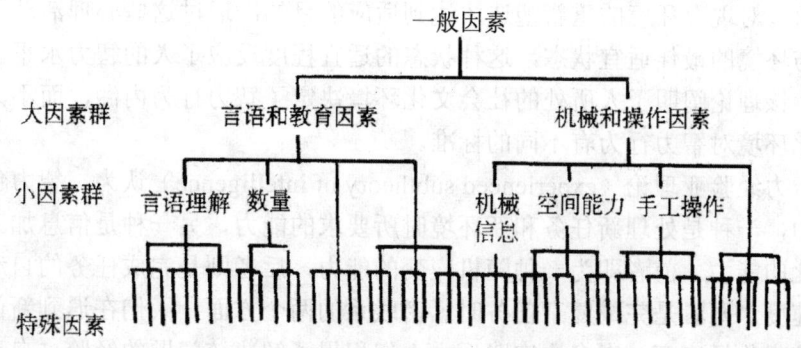

图 11-3　阜南的智力层次结构模型

资料来源：叶奕乾等. 普通心理学. 2004

（三）能力的信息加工理论

能力的信息加工理论的提出主要是受到了认知心理学的信息加工理论及神经生理学的影响。与能力的结构理论不同，它是把人的能力和智力看成了一个过程，该过程有不同的阶段，并且是由某些更高的决策过程组织起来的。人们在运用智力进行活动时，会在一定的心理结构中进行信息加工，如感觉信息的输入、加工、转换；图像的记忆、再现；问题的思考、解决等。认知心理学家对智力的结构也进行了大量的研究，在此主要介绍斯滕伯格的智力三元论（triarchic theory of intelligence）、纳格利尔里和戴斯的智力 PASS 模型。

1. 智力三元论

智力三元论由美国心理学家斯滕伯格（R. J. Sternberg）1985 年提出。他认为，一个完备的智力理论必须包括智力成分亚理论、智力情境亚理论和智力经验亚理论三方面的内容。

智力成分亚理论（component subtheory of intelligence）与其他传统理论有一致的部分，它强调人的内部因素。它认为智力包括三种成分及三种相应的过程，即元成分、操作成分和知识获得成分。元成分是用于计划、控制和决策的高级执行过程，它在整个智力成分中起核心作用，决定人们解决问题时所使用的策略；操作成分表现在任务的执行过程；知识获得成分是对信息的获取、保存、加工、判断及对新信息编码、储存的过程。

智力情境亚理论（contextual subtheory of intelligence）认为，智力是指人对与自身有关的现实世界的环境有目的的适应、塑造和选择的心理活动。在现实生活中，有些人能够很快地适应各种环境；有些人则只对某些环境有适应性，需要通过对现存环境的重新塑造才达到适应的目的。通过这些心理活动，个体达到与环境的最佳适宜状态，这种状态的适宜程度反应了人的智力水平。由此可见，该理论阐明了人所处的社会文化环境决定了智力行为内涵，而不同的社会文化环境对智力行为有不同的标准。

智力经验亚理论（experienced subtheory of intelligence）认为，智力包括两种能力，一种是处理新任务和新环境时所要求的能力，另一种是信息加工过程自动化的能力。前者即为一种随机应变的能力，后者则是完成任务的自动化程度和速度。两者是完成复杂任务时紧密联系的两个方面。人们在遇到新问题时只能依靠临场应变，在多次实践后，人们积累了解决该问题的经验，自动化的能力才开始起作用。对于同样的任务，有些人首次遇到，他需要解决新问题；但对另一些人来说，他已经积累了关于完成该任务的经验，因此效率可能会相对较高。但我们不能由此就判定后者的智力高。因此，在进行测验时一定要考虑到智力经验性的问题。

斯腾伯格的智力三元论描绘了一个较为全面的智力构成图,填补了传统智力理论的一些空缺。他从主体与内部世界、外部世界、经验世界三个方面的联系来分析智力本质。其中,智力成分亚理论是最早形成和最为完善的部分,它揭示了智力活动的内部机制,提高了智力测验的科学性。同时,这三种亚理论相互依存,缺一不可。它们反应了智力的三个属性,评价一个人的智力自然应当从三个方面进行分析,缺少哪一个方面都不能很好地反映其智力情况。

 阅读资料:成功智力

艾丽丝是一个学习成绩出色的学生,老师认为她是最好的学生,同学们也认为她是最聪明的人。艾丽丝虽然在学业中能出人头地,可她在以后的职业生涯中却一直表现平平,同班同学中的 70%~80% 在工作中都表现得比她出色。这样的例子在许多国家、许多学校都不难发现。中国也开始关注"第 10 名现象",发现学习最好的学生不一定是工作最出色的人,而学习排名在第 10 名左右的学生,可能会在以后的工作中游刃有余。

这一现象说明了学业成就的高低并不 100% 地决定着一个人是否成功,这涉及了成功智力的问题。成功智力(successful intelligence)是一种用以达到人生中主要目标的智力,是对现实生活中真正能起到举足轻重影响的智力。因此,成功智力与传统 IQ 测验中所测量和体现的学业智力有本质的区别。斯腾伯格将学业智力称之为"惰性化智力"(inert intelligence),它只能对学生在学业上的成绩和分数做出部分预测,而与现实生活中的成败较少发生联系。斯腾伯格认为,智力是可以发展的,特别是成功智力。在现实生活中真正起作用的不是凝固不变的智力,而是可以不断修正和发展的成功智力。

成功智力包括分析性智力、创造性智力和实践性智力三个方面。分析性智力(analytical intelligence)涉及解决问题和判定思维成果的质量,强调比较、判断、评估等分析思维能力;创造性智力(creative intelligence)涉及发现、创造、想象和假设等创造思维的能力;实践性智力(practical intelligence)涉及解决实际生活中问题的能力,包括使用、运用及应用知识的能力。

成功智力是一个有机整体,用分析性智力发现好的解决办法,用创造性智力找到问题,用实践性智力来解决实际问题,只有这三个方面协调、平衡时才最为有效。一个人知道什么时候以何种方式来运用成功智力的三个方面,要比仅仅具有这三个方面的素质更为重要。具有成功智力的人不仅具有这些能力,而且还会思考在什么时候、以何种方式来有效地使用这些能力。在各个领域中,这三种智力都发挥着作用。在自然科学领域中,分析性智力可以将假设的理论与其他进行比较,创造性智力可以形成一种理论观点或设计出一个实验,实践性智力可以将科学原理应用于日常生活或实践领域中；在文学领域中，分析性智力用于分析剧情、主题或人物，创造性智力用来写作诗歌或小说，实践性智力将从文学中汲取知识和想传递的信息，创造性智力可以创造艺术作品，实践性智力则可以确定什么样的作品受欢迎；在体育领域中，分析性智力可以分析出对手的策略战术，创造性智力可以用来形成自己的战术，实践性智力可以运用心理战术来战胜对手。

资料来源：彭聃龄. 普通心理学. 2004

2. 智力 PASS 模型

智力的 PASS 模型（Planning-Arousal-Simultaneous-Successive，PASS）是由纳格利尔里（J. A. Naglieri）和戴斯（J. P. Das）1990 年提出的。该模型是指"计划—注意—同时性加工—继时性加工"，它包含了三层认知系统和四种认知过程（如图 11-4）。其中，计划系统处于最高层次；注意系统又称注意-唤醒系统，它是整个系统的基础；同时性加工和继时性加工是功能平行的两个认知过程，它们构成一个编码系统，处于中间层次，称做信息加工系统。三层认知系统的协调合作保证了智力活动的顺利进行。

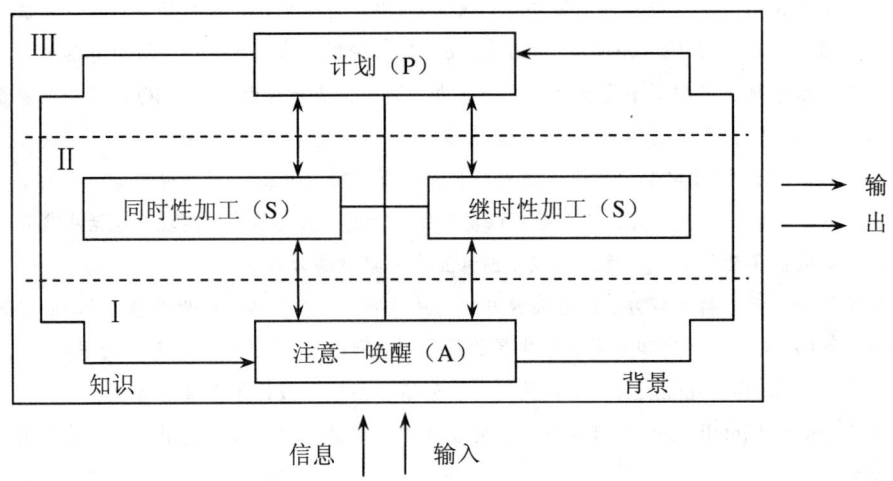

Ⅰ、Ⅱ、Ⅲ分别代表鲁利亚学说中相应的大脑一级、二级、三级功能区。

图 11-4 智力 PASS 模型

资料来源：白学军. 智力心理学的研究进展. 1996

PASS 模型是建立在鲁利亚（Luria）1966 年、1973 年、1988 年的三个机能系统学说的基础之上的。它所包含的三个机能单元彼此之间存在着动态的联系。

其中，计划系统和注意—唤醒系统之间的关系尤为紧密。从理论上分析，有效的计划系统既要求适当的注意—唤醒状态，也需要对不适当的注意—唤醒水平的抑制，对注意—唤醒系统的促进与选择性抑制是计划系统的重要功能。从神经解剖学上看，它们相应的大脑机能区之间存在更为丰富的神经联系。编码和计划过程也密不可分，因为在现实生活中的任务往往能以不同的方式进行编码，个体如何加工这种信息也是计划的功能，所以同时性或继时性加工要受到计划功能的影响。类似地，在编码与注意—唤醒之间同样存在不可缺少的联系，因为编码依赖于合适的唤醒水平。所有的这些过程都受知识基础的影响，因此，戴斯认为，有效的加工是按照特定任务的需求通过整合知识与计划、注意、同时性加工和继时性加工过程来完成的。

第三节　能力的测量

现实生活中，一个人的身高、体重都是可以直接测量的。但人的心理特征的测量却不是一件容易的事，因为人的心理活动看不见、摸不着，不能直接观察，而且经常变化。但是，心理学家经过努力仍然开发设计出了许多测量的工具，如智力测验、气质测验、性格测验、态度测验等。这些测量工具所测结果是否具有真实性、准确性、有效性，一般需要根据其信度、效度和常模进行衡量。能力作为一种心理特性，同样属于心理测量的对象。测量能力的工具是按标准化程序所编制的各种能力测验。根据能力的分类可分为一般能力测验（general ability test）、特殊能力测验（special ability test）和创造力测验（creative ability test）。实施这些测验的目的就是把能力用数量化的方法精确地表示出来。

一、心理测量的必备条件

（一）信度

信度（reliability）是指一个测验所测得分数的可靠性或稳定性，它以反复测验时能否提供相同的结果来说明。如果同一个人在一天内进行了三次身高测验，但得出了三个不一致的结果，那么这一测量就是不可信的，也可以说是测量信度差。如果所得结果是一致的，则说明测量是可信的，具有较好的信度。心理测量技术只有当它反复测量并能给出相同的结果时才是可靠的。信度用信度系数（reliability coefficient）表示。智力测验的信度系数一般应在 0.9 以上，若信度太低则不宜使用。

经常用来估计测验信度的指标有两种。

第一种叫重测信度，就是用同一种测验在不同的时间里先后施测于同一群被试，以测得的分数求相关，即得到重测信度系数。相关系数越高，说明测验的可信度越高。用再测法估计测验信度，两次施测的时间间隔要适当。间隔时间过短，第一次的回答记忆犹新，从而夸大了稳定性，使重测信度的假性高相关。间隔时间过长，被试由于心理发展和练习的原因，会使第二次施测成绩受到影响，造成测验信度降低。

第二种叫分半信度。在无副本且不准备重测的情况下，我们通常用分半信度来计算信度系数。当对一组被试经过施测之后，将测验的全部项目分成相等的两半，如采用奇偶分半法，分别计算分数，然后求出这两组分数的相关系数。这种相关系数称为分半信度系数。分半信度是估计测验信度的一种常用方法。

（二）效度

效度（validity）是指测验的有效性，即测验测量到所要测心理特质的程度。效度通常用效度系数来表示。一个测验总是为了一定的测验目的编制的，如果能正确地测量出所要测得的东西，就证明这是一个高效度的测量。比如，一个智力测验的效度比较高，我们就可以认为由这个测验得出的分数可以比较准确地反映出被试真实的智力水平。如果一个新的智力测验的得分与斯坦福—比奈测验的得分相关很高时，也可以认为新的测验有较好的效度。因此，新测验的效度可以通过与一个效度较好的著名测验相比较来说明。

以智力测验为例，通常用下列方法来确定一个智力测验的效度：（1）与著名的智力测验求相关。由于斯坦福—比奈量表经过了以往研究的证实和肯定，因此一般是与该量表相比较，求其相关系数。（2）与学生在校的成绩求相关。因为在条件（如年龄、环境等）相同的情况下，聪明者比愚笨者的作业成绩要好。（3）与学生就业后的工作成绩求相关。如果相关系数高，则该测验的效度就高。

信度是效度的必要条件，但不是充分条件。信度低，效度不可能高；但信度高，效度未必高。例如，一项智力测验并不能很好地测出智力，但其每次所得的结果有可能是一致的。

（三）常模

常模（norm）是心理测量用于比较和解释测验结果时的参照分数标准，由标准化样本测试结果计算而来。例如，一个人接受智力测验得到其初始分数，但初始分数本身并没有任何实际意义，我们无法根据初始分数判定个体智力的高低。只有把它同参照群体的表现进行比较，才能判断其优劣高低，显示出个

第十一章　能力

体的智力水平。

常模的建立需要下列几个步骤：(1)确定总体。根据测验适用对象的某种特质，如年龄、性别或受教育程度等确定一个总体。(2)抽取样本，进行施测。从具有这些特质的总体中随机抽取一群被试作为样本，实施测验。(3)建立常模。对样本施测后所得的分数加以统计整理，得出平均值和标准差等统计量，即可作为该总体在该项测验上的常模。

测验编制大多会为年龄、性别或受教育程度等不同的总体建立几组常模，以作为不同被试的比较标准。心理测验中常见的常模有以年龄为样本建立的年龄常模(几乎所有的智力测验都建有年龄常模)、以年级为样本建立的年级常模、以地区为样本建立的地区性常模和以全国样本建立的全国性常模。

除了信度、效度和常模，在编制测验时还必须规定一定的施测程序，包括如何发卷、收卷，如何对被试说明，如何解答问题，如何控制时间，如何记分等，这些都必须在测验手册中明确加以规定。

二、一般能力测验

一般能力测验即智力测验（intelligence test）。1905年，法国心理学家比奈（A. Binnet）与医生西蒙（S. Simon）合作编制了第一个智力测验量表，即比奈—西蒙智力量表（Binet-Simon Scale），用来测量记忆力、理解力和其他认知过程，这是科学智力测验的开端。1908年和1911年比奈和西蒙又对量表进行了两次修订。到目前为止，各种类型的智力测验已经发展到几百种之多，但影响较大的主要有斯坦福—比奈量表（Stanford-Binet Scale）和韦克斯勒智力量表（Wechsler Intelligence Scale）。

（一）斯坦福—比奈智力量表

1908年，美国斯坦福大学教授特曼（L. M. Terman）将比奈—西蒙量表介绍到了美国。1916年，特曼对比奈—西蒙智力量表进行了修订，这个修订后的量表就称为斯坦福—比奈智力量表（Stanford-Binet Scale）。该量表在1937年、1960年、1972年和1986年进行了多次修订，成为目前世界上广泛使用的标准化智力测验之一。

斯坦福—比奈量表是一种年龄量表，测验的项目是按年龄分组编制的（如表11-3）。1916年的量表共90个项目，其中54个是比奈—西蒙量表中原有的，36个是新编的，可测验12个年龄组（3至14岁）、普通成人组和优秀成人组。其中除12岁组有8个测验项目外，其他各年龄组有6个测验项目。这个量表的最大优点之一在于用智力商数（IQ）代替智力年龄表示智力水平。1937年修订

表 11-3 斯坦福—比奈智力测验中不同年龄组的测验试题

年龄组	题目示例
2 岁组	看一个纸娃娃,指出娃娃的头发、嘴、脚、耳朵、鼻子、手和眼睛;照样子用四块积木搭一座塔
3 岁组	照样子用三块积木搭一座桥;照样子用铅笔画一个圆
4 岁组	根据前一个句子准确说出后面的内容,如:"哥哥是男孩,姐姐是＿＿＿。""白天是明亮的,夜晚是＿＿＿。"正确回答问题,如:"为什么我想要房子?""为什么我们需要书?"
5 岁组	解释球、帽子和炉子;照样子用铅笔画一个正方形
9 岁组	正确回答问题,如:"在西班牙一个古老的墓地,人们发现了一个小孩的头颅,他们认为这是哥伦布大约 10 岁时的头颅。这故事里的事为什么说得不对?""告诉我,发音与 tree(树)押韵的数字是什么?"
成人组	描述懒散与闲散、贫乏与穷困、品质与名誉之间的区别;正确回答问题,如:"当你的右手掌心朝向北方时,你的脸朝向哪个方向?"

资料来源:库恩. 心理学导论——思想与行为的认识之路. 2004

本由难度、信度和效度均相同的称为 L 和 M 的两个等值量表构成,每个量表有 129 个测验项目可替换使用。这个量表适用于 2 岁至成人的被试,是当时最好的智力量表。1960 年,特曼将 1937 年的 L 和 M 两个量表合而为一,成为单一量表,可适用于 2 岁以上直至成人的 20 个年龄组的个别测验。测验包括定义、语文类推、适应问题、算术问题、记忆、一般知识、发现谬误、图画失全、空间问题和理解等项目。这个测验的优点之一是用离差智商代替比率智商来衡量智商的高低。1972 年出版的常模是根据来自不同地理环境,不同经济水平,不同民族的 20 万儿童测验结果制定的,因而具有很强的科学性。

斯坦福—比奈智力量表的材料包括:一盒标准玩具(用来测量幼儿),两册图画卡片,一本测验指导手册,一个记录反应的本子。测验实施时,每个被试只接受适合自己年龄组的项目,不是所有的项目都去尝试。幼童测验时间不超过 40 分钟,年龄大的不超过一个半小时。

(二)韦克斯勒智力量表

美国贝尔维精神病院主任、医学心理学家韦克斯勒(D. Wechsler)长期从事心理测验的编制和研究工作,在智力测验方面作出了杰出的贡献。1959 他编制了一套适用于 16 岁以上成人的韦克斯勒成人智力量表(Wechsler Adult Intelligence Scale,WAIS),1949 年他编制了适用于 6~16 岁儿童的韦克斯勒儿童智力量表（Wechsler Intelligence Scale for Children，WISC）1963 年他还编制了适用于 4~6.5 岁儿童的韦克斯勒幼儿智力量表（Wechsler Preschool and Primary Scale of Intelligence，WPPSI）。韦氏三个量表既各自独立，又相互衔接，适用于 4 岁到 74 岁的被试，是国际上通用的权威性智力测验量表。20 世纪 70 年代末、80 年代初我国心理学家引进了这三个量表，并修订了中文版，制定了中国常模。

韦克斯勒是根据人类智力是由几种不同的能力组合而成的观点来编制其量表的。因此，韦克斯勒智力量表不仅能了解个体智力发展的水平，而且能够了解构成个体智力各因素发展的特点。韦氏量表由言语和操作两个分量表构成，可以分别度量言语智力和操作智力（如表 11-4）。其中言语分量表的测验有一般知识、数字广度、常识、算术、事物间相似性和词汇等；操作分量表有图片排列、完成图画、积木设计、物件拼配、数字符号等。每个分测验的题目都是按由易到难顺序排列的，在施测过程中，需要交替实施言语分量表和操作分量表中的分测验。韦氏量表可以同时提供总智商分数、言语智商分数和操作智商分数以及十余个分测验分数，能较好地反映智力的整体和各个侧面。

韦克斯勒还革新了智商的计算方法，把比率智商改成了离差智商（deviation IQ）。韦氏量表的 IQ 值都是以 100 为平均数，以 15 为标准差的离差智商。韦氏测验需个别施测，测验时限为 1~2 小时。由于测验内容丰富和结果精细，使得测验实施显得尤为复杂，因此主试一定要经过专业培训。

（三）智力发展水平的指标

1. 智力年龄

智力年龄（Mental Age，MA），简称智龄，它是指达到某一测验分数的正常儿童的平均年龄，由法国心理学家比奈首创。他认为，智力随年龄而系统地增长，每一年龄的智力，可用该年龄大部分儿童能完成的智力作业题来表示。智龄由两部分构成：以全部通过的某个年龄组测题的年龄作为智龄的基数，加上通过智龄基数以上各年龄组测题所获得的智龄。每个年龄组有 6 道题，通过智龄基数以上年龄组一道题得两个月的智龄。如，一个儿童通过 5 岁组的全部智力测定条目，其智力年龄即为 5 岁。如果他还通过 6 岁组的 2 个条目（代表 4 个月），他的智力年龄便是 5 岁零 4 个月。

智龄是对智力的绝对水平的度量，表示个体智力所达到的实际水平。但是智龄的大小并不能确切地说明一个孩子的智力发展是否超过了另一个孩子，无法比较不同年龄个体的智力差异，因此还必须考虑智龄与实际年龄的关系，并对个体的相对智力作出估计。

表 11-4　韦克斯勒成人智力量表第 3 版中的若干分测验及例题

言语分测验	例题
一般知识	鸟有多少个翅膀？《失乐园》的作者是谁？
数字广度	听一遍数字后按顺序回忆，如：31067425。
常识	将钱存入银行有什么好处？ 为什么铜常用于做导线？
算术	三个人等分 18 个高尔夫球，每人能分到几个？ 如果两个苹果是 15 美分，12 个苹果要多少钱？
事物间相似性	狮子和老虎在哪些方面是相似的？ 锯子和锤子在哪些方面是相似的？
词汇	"什么叫××？" "××是什么意思？"
操作分测验	**例题**
图片排列	将一系列卡通画片排列成一个有意义的故事
完成图画	填补图画中所缺的东西。
积木设计	照样子搭积木（如下图）。
物件拼配	拼板。
数字符号	填符号。例子如下：

资料来源：库恩. 心理学导论——思想与行为的认识之路. 2004

2. 比率智商

智商的概念是由德国心理学家施特恩（L. W. Stern）1914 年首先提出的。之后，特曼（L. M. Terman）在斯坦福大学修订比奈量表时首次采用智商的概念，来表示智力的高低。智商也叫智力商数（Intelligence Quotient，IQ），是根据一种智力测验的作业成绩所计算出的分数，代表了个体的智力年龄（MA）与实际年龄（Chronological Age，CA）的关系。用公式表示为：

$$智商（IQ）=\frac{智龄（MA）}{实龄（CA）}\times 100$$

按照这个公式，如果一名实际年龄是 8 岁的儿童，他的智龄也是 8 岁，那么他的智商就是 100，即说明他的智力达到了正常 8 岁儿童的一般水平；如果实际年龄是 8 岁的儿童，他的智龄为 10 岁，那么他的智商就是 125，说明他的智力水平比正常 8 岁儿童要高；如果实际年龄是 8 岁的儿童，他的智龄为 6 岁，那么他的智商就是 75，说明他的智力水平比正常 8 岁儿童要低。

这种智商（ratio IQ）是智龄除以实际年龄得到的百分比率，因此被称为比率智商（ratio IQ），它也是表示个体智力发展水平的一种指标。用比率智商表示智力水平，不但计算简明方便，而且容易被人接受和理解。但由于人的实际年龄逐年增加，而人的智力发展到一定水平后则保持相对稳定。因此，当达到一定年龄之后，比率智商将会逐年下降，这和智力发展的实际情况不相符。

3. 离差智商

离差智商（deviation IQ）是由美国心理学家韦克斯勒（D. Wechsler）首创的，它是用标准分数来表示的智商，即让每一个被试和他同年龄的人相比，而不像以前比奈量表所用的智商是和上下年龄的人相比。其基本原理是：以每一年龄段内全体人的智力分布作为正态分布，用个体在智力测验中的分数（X）与所在年龄段的平均分数（$\bar{X}$）的离差判定其智商，即为离差智商，在韦克斯勒智力量表中，用公式表示为：

$$离差智商（IQ）= 100 + 15Z$$

$$Z = \frac{X - \bar{X}}{S}$$

公式中，X 表示某一被试测验的原始分数，$\bar{X}$ 表示该年龄段的平均分数，S 表示该年龄段分数分布的标准差。例如，某个年龄段的平均分数为 70 分，标准差为 10 分，甲生得 80 分，他的标准分数是 +1，离差智商为 115；乙生得 60 分，他的标准分数为 -1，离差智商为 85。

由于离差智商不受实际年龄的影响，因而可以比较不同年龄人的智力高低，但容易误解为智力的绝对水平。例如，一个人的离差智商在 70 岁时和在 30 岁时可能都是 100，而智力的绝对水平并不相同，70 岁时的智力应比 30 岁时的智力低一些。

三、特殊能力测验

智力测验只是测量人的一般能力。但在实际生活中，不同的领域需要不同的特殊能力，如机械操作能力、音乐能力、美术能力、艺术能力等。因此需要使用不同的方法和手段对个体特殊职业活动能力进行测量，这就叫特殊能力测量。它需要对特殊活动进行分析，找出它所要求的特殊能力，列出测验项目，然后采取适当的手段进行度量。

例如，美国依阿华大学的西肖尔（C. E. Seashore）等人编制的音乐能力测验，用来测量小学四年级及以上个体的音乐能力。该量表的测试题目涉及音高、响度、节拍、音色、节奏、音调等方面，用来测量个体的音乐感知能力、音乐动作能力、音乐记忆能力、音乐想象能力、音乐智力、音乐情感等能力。

又如，梅尔（N. C. Meier）编制的美术能力测验，用来测量个体的美术能力。该测验包括美术判断测验和美学知觉测验。其中，美术判断测验于1929年出版，包括100对著名艺术品的图片，每对中有一张图片作了改动，要求被试判断哪一张更好。根据被试的判断结果，对被试的美术能力做出评价。美学知觉测验于1969年出版，包括50个项目，每个项目为一件艺术品的四种形式，每一种形式相对于另外三种形式在比例、整体性、形状、设计以及其他特征上有所不同，要求被试按其优劣排列出等级。

此外，还可以通过测定视觉阅读速度和手指灵活性，考察一个人的打字能力；通过一个人对危机事件的反应、理解、调查、处理，判断一个人的危机处理能力；通过测定身体柔韧性、协调性、爆发力等，了解一个人的运动能力等。特殊能力测验在职业定向指导、人员选拔和安置、儿童特殊能力的早期诊断与培养等方面发挥了重要的作用。

四、创造力测验

大量的研究证明，创造力与智力既有联系又不完全相同，二者之间相关较低。因此，智力测量的结果不能作为创造力高低的指标。美国心理学家吉尔福特通过对许多智力测验的分析，发现智力测验主要测量的是认知和集中思维能力，但创造力更需要发散思维的参与。发散思维能力主要表现在思维的流畅性、变通性和独特性三方面。目前，绝大多数创造力测验都把重点放在这三个方面的测验上。如目前较常用的《南加尼福利亚大学测验》、《托兰斯创造思维测验》和《芝加哥大学创造力测验》等，虽然题目的数量和具体内容各不相同，但都是围绕测量思维的流畅性、变通性和独特性而设计的。

南加利福尼亚大学测验又称吉尔福特智力结构测验，是由美国心理学家吉尔福特（J. P. Guilford）及其同事在对智力结构的研究中发展起来的，适用于测量具有中学以上文化水平的被试。它共由14个分测验组成，分别是词语流畅性、观念流畅性、联系流畅性、表达流畅性、非常用途、解释比喻、用途测验、故事命题、推断结果、职业象征、组成对象、绘图、火柴问题、装饰。前10个分测验要求被试做出言语反应，后 4 个分测验要求被试做出操作反应，该测验的结果能够给出被试思维的流畅性、变通性和独特性三项创造性指标的分数。

托兰斯创造思维测验由美国明尼苏达大学心理学家托兰斯（E. P. Torrance）编制，适用于测量从幼儿园儿童到成人被试。但对小学四年级以下的被试，必须进行个别施测。托兰斯创造思维测验由图形创造思维测验、语文创造思维测验以及声音和词的创造思维测验三个量表共 12 个分测验构成，每套都有两个复本，以满足对创造力进行初测和复测的需要。其中，图形创造性思维量表由图像构建、图像完成、平行线或圆 3 个分测验组成；语文创造性思维量表由询问、猜测原因、猜测结果、产品改进、不寻常用途、不寻常问题和假设 7 个分测验组成；声音和词创造性思维量表由声音想象、拟声字想象 2 个分测验组成。该测验是以学校为背景的，为了消除被试的紧张情绪，托兰斯把测验称做"活动"，并用游戏的形式组织起来，使施测过程轻松愉快、富有乐趣。

芝加哥大学创造力测验由美国芝加哥大学的心理学家编制，适用于测量青年人的创造潜能。它由五个部分组成，即词汇联想、物体用途、隐蔽图形、完成寓言、组成问题。测量的结果也是从被试思维的流畅性、变通性和独特性三个方面来评定其创造性的。

由于人的创造力在现实生活中有重要的意义，因此，创造力测验也就引起了人们普遍的重视。但这类测验的研究历史还不长，测验的标准化程度还不高，某些测验虽然已经取得了一些有价值的研究资料，但离预测和培养人的创造行为的要求还相距较远。

 阅读资料：高尔顿

考察著名人物的生活，估计他们的智力水平，是一件有趣的工作。特曼 1917 年使用这种方法（应该说不是太科学）估算了高尔顿的智力。特曼仔细考察了高尔顿的早期生活（高尔顿有很好的生活环境），结果发现，高尔顿在 2 岁半时就可以阅读一本叫《蛛网捕苍蝇》（Cobwebs to Catch Flies）的小人书。高尔顿给人印象最深的是，他 4 岁时写给姐姐的一封信：

亲爱的阿黛拉：

我现在 4 岁了，可以阅读任何英文书籍。我还可以说出拉丁诗集上所有第 52 行边拉丁语的名词、形容词和动词。我能算出任何加法运算的和，以及乘以 2、3、4、5、6、7、8、(9)、10、(11) 的积。我还能说出便士的换算，我读了一点法文，认识表。

在这封信里，没有拼写错误。数字 9 和 11 被他涂掉了，可能是因为高尔顿意识到，他还没有真正掌握相应的换算。

此外，还有许多表明高尔顿早年突出才华的例子，下面只是一例。根据他父亲的描述，下面的对话发生在高尔顿8岁的时候：

他母亲说她在拉姆斯特看见了许多知了，高尔顿："噢，那是金龟子。"他母亲说："反正它们都一样。"高尔顿说："不，不，它们根本不一样，金龟子属于甲虫类，而知了属于脉翅类。"

让特曼印象特别深的是，高尔顿在4岁时就能区分时间，知道便士换算和乘法运算表，而一般孩子需要到8岁才能了解这些东西。由于高尔顿的能力差不多是同龄孩子的两倍，特曼估计高尔顿的智商是200。事实上，高尔顿写信给阿黛拉是在他5岁生日的前一天，而特曼的估计将之提前了几个月。因此，正确的推算应是，高尔顿的IQ在160到170之间。不管怎样，高尔顿显然是个智力超群的孩子。

资料来源：艾森克. 心理学——一条整合的途径. 2000

第四节 智力发展的差异

一、智力发展的一般趋势

个体智力是随着年龄的增长而变化的，并且具有一定的规律性。人的一生大致可分为八个不同的时期，即乳儿期、婴儿期、幼儿期、童年期、少年期、青年期、成年期和老年期。智力在各个时期会呈现出不同的发展趋势。

（一）智力发展的总体趋势

一般来说，智力的发展可以划分为三个阶段：增长阶段、稳定阶段和衰退阶段。童年期和少年期是某些能力发展最重要的时期。从三四岁到十二三岁，智力的发展与年龄的增长几乎等速；其后发展逐渐放缓，到20岁前后达到了顶峰；随后即保持一个相当长的水平状态直至30多岁，之后开始出现衰退迹象，如图11-5（a）所示。进入老年期（60岁以后），智力的发展表现出迅速下降现象，进入衰退期，如图11-5（b）所示。

（二）智力的各种成分的发展趋势

智力不仅作为整体而发展，而且智力中的各种成分也分别在发展，且发展的速度并不完全同步。瑟斯顿考察了不同智力因素的发展情况，发现它们的发展速度各不相同（图11-6）。例如，12岁时知觉速度已发展到成人水平的80%，而推理能力、词的理解力和词语运用能力等则要到14岁、18岁和20岁以后才分别达到同一水平。

第十一章 能力

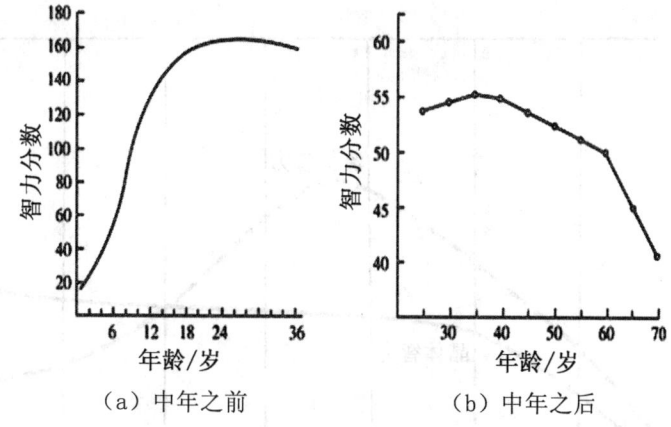

（a）中年之前　　　　（b）中年之后

图 11-5　智力（心理能力）的发展曲线

资料来源：黄希庭. 心理学导论. 2007

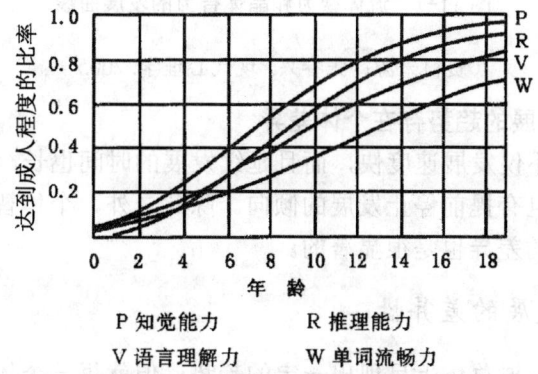

P 知觉能力　　R 推理能力
V 语言理解力　W 单词流畅力

图 11-6　智力中不同成分的发展曲线

资料来源：彭聃龄. 普通心理学. 2004

（三）流体智力和晶体智力具有不同的发展趋势

对流体智力和晶体智力的发展研究表明，流体智力在中年以后开始下降，而晶体智力则在人的一生中都有稳定上升的趋向，如图 11-7 所示。

（四）成年期是人生最漫长的时期，也是智力发展最稳定的时期

成年期又是一个工作时期。在二十五六岁至四十岁间，常出现富有创造性的活动。

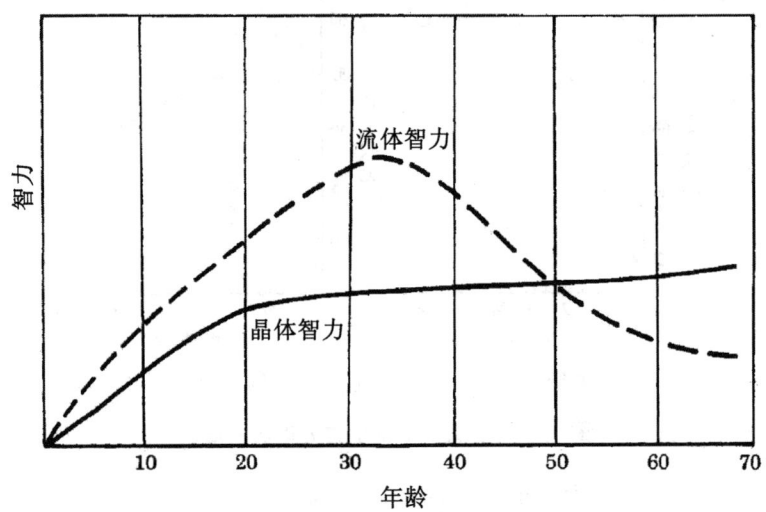

图 11-7 流体智力和晶体智力的发展曲线

资料来源：张春兴. 现代心理学. 2005

（五）智力发展的趋势存在个体差异

智力优异者不仅发展速度快，而且延续发展的时间也长，而智力落后者不仅发展缓慢，而且有提前停止发展的倾向。除此之外，个体智力表现的早晚及智力结构等方面的差异也是很显著的。

二、智力发展的差异性

尽管智力的发展总体上呈现出一定的趋势，但就每一个体而言却是因人而异的，不同个体之间都存在着一定的个体差异。个体差异（individual difference）即个体在成长过程中因受遗传与环境的交互影响，使不同个体之间在身心特征上所显示的彼此不同的现象。

（一）智力发展水平的差异

根据多年的研究结果发现，智力的高低是有差异的，但智力水平的差异成正态分布（normal distribution）（如表11-5和图11-8），即智力水平特别高和特别低的人较少，智力水平中等的人占多数。

由表11-5和图11-8可见，智商在139以上的为1%；智商在120～139之间的为11%……智商在70以下者为3%。不同次的测量，由于取样不同，虽然得出的数据与此不尽相同，但总的来说，大致都是如此。

表 11-5　不同智商水平上的人数分布情况

智商（IQ）	%
>139	1
120～139	11
110～119	18
90～109	46
80～89	15
70～79	6
<70	3
参加测验人数	共 2 904 人

资料来源：张述祖，沈德立. 基础心理学. 1987

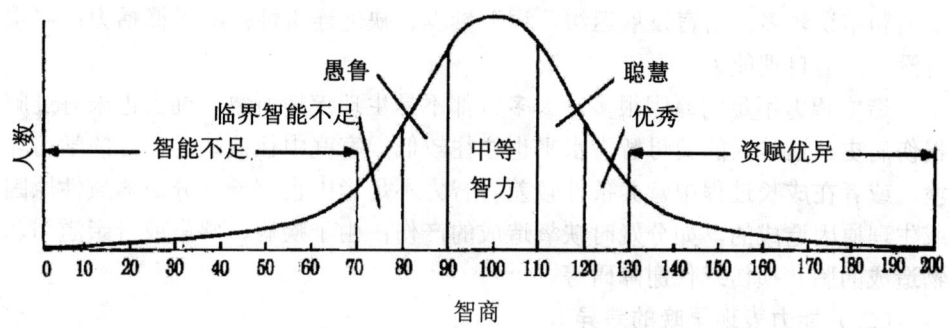

图 11-8　人类智商的理论分布

资料来源：张春兴. 现代心理学. 2005

1. 智力超常

智力超常即智力的高度发展。大约占全人口的 1%。超常儿童是指智力发展突出优异，或具有某方面特殊才能的儿童。1916 年，特曼（Terman）1916 年用智力测验来鉴别超常儿童，凡智商达到或超过 140 的儿童被称为天才儿童。虽然此后有关超常者的评价标准有了一定的发展，但超常儿童的表现仍然具有相似的特点。他们在智力上明显高于常态儿童：注意力容易集中，记忆速度快、准确而牢固，思维灵活，反应敏捷，有创造性，不易受具体情境的局限。

儿童超常智力的出现是需要一定的条件的。优越的自然素质是超常儿童发展的物质基础，科学的早期教育和理想的教育条件是超常儿童成长的重要条件。首先，遗传对智力的影响是不可忽视的，较好的遗传基因是儿童获得超常智力的重要原因。其次，儿童从出生到 5 岁是智力发展最快的时期，在这一时期做好早期教育，会对儿童以后的发展有很大的影响。教育开始得越早，儿童潜在能力的实现就越大；相反，教育开始得晚，儿童潜在能力的实现就越小。最后，超常儿童想要在事业上取得成就同样需要许多条件。调查发现，超常儿童中成就最大者在自信心、进取心、坚持性等某些人格品质上，明显优于成就最小者。另外，家庭背景对儿童未来的成就也有重要的影响。重视教育的家庭更能够培养出成就较大的孩子。可见，超常儿童能否在事业上作出成就，在很大程度上取决于社会生活条件和他的人格特点。

2. 智能不足

智商在 70 分以下者为智能不足。智能不足明显的特征是智力低下，即智力发展低于一般人的水平，或表现为社会适应不良。智力发展很差的呆傻儿童一般特点是：知觉速度缓慢，注意范围狭窄；对词和直观材料的记忆差，再现时歪曲和错误较多；语言发展迟缓、词汇量少、缺乏连贯性；缺乏概括力；严重时没有生活自理能力。

造成智力不足的原因很多。大多数都不是生理疾病所致，过去也未有过脑损伤病史。这些人的父母智力水平也往往较低，家庭中往往缺乏良好的学习环境，或者在成长过程中营养条件较差。智力不足者中也有一部分是器质性原因或生理原因造成的，如分娩时缺氧造成的产伤；由于疾病、感染或母亲滥用药物造成的胎儿损伤或代谢障碍等。

（二）能力表现早晚的差异

人的能力的表现有早有晚。早慧是指能力在儿童或青少年时期就有充分的表现，在某些方面显露出卓越的才华。我国唐代诗人白居易 6 岁开始学诗，9 岁能识诗韵，10 岁便写出了"野火烧不尽，春风吹又生"那样富有哲理的诗句。奥地利著名作曲家莫扎特 5 岁就会作曲，11 岁便能创作歌剧，很早就显露出极高的音乐天赋。

中年期是成才和取得成果的最佳年龄阶段。因为中年人年富力强、体格强壮、精力充沛、感知敏锐、经验丰富、少保守。既有较强的抽象思维能力，又有丰富的知识基础、实际经验和强烈的创新意识。有人对 301 位诺贝尔奖获得者做了统计，结果表明，30~45 岁是人的智力最佳年龄区，301 位诺贝尔奖获得者中有 75% 的人获诺贝尔奖时年龄处于这个最佳年龄区，当代世界上杰出的科学家取得成就的年龄的峰值在 36 岁。

大器晚成是指智力的充分发展在较晚的年龄才表现出来。造成大器晚成的原因是多方面的。从主观方面来讲，可能是由于年轻时没有努力，后来加倍勤奋学习造成的；从客观方面来讲，可能是环境没有及时提供学习和施展才能的机会，或者是由于学科比较复杂需要经过长期的努力才能获得成就。我国古代的姜子牙便是"大器晚成"的典型代表。而英国的火车发明者斯蒂芬逊在 17 岁时还是个文盲，18 岁才开始念书，到 44 岁制成了世界上第一台蒸汽机火车，也可谓是大器晚成。

（三）智力类型的差异

智力类型差异是指智力的构成因素存在质的差异，主要表现在知觉、记忆、言语和思维方面。例如，有人长于记忆；有人长于分析；有人长于言语和形象思维等。智力的类型差异，一般不代表智力水平的高低，只影响人们学习的过程和获取知识经验的方式。

知觉方面的差异有三种类型：综合型，即知觉具有概括性和整体性，但分析能力较弱；分析型，即知觉具有强的分析能力，对细节感知清晰，但整体性较差；分析综合型，具有上述两种类型的特点，即同时具有较强的分析能力和概括能力。

记忆类型的差异，根据人们怎样记忆材料可分为：视觉型，运用视觉记忆效果好；听觉型，运用听觉识记效果好；运动型，有运动参加时记忆效果较好；混合型记忆，运用多种记忆效果较好。

言语和思维方面，有的人言语特点富于形象性，情绪因素占优势，属于生动的言语类型或形象思维类型；有的人言语特点富于概括性，逻辑因素占优势，属于逻辑联系的言语类型或抽象思维类型；还有居二者之间的混合型。在思维能力方面，每个人在思维的深刻性、灵活性和批判性等品质上又都有自己的特点。

（四）智力的性别差异

多年来，人们针对智力的性别差异问题展开了大量的研究。总的来说，心理学并不否认智力有性别差异，但不是笼统地说男性或女性谁更聪明，而是指某些群体性的差异特征。总的来看，男女智力差异有以下几个方面的表现。

1. 智力分布上的差异。男女智力的总体水平大致相等，但男性智力分布的离散程度比女性大，即女性中智力超常和低能的比例比男性中的小，而智力中等的女性比例比男性大。这多少也解释了男生的学习成绩两极分化较女生严重的现象。

2. 智力结构或智力品质上的差异。其一，数学能力的性别差异。在计算能力上，女性在中、小学阶段具有一定优势；在问题解决上，女性在中学阶段略好，男性则在高中和大学阶段表现出优势；在数学操作上，男性普遍比女性好。

其二，言语能力的性别差异。女性的听觉能力较强，特别是对声音的辨别和定位，女性明显优于男性；女性在语言流畅性及读、写、拼等方面均占优势，但男性在语言理解、言语推理等方面又比女性强。其三，空间能力的性别差异。在空间知觉和心理旋转上，男性明显优于女性；而在空间想象力上，男女差异不显著。

三、影响智力发展的因素

造成个体智力差异的原因是多种多样的，既有生理等遗传方面的影响，也有社会文化、教育、习俗等环境因素的作用，同时还受到个体实践活动和主观能力的影响。实际上，智力的发展是这些因素共同作用的结果。

（一）遗传的作用

遗传对智力的影响主要表现在身体素质上，它包括感觉器官、运动器官以及神经系统和脑的特点。它是智力形成和发展的自然前提和物质基础。没有这个基础，任何智力都无从产生，也不可能发展。聋哑人是难以发展音乐才能的，双目失明者也无法发展绘画能力；早期脑损伤或发育不全的人，其智力发展也会受到严重的影响。

神经系统是身体素质的重要组成部分，它的特性（强度、灵活性、平衡性）对智力的形成是有影响的。例如，神经过程强的人在相当强的附加刺激的作用下能集中注意力，而神经过程弱的人，则难以集中注意力。神经过程强而灵活型的人，知觉广度大；弱而不灵活的人，知觉广度小。在技能形成时，弱而不平衡型的人，有较长时间的紧张，并出现多余和违反抑制性要求的动作。在思维过程中，神经过程灵活型的人比不灵活型的人在解决任务上要快2～3倍。

我们承认先天素质在能力形成中的作用，并承认先天素质具有遗传性，但并不能由此而认可遗传决定论。第一，先天素质本身就不完全是通过遗传获得的，因为婴儿出生之前还有一段胎儿的发展时期。出生以后，还可能出现一些突发事件影响到人的素质。如孕妇的营养、疾病、药物和受到辐射等，都会给儿童的智力形成和发展带来危害。这些危害是早期因素造成的而非遗传因素。第二，先天素质仅能够提供一个人能力发展的可能性，只有通过后天的教育和实践活动才能使这种发展的可能性变为现实性。例如，人的身体比例是由遗传决定的，良好的身体比例为练习芭蕾舞提供了良好的自然条件，但如果没有系统的训练和刻苦的练习，是不可能成为舞蹈家的。第三，素质与能力也不是一对一的关系，同样的素质基础上可以形成各种不同的能力，同一种能力可以在不同素质基础上形成，这完全取决于后天的条件。即使在某种素质方面存在着一定的缺陷,还可以通过机能补偿的作用,使有关能力发展起来。例如,个子高的人可以去做模特或者篮球、排球运动员;一个出色的钢琴家不仅需要较长的手指,同时也需要基本的听觉和视觉等一些先天的素质;个头较矮的人在某种程度上是不适合做篮球运动员的,但如果拥有很强的弹跳力、手感、速度和灵活性,同样可以成为出色的球员。

 阅读资料:人造天才的悲哀

曾经扬名一时的美国神童赛达斯六个月会认英文字母,两岁能看懂中学课本,四岁已发表了三篇五百字的文章,在六岁生日晚会上又写成了一篇解剖学论文。在相当长的一段时间里,他成了全美新闻机构大捧特捧的超级名星。赛达斯十二岁破格进入哈佛大学,然而十四岁那年却因患精神病入院。到二十一岁时,他只不过是一名普通的商店店员,薪金十分可怜。赛达斯的父亲原为哈佛大学心理学的荣誉教授。他认为,人脑与肌肉一样,是可以训练的。所以,还在小赛达斯出生以前,他就准备在儿子身上进行一系列"试验"的计划。小赛达斯一出世,他就在小床的周围挂满了英文字母,并不断在他身旁发出字母的读音。接着他又用各类教科书取代了儿童玩具。于是,赛达斯从小就被各种几何、数学和多种外国语言所包围。整个婴幼儿时期就成了他独自苦读书的过程。这样的训练结果,使得孩子过早成熟。尽管小赛达斯天资聪明,但过分加压使其神经系统开始失常,后来不得不被作为精神病患者送进了医院。虽然他在痊愈出院后,又以优异成绩从哈佛大学毕业,但早已对他父亲的"试验"与整个世界产生反感,热切渴望过正常人的普通生活。自此以后,他离家而去,更名换姓,在一家商店里当了普通店员。

资料来源:韩永昌. 心理学. 2001

(二)环境和教育的作用

1. 产前环境及营养状况的影响

胎儿生活在母体的环境中,这种环境对胎儿的生长发育及出生后智力的发展,都有重要的影响。许多研究表明,母亲怀孕期间服药、患病、大量吸烟、遭受过多的辐射、营养不良等,能造成染色体受损或影响胎儿细胞数量,使胎儿发育受到影响,甚至直接影响出生后婴儿的智力发展。另外,母亲怀孕的年龄也会影响到儿童智力的正常发展。高龄产妇所生婴儿的身体素质可能较弱,其智力也可能会受到一定的影响。

越来越多的证据表明,儿童(特别是三岁前)营养状况对智力的发展有很大的影响。英国蒂译尔实验证明:营养不良的儿童智力测验成绩都很差。营养不良的死婴脑中的 DNA 含量比正常婴儿少得多,营养贫乏的母体胎盘中的

DNA 含量也比一般人的平均值低。营养不良可以造成脑细胞数目低于正常发展儿童的数目。大脑的发育需要多种营养，特别是对蛋白质、矿物质、维生素等的需要。缺乏这些营养元素无疑会对智力发展会造成灾难性的影响。

2. 早期环境的作用

在儿童成长过程中，智力发展是不均衡的，早期阶段发展迅速，而且对以后的发展有着很大的影响，很可能在一定程度上制约着一个人一生的智力发展水平，所以幼儿时期是智力发展的极重要时期，早期教育是十分重要的。美国著名的心理学家布卢姆（B. S. Bloom）对近千人进行追踪研究后，提出五岁前是儿童智力发展最为迅速的时期。日本学者木村久一提出了智慧发展的递减规律，他认为，生下来就具有 100 分能力的人，如果一出生就得到最恰当的教育，那么就可以成为有 100 分能力的人；如从五岁才得到最恰当的教育，那么就只能具有 80 分能力；若从十岁才开始教育，就只能成为有 60 分能力的人。可见，发展能力要重视早期环境的作用。

3. 教育条件的影响

一个人能朝什么方向发展，发展水平的高低、速度的快慢，主要取决于后天的教育条件。家庭环境、生活方式，家庭成员的职业、文化修养、兴趣、爱好以及家长对孩子的教育方法与态度，对儿童能力的形成与发展有极大的影响。

在教育条件中，学校教育在学生能力发展中则起主导作用。学校教育是有计划、有组织、有目的地对学生施加影响，因此，不但可以使学生掌握知识和技能，而且能够在系统学习和掌握知识的基础上发展其他能力。良好的学校教育能够对学生的智力发展产生重要的影响，甚至能够使能力上有所欠缺的学生得到发展。所以在一些特殊学校中，针对智力缺乏的学生，学校应当认真选择教学内容、合理安排教学过程并且使用恰当的方法训练学生的能力，促进其智力的发展。

（三）实践活动的影响

遗传、环境和教育是智力形成的重要因素，但智力只有在实践中，通过主体的积极活动才能形成和发展。许多关于劳动、体育、科研等实践活动影响能力形成的研究充分证明，一个人的智力水平与他从事活动的广度和深度成正比。例如，陶瓷鉴定专家在长期的工作中，积累了丰富的经验，能够根据陶瓷的色泽、造型、风格、年代判断出陶瓷的真伪和价值；一些长期从事营销工作的员工，往往能够通过观察顾客的神态、举止和目光来判断顾客的购买意向和满意度。由此可见，人的能力是在长期的社会实践中形成的，脱离了具体的实践活动是无从提高和发展的。

（四）主观能动性的作用

内因是事物发展的决定因素，外因必须通过内因才能起作用，一个人要想发展能力，必须充分发挥自身的主观能动性。许多学者和有成就的人指出，人的智慧要同坚强的信念、崇高的理想联系在一起。没有理想和信念，发展能力就缺乏强大的动力；兴趣和爱好是促使人们去探索实践，进而发展各种能力的重要条件。高尔基说过：才能不是别的什么东西，而是对事业的热爱。当人们真正热爱自己工作时，就会给能力的发展提供巨大的内部力量；勤奋与毅力也是能力得以发展所不可缺少的性格因素。正如歌德说过，天才就是勤奋。另外，能力的发展还依赖于自我分析和自我评价的能力，"人贵有自知之明"，只有充分了解自己，才能准确定位、扬长避短，使自己的能力朝着既定的目标发展。

本章摘要

1. 能力是指个体顺利实现某种活动所必须具备的心理特征，它直接影响活动的效率。

2. 人们在完成任务时，往往需要将多种能力结合使用，这种结合在一起、具有特定结构的一组能力叫才能。能力的高度发展就是天才，它是多种高度发展的能力完美的结合。

3. 能力与知识、技能既有区别又有联系。知识是客观事物的主观表征，技能是人们通过练习而获得的动作方式和动作系统。知识、技能不等于能力，但可以通过广泛应用和迁移转化为能力。能力是掌握知识、技能的必要前提，也是学习知识、技能的结果，它们之间相互促进、相互转化。

4. 能力按照不同的标准，可以分为一般能力和特殊能力；模仿能力和创造能力；流体能力和晶体能力；认知能力、操作能力和社交能力。

5. 一般能力即我们平时所说的智力，它是指在不同种类的活动中所表现出来的能力。特殊能力又称专门能力，是指在某种专业活动中表现出来的能力。

6. 模仿能力是指人们通过观察别人的行为和活动，然后以相同的方式作出反应的能力。创造能力是指产生新思想、新发现和创造新事物的能力。

7. 流体能力又叫流体智力，是指在信息加工和问题解决过程中所表现出来的能力；它主要依赖先天的禀赋，较少依赖文化和知识的内容。晶体能力又叫晶体智力，是指通过学习，在知识经验基础上形成的能力；它主要受教育和文化环境的影响，与社会文化有密切的关系。

8. 认知能力是指人脑感知、加工、储存和提取信息的能力。操作能力是人们操作自己的肢体以完成各种动作和活动的能力。社交能力指人们在社会交往活动中所表现出来的能力。

9. 能力的因素说是根据能力构成因素提出的。斯皮尔曼提出的二因素说认为，能力是由一般因素和特殊因素构成的。瑟斯顿提出的群因素说认为，能力由言语、数学、空间、记忆等7种平等的基本能力构成。加德纳提出的多元智能理论认为，有7种相对独立的智能成分或模块，包括言语智力、逻辑—数学智力、空间智力、音乐智力、运动智力、社交智力、自知智力。

10. 能力的结构说把能力看做是具有多维和多层次的复杂结构。吉尔福特提出的三维结构模型将智力分为内容、操作和产品三个维度；阜南提出的层次结构理论将能力由高到低分为四个层次：一般因素、大因素群、小因素群、特殊因素。

11. 能力的信息加工理论认为，能力是一个过程。智力的三元论认为智力由成分亚理论、经验亚理论和情境亚理论组成。智力的 PASS 模型认为，个体的智力活动有三个认知功能系统：注意—唤醒系统、同时性加工—继时性加工系统和计划系统。

12. 心理测量的必备条件有信度、效度和常模等主要技术手段。信度是指一个测验所测得分数的可靠性或稳定性，它以反复测验时能否提供相同的结果来说明。效度指测验的有效程度，即测验测量到所要测的心理特质的程度。常模是解释测验结果的标准和依据，它由标准化样本测试结果计算而来。

13. 能力的测量包括一般能力测验、特殊能力测验和创造力测验。衡量智力发展水平的指标有智力年龄、比率智商和离差智商。

14. 个体智力是随着年龄的增长而变化的，并且具有一定的规律性。一般来说，智力的发展可以划分为三个阶段：增长阶段、稳定阶段和衰退阶段。童年期和少年期是某些能力发展最重要的时期。从三四岁到十二三岁，智力的发展与年龄的增长几乎等速；其后发展逐渐放缓，到20岁前后达到了顶峰；随后即保持一个相当长的水平状态直至30多岁，之后开始出现衰退迹象。

15. 尽管智力的发展总体上呈现出一定的趋势，但就每一个体而言却是因人而异的，即智力的发展又存在一定的差异性，具体表现为发展水平的差异、表现早晚的差异、类型的差异以及性别的差异。

16. 造成个体智力差异的原因是多种多样的，既有生理等遗传方面的影响，也有社会文化、教育、习俗等环境因素的作用，同时还受到个体实践活动和主观能动性的影响。智力的发展是这些因素共同作用的结果。

第十一章 能力

复习思考题

1. 什么是能力？能力与知识、技能有什么关系？
2. 能力的种类有哪些？
3. 有关能力结构的理论有哪些？其主要观点是什么？
4. 科学的心理测验要求有哪些必备条件？
5. 衡量智力发展水平的指标有哪些？试比较之。
6. 智力发展的一般趋势是什么？
7. 智力发展的差异性表现在哪些方面？
8. 影响智力发展的因素有哪些？
9. 怎样促进儿童智力的发展？

第十二章 人格

第一节 人格概述

一、人格的含义

人格（personality）源于拉丁文"Persona"，原意指演员在演戏时所戴的面具，用来表现剧中人物的角色和身份。借用到心理学上，用来形象地表示一个人在人生舞台上所扮演的各种角色，有时人们可能会戴上面具，掩藏起真实的自我。

我们在日常生活中经常会使用"人格"一词，例如"人格魅力"、"人格尊严"、"人格健全"，等等。实际上，我们日常生活中使用的"人格"包含了人格的多重含义，有文学意义上的人格，有哲学意义上的人格，有美学意义上的人格等。这充分说明不同的学术领域对人格存在不同的描述和解释。例如：社会学家认为，人格是社会传统和风俗习惯在个人生活中的主观化；哲学家认为，人格就是人的本质属性，即人不同于动物的方面，如人的理性、自我意识、理想品质等方面；伦理学家认为，人格是做人的资格和为人的品格的总称；美学家认为，人格就是风格，指艺术家的笔调或思想表达方式。那么心理学家对人格是怎么定义的呢？

总体来说，心理学家对人格的解释包括以下几个方面：

1. 把人格看做一种内在的组织和结构。美国心理学家吉尔福特指出，人格是人的特质的独特模式。

2. 强调个别差异的重要性。美国心理学家卡尔恩认为，人格是一个人不同于他人的所有的主要心理历程；卡兹则认为，人格是个人所以别于他人的行为。他们二人都强调个别差异，但前者侧重于心理活动的差异，而后者则偏重于行

3. 注重遗传和环境的作用。英国心理学家艾森克认为，人格是个体由遗传和环境所决定的实际的潜在的行为模式的总和。

4. 一些综合性的看法。人格心理学家奥尔波特指出，人格是决定人的独特的思想和行为的个人内部的身心系统的动力组织。米歇尔认为，人格是个人心理特征的统一，这些特征决定人的外显行为和内隐行为，并使它们与别人的行为有稳定的差异。东欧各国心理学家，将个性等同于西方的人格概念。他们倾向于从人的精神面貌方面给个性做界定，认为个性是具有一定倾向性的各种心理品质的总和。人的能力、气质和性格等个性特征并不是孤立存在的，而是在需要、动机、兴趣、信念和世界观等个性倾向性的制约下有机组合在一起的。

我国心理学家对人格的看法也不一致。北京大学陈仲庚教授认为，人格是个体内在的在行为上的倾向性，它表现一个人在不断变化中的全体和综合，是具有动力一致性和连续性的持久的自我，是人在社会化过程中形成的给予人特色的身心组织。这种提法强调了人格的整体性、统一性、独特性和社会性。台湾心理学家杨国枢教授指出，人格是个体与其环境交互作用的过程中所形成的一种独特的身心组织，而此一变动缓慢的组织使个体适应环境时，在需要、动机、兴趣、态度、价值观念、气质、性向、外形及生理等诸方向，各有其不同于其他个体之处。这一表述兼顾了个体与环境的关系，说明人格具有独特性和多成分性。著名儿童心理学家朱智贤教授主编的《心理学大词典》中写道："个性，也可称人格。指一个人的整个精神面貌，即具有一定倾向性的心理特征的总和。个性结构是多层次、多侧面的，由复杂的心理特征的独特结合构成的整体。这些层次有：（1）完成某些活动的潜在可能性的特征，即能力；（2）心理活动的动力特征，即气质；（3）完成活动任务的态度和行为方式方面的特征，即性格；（4）活动倾向方面的特征，如动机、兴趣、理想、信念等。这些特征不是孤立存在的，是错综复杂交互联系，有机结合成一个整体，对人的行为进行调节和控制的。"

借鉴百家之言，我们认为：人格是心理特征的整合统一体，是指个体与环境相互作用的过程中形成的相对稳定的心理特质和行为倾向的整体组织，它决定着个人行为的独特性。

二、人格的特征

尽管不同的心理学家对人格定义的语言表述及侧重点不同，但不同定义里所反应出来的人格的基本特征却大致相同。一般来说，人格具有以下几个特征：

1. 整体性

人格是由多个成分构成的一个有机整体，它是一个人所有的心理特质和个体倾向的整合。现在心理学家一般认为，人格包括气质和性格两个成分，而气质和性格又包含众多的维度和特质。因此，人格不是一个单纯的概念，是很多心理成分的统合体。

2. 内隐性

一个人的人格特征是内隐的，是通过外在的言行表现出来的。因此，要想了解一个人的人格，就需要"听其言、观其行"，综合不同情境中的各种言行来推断一个人内在的性格特征。如一个人在熟人面前很健谈，在陌生人面前却比较沉默，这看似矛盾的行为却是同样的内在特征的体现。因此，仅仅根据只言片语来推测一个人的人格特点会出现很多的误差。

3. 独特性

个体不同的遗传基因，不同的生活环境及受教育环境，使每个人形成了不同的人格特征。没有哪两个人有完全一样的人格特点，即使他们是同卵双胞胎，即使他们生活在一样的环境里，就像这个世界上不存在两片完全相同的树叶一样。每个人的人格特征中都有他们自己独特的方面，这就是人格的独特性。但是另一方面，生活在同一个社会群体的人们也会存在一些共同的人格特征，例如说东北人豪爽，这里的"豪爽"就是一个地域的人的共同特征。

4. 稳定性

人格是稳定的，它可以恒常的、一贯的体现在个体的一言一行中。俗话说，"三岁看大，七岁看老"，一个人的气质、性格从小的时候开始形成，在个体一生中都会比较稳定。因此，人格具有跨时空一致性。但是，强调人格的稳定性并不意味着它在人的一生中是一成不变的，人格的这种稳定性是可变的、发展的，而不是刻板的。随着生理的成熟和环境的改变，人格也可能产生或多或少的变化。

第二节 气质与性格

人格是一个复杂的结构系统，它主要包括气质、性格、认知风格等方面。

一、气质

(一) 气质的含义

在日常生活中,我们常能发现有的人沉默寡言,有的人活泼好动,有的人脾气急躁,有的人性情温和。这些人与人之间的个性心理特征方面的差异,正是气质差异的具体表现。如果我们花几分钟的时间观察一下医院婴儿室的婴儿,会发现即使他们出生只有几天甚至几小时的时间,却已经表现出明显的不同。有的很爱哭,躺在婴儿床上哭闹不停;有的则很安静。如果我们走进幼儿园,这样的差异就更加明显了,有的孩子很顽皮,而有的很乖巧、安静。因此,人生下来就表现出某些气质特征,这些气质特征在一个人的一生中也相对稳定。

在现实生活中,"气质"一词也被广泛应用。有时被用来形容一个人的外在形态(容貌、姿态等)给他人留下的综合印象,比如我们经常听到"这个人很有气质"之类的话。有时则指一个人多种内在素质的综合显示,包括品德、个性、情操、文化、艺术修养、才识智慧,等等。在心理学领域,气质概念在人格理论中由来已久。早在古希腊时期,人们就把行为风格与人的体液相联系,认为如果体液失调,人就会生病,并以此来说明和预测人们的行为。几个世纪以后,罗马医生盖伦(Galen)用拉丁语"temperametnum"一词来表示这个概念,这就是"气质"(temperament)概念的来源。

现在的心理学家一般认为,气质是表现在心理活动的速度、强度、指向性等方面的动力特征。首先,在心理活动的速度方面,气质主要表现为一个人的感知速度、注意集中时间的长短、思维的快慢等。其次,在心理活动的强度方面,气质主要表现为一个人情绪体验的强度、动机的强弱、毅力的大小等。最后,在心理活动的指向性方面,主要表现为一个人的兴趣和关注点是倾向于外部世界,还是倾向于内部世界。气质与平时所说的"脾气"、"禀性"或"性情"相近似。气质是广泛起作用的人格倾向而不是具体的人格特质。气质影响个体活动的一切方面。具有某种气质特征的人,在内容完全不同的活动中也能表现出同样性质的动力特点。例如,《西游记》中的孙悟空,在西行途中的每一件事中都表现出打抱不平、忠心不二、勇敢、机智的特点,而唐僧则处处表现出诚心、心地善良、意志坚定的特点;再如,一个学生在课堂上反应敏捷、积极主动地回答问题,在课外活动中非常活跃和投入,在需要安静的时候他可能也会沉不住气,这个学生就具有活泼好动的气质特点。

气质是人的天性,并无好坏之分。它只能给人们的言行涂上某种色彩,并不能决定人的社会价值,也不具有社会道德评价含义。任何一种气质类型的人都可能成为道德高尚的人，也有可能成为道德败坏、危害社会的人。任何气质类型的人都能经过自己的努力而成就一番事业，也可能因为荒废时间而碌碌无为。

一个人的气质特征是相当稳定的。人们常说的"江山易改，秉性难移"，就是说气质是稳定的，不容易改变。但是气质又不是一成不变的，气质也会随着生活环境、社会经验的变化而发生一些变化。如一个原本乐观开朗的人在经历了一些不幸的事件后可能会变得郁郁寡欢、多愁善感。

（二）气质的类型

1. 气质的体液学说

气质的体液理论是古希腊著名的医生和学者希波克拉底（Hippocrates）在《论人的本性》一书中提出的。他认为人体内有黄胆汁、血液、黏液和黑胆汁四种体液，占优势的体液主导着人的气质类型。五百年后，罗马医生盖伦（Galen）对这四种类型分类采用了气质概念，这也就是近代气质概念的来源。这四种体液与气质的对应关系是：

血液——多血质：快乐，好动

黏液——黏液质：缺乏感情的，行动迟缓的

黑胆汁——抑郁质：悲伤，易哀愁

黄胆汁——胆汁质：易激怒，易兴奋

同时，该理论还认为如果四种体液在一个人身体中所占的比例协调，那么他就健康，即心理正常。反之，如果比例失调就不健康，即心理失常。希波克拉底还认为，各种体液是由冷、热、湿、干四种性质相匹配而产生的。黄胆汁是热与干的配合，因此，胆汁质的人热而躁，好似夏天；血液是热与湿的配合，因此，多血质的人温而润，好似春天；黏液是冷与湿的配合，因此，黏液质的人冷酷无情，好似冬天；黑胆汁是冷与干的配合，因此，抑郁质的人冷而躁，好似秋天。他指出，胆汁太多使头脑过热，导致恐怖与恐惧。黏液太多使头脑过冷，导致忧虑与悲伤。

气质体液理论是最早关于气质类型的理论。但是，限于当时科学发展的水平，用四种体液来解释气质类型，没有得到当代生理学研究成果的支持，所以该理论的科学根据不足。

2. 气质的体型学说

气质的体型理论是德国精神病学家克瑞奇米尔（E. Kretschmer）于1925年提出的。他根据自己对精神病患者的临床观察，提出了人的气质特点与其身体结构间存在一定的关系。他认为人的体型主要有三种类型，即肥胖型、瘦长型和斗士型。

肥胖型：身材矮小，肥胖，圆肩阔腰，属于躁郁性气质。其特点是好社交，健谈，活泼，好动，表情丰富，情绪不稳定，易患躁狂抑郁症。

瘦长型：身材较高，瘦弱，不丰满，属于分裂性气质。其特点是不善于社交，内倾，退缩，事事通融，害羞沉静，言语比较少，多愁善感，易患精神分裂症。

斗士型：身材比较匀称，比例协调，肌肉发达，属于黏着性气质。其特点是正义感强，注意礼仪，节俭，遵守纪律和秩序，精力充沛，易患癫痫症。

气质的体型理论考虑到人的体型与气质之间的关系，有其合理之处。但是，体型理论的缺点也是明显的。第一，体型与气质之间存在一定的相关，但是这种相关不是因果的，用相关关系来替代因果关系是不正确的。第二，不同民族的人，体型差异比较大，而且同一个人在不同的年龄，其体型也有变化。因此，体型学说也缺乏充分的根据。

3. 现代气质学说

现代的气质学说仍将气质划分为多血质、胆汁质、黏液质和抑郁质四种类型，只不过这四种类型和体液已经没有关系。

（1）胆汁质

胆汁质又称不可遏止型或战斗型。这种类型的人在情绪方面体验强烈，发生快、消退也快；在智力活动方面，对问题的理解具有粗枝大叶、不求甚解的倾向；在行动方面，生机勃勃，表里如一，工作中表现得顽强有力，行为具有突发性。

此种气质类型的人认识不到自己的错误，是强迫型工作者，不会自我放松和减压。喜欢争辩，专横，会给周围人带来压力，对其他人的缺点缺乏宽容，思维敏捷但不够准确，考虑有时不周全。性急容易冲动，情感外露但持续时间不长。暴躁而缺少耐性，热情忽高忽低。

概括地说，胆汁质的人以精力旺盛、易于冲动、反应迅猛、易感情用事为特征。整个心理活动笼罩着迅速而突发的色彩，具有外倾性。

（2）多血质

多血质相当于神经活动强而均衡的灵活型，又称活泼型，属于敏捷好动的类型。多血质的人在情绪方面，易表露，也容易变化，很敏感，遇到不如意的事情绪低落，但是只要稍加安慰，马上就会情绪高涨；在智力活动方面，思维灵活，反应迅速，但是常表现出对事和对问题不求甚解；在行动方面，动作快，工作有热情，喜欢参加一切活动，但不能坚持较长时间，对环境的适应能力较强，好交际，但往往交往不深。

此种气质类型的人注意力易转移，兴趣和情绪多变，缺乏持久力，做事相对轻率，说的多做的少，计划多实干少，而且容易夸夸其谈；很多时候以自我为中心而忽视了别人的反应，不注意计划，变化无常，无条理不成熟。

概括地说，多血质的人以反应迅速、有朝气、活泼好动、动作敏捷、灵活多变、情感体验不深为特征，具有外倾性。

（3）黏液质

黏液质又称为安静型。在情绪方面，兴奋性较弱，心情较平稳，变化缓慢；在智力活动方面，思维的灵活性差，但比较细致，喜欢沉思，头脑冷静；在行动方面，善于从事已经习惯了的工作且热情较高，对新工作较难适应，行动缓慢，但能坚决执行已经做出的决定，工作较踏实。

其缺点是固定性有余而灵活性不足，不善于转移注意力，缺乏活力，固执拒绝改变，沉默，不善于表达自己的感受，没有主见。

概括地说，黏液质的人以安静稳重、灵活不足、踏实、有些死板、沉着冷静、缺乏生气为特征，具有内倾性。

（4）抑郁质

抑郁质，又称易抑制型，属于呆板而羞涩的类型。这种人在情绪方面，情感不丰富，很少表露，但对情感的体验比较深刻和强烈，如果工作中失误，会在较长时间内感到痛苦；在智力活动方面，观察力敏锐，能够观察到一般人所忽略的细节，对事物的反应有较高的敏感性，思维深刻；在行动方面，动作缓慢，单调，不爱与人交往，有孤独感，不愿意在大庭广众下出头露面，不喜欢表现自己，怯懦。

概括地说，抑郁质的人以敏锐、稳重、体验深刻、怯懦、孤独、行动缓慢为特征，具有内倾性。

（三）高级神经活动类型与气质

俄国生理学家巴甫洛夫于1927年提出了气质与高级神经活动类型关系的学说，他主要是从高级神经活动类型的差异来阐释气质。

1. 高级神经活动的特性

巴甫洛夫认为，大脑皮质的神经活动属于人的高级神经活动，高级神经活动具有三种基本特性：强度、平衡性和灵活性。神经活动的强度是指神经细胞接受强烈刺激(或持久工作)的能力，它有强弱之分。兴奋过程强的人对于强的刺激能形成条件反射，已经形成的条件反射也能继续保持；而兴奋过程弱的人对于强的刺激就难以形成条件反射，已经形成的条件反射，在刺激强度增加到一定程度时，会出现超限抑制。抑制过程强的人对于要求持续较久的抑制过程能够忍受，而抑制过程弱的人在这种条件下可能会出现抑制过程破坏，甚至引起中枢神经系统的病理性变化。神经活动的平衡性是指神经活动的兴奋和抑制过程一致性的程度。神经活动平衡的人，其神经活动的兴奋和抑制的强度相近。神经活动不平衡的人，其神经活动的兴奋和抑制的强度相差较大，或者是兴奋强于抑制，或者是抑制强于兴奋。神经活动的灵活性是指对刺激的反应速度以及兴奋与抑制相互转换的快慢程度。人与人之间在兴奋和抑制的灵活性上也存在差异，有的人灵活，有的人不灵活。

2. 高级神经活动的类型

根据高级神经活动的强度、平衡性和灵活性等特性，巴甫洛夫发现人类存在四种基本的高级神经活动类型：

（1）强、不平衡型，又称兴奋型。相当于胆汁质。这种类型的特征是能很快形成阳性条件反射，但对阴性条件反射形成得慢而且很费力。这种类型的人兴奋强度胜过抑制强度，易冲动，神经质，对自己的行为常常难以控制。

（2）强、平衡、灵活型，又称活泼型。相当于多血质。这种类型的特征是兴奋的和灵活的。这种类型的人能根据刺激调整自己的活动，适应性较好。巴甫洛夫认为这是一种健康、充满活力的神经系统类型，对恶劣的心理、社会环境有较高的抵抗力。

（3）强、平衡、不灵活型，又称安静型。相当于黏液质。这种类型的特征是难以兴奋、迟缓、不灵活。此类型与多血质有诸多相似之处，但不同的是此类型的个体行为惰性较强，因此不太容易适应迅速变化的环境。

（4）弱型，又称抑制型。相当于抑郁质。这种类型的特征是难以形成条件反射，持续的或过强的刺激能引起其精力的迅速消耗。此种类型的个体神经细胞显得很脆弱，在适应生活方面有一定的困难，容易表现出神经官能症症状。

高级神经活动类型与气质类型的对应关系见表 12-1。

表 12-1 高级神经活动类型与气质类型对照表

气质类型	高级神经活动类型	强度	平衡性	灵活性
胆汁质	兴奋型	强	不平衡	
多血质	活泼型	强	平衡	灵活
黏液质	安静型	强	平衡	不灵活
抑郁质	弱型	弱		

二、性格

（一）性格的含义

性格是一种与社会相关最密切的人格特征，在性格中包含有许多社会道德含义。性格表现了人们对现实和周围世界的态度，并表现在他的行为举止中。性格主要体现在对自己、对别人、对事物的态度和所采取的言行上。例如，在祖国遭遇侵略时，有人用自己的生命奋起对抗、保卫祖国，有人则逃避责任、远离战争，甚至还有人趁火打劫、发国难财。这就是人们对同一事物或事件的不同态度以及所采取的言行。这些不同的态度表现在人们不同的行为方式中，他们构成了人的不同性格。

性格就是人对现实的态度和行为方式中比较稳定的、具有核心意义的个性心理特征，是一个人在生活中对人、对事、对自己、对外在环境所表现出来的一致性的反应方式。每个人在成长过程中都会受到遗传、家庭教养、文化、生活经历等因素的综合影响，形成了自己独特的性格，在不同情境中表现出特定的反应方式。

性格是具有核心意义的个性心理特征，它表现了一个人的品德，会受到人的世界观、人生观、价值观的影响。如在日常生活中，有人慷慨大方，有人吝啬小气；有人勤奋努力，有人懒惰贪玩等，这些具有道德评价含义的人格差异就是性格差异。

（二）性格的特征

性格一般具有以下几个特征：

（1）性格具有相对稳定性。构成个人性格的各种心理特征要具有稳定性，否则就不足以代表一个人的性格。因此在分析个体的性格时，不能仅看其一时一事的表现，而要看其一贯的表现。只有当个体的态度以及与这些态度相一致的行为方式经常发生时，这种态度和行为方式才具有性格的意义。当然，性格的稳定性是相对，并非是绝对的，性格也会随着年龄、生活情境、社会经历的变化而变化，如个体生活中经历的重大事件往往能给性格打上深深的烙印。

（2）性格具有独特性。俗话说，"百人百姓百脾气"，人的性格也是千差万别，没有两个人的性格是完全一样的。性格的形成既受先天遗传因素的影响，也受后天经验的影响。即使是遗传基因完全相同的两个人，生活经验也会有很多差异，因此其性格也会有所不同。

（3）与气质相比，性格的形成受后天因素的影响更大。气质作为个体心理活动的动力特征，更多的受到个体先天因素的影响，变化比较慢，也比较难。

性格具有社会性和道德评价意义，更容易受到社会环境和生活经历的影响，变化比较容易，也更快一些。

（4）性格具有整体性。性格作为人格的重要组成部分，并非是单一的结构，包括了很多方面的个性心理特征。具体来说，性格具有态度特征、意志特征、情绪特征以及理智特征。性格的态度特征主要是在处理各种社会关系方面的性格特征，包括对社会、集体和他人的态度、对工作和学习的态度、对自己的态度等方面的特征。性格的意志特征是人在对自己行为的自觉调节方式和水平方面表现出来的性格特征。性格的情绪特征是人在情绪活动的强度、稳定性、持续性和主导心境等方面表现出来的特征。性格的理智特征是人在认知过程中表现出来的特征。性格的各个方面的特征并不是孤立的，而是相互联系的，在个体身上结合成一个统一体，从而形成一个人不同于他人的性格。

三、性格与气质的关系

在日常生活中，性格和气质这两个概念的含义常常被人们混用。有时人们把某些性格特征说成是气质，有时又把某些气质特征说成是性格。其实，性格与气质是既有区别又有联系的两个概念。

（一）性格与气质的区别

第一，从起源上看，气质更多的受个体高级神经活动类型的影响，具有更大的先天性，在个体生命早期阶段就已经很明显的表现出来。性格则受到很多后天因素的影响，在个体生命的早期阶段表现的并不明显，它是个体在活动中与环境相互作用的产物。

第二，从表现上看，气质具有高度的广泛性，时时、事事、处处都有所表现；性格则具有一定的情境性，在不同场合可能会有不同的表现，有时人们会隐藏自己真实的性格。

第三，从性质上看，气质是个体心理活动和行为中的动力特征，它与心理活动和行为的内容没有太大的关系，所以没有好坏之分；性格则有善恶之别，符合某种社会文化规范的性格特征就被认为是善的，反之则被认为是恶的。

第四，从可塑性上看，气质的生理基础是高级神经活动类型特点，而个体的高级神经活动类型具有先天性，不容易改变，所以气质的可塑性较小；而性格的生理基础是高级神经活动类型特点与暂时神经联系的"结合"，其中起主要作用的是个体在后天形成的各种暂时神经联系，这些暂时神经联系会受到环境的影响，因此相对于气质而言，性格的可塑性较大。

（二）性格与气质的联系

性格与气质的联系是密切而又复杂的。同一种气质类型的人，可能有不同的性格；有共同性格特征的人，可能属于不同的气质类型。具体地说，二者的联系有以下三种情况：

首先，气质以动力方式渲染性格。如，同是勤劳的性格特征，多血质的人表现出精神饱满，精力充沛；黏液质的人表现出踏实苦干，认真仔细。

其次，气质影响性格形成与改变的速度。如，同样要形成自制力这种性格特征，胆汁质的人需要付出极大的努力和克制；而抑郁质的人则比较容易形成。

再次，性格对气质有调节作用。在一定程度上性格可掩盖和改造气质，使气质服从于生活实践的需要。如飞行员必须具有冷静沉着、机智勇敢等性格特征，在严格的军事训练中，这些性格特征的形成就会掩盖或改造胆汁质者易冲动、急躁的气质特点。

四、认知风格

认知风格（cognitive style）又称认知方式，指个体在认知活动中表现出来的个性特点或偏爱使用的信息加工方式。认知风格不同于认知能力或认知过程本身，它是个体在信息加工过程中表现出的持久一贯的风格。如解决问题时有的人比较冲动，有的人喜欢三思而后行；有的人喜欢向别人请教，有的人喜欢独立思考。这些都属于认知风格方面的差异。研究者提出了多种认知风格，典型的有场独立性和场依存性、冲动和沉思等。

（一）场独立性和场依存性

美国心理学家威特金（H. A. Witkin）在研究知觉的过程中发现个体的认知方式存在差异，提出了场独立性和场依存性的划分。"场"主要指外界环境，场独立性（field-independent）的人在信息加工时主要依赖内在标准或内在参照，心理的分化水平比较高，不容易受到外来因素的影响和干扰；倾向于在更抽象和分析的水平上进行加工，独立对事物作出判断。场依存性（field-dependent）的人在信息加工时更倾向于依赖外部参照，容易受到周围环境的影响和干扰，与别人交往时善于察言观色，对言语信息中的社会内容比较关注。

镶嵌图形测验可以测量个体是具有场独立性的倾向还是具有场依存性的倾向。镶嵌图形测验一般由一个简单图形和一个复杂图形构成，测试时要求被试迅速判断复杂图形中是否隐藏着简单图形（图 12-1）。这个测验中，复杂图形就是一个"场"，简单图形镶嵌其中。场独立性的人能够迅速找出复杂图形中隐藏的简单图形，不受复杂的"场"的影响；而场依存性的人容易受到复杂图形

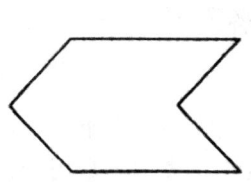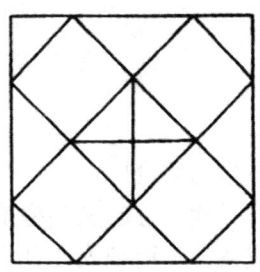

图 12-1　镶嵌图形测验的例子

的影响，不容易从中分离出简单图形。

场独立性和场依存性的人在多个方面表现出差异。一般来说，场独立性的人思维的抽象能力比较强，在认知中占有优势；场依存性的人社交技能比较高，在人际交往方面具有优势。具体来说，在学科兴趣上，场独立性的人喜欢学习自然科学；场依存性的人对社会科学更感兴趣。在学习方面，场独立性的人喜欢独立学习，学习的主动动机比较强，偏好结构不严密的教学；场依存性的人喜欢合作学习，学习由外部动机支配，偏好结构严密的教学。在职业选择上，场独立性的人喜欢从事理论研究、工程设计等方面的工作；场依存性的人喜欢从事社会定向的职业。

（二）冲动和沉思

卡根（J. Kagan）提出了冲动与沉思两种认知风格的划分。

冲动型（reflection）的人的特点是面对问题时反应快，但精确性差；在对问题进行仔细和全面的分析之前就急于着手解决问题，经常会出现错误，属于试误型的风格。冲动型的人信息加工偏向于整体性策略，当所面临的任务强调整体性的加工时，冲动型的人会占有优势。而在要求精细加工的任务上，冲动型的人容易出现错误。

沉思型（impulsivity）的人的特点是反应慢，但精确性高。这种类型的人在解决问题之前会对问题进行仔细的分析，找出切实可行的解决方案，再着手解决问题，注重的是解决问题的质量，而不是速度。因此，沉思型的人信息加工倾向于细节性的加工方式，在解决需要进行精细分析的问题时占有优势。与冲动型的人相比，沉思型的人在阅读、记忆、推理等方面会有更好的表现。

第三节 人格理论

在对人格结构的研究中，由于心理学家关注的焦点不同，形成了不同的人格理论。其中最具代表性的是类型论和特质论。类型论是用一种或少数几种主要特质来阐述人格，从而把人划分为不同的人格类型。特质论关注的是用多种特质来描述人格的结构。可以说，类型论是一种人格分类的理论，而特质论是一种人格分析的理论。除此之外，还有精神分析学派的人格理论，它是在对人格障碍和情绪障碍的研究中形成的一种理论。

一、类型理论

类型理论主要用来描述一类人与另一类人之间的差异，将人划分为不同的人格类型。以下是几种常见的人格类型理论。

（一）斯普兰格的人格类型理论

德国心理学家斯普兰格（E. Spranger）等人依据价值观来划分人格类型。他们将社会生活划分为六个领域：经济、理论、审美、权力、社会、宗教。人们对这六个领域的价值观有差别，会对其中某一个领域产生特殊的兴趣。依据人们兴趣和价值观的不同，他们将人格划分为六种类型。（1）经济型：这类人功利意识非常强，注重经济实效，以获取利润和财富为生活目的。实打实干的企业家就属这种类型。（2）理论型：这类人善于观察和分析事物，力图把握事物的本质，以追求真理为生活目标。他们不善于解决实际问题，沉迷于理论上的研究，是理论上的完美主义者。理论家就属于这种类型的人。（3）审美型：这类人对实际生活漠不关心，善于用美来衡量一切，无时无刻都以追求美感为生活重心。凡事都追求美的艺术家就属于这种类型。（4）权力型：这类人崇尚权力至上，有着强烈的权力欲望，以不断的获取各种权力为人生的生活目标。善于谋权的政治家就属于这种类型的人。（5）社会型：这类人重视爱，乐于助人，有献身精神以奉献社会为人生的最高目标。充满爱心的慈善家就属于这种类型的人。（6）宗教型：这类人以神灵为自己的精神寄托，相信神能左右一切，把宗教信仰作为生活的最高目标。教堂里的牧师就属于这种类型的人。

（二）内、外向人格

瑞士心理学家荣格依据"心理倾向"将人格划分为内、外向两种类型。他认为，外向人格就是一个人将其兴趣和关注焦点集中于外部客体上；内向人格就是一个人将其兴趣和关注焦点集中于主体自己身上。外向型的人善于关注外部世界所带来的变化，他们做事果断、独立自主、冲动莽撞、行动迅速、反应灵活、活泼开朗、喜爱交友。内向型的人比较关注自身问题，善于自我剖析、自我反省、谨慎小心、做事稳重、考虑周全、多愁善感、不善交往、易自寻烦恼。任何人都会具有一定的外向特征和内向特征，但其中一种会占有优势，从而可以判断一个人是外向、还是内向。

荣格将人的心理活动分为思维、感情、感觉和直觉四种，并将其与内、外两种心理倾向相结合，分成八种人格类型。（1）外向思维型：这类人比较理性，做事不易动感情，善用客观规律和伦理法则来处理事情。（2）外向感情型：这类人偏向感性，做事缺乏理性，易感情用事，往往凭主观臆断来判断周围事物。（3）外向感觉型：这类人不善于思考，做事凭感觉，趋众意识强烈，缺乏主见，但善于应对生活。（4）外向直觉性：这类人凭主观态度来探索世界，不愿正视过去，只关注未来，容易产生失望情绪。（5）内向思维型：这类人对外部客体漠不关心，过分注重自己的主观意识，好武断专行，以自我为中心，难得别人谅解。（6）内向感情型：这类人情感内敛，成熟稳重。（7）内向感觉性：这类人易被事物的表面现象所迷惑，不善于深入研究事物，常凭感觉对待客观事物。（8）内向直觉型：这类人不注重实际，爱做白日梦，不善于关注外部世界的情况。

（三）霍兰德的人格类型理论

美国职业指导专家霍兰德（J. L. Holland）提出了性格—职业匹配理论。他认为，性格与职业彼此之间有着密切的联系。他把人的性格划分为社会型、现实型、文艺型、企业家型、理智型、传统型六种类型，并认为每一种性格类型的人都有相应的感兴趣的职业。（1）社会型：这类人具有性格外向、热情大方、爱交友、乐于助人、容易合作等特点。适合从事社会工作、教师等职业。（2）现实型：这类人具有直率、简朴、做事稳重、意志坚定、注重实践等特点。适合从事技术员、工程师、机械操作等职业。（3）文艺型：这类人富有想象力、情感丰富、善于创新、渴望表达自己的个性。适合从事各种艺术创造工作，如绘画、音乐、写作等。（4）企业家型：这类人精力充沛、自信、善交际，具有领导才能、喜欢竞争、敢冒风险、支配欲强。适合的职业有企业家、部门领导等。（5）理智型：这类人具有求知欲强、善思考、理解能力突出、喜欢独立和富有创造性的工作、做事缜密、不善于领导他人等特征。适合从事科学研究、计算机编程等职业。（6）传统型：这类人喜欢按计划办事、不易变通、循规蹈矩、做事有条理、心思细腻、不喜欢冒险和竞争。适合从事办公室工作，如秘书、会计等。

霍兰德认为，若性格类型与职业类型相匹配，个人会有快乐感和充实感；若性格类型与职业类型相差不大，个人通过努力，可以达到适应工作的状态；若性格类型与职业类型不相匹配，个人会产生焦虑感和厌烦情绪。

（四）A-B 型人格理论

福利曼（Friedman）和罗斯曼（Rosenman）提出了 A-B 型人格理论。A 型人格的主要特点是富有竞争力、好胜心强、成就欲高、有苦干精神、工作投入、做事认真负责、反应灵活敏捷、具有时间紧迫感，但易冲动、性情急躁、缺乏耐性、适应社会的能力不高。这种人格类型的人容易患冠心病。一项调查表明，在 257 位患有冠心病的男性病人中，A 型人格的人数是 B 型人格人数的两倍多。B 型人格的主要特点是性情温和、生活节奏慢、做事稳妥、谨慎小心、对现状容易满足、不善于自主创业、略显平凡。这种类型的人患冠心病的机率低。

除上述理论之外，前面讲到的各种气质类型学说，也属于人格的类型理论。

二、特质理论

特质（trait）是决定个体行为的基本特性，是人格的组成元素。人格特质理论就是用构成人格的所有特质来描述和测评个体的人格。

（一）奥尔波特的特质理论

美国心理学家奥尔波特（G. W. Allport）等人通过对字典的检索，发现在英文中用于描述个体差异的形容词超过 18 000 个，他们试图在浩如烟海的词汇中弄清到底有多少维度存在，用哪些特质词可以描述个体差异，并于 1937 年率先提出了人格特质理论。他们利用个案研究法，在对众多名人的书信、日记、自传研究的基础上，分析出各种具有代表性的人格特质。他们认为人格特质有两类，一类是共同特质，也就是在同一文化形态下，大多数人或某一群体都具有的特质。另一类是个人特质，指个体独有的特质，体现的是个体的一种性格倾向。个人特质又可以分为三类（图 12-2）：

（1）首要特质（cardinal trait），指个人最独特、最典型的特质，对一个人的所有行为都会产生影响。每个人大都只有一个。如鲁迅笔下的阿 Q 的首要特质就是自欺欺人。

（2）中心特质（central trait），构成个体性格的几个重要特征，它是人格特质的核心部分。每个人大约具有 5~7 个中心特质。我们平常说某人乐观、大度、自信、乐于助人等就是这个人的中心特质。

（3）次要特质（secondary trait），指个人在特定场景下出现的、一些不稳定

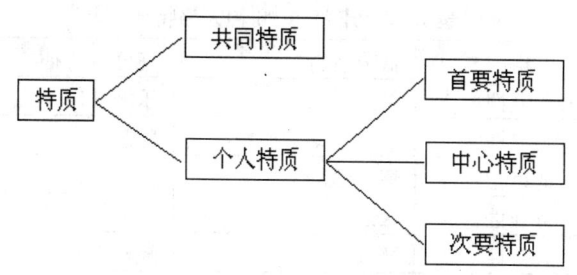

图 12-2 奥尔波特的人格特质结构

的特质。如一个自信的人在某些情况下也会犹豫不定，这里的"犹豫不决"就是该个体的次要特质。次要特质在描述个体时作用不大，可有可无。

（二）卡特尔的特质理论

美国心理学家卡特尔（R. B. Cattell）是用因素分析法研究人格特质的著名代表。卡特尔把 1 万多个形容人格特质的词归类为 171 个，然后再将它们归并为 35 个特质群，卡特尔称之为表面特质（surface trait）。表面特质是能够从外部行为上直接观察到的特质，不是人格的本质。卡特尔进一步运用因素分析法对 35 个表面特质加以分析，获得了 16 个根源特质（source trait）。根源特质隐藏在表面特质的后面，是表面特质的原因和构成个体人格的基本特质。这两类特质在性质上有层次之分，前者是表面的，是根据表现在外的行为来认定的；后者是内隐的，通过表面特质的中介体现出来，可以通过因素分析的方法进行推导。如"活泼"、"热情"、"随和"都是可以从行为上直接观察到的表面特质，这些表面特质都由一个根源特质制约，即"乐群性"。在此基础上卡特尔编制了"卡特尔 16 种人格因素问卷"（简称 16PF），用以测量人格的 16 个根源特质（表 12-2）。

卡特尔认为这 16 种人格特质是各自独立的，相互之间相关很小，并且普遍存在于每一个人身上。但是由于各个根源特质在每个人身上的强度不同，由此形成了不同性格类型的人。

（三）艾森克的人格特质理论

英国心理学家艾森克（H. Eysenck）应用因素分析的方法，提出了人格包括三个范围更广的维度，分别是：外向性（内倾—外倾）、神经质（情绪稳定—不稳定）和精神质（善良、体贴—富有攻击性、反社会的）。艾森克将外向性和神经质两个维度组合起来，建立了环状图形（图 12-3），图中的每一象限代表了希波克拉底的四人格类型中的某一种类型，从而将特质理论和类型理论有机

表 12-2　卡特尔 16 种人格特质

符号	人格因素	低分者特征	高分者特征
A	乐群性	缄默孤独	乐群外向
B	聪慧性	迟钝、知识面窄	聪慧、富有才识
C	情绪稳定性	情绪激动	情绪稳定
E	恃强性	谦逊顺从	支配、攻击
F	兴奋性	严肃审慎	轻松兴奋
G	有恒性	权宜敷衍	有恒负责
H	敢为性	畏怯退缩	冒险敢为
I	敏感性	理智、着重实际	敏感、感情用事
L	怀疑性	信赖随和	怀疑刚愎
M	幻想性	现实、合乎常规	幻想、狂放不羁
N	世故性	坦白直率、天真	精明能干、世故
O	忧虑性	安详沉着、有自信心	忧虑抑郁、烦恼多端
Q1	激进性	保守、服从传统	自由、批评激进
Q2	独立性	依赖、随群附众	自立、当机立断
Q3	自律性	矛盾冲突、不拘小节	知己知彼、自律严谨
Q4	紧张性	心平气和	紧张困扰

资料来源：彭聃龄. 普通心理学. 2004

地结合了起来。

（四）五因素模型

1961 年塔佩斯（Tupes）等人运用词汇学的方法对卡特尔的特质变量进行了提炼，提出了人格五因素模型。这个模型得到了很多后续研究的证实，形成了著名的大五因素模型。这 5 个因素分别是外倾性、宜人性、责任心、情绪稳定性（神经质）、开放性。这 5 个维度是非常宽泛的，每一个维度都包含许多特质，另外每一个维度都是两极的（表 12-3）。1985 年科斯塔（Costa）和麦克雷（McCrae）编制了"大五人格因素量表"，用以测量人格的 5 个因素。

（五）中国人的人格特质理论

我国学者王登峰等人 2004 年通过词汇学研究和被试评定得出了中国人人格结构"大七"因素模型，并编制了中国人人格量表（Qingnian Zhongguo Personality Scale，QZPS）。这 7 个因素分别是：

（1）外向性。反映人际情境中活跃、主动、积极和易沟通、轻松、温和的特点，以及乐观和积极的心态，是外在表现与内在特点的结合。包括活跃、合群、乐观三个小因素。

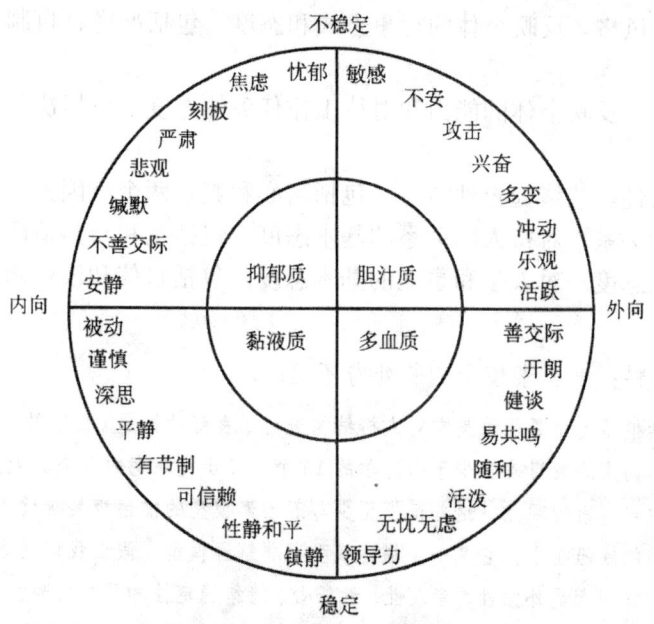

图 12-3　艾森克人格环的四个象限

资料来源：叶奕乾等. 普通心理学. 2004

表 12-3　五因素模型

因素	高分者特征	低分者特征
外倾性	喜欢参加集体活动、健谈、主动、热情	孤独、不合群、安静、被动、缄默
宜人性	信任、宽容、心软、好脾气	多疑、刻薄、无情、易怒
责任心	认真、勤奋、井井有条、守时	马虎、懒惰、杂乱无章、不守时
情绪稳定性	自寻烦恼、神经质、害羞、感情用事	冷静、不温不火、自在、感情淡漠
开放性	富于想象、创造性强、标新立异、有好奇心	刻板、创造性差、遵守习俗、缺乏好奇心

资料来源：库恩. 心理学导论——思想与行为的认识之路. 2004

（2）善良。反映中国文化中"好人"的总体特点：对人真诚、宽容、关心他人，以及诚信、正直和重视感情生活等内在品质。包括利他、诚信和重感情三个小因素。

（3）行事风格。反映个体的行事方式和态度。包括严谨、自制和沉稳三个小因素。

（4）才干。反映个体的能力和对待工作任务的态度。包括决断、坚韧和机敏三个小因素。

（5）情绪性。情绪稳定性特点。包括耐心和爽直两个小因素。

（6）人际关系。对待人际关系的基本态度。包括宽和与热情两个小因素。

（7）处世态度。对人生和事业的基本态度。包括自信和淡泊两个小因素。

 阅读资料：五因素模型的长处与不足

人格五因素模型的主要优势是它对人格结构进行了良好的描述。长期以来，研究者已经很清楚主要人格因素的数目确实少于卡特尔的 16 个，多于艾森克的 3 个。大量证据支持人格存在着 5 个主要因素的观点，这些证据至少与五因素模型的描述极其接近。

五因素模型的缺陷在于，它是一个描述模型而非解释模型。假设我们问这样一个问题：为什么这 5 个人格因素是外倾性、宜人性、责任心、情绪稳定性和开放性呢？大多数五因素理论家只是简单的回答：情况就是这样。换言之，他们不能从理论上说明是这 5 个人格因素，而仅是 5 个因素。

戈尔德伯格 1990 年试图提供一个理论框架。他认为，这些因素与生活中重大主题有关。起伏性与权利有关，接纳度与爱有关，责任感与工作有关，情绪稳定性与感情或情绪有关，开放性与智力有关。

人格五因素模型的倡导者假设这 5 个因素彼此独立，但情况并非总是如此。例如，在戈尔德伯格所作的一个评定研究中，当被评定的人中包含一些评价者不喜欢的人时，结果显示接纳度、责任感、情感稳定性和开放性都彼此相关。这是因为评价者对某些被评价者的否定情感导致了这些被评价者在这 4 个人格因素上都得到了低分。

资料来源：艾森克. 心理学——一条整合的途径. 2000

三、精神分析的人格理论

精神分析学派的创始人弗洛伊德对人格的结构和人格发展的阶段进行了全面和系统的阐述。其理论的主要内容如下：

（一）人格结构

弗洛伊德认为人格是一个由本我、自我和超我三个心理结构组成的动力系统。这三个结构作用于个体大多数的行为中，对个人起着潜移默化的影响。

本我是人格结构中最原始的部分,从出生之日起即存在。它是由先天性的生物本能和欲望构成的,以追寻非理性的、无限度的自我满足为目标,不考虑现实规则和伦理道德,只遵循快乐原则行事。本我能传递一种巨大的能量,称为力比多,其源于人的生的本能。它支配着人最原始的本能冲动。本我引发的冲动大都是在潜意识的状态下进行的,一般无法直接感知。

自我是人格结构的第二个部分,自我控制的行为一般是在有意识的状态下进行的,因而会受到各种现实状况的影响。自我无法像本我那样无拘无束,它必须约束本我的无意识冲动,按现实原则行事。

超我是人格结构的第三部分,在人格结构中居于管制地位。它是个体在现实生活中,接受社会文化道德规范的教养而逐渐形成的。超我由两个部分组成:一是良心,是个人道德标准的体现。它是通过运用惩罚获得的,对个体的行为进行限制,使个体在做了坏事之后有内疚感;二是自我理想,是个人在幼年时受到父母奖赏的那些行为。它是通过运用奖励获得的,当个人目标达到所既定的理想状态时,个人会产生自豪感。

本我、自我和超我常处于一种相抗衡的状态中,通过冲突达到平衡。自我在本我和超我之间,起着调节作用。本我要求快乐的愿望立即得到满足,而这会与超我所要求的道德准则相冲突,就需要自我根据现实原则从中协调,从而达到满意的结果。自我的目的就寻找一条能同时满足本我和超我的需要的途径。

(二)人格发展的阶段

弗洛伊德认为人格的发展分为五个阶段,分别是口唇期、肛门期、性器期、潜伏期和青春期。在理想的状态下,个体会顺利度过这些时期,形成健全的人格。但事实上,在个体发展过程中,总会经历各种问题,遇到各种困难,使个体的人格带有了那个时期的特点,并持续到成年。弗洛伊德认为,人格的核心是在6岁以前形成的。在这个时间段内,如果个体的一些行为受到限制或过分放纵的欲望无法得到满足,就容易产生发展停滞现象,也即固着作用。他认为,固着在人格形成的过程中起着重要的作用。

弗洛伊德的理论吸引了众多的追随者,但这些人并不完全认可弗洛伊德关于性欲和力比多作用的解释。其理论晦涩难懂,而且过分强调性的作用而忽视了个体的能动性。弗洛伊德之后的精神分析学派更多关注个体的主动性,强调社会文化在个体人格发展中的作用。

第四节 人格的测量

对人格进行测量一方面是基础研究的需要，另一方面也具有重要的实践意义，可以为临床诊断、心理治疗、教育辅导、人才选拔等提供借鉴和依据。测量人格的方法有多种，常见的有情境测验、问卷法和投射测验。

一、情境测验

情境测验又称自然实验法，是主试创设某种情境，观察被试在这种情境下的行为反应，进而了解被试人格特点的一种方法。情境测验的优点是可以在相对自然的环境中观察被试的行为表现，同时又可以通过创设情境控制一些条件，具有实验室实验的特点。缺点是费时、不经济、不方便实施；此外，被试在不同的情境下会有不同的反应，仅在一个情境下观察被试得出的结论并不一定可靠。情境测验可以用在教育评价、人事选拔等领域。下面是几个情境测验的例子。

（一）品德测验

个体的一些品德或人格特点，如诚实、合作、自我控制等，很难用一些常规的测验方法进行测量，但是可以通过创设一定的情境，通过观察被试在这些情境中的表现来了解他的品德或人格特点。如"捧着空花盆的孩子"的故事：年迈的国王通过一颗煮熟的种子找到了他的继承人，就是一个典型的测量诚实品质的情境测验。也可以通过类似的方法考察学生是否诚实，如在考试之后，把学生的试卷复印一份，然后把试卷和标准答案一起发给学生，让学生自己阅卷评分，最后收回试卷。通过对照两份试卷，就可以发现学生阅卷的时候是否诚实。

苏联心理学家阿格法诺夫曾用"拾柴禾"实验测量儿童的勇敢程度。这个实验以保育院的40名小朋友为被试，在冬季的夜晚进行的。实验者先把一些湿的柴禾放在离宿舍近的地方，再把另一些干柴放在较远的山沟里，然后要求儿童去拾柴禾来生火取暖。实验者发现有一些孩子勇敢地跑到山沟里去拾柴禾，有些孩子不停地抱怨，大部分孩子不敢走远，只到附近取了些湿的柴禾。在几个月的时间内，对孩子进行了一些教育，结果去山沟拾柴禾的人逐渐增多了，但仍有20个孩子没有变化。通过9个月的观察实验，研究者了解到这些儿童在勇敢方面的差异，有的是勇敢的，有的是畏缩、贪图方便的，有的是胆怯的。

（二）情境压力测验

情境压力测验主要用于人才的选拔，通过事先设计好的情境，使被试产生情绪上的压力，观察被试如何应付这种情境，从而了解其人格特征。如无领导团体讨论就是一种情境压力测验。测验时安排数名互不相识的人在一起，要求他们讨论某一问题或完成某项任务，通过观察每个人的表现，可以评估其组织协调能力、口头表达能力、自信程度、反应灵活性等方面的素质，为人事选任提供重要依据。

二、问卷法

问卷法通过问卷或量表的形式来测量个体的人格特征，常见的是自陈量表，即要求被试根据自己的真实情况回答一系列的问题，然后根据被试的回答评估其人格特征。下面介绍几种常用的测验量表。

（一）明尼苏达多相人格测验

明尼苏达多相人格测验（Minnesota Multiphasic Personality Inventory，MMPI）是由美国明尼苏达大学心理学家哈萨维（S. R. Hathaway）和精神病学家麦肯利（J. C. McKinley）编制的，它同时可以测量人格的多个特征，因此称为多相人格测验。该测验由566个项目组成（其中16个是重复项目，用来检测被试反应的一致性）。这些项目涉及的范围很广，包括生理状态、情绪状态、社会态度、家庭婚姻等共26类题目。这些题目在结构上组成14个分量表，其中有10个是临床量表，分别是疑病（Hs）、抑郁症（D）、癔病（Hy）、精神病态（Pd）、男子气或女子气（Mf）、妄想狂（Pa）、精神衰弱（Pt）、精神分裂症（So）、轻躁狂（Ma）、社会内向（Si）（表12-4），可以用来鉴别强迫症、偏执狂、精神分裂、抑郁症等精神疾病。此外还有4个效度量表，包括说谎（L）、校正（K）、诈病（F）、疑问（Q），用来考察被试回答的态度，如果被试在这4个量表中得分特别高，说明被试没有诚实、认真地作答。测验由主体根据自身情况作答，一般1个小时左右可以完成测验，所有题目均采用是、否、不一定回答，如：

1. 我经常做白日梦。　　　　　　　是　　不一定　　否
2. 每种食物的味道都一样。　　　　是　　不一定　　否
3. 我相信有人反对我。　　　　　　是　　不一定　　否

MMPI编制的时候采用正常与异常两个对照组为样本，测验结果不但可以用作临床上的诊断依据，也可以用来评定正常人的人格特征，是在临床和研究中应用的比较广泛的人格测验之一。

表 12-4 MMPI 的 10 个临床分量表

分量表	症状
疑病	患者对自己的身体健康状况过度担忧
抑郁症	患者极度悲观，感觉自己没有价值，没有希望
癔病	患者出现身体不适，但找不出任何生理原因
精神病态	患者情感淡漠，无视社会规范和道德准则
男子气或女子气	高男性化为攻击性强，高女性化为敏感性强
妄想狂	患者疑心极强，有被害妄想
精神衰弱	患者有无法摆脱的忧虑、恐怖症和强迫性行为
精神分裂症	患者情绪失控，想法及行为古怪、不正常
轻躁狂	患者情绪亢奋，处于躁狂心境中，行为异常，活动过量
社会内向	患者有严重的社会性退缩倾向

资料来源：库恩. 心理学导论——思想与行为的认识之路. 2004

（二）卡特尔 16 种人格因素问卷

卡特尔 16 种人格因素问卷（Cattell's Sixteen Personality Factor Questionnaire，简称 16PF）是由美国伊利诺州立大学教授卡特尔（R. B. Cattell）编制的。该量表有 187 个项目，可以对个体的 16 个人格因素进行测查，每个因素所包含的题目数量不等。16 个因素的名称和符号分别是：乐群性（A）、聪慧性（B）、稳定性（C）、恃强性（E）、兴奋性（F）、有恒性（G）、敢为性（H）、敏感性（I）、怀疑性（L）、幻想性（M）、世故性（N）、忧虑性（O）、激进性（Q1）、独立性（Q2）、自律性（Q3）、紧张性（Q4）。

16PF 适用于 16 岁以上的青年和成人，现有 5 种版本：A、B 本为全版本，各有 187 个项目；C、D 本为缩减本，各有 106 个项目；E 本适用于文化水平较低的被试，有 128 个项目。16PF 既可以个别测试，也可以团体施测，测试时间为 1 个小时左右。刘永和和梅吉瑞（G. M. Meredith）合作，将原测验的 A、B 两种合并，于 1970 年发表中文修订本，并在港台地区测试了二千多名学生编制成常模。

16PF 每个项目有 3 个选项，如"是"、"不一定"、"否"，被试根据自己的情况选择适合的选项。该量表不仅可以描绘出个体的 16 种人格因素（图 12-4），而且可以根据人格因素组合公式推算个体人格中的双重因素，如适应性与焦虑性、内向性与外向性、感情用事与安详机警、怯懦与果断等。例如，公式 $[(2A+3E+4F+5H)-(2Q_2+11)]/10$ 用来测量个体的内外向，如果标准分大于 7 则为外向型；标准分小于4为内向型。此外，该量表还可计算出某些类型的个体的人格因素特征，如心理健康者的人格特征、创造力强的人的人格特征等。下面是量表题目举例：

……

3. 如果我有机会的话，我愿意：（　）
（1）到一个繁华的城市旅行；（2）介于（1）、（3）之间；（3）游览清净的山区

4. 我有能力应付各种困难。（　）
（1）是的；（2）不一定；（3）不是的

5. 即便是关在铁笼里的猛兽，也会使我见了惴惴不安。（　）
（1）是的；（2）不一定；（3）不是的

6. 我总是不敢大胆批评别人的言行。（　）
（1）是的；（2）有时如此；（3）不是的

7. 我的思想似乎：（　）
（1）比较先进；（2）一般；（3）比较保守

8. 我不擅长说笑话、讲趣事。（　）
（1）是的；（2）介于（1）、（3）之间；（3）不是的

（三）艾森克人格问卷

艾森克人格问卷（Eysenck Personality Questionaire，EPQ）是英国心理学家艾森克（H. J. Eysenck）编制的，分为成人问卷和青少年问卷两种形式，分别适用于16岁以上的成人和7～15岁的儿童。成人问卷有90个题目，青少年问卷有81个题目。中国修订本由陈仲庚等于1981年完成，成人问卷和青少年问卷均为88题。

EPQ由4个分量表组成，包括三个人格维度量表和一个效度量表：

E量表（内外向）：与中枢神经系统的兴奋、抑制的强度有关；

N量表（神经质）：用来测量情绪的稳定性，与植物性神经系统的不稳定性有关；

P量表（精神质）：测量精神倔强性；

L量表（效度）：测量受测者的"掩饰"倾向，同时反映了受测者的纯朴性。

EPQ施测仅需要10～15分钟，被试以"是"或"否"作答，按E、N、P、L四个量表记分。EPQ结果采用标准T分数表示，根据各维度T分数高低判断人格倾向和特征，可制成剖面图（图12-5）；还可以将N维度和E维度组合，进一步分出外向稳定、外向不稳定、内向稳定、内向不稳定四种人格特征。量

表题目举例如下：

1. 你是否有广泛的爱好？　　　　　　是　　否
2. 你的情绪经常波动吗？　　　　　　是　　否

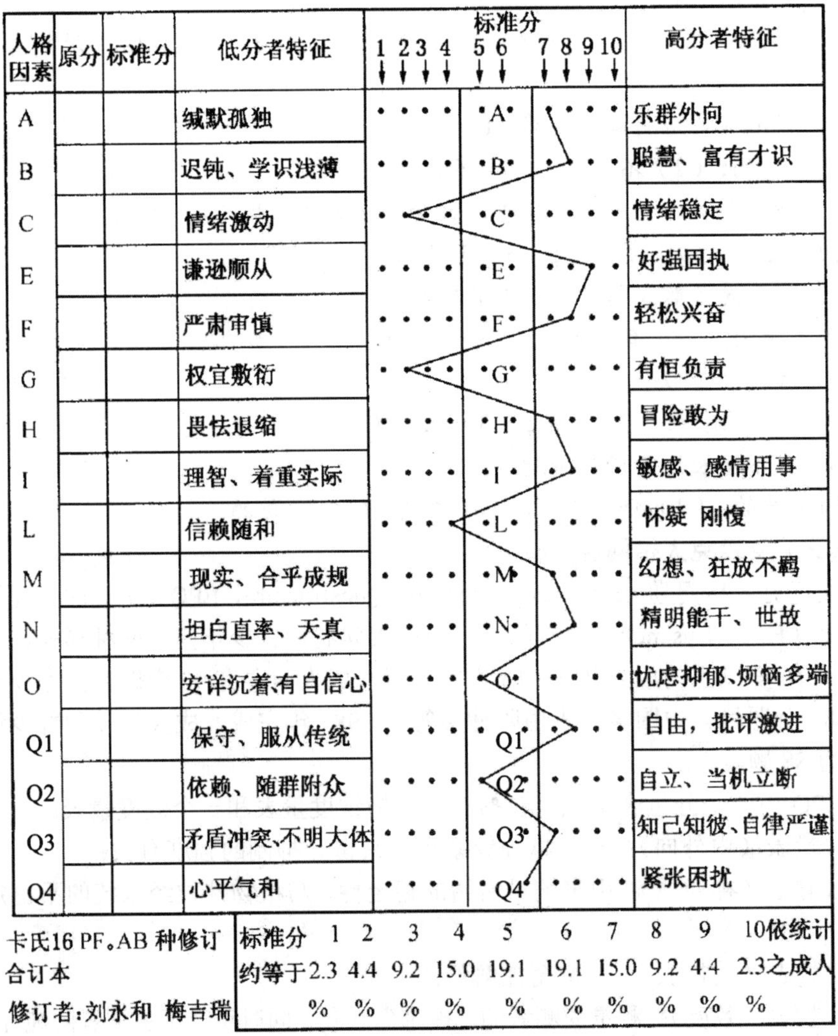

人格因素	原分	标准分	低分者特征	标准分 1 2 3 4 5 6 7 8 9 10	高分者特征
A			缄默孤独	· · · · · ·A· · · ·	乐群外向
B			迟钝、学识浅薄	· · · · ·B· · ·	聪慧、富有才识
C			情绪激动	· · · · · ·C· · · ·	情绪稳定
E			谦逊顺从	· · · · · ·E· · ·	好强固执
F			严肃审慎	· · · · · ·F· · ·	轻松兴奋
G			权宜敷衍	· · · · · ·G· · ·	有恒负责
H			畏怯退缩	· · · · · ·H· · ·	冒险敢为
I			理智、着重实际	· · · · · ·I· · ·	敏感、感情用事
L			信赖随和	· · · · ·L· · · ·	怀疑 刚愎
M			现实、合乎成规	· · · · · ·M· · ·	幻想、狂放不羁
N			坦白直率、天真	· · · · · ·N· · ·	精明能干、世故
O			安详沉着有自信心	· · · · · ·O· · ·	忧虑抑郁、烦恼多端
Q1			保守、服从传统	· · · · · ·Q1· · ·	自由，批评激进
Q2			依赖、随群附众	· · · · · ·Q2· · ·	自立、当机立断
Q3			矛盾冲突、不明大体	· · · · · ·Q3· · ·	知己知彼、自律严谨
Q4			心平气和	· · · · · ·Q4· · ·	紧张困扰

卡氏16 PF。AB种修订合订本
修订者：刘永和 梅吉瑞

标准分	1	2	3	4	5	6	7	8	9	10
约等于	2.3%	4.4%	9.2%	15.0%	19.1%	19.1%	15.0%	9.2%	4.4%	2.3%

之成人依统计

图 12-4　一个个案的 16PF 剖面图

资料来源：金瑜. 心理测量. 2005

第十二章 人格

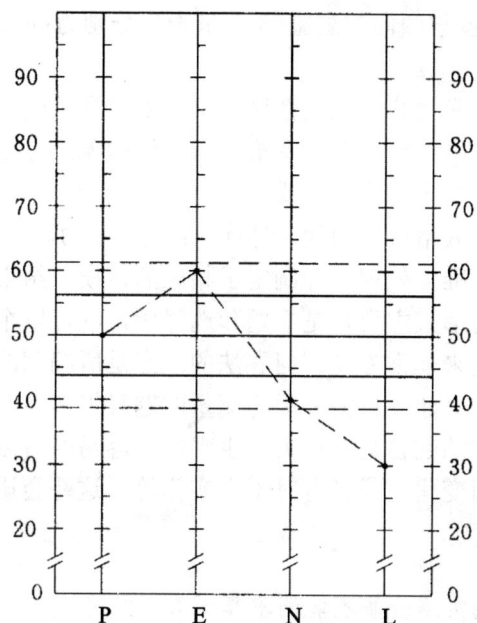

（注：张××，男，22岁。P、E、N、L各量表粗分分别为5、12、8、6，其T分数则分别为50、60、40、30

图12-5 EPQ量表剖面图

资料来源：金瑜. 心理测量. 2005

（四）加州心理调查表

加州心理调查表（California Psychological Inventory，CPI）是由美国心理学家高夫（H. G. Gough）编制的，1951年正式出版，1957年再版时，包括了18个分量表。该测验主要测量人类正常社会行为方式或常态人格特征，可以预测个体在特定场合下的社会行为。

CPI共有480个题目（有178题来自MMPI），采用"是"、"否"选答，团体或个别施测均可，适用于13岁以上的个体。以下是18个分量表的构成：

(1) 人际关系适应能力的测验（6个量表），分别为：支配性（Do），上进心（Cs），社交性（Sy），自在性（Sp），自尊性（Sa），幸福感（Wb）。

(2) 社会化、成熟度、责任心及价值观的测验（6个量表），分别为：责任心（Re），社会化（So），自制力（Sc），好印象（Gi），从众性（Cm）。

(3) 成就潜能与智能效率的测验（3个量表），分别为：遵循成就（Ac），独立成就（Ai），智能效率（Ie）。

(4)个人生活态度与倾向的测验(3个量表),分别为:心理性或共鸣性(Py)、灵活性(Fx)、女性化(Fe)。

其中,好印象、幸福感和从众性这三个量表兼具效度量表的作用。例如,好印象分数过高,可能是受测者企图给人留下好印象;好印象分数过低,则受测者有可能夸大了他个人的忧愁,或者完全在作假。

使用问卷法测量人格特征简便、易行、省时、省力。一方面,量表的题目、记分、评分都经过标准化处理,并制定了相应的常模,结果解释清晰明确;另一方面,量表题目的形式主要是是非题和选择题,既可以个别施测,也可以进行团体施测,使用起来非常方便。问卷法的缺点是所编制的量表或问卷缺乏客观的效标,效度不容易建立;另外因为测量的题目很多涉及个体的情绪和态度等方面的内容,人们的回答具有很大的主观性,容易随着测试情境、个体情绪状态等因素的变化而变化,或者有时不真实作答,这些会影响到测验结果的信度和效度。

 阅读资料:诚实测验能不能测出真话假话

每年都有数百万的求职者到各家公司应聘,并要求填写一份名为诚实测验的问卷,每家公司都希望以此避免雇用不诚实的员工,大多数诚实测验中都会有诸如此类的问题:你认为大多数人的诚实程度如何?与多数人相比,你自己的诚实程度如何?你以前是否有过违法行为?

这种诚实测验有一个基本假设:如果某人对一切不诚实行为都持反对态度,那么便说明此人有不诚实的倾向。比如说,人们把办公用品带回家或偶尔下班早走一会儿都是难免的,而那些说决不能这样做的人则很可能说谎。在评价自己的诚实水平时,有许多应聘者都会说自己低于平均水平。这出乎你的意料吗?无论如何,你必须承认他们的这种回答是诚实的。

在诚实测验的有效性问题上,一直存在着争论。有些心理学家认为,在选招雇员时使用一些编制较好的诚实测验是必要的,但多数心理学家仍不相信这种测验真的有效。在已有的验证研究中,还没有一项研究结果能够提出证据,说明诚实测验可以成功预测雇员的人格品质。因此,这类测验的效度尚未被证实。此外,心理学家们还提出一个问题,即诚实测验的实施者一般都由公司职员担任,而这些人并没有进行心理测量的专业资格。

雇主们总要千方百计地避免由于员工的盗窃或其他不诚实行为造成的损失,因此才搞那些诚实测验。这一需要是不难理解的。问题是,在那些被测验确定为"不诚实者"的人群中,有96%的人是被错划的。

那么,诚实测验到底该不该搞呢?这依然是一个人们争论不休的问题。

资料来源:库恩. 心理学导论——思想与行为的认识之路. 2004

三、投射测验

投射测验的理论依据是弗洛伊德的精神分析理论。精神分析理论认为，人的行为受到潜意识的欲望所推动，这些潜意识的欲望会受到压抑，人们难以通过问题直接了解一个人潜意识里的情感和欲望。但是这些情感和欲望会通过很多间接的方式表现出来。投射测验即在此理论基础上产生。投射是指个体把自己的思想、态度、愿望、情绪等心理特征无意识地反应在对事物的解释之中。投射测验的基本方式是向被试提供预先编制的一些未经组织的、意义模糊的刺激，让被试在不受任何限制的情况下，自由地对刺激情境作出反应，然后通过分析，推断其人格特征。以下是两种常用的投射测验。

（一）罗夏克墨迹测验

罗夏克墨迹测验（Rorschach Ink-Blot Test）是由瑞士精神病学家罗夏克（H. Rorschach）于1921年设计的，共包括10张墨迹卡片，其中5张为彩色，另5张为黑白图形（图12-6）。

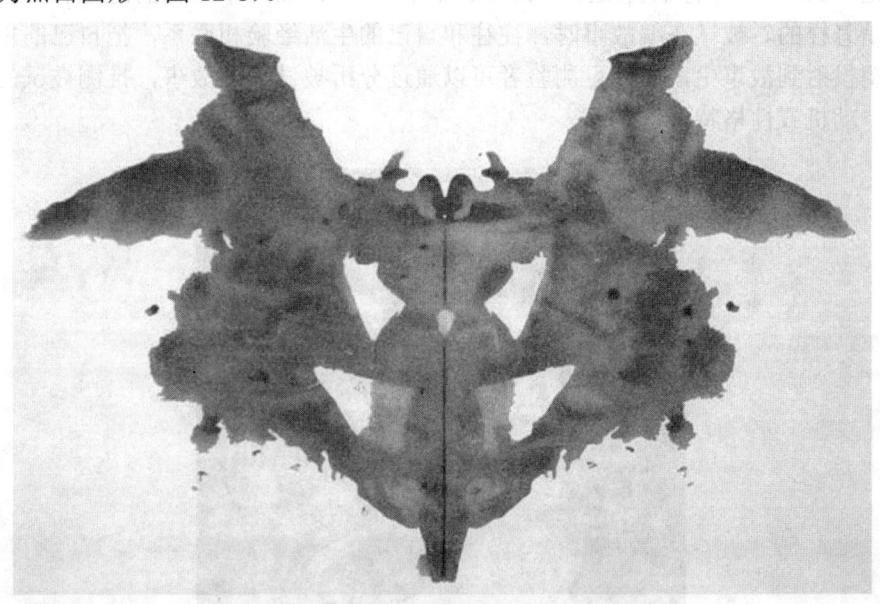

图12-6 罗夏克墨迹测验图例

测验时，将不同的图形卡片以一定的顺序呈现给被试，同时问被试一些问题，如"你看到了什么"、"这可能是什么东西"、"这让你想到了什么"等。对结果的计分和解释一般从3个方面进行。（1）定位：被试对图形是整体反应，还是部分反应？（2）决定：被试反应的决定因素是什么？是墨迹的形象，还是颜色？把图形看做是静态的还是动态的？（3）内容：把图形看成是什么？是人还是动物？罗夏克墨迹测验不受语言文字的限制，在任何文化环境下都可以使用。但该测验对结果的解释和计分存在很大主观性，效度和信度不如标准化的量表测验。

（二）主题统觉测验

主题统觉测验（Thematic Apperception Test，TAT）是由美国心理学家莫瑞（H. A. Murray）和摩根（C. D. Morgan）编制的，该测验可以测查被试的需要、动机、情绪和人格特征等多个方面的内容。整套测验由30张黑白图片和1张空白图片组成。图片的内容均是模棱两可、不明确的人物图，可以进行不同的解释（图12-7）。图片分别用于男人和女人、男孩和女孩，有些也可以共用。测试时每次抽出一张图片，要求被试根据图片内容编一个故事，故事的内容不加限制，但必须包括四个要素：（1）图片中发生了什么事情？（2）事情发生的原因是什么？（3）将来会发生什么样的结果？（4）图片中人物的思想和情感体验是怎样的？被试在编故事时，往往和自己的生活经验相联系，把自己的主观愿望投射到故事中，因此，测验者可以通过分析被试编的故事，推测被试的需要、动机或性格特征。

图 12-7　主题统觉测验图例

投射测验在临床领域有一定的应用前景,可以使被试不愿表现的个性特征、内在冲突和态度等更容易地表达出来。但这种测验在记分和解释上缺乏客观标准,主观性强,其信效度得不到保证。另外投射测验的施测时间长,对主试和评分者的要求较高,在实际应用中有很大的限制。

第五节 影响人格形成的因素

长久以来,研究者们都在争论到底是先天的遗传因素对人格形成的作用大,还是后天环境对人格形成的影响更大,并形成了遗传决定论和环境决定论两个截然不同的观点。现在,人们一般认为人格是在先天遗传和后天环境两个因素交互作用的影响下形成的。

一、生物遗传因素

先天的遗传基因规划了个体生长发育的蓝图,毫无疑问也会影响着人格的形成和发展。遗传因素对于人格发展的影响有多大?行为遗传学家对这个问题进行了很多研究。其中一种研究方法是双生子设计,研究者们通过对比生长在相同或不同环境中的同卵双生子和异卵双生子在各种人格特质上的差异程度,来推断遗传因素或环境因素对人格形成作用的大小。如果某种人格特质是遗传的,那么这种特质在同卵双生子(他们具有100%的相同基因)中的相关程度应该显著地高于异卵双生子(他们具有50%的相同基因)。

一项研究对瑞典的 12 000 名双生子进行了艾森克人格问卷的测量(Floderus-Myrhed, et al.,1980),结果发现,同卵双生子在外向和神经质上的相关系数均是 0.50,而异卵双生子的分别是 0.21 和 0.23。这表明了遗传因素对这两种人格特质有重要影响。

明尼苏达大学双生子研究中心比较了成年的同卵双生子和异卵双生子在明尼苏达多相人格测验(MMPI)上的人格差异,这些双生子有些是一起抚养的,有些是分开抚养的。结果发现,同卵双生子在各项人格特质上的相关都高于异卵双生子,且分开抚养与共同抚养的同卵双生子有同样高的相关(Tellegen, et al., 1988)。

布夏和麦吉(Bouchard & McGue, 2003)对以大五人格因素量表为测量工具的双生子研究进行了总结,发现 5 个因素都有较高的遗传系数,其中外倾性是 0.54,宜人性是 0.42,责任心是 0.53,神经质是 0.48,开放性是 0.57。

综上所述，同卵双生子在几乎所有的人格特质上的相关程度都高于异卵双生子，各种人格特质的遗传系数都在中等程度左右，这表明遗传因素在人格发展过程中起着重要的作用。

 阅读资料：人格五因素的遗传性

在一个研究中，德国和荷兰的研究小组对 660 对同卵双生子和 340 对异卵双生子进行了测量，全部采用自我报告（即这些双生子都要填写各种人格问卷）和亲朋好友报告（即朋友和家庭成员分别对双生子进行人格评定）的方法。对遗传研究提出的批评在于：同卵或异卵双生子将自己和他们同胞兄弟姐妹进行比较时与自己和其他个体进行的比较之间存在着偏差。亲朋的报告剔除了这种可能，即高遗传性仅仅是双生子进行报告时的偏差造成的结果。事实上，在任何情境下，都是同卵双生子的人格会被评价比异卵双生子有更多的相似性。结果显示，同卵双生子之间的相关是 0.52，而异卵的相关仅是 0.23。通过使用自我和亲朋的评定，1997 年芮曼（Riemann）等研究人员提出人格五因素都有遗传性。

资料来源：格里格，津巴多. 心理学与生活. 2003

二、社会文化因素

社会文化对人格具有塑造功能，主要表现在同一社会群体的成员在人格特征上具有一定程度的相似性。如大五因素模型可以较好地描述西方人的人格特质，但在描述中国人的人格特质时就存在一定的不足，如人际关系方面的特点在中国人的人格结构占有更明显的地位。

美国人类学家米德曾对新几内亚的三个民族的个性特征进行过长期的调查研究，这三个民族居住在不同的自然环境中，有着不同的社会文化背景。居住在山地的阿拉佩什族，是一个合作的社会，男女在家庭中都要照顾孩子，男女同样负担家务。无论男女老幼均不欺侮别人，不争强好胜，不自作主张，大家都有安定感，表现很亲切、温和。住在河川地带的蒙杜古马族，带有食人部落的生活节奏，习惯于狩猎肉食生活，男女之间有权力和地位之争，所有人均表现出攻击、残酷、嫉妒、竞争、粗暴等个性特征。住在湖泊地区的德昌布利族，男女两性的角色划分十分明显，女性是这个社会的主体，掌握着分配权，她们性情刚毅；男性从事美术工艺和祭祀，整日学舞蹈、装饰和吹笛求爱，以取悦女人，并承担养育孩子的责任。女性在气质和性格方面是攻击、支配的，表现出保护者的姿态，而男性则表现出自卑感。这三个民族在人格特征上的显著差异，充分显示了社会文化因素对人格形成的影响。

三、家庭环境因素

家庭是个体最早接触的社会环境。家庭中的各种因素，如家庭结构、亲子关系、经济条件、居住环境、家庭氛围等都影响着个体人格的发展。因此，家庭常被描述为"塑造人类性格的工厂"。研究发现，教养方式对儿童人格的形成有明显的影响：专断型的教养方式是一种限制性非常强的教养方式，主要依靠惩罚和强制性策略迫使儿童顺从。生活在专断型的教养方式下的孩子容易形成消极、被动、无主见、做事缺乏主动性等不良的人格特征。放纵型的教养方式给予孩子很多的自由，很少对孩子的行为做出控制，这种教养方式容易让孩子形成任性、蛮横无理、以自我为中心等偏执的人格特征。民主型的教养方式是具有控制性但又比较灵活的教养方式，尊重孩子的观点，以合理、民主的方式控制孩子，这种教养方式会使孩子形成独立自主、活泼开朗、文明有礼、积极向上等良好的人格特征。可见，家庭环境对孩子早期人格的形成有着不可忽视的作用，民主关爱的家庭氛围有利于塑造儿童健康的人格；反之，专治或放纵的家庭氛围会使儿童发展出不良的人格特征。

四、自然物理因素

"一方水土养一方人"，生活环境中的因素，如生态环境、气候条件、空间拥挤程度等，都会对人格的形成与发展起着或多或少的作用。如炎热的气候会使人烦躁，世界上炎热的地方，通常攻击行为也会比较多。但自然环境在塑造人格的过程中起不了决定性的作用。由于个体有较强的环境适应能力，能在不同的环境中表现出不同的人格特点。所以，无法据所处的环境来判断一个人的真实人格。

五、个体主观因素

个体在受环境影响的过程中，也会对环境产生反向的影响。个体人格就是在主体和环境相互作用的过程中，逐渐形成和完善的。从根本上说，人格的发展就是一个主动的完善过程。正如苏联心理学家维果茨基所说："学习归根结底是自己改变自己。"个体具有高度的自我调节能力，能够应对环境的变化，甚至主动地改造环境。总之，个体的主观能动性在自身人格的形成过程中起着关键的作用。

六、社会实践活动

个体参加的社会实践活动也对其人格的形成与发展产生重要影响。不同的社会实践活动，会使人形成不同的性格特征。例如，军人一般具有自律、坚毅、果断等特点；科学家一般具有严谨、细腻、执着等特点。也就是说，从事不同的职业，会使人形成相应的职业性格，社会实践活动对人格的塑造有着重要的作用。

本章摘要

1. 人格是心理特征的整合统一体，是指个体与环境相互作用的过程中形成的相对稳定的心理特质和行为倾向的整体组织，主要包括气质、性格、认知风格等方面。

2. 人格具有整体性、内隐性、独特性、稳定性等特点。

3. 气质是表现在心理活动的速度、强度、指向性等方面的动力特征。

4. 气质类型有多种学说，最常见的是划分为多血质、胆汁质、黏液质和抑郁质四种类型。

5. 巴甫洛夫认为高级神经活动具有三种基本特性：强度、平衡性和灵活性。三种基本特性的不同组合构成了四种基本的气质类型：强、不平衡型，强、平衡、灵活型，强、平衡、不灵活型和弱型。

6. 性格指人对现实的态度和行为方式中的比较稳定的、具有核心意义的个性心理特征，是一个人在生活中对人、对事、对自己、对外在环境所表现出来的一致性的反应方式。

7. 性格与气质既有区别，又存在密切的联系。

8. 认知风格指个体在认知活动中表现出来的个性特点或偏爱使用的信息加工方式，典型的认知风格有场独立性和场依存性、冲动和沉思等。

9. 最有代表性的人格理论是类型论和特质论。类型论是用一种或少数几种主要特质来阐述人格。特质论是用多种特质来描述人格的结构。

10. 常见的人格类型理论包括斯普兰格的类型理论、内、外向人格、霍兰德的类型理论及 A-B 型人格理论。

11. 常见的人格特质理论包括奥尔波特的特质理论、卡特尔的特质理论、艾森克的特质理论及五因素模型。

第十二章 人格

12. 精神分析学派的创始人弗洛伊德认为，人格是一个由本我、自我和超我三个心理结构组成的动力系统，其发展会经历5个阶段。

13. 人格测量的常用方式包括情境测验、问卷法和投射测验。

14. 情境测验是主试创设某种情境，观察被试在这种情境下的行为反应而了解其人格特点的一种方法。

15. 问卷法通过问卷或量表的形式来测量个体的人格特征。常见的测验量表有明尼苏达多相人格测验、卡特尔16种人格因素问卷、艾森克人格问卷、加州心理调查表。

16. 投射测验是让被试在不受任何限制的情况下，自由地对模糊的刺激情境作出反应，然后通过分析被试的反应推断其人格特征的方法。常见的投射测验有罗夏克墨迹测验、主题统觉测验。

17. 人格的形成同时受到先天遗传和后天环境两个因素的影响，具体包括生物遗传因素、社会文化因素、家庭环境因素、自然物理因素、个体主观因素、社会实践活动等。

复习思考题

1. 简述人格的含义及特征。
2. 什么是气质？常见的气质类型有哪些？
3. 什么是性格？性格与气质有什么关系？
4. 什么是认知风格？常见的认知风格有哪些？
5. 简述霍兰德的人格类型理论？
6. 常见的人格特质理论有哪些？
7. 什么是情境测验？举例说明。
8. 常见的人格测量问卷有哪些？
9. 什么是投射测验？它有哪些优点和缺点？
10. 影响人格形成的因素有哪些？

主要参考文献

艾森克著. 心理学——一条整合的途径. 阎巩固译. 上海：华东师范大学出版社，2000

白学军. 智力心理学的研究进展. 杭州：浙江人民出版社，1996

贝斯特著. 认知心理学. 黄希庭译. 北京：中国轻工业出版社，2000

曹日昌. 普通心理学. 北京：人民教育出版社，1963

戴海琦，张锋，陈雪枫. 心理教育测量. 广州：暨南大学出版社，2004

库恩著. 心理学导论——思想与行为的认识之路. 郑钢等译. 北京：中国轻工业出版社，2004

丁秀峰，李新旺. 心理学（修订本）. 开封：河南大学出版社，2001

方富熹. 儿童发展心理学. 北京：人民教育出版社，2005

郭秀艳. 实验心理学. 北京：人民教育出版社，2004

格里格，津巴多著. 心理学与生活. 王磊等译. 北京：人民邮电出版社，2003

韩济生. 神经科学原理. 北京：北京大学医学出版社，1999

韩永昌. 心理学. 上海：华东师大出版社，2001

黄希庭. 心理学导论. 北京：人民教育出版社，1991，2001

蒋文华. 神经解剖学. 上海：复旦大学出版社，2002

金瑜. 心理测量. 上海：华东师范大学出版社，2005

坎特威茨，罗迪格，埃尔姆斯著. 实验心理学——掌握心理学的研究. 郭秀艳等译. 上海：华东师范大学出版社，2001

迈尔斯著. 心理学. 黄希庭等译. 北京：人民邮电出版社，2011

卡罗尔著. 语言心理学. 缪小春等译. 上海：华东师范大学出版社，2007

木村久一. 早期教育和天才. 石家庄：河北人民出版社，1998

彭聃龄. 普通心理学. 北京：北京师范大学出版社，2004

沈德立. 实验儿童心理学. 合肥：安徽教育出版社，2004

沈政. 认知神经科学导论. 北京：北京大学出版社，1995

索尔索,麦克林著. 实验心理学. 张奇等译. 北京:中国轻工业出版社,2004
王甦. 认知心理学. 北京:北京大学出版社,2002
闫国利. 阅读发展心理学. 合肥:安徽教育出版社,2004
叶奕乾,何存道,梁宁建. 普通心理学. 上海:华东师范大学出版社,2004
杨治良,叶奕乾. 图解心理学. 南昌:江西人民出版社,1982
阴国恩,梁福成,白学军. 普通心理学. 天津:南开大学出版社,1998
张春兴. 现代心理学. 上海:上海人民出版社,2005.
张述祖,沈德立. 基础心理学. 北京:教育科学出版社,1987
赵国祥. 心理学概论. 北京:光明日报出版社,2007
朱滢. 实验心理学. 北京:北京大学出版社,2003

American Scientist, 1969, 57: 421-457

Atkinson, R. C. & Shiffrin, R. M. Human memory: A proposed system and its control processes. In K. W. Spence and J. T. Spence (Eds.), The psychology of learning and motivation. London: Academic Press, 1968

Baddeley, A. D. Short-term memory for word sequences as a function of acoustic, semantic, and formal similarity. Quarterly Journal of Experimental Psychology, 1966, 18: 362-365

Baddeley, A. D. & Hitch, G. J. Working memory. In Bower, G. A., ed. The Psychology of Learning and Motivation. Academic Press, 1974

Baddeley, A. D. The episodic buffer: a new component of working memory? Trends in Cognitive Science, 2000, 4: 417-423

Bower, G. H. & Clark, M. C. Hierarchical retrieval schemes in recall of categorized word lists. Journal of Verbal Learning and Verbal Behavior, 1969, 8:323-343.

Bliss, T. V. & Lomo, T. Long-lasting potentiation of synaptic transmission in the dentate area of the anaesthetized rabbit following stimulation of the perforant path. Journal of Physiology, 1973, 232: 331-356

Bouchard, T.J., Jr., & McGue, M. Genetic and environmental influences on human psychological differences. Journal of Neurobiology, 2003, 54: 4-45

Bruner, J., Goodnow, J., & Austin, A. A study of thinking. New York: Wiley, 1956

Collins, A. M. & Loftus, E. F. A spreading activation theory of semantic processing. Psychological Review, 1975, 82: 407-428

Collins, A. M. & Quillian, M. R. Retrieval time from semantic memory. Journal of Verbal Learning and Verbal Behavior, 1969, 8: 240-247

Conrad, R. Acoustic confusions in immediate memory. British Journal of Psychology, 1964, 55: 75-84

Cooper, A. N. & Shepard, R. N. The time required to prepare for a rotated stimulus. Memory & Cognition, 1973, 1: 246-250

Costa, P. T., Jr. & McCrae, R. R. The NEO Personality Inventory Manual. Odessa, FL: Psychological Assessment Resources, 1985

Davidson, R. J. Approach withdrawal and cerebral asymmetry: Emotional expression and brain physiology. Jounal of Personality and Social Psychology, 1990, 58:330-341

Darwin, C. J., Turvey, M. T. & Crowder, R. G. An auditory analogue of the Sperling partial report procedure: evidence for brief auditory storage. Cognitive Psychology, 1972, 3: 255-267

Ekman, P. & Frieson, W. V. Universals and cultural differences in the judgments' of facial expression of emotion. Journal of Personality and Social Psychology, 1987, 53:712-717.

Eysenck, H. J. The structure of human personality. London: Methuen, 1970

Floderus-Myrhed, B., Pedersen, N., & Rasmuson, I. Assessment of heritability for personality, based on a short form of the Eysenck Personality Inventory. Behavior Genetics, 1980, 10: 153-162

Gardener, H. Frames of mind : the theory of multiple intelligences. New York: Basic Books, 1983

Sternberg, R. J. Intelligence applied. Harcourt Brace Jovanovich,1986

Gardner, J. M. Teaching behavior modification to nonprofessionals. Journal of Applied Behavior Analysis, 1972, 5: 517-521

Glanzer, M. & Cunitz, A. R. Two storage mechanisms in free recall. Journal of Verbal Learning and Verbal Behaviour, 1966, 5: 351-360

Godden, D. R. and Baddeley, A. D. Context-dependent memory in two natural environments: on land and underwater. British Journal of Psychology, 1975, 66: 325-331

Hebb, D. O. Organization of behavior. New York: Wiley, 1949

Miller, G. A. The magical number seven plus or minus two: Some limits on our capacity for processing information. Psychological Review, 1956, 63: 81-97

Paivio, A. Imagery and Verbal Processes. New York: Holt, Rinehart & Winston, 1971

Peterson, L. R., & Peterson, M. J. Short-term retention of individual verbal items. Journal of Experimental Psychology, 1959, 58: 193-198

Posner, M. I., Boies, S. J., Eichelman, W. H., & Taylor, R. L. Retention of visual and name codes of single letters. Journal of Experimental Psuchology, 1967, 79: 1-16

Reber, A. S. Implicit learning of artificial grammars. Journal of Verbal Learning and Verbal Behavior, 1967, 6: 855-863

Reed, S. K. Pattern recognition and categorization. Cognitive Psychology, 1972, 3: 383-407

Shepard, R. N. & Metzler, J. Mental rotation of three-dimensional objects. Science, 1971, 171: 701-703

Spearman, C. General intelligence, objectively determined and measured. American Journal of Psychology, 1904, 15:201-293

Sperling, G. The information available in brief visual presentations. Psychological Monographs, 1960, 74: 1-29

Sperry, R. W. Hemisphere deconnection and the utility of conscious experience. American Psychologist, 1968, 23:723-733

Squire, L. R. Memory systems of the brain: a brief history and current perspective. Neurobiology of Learning and Memory, 2004, 82: 171-177

Tellegen, A., Lykken, D.T., Bouchard, T.J., Wilcox, K., Segal. N., & Rich. S. Personality similarity in twins reared apart and together. Journal of Personality and Social Psychology, 1988, 54: 1031-1039

Thurstone L. L. The differential growth of mental abilities. Chapel Hill, N. C.: Psychometric laboratory, University of North Carolina, 1955

Tulving, E. & Pearlstone, Z. Availability versus accessibility of information in memory for words. Journal of Verbal Learning & Verbal Behavior, 1966, 5: 381-391

Tulving, E. Organization of memory: Quo vadis? In: Gazzaniga MS, ed. The cognitive neurosciences. Cambridge, MIT Press, 1995

后 记

去年，南开大学出版社委托乐国安先生主编一套心理学主干课程教材。由于我在学校承担普通心理学课程的教学工作已经有好几个年头，因此乐先生征求我的意见，希望我能承担《普通心理学》一书的编著工作。我闻之不免惴惴。普通心理学是心理学科最重要的专业基础课和入门课，国内外有影响的教材也为数不少，而自己学力尚浅，怕有负所托。在我犹疑之际，乐先生本着提携后学的信念，给我以极大的支持和鼓励，最终使我们勇敢地承担起这一任务。

在动笔之初，我便与写作团队中的另两位合作者商量要写成一本怎样的教材，毕竟国内外现有的普通心理学教材已经为数不少。经过反复考虑，我们想从两个方面着手：一是在保证内容的前提下，适当压缩书稿篇幅，尽量做到精干洗练。之所以这么考虑，是因为目睹一个时期以来，心理学教材的版面及厚度都有不断增加的趋势。这一方面固然是学科发展和教材建设成果的反映，但也给教学和学生带来一些负担。我自己对此也有一些体会，拿到一本厚重的教材，讲课时在细致和全面之间有时会难以兼顾。为此，我们在写作过程中主动舍弃了社会心理、心理发展、学习心理等部分的内容，将它们留给更专门的课程。二是努力吸引学生学习的兴趣。编写教材主要是为了给学生看，因此，努力吸引学生，进而使学生对心理学产生兴趣也是我们想要实现的目标。为此，我们在书中增加了不少能扩大学生视野、提高其学习兴趣的阅读材料。如今书稿已经写就，即将付梓，我们的愿望在多大程度上得以实现，还有赖于读者的检验。

参加本书写作的有：张阔（第一、二、三、八、九、十章），李艺敏（第四、五、十一章），刘文理（第六、七章）。本书的第十二章由刘文理和张阔共同完成。此外，董颖红、李馨等同学在编写过程中也承担了一些资料收集和整理工作。在写作过程中，我们参阅了很多前辈专家、学者和同行们的教材、著作和研究成果，在此表示衷心的感谢。为简明起见，有时国内学者翻译的著作和教材，我们引用时没有一并标明译者，而是在参考文献中集中作了标注。受限于我们能力和水平，书中可能会存在一些疏漏或不妥之处，恳请读者和专家批评指正。

作者

2011 年 8 月于南开大学